五禮通考

〔清〕秦蕙田 撰
方向東 王鍔 點校

四

吉禮〔四〕

中華書局

目録

五禮通考卷四十五

吉禮四十五

社稷城隍附

明社稷

明史太祖本紀：吴元年八月，社稷壇成。

王圻續通考：先是，丙午十二月，定議以明年丁未爲吴元年。群臣建言，制度宜早定。上以國之所重，莫先于宗廟社稷，于是令有司立宗廟、社稷。

洪武元年二月，定社稷禮，歲必親祀以爲常。

大政紀：洪武元年正月，恭詣社稷壇行禮。十二月己丑，頒社稷壇制于天下。

春明夢餘録：洪武元年，命儒臣定諸祀典。李善長等進社稷議曰：「周制，小宗伯掌建國之神位，右社稷，左宗廟。社稷之祀，壇而不屋，必受霜露風雨以達天地之氣。起大事，動大衆，必先告于社而後出，其禮可謂重矣。蓋古者，天子社以祭五土之祇，稷以祭五穀之神，其制在中門之外，外門之内，尊而親之，與先祖等。人非土不立，非穀不食，以其同功均利以養人。故祭社必及稷，所以爲天下祈福報功之道也。然天子有三社，爲群姓而立者曰大社，其自爲立者曰王社，有所謂勝國之社，屋之，不受天陽，國雖亡而存之，以重神也。後世天子之禮，惟立大社、大稷以祀之，社皆配以句龍，稷皆配以周棄。漢因高祖，除亡秦社稷，立官大社、大稷，一歲各再祀。光武立大社、大稷于雒陽，在宗廟之右，春秋二月及臘，一歲三祀。唐因隋制，並建社稷，爲大祀，仍以四時致祭。宋制，每歲以春秋二仲月及臘日祭之。元世祖營社稷于和義門内少南，以春秋二仲月上戊日致祭。今宜祀以春秋二仲月上戊日。」皆從之。上親祭大社、大稷，大社設正位在東，配以后土，西向；大稷設正位在西，配以后稷，東向。各用玉兩邸，幣黑色。牲用犢一、羊一、豕一，籩、豆各十，后土、后稷位並同，不用玉。

祭畢，賜群臣享胙于奉天門。

明史禮志：社稷之祀，自京師以及王國府州縣皆有之。其壇在宮城西南者，曰太社稷。明初建太社在東，太稷在西，壇皆北向。洪武元年二月，太祖親祀太社、太稷。帝服皮弁服，省牲；通天冠、絳紗袍，行三獻禮。初，帝命中書省翰林院議創屋，備風雨。學士陶安言：「天子太社，必受風雨霜露。亡國之社則屋之，不受天陽也。建屋非宜。若遇風雨，則請于齋宮望祭。」從之。十二月，頒社稷壇制于天下郡邑。

明集禮：社稷建壇于宮城之右，春用二月上戊日，秋用八月上戊日致祭。配位：祭法：「厲山氏之有天下也，其子曰農，能殖百穀；夏之衰也，周棄繼之，故祀以爲稷。共工氏之霸九州也，其子曰后土，能平九州，故祀以爲社。」蔡墨曰：「共工氏有子曰句龍，爲后土，后土爲社。稷，田正也。有烈山氏之子曰柱，爲稷，自夏以上祀之。周棄亦爲稷，自商以來祀之。」鄭康成以社爲五土總神，稷爲原隰之神，句龍以有平水土之功，配社祀之，稷有播種之功，配稷祀之。王肅以社祭句龍，稷祭后稷，皆人鬼也。二家之説不同，而鄭氏爲優。故後世並以句龍配社，周棄配稷。壇壝：二壇坐南向北，社壇在東，稷壇在西，各闊五丈，高五尺，四出陛，五級。壇用五色土築，各依方位，上以黃土覆之。二壝同一壝，壝方廣三十丈，高三尺，用磚砌，四方開四門，各闊一丈。東門飾以青，西門飾以白，南門飾以紅，北門飾以黑。周圍築以牆，仍開四門，南爲櫺星門，北面戟門，五間，東西戟門，各三間，皆列戟二十四。瘞坎：用唐制，開瘞坎于稷壇西南，用磚砌，闊四尺，深一丈。降神，樂止，先瘞血。送神，樂止，執事官取祝幣牲饌置瘞坎，坎實半土。社主：社主用石，高五尺，闊二尺，上微尖，半在土中，近南向北。祭時，唯稷與二神配位，用神位版。神席：設主于案，不用席。祭器：社稷正配位，皆用酒尊三，加勺冪，篚箱一，籩、豆各十，鉶三，簠、簋各二，俎三，爵坫一，沙池一，盥盆一。玉：禮神之玉，用兩圭有邸。幣：社稷幣以玄色，用黑繒四，各長一丈八尺。祝：洪武元年八月一日，祭社文曰：「唯神厚載功深，資生德大，涵宥庶品，造化斯成。謹以仲秋，祇率常禮，敬以牲幣，嘉薦醴齊，備茲禋瘞，用伸報本，以后土句龍氏配神作主，尚享。」后土氏文曰：「爰茲仲秋，揆日唯吉。恭修常禮，薦于太社。唯神水土平治，永賴其功，載稽典彝，禮宜昭配。謹以牲幣，嘉薦醴齊，陳于表位，作主配神，尚享。」祭稷文曰：「唯神嘉種生成，明粢唯首，帝命率育，立我烝民。敬以牲幣，嘉薦醴齊，式陳瘞祭，備修常禮，以后稷棄配神作主，尚享。」后稷氏文曰：「爰以仲秋，揆日唯吉。恭修常禮，薦于太稷。唯神勤農務本，政成稼穡，生民立命，百世之功。謹以牲幣，嘉薦醴齊，陳于表位，作主配神，尚享。」牲：正、配四位，各用犢一，羊一，豕一。酒齊：社稷正配位，酒尊皆實以醍齊、盎齊、事酒。粢盛：簠二、簋二，實以黍、稷、稻、粱。籩、豆之實：籩則實以鹽、藁魚、棗、栗、榛、菱、芡、鹿脯、白黑餅，豆實以韭菹、醓醢、菁菹、鹿醢、芹菹、兔醢、筍菹、魚醢、脾析、豚胉。簠、簋實以黍、稷、稻、粱。鉶以肉羹。樂舞：親祀太社稷，迎神，奏廣和之曲；奠玉幣，奏肅和之曲；進俎，奏凝和之曲；初獻，奏壽和之曲、武功之舞；亞獻，奏豫和之曲、文德之舞；終獻，奏熙和之曲、文德之舞；徹豆，奏雍和之曲；送神，奏安和之曲；望瘞，奏時和之曲。盥洗、升降，俱不用樂。祭服：親祭，服衮冕。職掌人員：親祀太社、太稷，設大次、皇太子幙次官二人，設百官幙次官四人，設燎明燭官四人，協律郎二人，撰祝書祝官一人，掃除壇場官二人，掌祭官二人，掌設省牲位并牽牲、割牲官二人，掌鼎鑊、候視、滌溉官一人，牽牲十人，贊省牲禮官一人，設御位、東宮位官二人，設文武陪祀諸執事版位官一人，捧玉幣、徹豆兼捧幣饌官八人，司罍洗、爵洗官二人，司尊官二人，執爵官四人，司香官二人，瘞毛血官二人，讀祝官一人，捧祝官一人，贊禮二人，通贊禮生二人，引文武二班陪祀官四人，監禮御史二人，導駕官六人，導引東宮官四人，奏禮官一人，進福酒官一人，割胙進胙官一人，受胙官一人，舉飲福案官二人，掌瘞坎、實土官二人。　陳設：前祭二日，有司掃除壇上下，開瘞坎，灑掃齋次、饌室、神厨。設大次于北門内，皇太子幄次于大次之右。前祭一日，設省牲位于北門之外，設樂縣于壇下之北，執事拂拭社主。設后土氏配位于社壇之東，西向；設太稷神位于稷壇之南，正中；設后稷配位于稷壇之西，東向。正配每位，各設十籩于神位之左，十豆于神位之右，簠、簋各二，登、鉶各三于籩豆之間，俎三于簠、簋之前，香燭案于俎前，爵坫、沙池于香案之前，祝版位于神位之右。正位尊四于壇之側，社在東，稷在西。配位各四尊，次之玉幣篚，位于酒尊之北。爵洗位于稷壇之東北，御洗位于爵洗位之北。御位于兩壇北之正中，皇太子位于御位之右，稍後。文武陪祭官位于御位之後，文東武西。讀祝官位于神位之右，導駕及奏禮官六人位于御位之左右，稍前，東西相向。御史二人位于兩壇下之東西，贊禮二人位于壇南，承傳二人位于贊禮之北，引班四人于陪祭官之左右，俱東西相向。協律郎二人于樂縣之東西，樂生位于縣前，舞生位于縣後。司尊、司洗、司爵、捧幣各于其所。望瘞位于壇之西北。齋戒：齋戒之日，如唐制。樂：協律郎一人，幞頭、紅羅公服、茘枝帶、皂靴，手執麾幡。樂生六十二人服緋袍、展脚幞頭、革帶、皂靴。樂器編鐘、編磬、琴、瑟、搏拊、敔、柷、塤、篪、簫、横笛、應鼓、笙。舞：舞士一人，幞頭、紅羅公服、茘枝帶、皂靴，手執節。舞生一百二十八人，文舞六十四人，引舞二人，各執羽籥，服紅袍、展脚幞頭、革帶、皂靴，舞生六十二人服紅袍、展脚幞頭、革帶、皂靴，各執羽籥。武舞六十四人，引舞二人，各執干戚，服紅袍、展脚幞頭、革帶、皂靴。舞生六十二人服紅袍、展脚幞頭、革帶、皂靴，各執干戚。

明史樂志：洪武元年，太社稷異壇同壝樂章：

迎神，廣和之曲　五土之靈，百穀之英。國依土而寧，民以食而生。基圖肇建，祀禮修明。神其來臨，肅恭而迎。

奠幣，肅和之曲　有國有人，社稷爲重。昭事云初，玉帛虔奉。維物匪奇，敬實將之。以斯爲禮，冀達明祇。

奉俎，凝和之曲　崇壇北向，明禋方闡。有潔犧牲，禮因物顯。大房載設，中情以展。景運既承，神貺斯衍。

初獻，壽和之曲　太社云：高爲山林，深爲川澤。崇丘廣衍，亦有原隰。惟神所司，百靈效職。清醴初陳，顒然昭格。句龍配云：平治水土，萬世神功。民安物遂，造化攸同。嘉惠無窮，報祀宜豐。配食尊嚴，國家所崇。太稷云：黍稷稻粱，來牟降祥。爲民之天，豐年穰穰。其功甚大，其恩甚長。乃登芳齊，以享以將。后稷配云：皇皇后稷，克配于天。誕降嘉種，樹藝大田。生民粒食，功垂萬年。建壇于京，歆兹吉蠲。

亞獻，豫和之曲　太社云：廣厚無偏，其體弘兮。德侔坤順，萬物生兮。錫民地利，神化行兮。恭祀告虔，國之禎兮。句龍配云：周覽四方，偉烈昭彰。九州既平，五行有常。壇壝以妥，牲醴之將。是崇是嚴，煥然典章。太稷云：億兆林林，所資者穀。雨暘應時，家給人足。倉庾坻京，神介多福。祇薦其儀，昭事維肅。后稷配云：躬勤稼穡，有相之道。不稂不莠，實堅實好。農事開國，王基永保。有年自今，常奉蘋藻。

終獻，豫和之曲詞同亞獻。

徹豆，雍和之曲　禮展其勤，樂奏其節。庶品苾芬，神明是達。有嚴執事，俎豆乃徹。穆穆雍雍，均其欣悦。

送神，安和之曲　維壇潔清，維主堅貞。神之所歸，依茲以寧。土宇靖安，年穀順成。祀典昭明，永致昇平。

望瘞，時和之曲　晨光將發，既侑既歆。瘞茲牲幣，達于幽陰。神人和悦，實獲我心。永久禋祀，其始于今。

明集禮　祭太社、太稷儀注　齋戒：皇帝散齋四日，致齋三日。陪祭官、執事官並齋七日。致齋第一日，陪祭官、執事官受誓戒。

○省牲器：先祭二日，儀鸞司設大次于社稷北門外道西，南向。設皇太子幙次于大次之旁。先祭一日〔一〕，設省牲位于北門外。皇帝服皮弁服，備法駕，出宫詣大次。導駕官同太常卿導引皇帝至省牲位，南向立。執事官各執事，廩犧令帥其屬牽牲自東行過御前，省訖，牽牲詣神厨。執事官以豆取毛血，太常卿奏「請詣神厨」，導駕官同太常卿導引至神厨，太常卿奏「請視鼎鑊，請視滌溉」，訖，遂烹牲。導駕官同太常

〔一〕「一日」，原作「二日」，據光緒本改。

卿導引皇帝還大次。

○陳設：先祭，執事官陳設如圖儀。

○正祭：享日清晨，諸執事官各實尊、罍、簠、簋、籩、豆、登、鉶，實玉帛于篚，置祝版于神位之右。車駕至大次，太常卿奏「請中嚴」，皇帝服衮冕，樂生、舞生及諸執事官、陪祭官入就位。太常卿奏「外辦」，導駕官同太常卿導引皇帝至御位，南向立。

○迎神：贊禮唱「迎神」，協律郎跪，俯伏，舉麾，奏廣和之曲。贊禮唱「請行禮」，太常卿奏「有司謹具，請行事」，奏「鞠躬，拜，興，拜，興，平身」，皇帝鞠躬，拜，興，拜，興，平身。贊禮唱「皇太子以下在位官皆再拜」，傳贊唱「鞠躬，拜，興，拜，興，平身」，皇太子以下在位官皆鞠躬，拜，興，拜，興，平身。

○奠玉帛：贊禮唱「奠玉帛」，太常卿奏「請詣盥洗位」，導駕官同太常卿導引皇帝至盥洗位，太常卿奏「搢圭」，皇帝搢圭。司盥洗者奉匜，進巾。太常卿奏「盥手，帨手，出圭」，皇帝盥手，帨手，出圭。太常卿奏「請詣太社神位前」，導駕官同太常卿導引至神位前，協律郎跪，俯伏，舉麾，奏肅和之曲。太常卿奏「跪，搢圭」，皇帝跪，搢圭。司香官奉香，跪進于皇帝之右，太常卿奏「上香，上香，三上香」，皇帝上香，上香，三上香。司玉帛者奉玉帛，跪進于皇帝之右，皇帝受玉帛，奠于神位前。太常卿奏「出圭，鞠躬，拜，興，拜，興，平身」，皇帝出圭，鞠躬，拜，興，拜，興，平身。樂止。太常卿奏「請詣后土句龍氏神位前」，導駕官同太常卿導引皇帝至神位前，奠帛如前儀。訖，太常卿奏「請詣太稷神位前」，導駕官同太常卿導引皇帝降自子陛，詣太稷壇，升自子陛，行禮如前儀。訖，太常卿奏「請詣后稷神位前」，如前儀。訖，太常卿奏「請復位」，導駕官同太常卿導引皇帝復位。

○進熟：贊禮唱「進俎」，協律郎跪，俯伏，舉麾，奏凝和之曲。齋郎舉俎至太社壇前，進俎官以俎升自子陛，太常卿奏「請升壇」，導駕官同太常卿導引皇帝至太社神位前，太常卿奏「搢圭」，皇帝搢圭。進俎官以俎進，皇帝以俎奠于太社神位前，太常卿奏「出圭」，皇帝出圭。奏「請詣后土神位前」，如前儀。訖，進俎官降自西陛，導駕官同太常卿導引皇帝降自子陛。齋郎舉俎至太稷壇前，進俎官以俎升自子陛，導駕官同太常卿導引皇帝至太稷神位前，太常卿奏「搢圭」，皇帝搢圭。進俎官以俎進，皇帝以俎奠于太稷神位前，太常卿奏「出圭」，皇帝出圭。奏「請詣后稷神位前」，如前儀。訖，進俎官降自西陛，導駕官同太常卿導引皇帝降自子陛，復位。

○初獻：贊禮唱「請行初獻禮」，太常卿奏「行初獻禮，請詣爵洗位」，導駕官同太常卿導引皇帝至爵洗位。太常卿奏「搢圭」，皇帝搢圭。執爵官以爵進，皇帝受爵，滌爵，拭爵，以爵授執爵官；執爵官復以爵進，皇帝受爵，滌爵，拭爵，以爵授執爵官。太常卿奏「出圭」，皇帝出圭。奏「請詣酒尊所」，導駕官同太常卿導引至酒尊所，執爵官從行。太常卿奏「搢圭」，皇帝搢圭。執爵官以爵進，皇帝執爵，司尊者舉冪，酌醴齊，畢，皇帝以爵授執爵官，執爵官從行。太常卿奏「出圭」，皇帝出圭。太常卿奏「請詣太社神位前」，協律郎跪，俯伏，舉麾，奏壽和之曲、武功之舞。導駕官同太常卿導引皇帝至神位前，太常卿奏「跪，搢圭」，皇帝跪，搢圭。司香官奉香，跪進于皇帝之左，太常卿奏「上香，上香，三上香」，皇帝上香，上香，三上香。執爵官奉爵，跪進于皇帝之右，皇帝受爵。太常卿奏「祭酒，祭酒，三祭酒，奠爵」，皇帝祭酒，祭酒，三祭酒，奠爵。樂舞止。太常卿奏「出圭」，皇帝出圭。讀祝官取祝版于神右，東向跪，讀訖，樂舞作。太常卿奏「俯伏，興，平身；稍後，鞠躬，拜，興，拜，興，平身」。皇帝俯伏，興，平身；稍後，鞠躬，拜，興，拜，興，平身。樂舞止。太常卿奏「請詣后土氏神位前」，奏「詣酒尊所」，導駕官同太常卿導引至酒尊所。太常卿奏「搢圭」，皇帝搢圭。執爵官以爵進，皇帝執爵，司尊者舉冪，酌醴齊，畢，皇帝以爵授執爵官，執爵官從行。太常卿奏「出圭」，皇帝出圭。導駕官同太常卿導引皇帝至神位前，如前儀。訖，導駕官同太常卿導引皇帝降自北陛。太常卿奏「請詣爵洗位」，導駕官同太常卿導引皇帝至爵洗位。太常卿奏「搢圭」，皇帝搢圭。執爵官以爵進，皇帝受爵，滌爵，拭爵，以爵授執爵官；執爵官復以爵進，皇帝受爵，滌爵，拭爵，以爵授執爵官。太常卿奏「出圭」，皇帝出圭。奏「請詣酒尊所」，導駕官同太常卿導引至酒尊所，執爵官從行。太常卿奏「搢圭」，皇帝搢圭。執爵官以爵進，皇帝執爵，司尊者舉冪，酌醴齊，畢，皇帝以爵授執爵官，執爵官從行。太常卿奏「出圭」，皇帝出圭。太常卿奏「請詣太稷神位前」，協律郎跪，俯伏，舉麾，奏壽和之曲、武功之舞。導駕官同太常卿導引皇帝至神位前。太常卿奏「跪，搢圭」，皇帝跪，搢圭。司香官奉香，跪進于皇帝之左，太常卿奏「上香，上香，三上香」，皇帝上香，上香，三上香。執爵官奉爵，跪進于皇帝之右，皇帝受爵。太常卿奏「祭酒，祭酒，三祭酒，奠爵」，皇帝祭酒，祭酒，三祭酒，奠爵。樂舞止。太常卿奏「出圭」，皇帝出圭。讀祝官取祝版于神右，東向跪，讀訖，樂舞作。太常卿奏「俯伏，興，平身；稍後，鞠躬，拜，興，拜，興，平身」。皇帝俯伏，興，平身；稍後，鞠躬，拜，興，拜，興，平身。樂舞止。太常卿奏「請詣后稷神位前」，奏「詣酒尊所」，導駕官同太常卿導引至酒尊所。太常卿奏「搢圭」，皇帝搢圭。執爵官以爵進，皇帝執爵，司尊者舉冪，酌醴齊，畢，皇帝以爵授執爵官，執爵官從行。太常卿奏「出圭」，皇帝出圭。導駕官同太常卿導引皇帝至神位前，如前儀。訖，太常卿奏「請復位」，導駕官同太常卿導引皇帝復位。

〇亞獻：贊禮唱「行亞獻禮」，太常卿奏「請行亞獻禮，請詣爵洗位」，導駕官同太常卿導引皇帝至爵洗位，太常卿奏「搢圭」，皇帝搢圭。執爵官以爵進，皇帝受爵，滌爵，拭爵，以爵授執爵官；執爵官復以爵進，皇帝受爵，滌爵，拭爵，以爵授執爵官。太常卿奏「出圭」，皇帝出圭。太常卿奏「請詣酒尊所」，導駕官同太常卿導引至酒尊所，執爵官從行。太常卿奏「搢圭」，皇帝搢圭。執爵官以爵進，皇帝受爵，司尊者舉冪，酌盎齊，畢，皇帝以爵授執爵官，執爵官從行。太常卿奏「出圭」，皇帝出圭。太常卿奏「請詣太社神位前」，協律郎跪，俯伏，舉麾，奏豫和之曲、文德之舞。導駕官同太常卿導引皇帝至神位前。太常卿奏「跪，搢圭」，皇帝跪，搢圭。執爵官奉爵，跪進于皇帝之右，皇帝受爵。太常卿奏「祭酒，祭酒，三祭酒，奠爵」，皇帝祭酒，祭酒，三祭酒，奠爵。太常卿奏「出圭，俯伏，興，平身；稍後，鞠躬，拜，興，拜，興，平身」。皇帝出圭，俯伏，興，平身；稍後，鞠躬，拜，興，拜，興，平身。樂舞止。太常卿奏「請詣酒尊所」，導駕官同太常卿導引皇帝至酒尊所。執爵官以爵進，皇帝受爵，司尊者舉冪，酌盎齊，畢，皇帝以爵授執爵官，執爵官從行。樂舞作。太常卿奏「請詣后土氏神位前」，導駕官同太常卿導引皇帝至神位前。太常卿奏「跪，搢圭」，皇帝跪，搢圭。執爵官奉爵，跪進于皇帝之右，皇帝受爵。太常卿奏「祭酒，祭酒，三祭酒，奠爵」，皇帝祭酒，祭酒，三祭酒，奠爵。太常卿奏「出圭，俯伏，興，平身；稍後，鞠躬，拜，興，拜，興，平身」。皇帝出圭，俯伏，興，平身；稍後，鞠躬，拜，興，拜，興，平身。樂舞止。導駕官同太常卿導引皇帝降自北陛，太常卿奏「請詣爵洗位」，導駕官同太常卿導引皇帝至爵洗位。太常卿奏「搢圭」，皇帝搢圭。執爵官以爵進，皇帝受爵，滌爵，拭爵，以爵授執爵官；執爵官復以爵進，皇帝受爵，滌爵，拭爵，以爵授執爵官。太常卿奏「出圭」，皇帝出圭。奏「請詣酒尊所」，導駕官同太常卿導引至酒尊所，執爵官從行。太常卿奏「搢圭」，皇帝搢圭。執爵官以爵進，皇帝執爵，司尊者舉冪，酌醴齊，畢，皇帝以爵授執爵官，執爵官從行。太常卿奏「出圭」，皇帝出圭。太常卿奏「請詣太稷神位前」，協律郎跪，俯伏，舉麾，奏豫和之曲、文德之舞。導駕官同太常卿導引皇帝至神位前，太常卿奏「跪，搢圭」，皇帝跪，搢圭。執爵官奉爵，跪進于皇帝之右，皇帝受爵。太常卿奏「祭酒，祭酒，三祭酒，奠爵」，皇帝祭酒，祭酒，三祭酒，奠爵。太常卿奏「出圭，俯伏，興，平身；稍後，鞠躬，拜，興，拜，興，平身」。皇帝出圭，俯伏，興，平身；稍後，鞠躬，拜，興，拜，興，平身。樂舞止。太常卿奏「請詣酒尊所」，導駕官同太常卿導引皇帝至酒尊所。執爵官以爵進，皇帝受爵，司尊者舉冪，酌醴齊，畢，皇帝以爵授執爵官，執爵官從行。樂舞作。太常卿奏「請詣后稷神位前」，導駕官同太常卿導引皇帝至神位前。太常卿奏「跪，搢圭」，皇帝跪，搢圭。執爵官奉爵，跪進于皇帝之右，皇帝受爵。太常卿奏「祭酒，祭酒，三祭酒，奠爵」，皇帝祭酒，祭酒，三祭酒，奠爵。太常卿奏「出圭，俯伏，興，平身；稍後，鞠躬，拜，興，拜，興，平身」。皇帝出圭，俯伏，興，平身；稍後，鞠躬，拜，興，拜，興，平身。樂舞止。太常卿奏「請復位」，導駕官同太常卿導引皇帝復位。

○終獻：贊禮唱「行終獻禮」，太常卿奏「請行終獻禮，請詣爵洗位」，導駕官同太常卿導引皇帝至爵洗位，太常卿奏「搢圭」，皇帝搢圭。執爵官以爵進，皇帝受爵，滌爵，拭爵，以爵授執爵官；執爵官復以爵進，皇帝受爵，滌爵，拭爵，以爵授執爵官。太常卿奏「出圭」，皇帝出圭。太常卿奏「請詣酒尊所」，導駕官同太常卿導引皇帝至酒尊所，執爵官從行。太常卿奏「搢圭」，皇帝搢圭。執爵官以爵進，皇帝受爵，司尊者舉羃，酌盎齊，畢，皇帝以爵授執爵官，執爵官從行。太常卿奏「出圭」，皇帝出圭。太常卿奏「請詣太社神位前」，協律郎跪，俯伏，舉麾，奏熙和之曲、文德之舞。導駕官同太常卿導引皇帝至神位前，太常卿奏「跪，搢圭」，皇帝跪，搢圭。執爵官奉爵，跪進于皇帝之右，皇帝受爵。太常卿奏「祭酒，祭酒，三祭酒，奠爵」，皇帝祭酒，祭酒，三祭酒，奠爵。太常卿奏「出圭，俯伏，興，平身；稍後，鞠躬，拜，興，拜，興，平身」。皇帝出圭，俯伏，興，平身；稍後，鞠躬，拜，興，拜，興，平身。樂舞止。太常卿奏「請詣酒尊所」，導駕官同太常卿導引皇帝至酒尊所。執爵官以爵進，皇帝受爵，司尊者舉羃，酌盎齊，畢，皇帝以爵授執爵官，執爵官從行。樂舞作。太常卿奏「請詣后土氏神位前」，導駕官同太常卿導引皇帝至神位前。太常卿奏「跪，搢圭」，皇帝跪，搢圭。執爵官奉爵，跪進于皇帝之右，皇帝受爵。太常卿奏「祭酒，祭酒，三祭酒，奠爵」，皇帝祭酒，祭酒，三祭酒，奠爵。太常卿奏「出圭，俯伏，興，平身；稍後，鞠躬，拜，興，拜，興，平身」。皇帝出圭，俯伏，興，平身；稍後，鞠躬，拜，興，拜，興，平身。樂舞止。太常卿奏「飲福，受胙」，導駕官同太常卿導引至正位前飲福位，南向立。太常卿奏「鞠躬，拜，興，拜，興，平身；稍前，跪，搢圭」。皇帝鞠躬，拜，興，拜，興，平身；稍前，跪，搢圭。執事官就神前酌福酒，跪進于皇帝之右，贊曰：「唯此酒殽，神之所與。賜以福慶，億兆同霑。」皇帝受福酒，祭酒少許，飲福酒，以爵置于坫。奉胙官就神前取胙，跪進于皇帝之右，皇帝受胙，以胙授執事者，執事者跪受于皇帝之右。太常卿奏「出圭，俯伏，興，平身；稍後，鞠躬，拜，興，拜，興，平身」。皇帝出圭，俯伏，興，平身；稍後，鞠躬，拜，興，拜，興，平身。導駕官同太常卿導引皇帝降自北陛，太常卿奏「請詣爵洗位」，導駕官同太常卿導引皇帝至爵洗位。太常卿奏「搢圭」，皇帝搢圭。執爵官以爵進，皇帝受爵，滌爵，拭爵，以爵授執爵官；執爵官復以爵進，皇帝受爵，滌爵，拭爵，以爵授執爵官。太常卿奏「出圭」，皇帝出圭。奏「請詣酒尊所」，導駕官同太常卿導引至酒尊所，執爵官從行。太常卿奏「搢圭」，皇帝搢圭。執爵官以爵進，皇帝執爵，司尊者舉冪，酌醴齊，畢，皇帝以爵授執爵官，執爵官從行。太常卿奏「出圭」，皇帝出圭。太常卿奏「請詣太稷神位前」，協律郎跪，俯伏，舉麾，奏熙和之曲、文德之舞。導駕官同太常卿導引皇帝至神位前，太常卿奏「跪，搢圭」，皇帝跪，搢圭。執爵官奉爵，跪進于皇帝之右，皇帝受爵。太常卿奏「祭酒，祭酒，三祭酒，奠爵」，皇帝祭酒，祭酒，三祭酒，奠爵。太常卿奏「出圭，俯伏，興，平身；稍後，鞠躬，拜，興，拜，興，平身」。皇帝出圭，俯伏，興，平身；稍後，鞠躬，拜，興，拜，興，平身。樂舞止。太常卿奏「請詣酒尊所」，導駕官同太常卿導引皇帝至酒尊所。執爵官以爵進，皇帝受爵，司尊者舉羃，酌醴齊，畢，皇帝以爵授執爵官，執爵官從行。樂舞作。太常卿奏「請詣后稷氏神位前」，導駕官同太常卿導引皇帝至神位前。太常卿奏「跪，搢圭」，皇帝跪，搢圭。執爵官奉爵，跪進于皇帝之右，皇帝受爵。太常卿奏「祭酒，祭酒，三祭酒，奠爵」，皇帝祭酒，祭酒，三祭酒，奠爵。太常卿奏「出圭，俯伏，興，平身；稍後，鞠躬，拜，興，拜，興，平身」。皇帝出圭，俯伏，興，平身；稍後，鞠躬，拜，興，拜，興，平身。樂舞止。太常卿奏「飲福，受胙」，導駕官同太常卿導引至正位前飲福位，南向立。太常卿奏「鞠躬，拜，興，拜，興，平身；稍前，跪，搢圭」。皇帝鞠躬，拜，興，拜，興，平身；稍前，跪，搢圭。執事官就神前酌福酒，跪進于皇帝之右，贊曰：「唯此酒殽，神之所與。賜以福慶，億兆同霑。」皇帝受福酒，祭酒少許，飲福酒，以爵置于坫。奉胙官就神前取胙，跪進于皇帝之右，皇帝受胙，以胙受執事者，執事者跪受于皇帝之右。太常卿奏「出圭，俯伏，興，平身；稍後，鞠躬，拜，興，拜，興，平身」。皇帝出圭，俯伏，興，平身；稍後，鞠躬，拜，興，拜，興，平身。太常卿奏「復位」，導駕官同太常卿導引皇帝復位。

○徹豆：贊禮唱「徹豆」，協律郎跪，俯伏，舉麾，奏雍和之曲。掌祭官各徹豆。樂止。贊禮唱「賜胙」，太常卿奏「皇帝飲福受胙，免拜」。贊禮唱「皇太子以下在位官皆再拜」。傳贊唱「鞠躬，拜，興，拜，興，平身」，皇太子以下在位官皆鞠躬，拜，興，拜，興，平身。

○送神：贊禮唱「送神」，協律郎跪，俯伏，舉麾，奏安和之曲。太常卿奏「鞠躬，拜，興，拜，興，平身」，皇帝鞠躬，拜，興，拜，興，平身。贊禮唱「皇太子以下在位官皆再拜」。傳贊唱「鞠躬，拜，興，拜，興，平身」，皇太子以下在位官皆鞠躬，拜，興，拜，興，平身。樂止。贊禮唱「祝人取祝，幣人取幣，詣望瘞位」，讀祝官取祝，奉幣官取幣，掌祭官取牲，饌諸瘞所，置于坎内。

○望瘞：贊禮唱「望瘞」，協律郎跪，俯伏，舉麾，奏時和之曲。太常卿奏「請詣望瘞位」，導駕官同太常卿導引皇帝至望瘞位。樂止。贊禮唱「可瘞」，東西面各二人，置土于坎。實土至半，太常卿奏「禮畢」，導駕官同太常卿導引皇帝還大次，解嚴。

遣官祭告社稷儀注：前期，告官及陪祀官、執事官齋三日，散齋二日，宿于公廨，致齋一日于祭所。前一日，有司掃除壇上下，開瘞坎。執事恭視社主，設太社神位于社壇之南正中，設后土氏配位于社壇之東，設太稷神位于稷壇之南正中，設后稷配位于稷壇之西。設告官拜位于壇下之北，南向；陪祀官位于告官之北，南向。贊禮二人位于告官拜位之南，東西相向；設盥洗位于兩壇下之西，爵洗位于稷壇之東北，酒尊位于爵洗位之南，幣篚位又于尊之南。又設司尊、司爵洗、司盥洗、執爵位各于其所。其日清晨，執事官陳設幣帛、肉脯，實酒尊，然香燭，設祝版于正配神位之右。贊引引告祭官、陪祀官各服法服，入就拜位，皆南向立。贊禮唱「行禮」，引禮詣告官前，曰「有司謹具，請行事」。贊禮唱「鞠躬，拜，興，拜，興，平身」，告官及陪位官皆鞠躬，拜，興，拜，興，平身。贊禮唱「奠幣」，贊引引告官詣盥洗位。贊引唱「搢笏」，告官搢笏。贊引唱「盥手」，司盥者酌水，告官盥洗。訖，唱「帨手」，司巾者以巾進，告官帨手。訖，贊引唱「出笏」，告官出笏。贊引詣告官前，曰「請詣太社神位前」，司幣者捧幣從行。贊引引至神位前，唱「跪，搢笏」，告官跪，搢笏。司香取香于案，跪進于告官之左，贊引唱「上香，上香，三上香」，告官上香，上香，三上香。訖，司幣者取幣于篚，跪進于告官之右，告官受幣，奠于神位前。贊引唱「出笏」，告官出笏。唱「鞠躬，拜，興，拜，興，平身」，告官鞠躬，拜，興，拜，興，平身。次引至后土神位前，如前儀。訖，贊引引告官降自北陛，詣告官前，曰「請詣太稷神位前」，至神位前，奠幣及詣后稷神位前，並如前儀。訖，贊引引告官復位，少立。贊禮唱「酌獻」，贊引引告官詣爵洗位，贊引唱「搢笏」，告官搢笏。執爵者以爵進，贊引唱「受爵」，告官受爵。唱「滌爵」，司爵洗者酌水，滌爵。訖，唱「拭爵」，司帨者以巾進，告官拭爵。訖，唱「以爵授執爵者」，告官以爵授執爵者，執事者復以爵進告官，告官受爵，滌爵，拭爵，如前儀。訖，贊引唱「出笏」，告官出笏。贊引唱「請詣酒尊所」，引至酒尊所。贊引唱「搢笏」，告官搢笏。執爵者以爵進，告官受爵，司尊者舉冪，酌酒，以爵授執爵者，執爵者復以爵進，告官受爵，酌酒，如前儀。訖，贊引唱「出笏」，告官出笏。贊引詣告官前，曰「請詣太社神位前」，贊引唱「跪，搢笏」，告官跪，搢笏。執爵者以爵跪進于告官之右，告官受爵。贊引唱「祭酒，祭酒，三祭酒，奠爵」，告官祭酒，祭酒，三祭酒，奠爵于坫。贊引唱「出笏」，告官出笏。讀祝官取祝版于神位之右，跪讀祝文。訖，贊引唱「俯伏，興，拜，興，拜，興，平身」，告官俯伏，興，拜，興，拜，興，平身。次引至后土神位前，如前儀。訖，贊引引告官降自北陛，詣爵洗位酒尊所。引至太稷神位前、后稷神位前，行禮皆如前儀。訖，贊引引告官復位，贊禮唱「鞠躬，拜，興，拜，興，拜，興，拜，興，平身」，告官及陪位官皆鞠躬，拜，興，拜，興，拜，興，拜，興，平身。贊禮唱「望瘞」，讀祝官取祝，捧幣官取幣，詣瘞所。贊引引告官至望瘞位，北向立。贊禮唱「可瘞」，東西面各二人置土于坎。實土至半，贊禮唱「禮畢」，引告官及在位者以次出。

王圻續通考：郡邑社稷壇，建于城西北，右社左稷，各方二丈五尺，高三尺，四出陛，各三級。社以石爲主，其形如鍾，長二尺五寸，方一尺一寸，剡其上，培其下之半，在壇之南。壇周垣百步，祭用春秋二仲月上戊日。每壇正配位，籩、豆各四，簠、簋各二，鉶各一，俎二，共用羊、豕各一，帛一。長官行三獻禮，餘官陪祭。四年，定王府社稷之制，立于王國宮門之右。壇方三丈五尺，高三尺五寸，四出陛。兩壇相去亦三丈五尺，壝廣二十丈，高五尺，各置櫺星門。外垣三門，置屋列戟十二，惟南門無屋。社主用石，長二尺五寸，闊一尺五寸，剡其上，埋其半。其制上不同于太社，下異郡邑之制。

明史禮志：洪武三年，于壇北建祭殿五間。又北建拜殿五間，以備風雨。

大政紀：洪武四年正月，詔定，親祭社稷用皮弁服，陪祭官各服本品梁冠祭服。五月，詔立大社壇于中都。九月，詔親祀社稷，齋三日。降香，齋一日，著爲令。

明會典：七年，定天下府州縣社稷之神，正配位各用羊一，豕一。

洪武十年，改建社稷壇于午門外之右。先是，社主用石，高五尺，闊二尺，上微尖，立于社壇，半埋土中，近南，北向。稷不用主。至是，埋石主于社稷壇之正中，微露其尖，仍用木爲神牌，而丹漆之。祭則設于壇上，祭畢貯庫。壇設太社神牌居東，太稷神牌居西，俱北向。奉仁祖神牌配神，西向，而罷勾龍、后稷配。自奠幣至終獻，皆同時行禮。

春明夢餘録：洪武十年，上以太社、太稷分祭配祀，皆因前代制，欲更建之，爲一代之典。遂下禮部議，尚書張籌詳議，奏曰：「案通典，顓頊祀共工氏子勾龍爲社，烈山氏子柱爲稷，稷，田正也。高辛、唐、虞、夏皆因之。周棄亦爲稷，自商以來祀之，此社稷之祀所由始也。商湯以旱而遷社，以后稷代柱，欲遷勾龍，無可繼者，故止。然王肅以爲社祭勾龍，稷祭后稷，皆人鬼，非地祇。而陳氏禮書又謂社所以祭五土之祇，稷所以祭五穀之神。鄭康成亦謂社爲土總神，稷爲原隰之神。勾龍以有平水土之功，故配社祀之；稷以有播種之功，故配稷祀之。二説爲不同。漢元始五年，以夏禹配食官社，后稷配食官稷。唐、宋及元，則又以勾龍配社，周棄配稷，蓋本鄭氏之説。此配祀之説，緣于古昔，初無一定之論也。至于社稷分合之義，書召誥言『社于新邑』，孔氏注曰：『社稷共牢。』又封人『掌設王之社壝』，注云：『不言稷者，舉社，則稷從之。』如是，則當時社與稷固已合而一之矣。陳氏禮書曰：『稷非土無以生，土非稷無以見，生生之數，故祭社必及稷，以其同功均利而養人也。』而山堂考索則曰：『土爰稼穡，其本一也。』是則社稷之祭，合而一之，于古自有明證。至于壇位，則考之周制，小宗伯『掌建國之神位，右社稷，左宗廟』。起大事，動大衆，以先告于社而後出。其制在中門之外，外門之内。尊而親之，與先祖等。漢遣官祭大社、大稷，光武立大社、大稷于雒陽，在宗廟之右。唐因隋制，建于含光門之右，大抵皆本成周左祖右社之意。社主之言，周禮大司徒『設其社稷之壝而樹之主，各以野之所宜木名其社』。小宗伯『立軍社』，鄭氏注：『社主用石爲之。』蓋以石者，土之所生，最爲堅實故也。唐神龍中，議立社。韋叔夏引鄭玄議，以爲社主用石。韓詩外傳云：『天子社主，長五尺，方二尺，剡其上，以象物生，方其下，以象地體，埋其半，以象根在土中，而本末均。』宋初，祭社稷，正配位用神位版，大社又以石爲主，其形如鐘，長五尺，方二尺，剡其上，培其下半，其中植槐。是則木主、石主，前代蓋兼用矣。今擬社稷合祭，共爲一壇，皆設木主而丹漆之，祭則設于壇上，祭畢收藏，仍用石主埋壇中，如唐、宋之制。至于勾龍配社，周棄配稷，雖唐虞農官，而勾龍，共工氏之子也，祀之無義。商湯欲遷之而未果，漢嘗易以夏禹，而今以列祀帝王之次，棄、稷亦配享先農，請罷勾龍與棄配位，謹奉仁祖配享大社、大稷，以成一代之盛典，以明社尊而親之之道。」上覽奏，稱善，遂定合祭之禮。十月工完，于是合祭社稷，奉仁祖配。

明史禮志：初，社稷列中祀，及以仁祖配，乃升爲上祀。具冕服以祭，行奉安禮。

太祖實録：十月，新建社稷壇成。先是，禮部尚書張籌言：「天地、社稷、宗廟，崇敬之禮一也。後世列社稷爲中祀，失所以崇奉之意。至唐，升爲上祀。國初，仍列中祀，祭服或具通天冠、絳紗袍，或以皮弁，制未有定。今既考用古制，右社稷，左宗廟，有事社稷，奉仁祖配，其禮重矣，宜升爲上祀，具冕服以祭。」帝是之，至是行奉安禮，帝冕服乘輅，百官具祭服。詣舊壇，以遷主告祭，行一獻禮。畢，執事起石主舁之，具儀衛，作樂，百官前導。帝乘輅至新壇，執事奉安石主于壇上，別設木主于神位，具牲醴庶品，升爲上祀，奉仁祖淳皇帝配。

明史張籌傳：洪武九年，籌爲尚書，乃更議合社稷爲一壇，罷勾龍、棄配位，奉仁祖配享，遂以社稷與郊廟並列上祀。識者竊非之。

蕙田案：建國神位，左祖右社，是宗廟與社稷體制相並，未聞祭社稷而以祖宗配食也。明太社罷句龍、后稷配，而以仁祖配，殊爲創典。嘉靖時，去祖宗配，仍以句龍、后稷配，乃合于古矣。

明史禮志：十一年春，祭社稷，行新定儀。迎神、飲福、送神，凡十二拜，餘如舊。

王圻續通考：是年，祭太社、太稷。前祭二日，詣奉先殿告仁祖淳皇帝配神。祭日，陳設，太社在東，太稷在西，俱北向；仁祖淳皇帝在東，西向。太社、太稷位，各用犢一，羊一，豕一，登一，鉶二，籩、豆各十二，簠、簋各二，玉用兩圭有邸，帛一，黑色。仁祖配位同，不用玉，共設酒尊三于壇之西北，東向。爵九，玉篚二，帛篚一，祝文一。其儀，典儀唱「樂舞生就位，執事者各司其事」。皇帝詣盥洗位，搢圭，盥手，出圭，就位。典儀唱「瘞毛血」，唱「迎神」，奏樂，樂止。內贊奏「四拜」，百官同。典儀唱「奠玉幣，行初獻禮」，奏樂。執事官以爵受酒，皇帝詣太社神位前，搢圭，執事官以玉帛跪進，皇帝奠玉帛，執事官以爵跪進。皇帝獻爵，出圭，次詣太稷神位前，次詣仁祖淳皇帝神位前，俱如前儀。詣讀祝位，跪，讀祝官以祝跪讀。訖，皇帝俯伏，興，平身，復位，樂止。典儀唱「行亞獻禮」，奏樂，皇帝詣太社神位前，搢圭，獻爵，出圭。次詣太稷神位前，次詣仁祖淳皇帝神位前，俱如前儀，復位，樂止。典儀唱「行終獻禮」，儀同亞獻。畢，典儀唱「飲福，受胙」，皇帝詣飲福位，跪，搢圭；光祿寺官以爵進，皇帝受爵，飲福酒；光祿寺官以胙進，皇帝受胙，出圭，俯伏，興，平身，復位。四拜，百官同。典儀唱「徹饌」，奏樂，樂止。唱「送神」，奏樂，皇帝四拜，百官同，樂止。讀祝官捧祝，掌祭官捧帛饌，各詣瘞位。皇帝詣望瘞位，内贊奏「禮畢」。祝文曰：「維神贊輔皇祇，發生嘉穀，粒我烝民，萬世永賴。時當仲春，禮嚴告祀，謹以玉帛牲齊，粢盛庶品，備茲瘞祭。皇考仁祖淳皇帝配神。」

明史樂志：洪武十一年，合祭太社稷樂章：

迎神，廣和之曲　予惟土穀兮造化工，爲民立命兮當報崇。民歌且舞兮朝雍雍，備筵率職兮候迓迎。想聖來兮祥風生，欽當稽首兮告年豐。

初獻，壽和之曲　氤氳氣合兮物遂蒙，民之立命兮荷陰功。予將玉帛兮獻微衷，初斟醴薦兮民福洪。

亞獻，豫和之曲　予令樂舞兮再捧觴，願神昭格兮軍民康。思必穆穆兮靈洋洋，感恩厚兮拜祥光。

終獻，熙和之曲　干羽飛旋兮酒三行，香烟繚繞兮雲旌幢。予今稽首兮忻且惶，神顏悦兮霞彩彰。

徹饌，雍和之曲　粗陳微禮兮神喜將，琅然絲竹兮樂舞揚。願祥普降兮遐邇方，烝民率土兮盡安康。

送神，安和之曲　氤氳氤氳兮祥光張，龍車鳳輦兮駕飛揚。遥瞻稽首兮去何方，民福留兮時雨暘。

望瘞，時和之曲　捧殽羞兮詣瘞方，鳴鑾率舞兮聲鏗鏘。思神納兮民福昂，予今稽首兮謝恩光。

禮志：中都亦有太社壇〔一〕，洪武四年建，取五方土以築。直隸、河南進黄土，浙

〔一〕「壇」，諸本重，據明史禮志三删一「壇」字。

江、福建、廣東西進赤土，江西、湖廣、陝西進白土，山東進青土，北平進黑土。天下府縣千三百餘城，各土百觔，取于名山高爽之地。

王國社稷，洪武四年定。十一年，禮臣言：「太社稷既同壇合祭，王國各府州縣亦宜同壇，稱國社國稷之神，不設配位。」詔可。十三年九月，復定制兩壇一壝如初式。十八年，定王國祭社稷山川等儀，行十二拜禮。

府州縣社稷，洪武元年，頒壇制于天下郡邑，俱設于本城西北，右社左稷。十一年，定同壇合祭如京師。獻官以守禦武臣爲初獻，文官爲亞獻、終獻。十三年，溧水縣祭社稷，以牛醢代鹿醢。禮部言：「定制，祭物缺者，許以他物代。」帝曰：「所謂缺者，非土地所產。溧水固有鹿，有司故爲苟簡也。百司所以能理其職而盡民事者，以其常存敬懼之心耳。神猶忽之，于人事又何懼焉。」命論如律〔二〕。乃敕禮部下天下郡邑，凡祭祀必備物，苟非地產、無從鬻者，聽其缺。十四年，令三獻皆以文職長官，武官不與。里社，每里一百户立壇一所，祀五土五穀之神。

〔二〕「論」，諸本作「諭」，據明史禮志三改。

明會典：洪武二十六年初，定儀天下府州縣社稷。洪武禮制，社稷同壇，制東西二丈五尺，南北二丈五尺，高三尺，俱營造尺，四出陛，各三級，壇下前十二丈或九丈五尺，東西南各五丈，繚以周牆，四門紅油，北門入。石主長二尺五寸，方一尺，埋于壇南正中，去壇二尺五寸，止露圓尖，餘埋土中。

○神號：各布政司寓治之所，雖係布政司官致祭，亦合稱府社府稷，府稱府社之神、府稷之神，州稱州社之神、州稷之神，縣稱縣社之神、縣稷之神。神牌二，以木爲之，朱漆青字。身高二尺二寸，闊四寸五分，厚九分，座高四寸五分，闊八寸五分，厚四寸五分。臨祭，設于壇上，以矮桌盛頓。祭畢，藏之。

○房屋：神厨三間，用過梁通連。深二丈四尺，中一間闊一丈五尺九寸，傍二間，每間闊一丈二尺五寸。鍋五口，每口二尺五寸。庫房間架與神厨同，内用壁，不通連。宰牲房三間，深二丈二尺五寸，三間通連，中一間闊一丈七尺五寸九分，傍二間各闊一丈。于中一間正中鑿宰牲小池，長七尺，深二尺，闊三尺，甎砌四面，安頓木架于上。宰牲血水聚于池内，祭畢擔去，仍用蓋。房門用鎖。宰牲房前，舊有小池者，仍舊制，不必更改。無者，不必鑿池，止于井内取水。滌牲桶四隻，寬大可以容牲。

祝版以木爲之，白紙寫文，貼其上，祭畢，焚之。

○祭器：牲匣四，以木爲之，朱漆底，蓋各高六寸，長三尺三寸，闊二尺二寸，蓋兩頭用銅環二箇，底兩傍用銅環四箇。籩、豆、簠、簋，俱用瓷楪。簠、簋，楪稍大。酒尊三，用瓷尊，每尊用蓋。布巾一，酌酒杓一，爵六，用瓷爵。鉶一，用瓷椀。香爐二，設于壇之左右。案桌，神牌案二，高一尺一寸，闊一尺九寸，長三尺三寸。籩、豆、簠、簋案四，高一尺一寸，闊一尺九寸，長三尺三寸。牲匣案四，高六寸，闊二尺四寸，長三尺五寸。祝案一，高一尺二寸，闊一尺九寸，長三尺三寸。酒尊案一，高二尺七寸五分，闊一尺五寸，長五尺。桌面剜三孔，仍用木板一片，橫裝于剜孔之下，以盛酒尊爵。帛案一，高二尺七寸五分，闊二尺三寸，長三尺。盥具尊一，用瓷器。酌水杓一，盆一，錫、銅、瓷隨用。帨布一，案一，高二尺七寸五分，闊二尺三寸，長三尺。

○祭物：羊一，豕一。帛一，黑色，長一丈八尺。鉶一，盛和羹。籩四，棗、栗、鹽、稾魚。豆四，韭菹、醓醢、猪肉、鮓、菁菹、鹿醢，或用鹿、兔。簠二，黍、稷。簋二，稻、粱。

○祭期：每歲仲春、仲秋上戊日。

〇獻官：各布政司及府州縣，凡遇祭祀，隨處但長官一員行三獻禮，餘官止陪祭，武官並不預祭。

〇儀注：正祭前三日，獻官并陪祭官、執事人等沐浴更衣，散齋二日，各宿别室，致齋一日，同宿祭所。散齋仍理事務，惟不飲酒，不食葱韭薤蒜，不弔喪問疾，不聽樂，不行刑，不判署刑殺文字，不預穢惡事。致齋唯理祭事。正祭前一日，執事者設香案于宰牲房外，贊引引獻官常服詣省牲所，贊省牲。執事者牽牲從香案前過。贊引贊省牲畢，遂宰牲，以毛血少許盛于盤，其餘毛血以淨器盛貯，祭畢埋之。其牲，須連皮煮熟供祭。前期，執事掃除壇之上下，并設獻官幙次于中門外，執事者依圖陳設。其日清晨，執事者各實籩豆酒尊等器，并滌爵。臨祭，獻官免滌，獻官具祭服，僉祝版于幙次。執事置祝于案，置帛于篚，取毛血盤置神位前牲案下。將行禮，執事者以牲匣盛牲，置于案，未啓蓋。通贊唱「執事者各司其事，陪祭官各就位」，唱「獻官就位」，贊引引獻官入就位。通贊唱「瘞毛血」，執事者以毛血瘞于坎，遂啓牲匣蓋。通贊唱「迎神，鞠躬，拜，興，拜，興，拜，興，拜，興，平身」，獻官、陪祭官皆四拜，興，平身。通贊唱「奠帛，行初獻禮」，捧帛者捧帛，執爵者執爵以俟。贊禮唱「詣盥洗所」，贊引引獻官至盥洗所，贊「搢笏」，執事者酌水，進巾，獻官盥手，帨手。訖，盥手，帨手，不贊。贊「出笏」，獻官出笏，贊「詣酒尊所」，贊「司尊者舉冪，酌酒，執事者各以爵受酒」，贊「詣某社神位前」，引獻官詣神位前。贊「跪，搢笏」，獻官跪，搢笏。捧帛者跪進于獻官之右，獻官受帛，獻帛，以帛授執事者，奠于案。執爵者跪進于獻官之右，獻官受爵，贊「獻爵」，獻官獻爵，以爵授執事者，奠于神位前。凡進帛進爵，皆在獻官之右；奠帛奠爵，皆在獻官之左。贊「出笏」，獻官出笏，贊「俯伏，興，平身」，獻官俯伏，興，平身。贊「詣某稷神位前」，同上儀。贊「詣讀祝位」，獻官詣讀祝位，贊「跪」，獻官跪。贊「讀祝」，讀祝者取祝，跪讀于獻官之左，畢，興，置祝于案。贊「俯伏，興，平身」，獻官俯伏，興，平身。贊「復位」，獻官復位。通贊唱「行亞獻禮」，贊引引獻官詣酒尊所，贊「司尊者舉冪，酌酒，執事者各以爵受酒」，贊「詣某社神位前」，引獻官詣神位前。贊「跪」，贊「搢笏」，獻官跪，搢笏。執爵者跪進于獻官之右，獻官受爵。贊「獻爵」，獻官獻爵，以爵授執事者，奠于神位前。贊「出笏」，獻官出笏。贊「俯伏，興，平身」，獻官俯伏，興，平身。贊「詣某稷神位前」，同上儀。贊「復位」，獻官復位。終獻同亞獻儀。通贊唱「飲福，受胙」，執事者設飲福位于壇之中，稍北，執事者先于社神前取羊一脚置于盤。執事者于酒尊所，酌酒一爵，立俟于飲福位之右。贊引引獻官詣飲福位，贊「跪，搢笏」，獻官跪，搢笏。執事者以爵跪進于獻官之右，獻官受爵。贊「飲福酒」，獻官飲，訖，以虚爵授執事者。執事者跪受爵于獻官之左，以退。贊「受胙」，執事者以胙跪進于獻官之右，獻官受胙，以胙授執事者，執事者跪受于獻官之左，捧由中道出。贊「出笏」，獻官出笏。贊「俯伏，興，平身」，獻官俯伏，興，平身。贊「復位」。通贊贊「兩拜」，獻官、陪祭官皆兩拜。通贊唱「徹饌」，執事者各詣神位前，以籩豆稍移動。通贊唱「送神」，贊「鞠躬，拜，興，拜，興，拜，興，拜，興，平身」，獻官、陪祭官皆四拜，興，平身。通贊唱「讀祝官捧祝，進帛官捧帛，各詣瘞所」，獻官、陪祭官移身，分東西立俟。捧帛、祝者由中道過獻官拜位。通贊唱「望瘞」，贊引贊「詣望瘞位」，獻官至望瘞位，執事者以祝帛焚于坎中，將畢，以土實坎。贊引、通贊同唱「禮畢」。

〇里社：凡各處鄉村人民，每里一百户内立壇一所，祀五土、五穀之神，專爲祈禱。雨暘時，若五穀豐登，每歲一户輪當會首，常川潔淨壇場。遇春秋二社，預期率辦祭物。至日，約聚祭祀。其祭，用一羊，一豕，酒果香燭隨用。祭畢，就行會飲，會中先令一人讀抑强扶弱之誓，其詞曰：「凡我同里之人，各遵守禮法，毋恃力凌弱，違者先共制之，然後經官。或貧無可贍，周給其家，三年不立，不使與會。其婚姻喪葬有乏，隨力相助。如不從衆及犯姦盜詐僞一切非爲之人，並不許入會。」讀誓詞畢，長幼以次就坐，盡歡而退。務在恭敬神明，和睦鄉里，以厚風俗。

〇儀注：前祭一日，會首及與祭之人各齋戒一日。會首前遣執事人掃除壇所，爲瘞坎于壇所之西北，方深取足容物。會首洗滌厨房鑊器，以淨室爲饌所。至晚，宰牲。執事者以楪取毛血，與祭器俱置于饌所。祭器俱用瓷瓦器。祭日未明，執事者于厨中烹牲，設五土、五穀神位于壇上，五土居東，五穀居西。設讀祝所于壇所，居中間。設會首拜位于壇下，俱南向。設預祭神位于其後，設引禮及諸執事人位又于其後。執事者于饌所實祭物于楪内。解牲體，置于二俎。置酒于尊，書祝文于紙。祭物既備，執事者各捧設于神位前，燃香明燭。自會首以下各服常服，盥手，入就拜位，立定。執事者執壺，于尊中取酒，立于五土神位之左。引禮者唱「鞠躬，拜，興，拜，興，平身」，會首以下皆鞠躬，拜，興，拜，興，平身。執事者取毛血瘞于坎中，引禮引會首詣五土神位前，唱「跪」，會首詣五土神位前，跪，舉盃，執壺者斟酒。引禮唱「三祭酒」，會首三祭酒。訖，引禮唱「俯伏，興，平身」。執壺者詣五穀神位之左，引禮引會首詣五穀神位前，唱「跪」，會首詣五穀神位前，跪，舉盃，執壺者斟酒。引禮唱「三祭酒」，會首三祭酒。訖，引禮唱「俯伏，興，平身」，會首俯伏，興，平身。引禮唱「就讀祝位」，讀祝者取祝，立于讀祝位之左。會首詣讀祝所，引禮唱「跪」，會首跪。唱「讀祝」，讀祝者跪，讀祝。訖，興，置祝于案。引禮唱「俯伏，興，平身」，會首俯伏，興，平身。引禮唱「復位」，會首復位。引禮唱「鞠躬，拜，興，拜，興，平身」，會首以下皆鞠躬，拜，興，拜，興，平身。執事者徹祭物，讀祝者取祝文，焚瘗于坎所。禮畢，行會飲、讀誓文禮。

蕙田案：里社之禮，至明而盡善，非特祈報而已，寓讀法講約之意焉。因神以聚民，因聚而觀禮，可謂得三代之遺風矣。

太常紀：惠帝建文元年二月，祀社稷，奉太祖配，撤仁祖位。

明會典：永樂中，北京社稷壇成，位置陳設，悉如南京舊制。

成祖實録：永樂元年五月，罷祀北京國社、國稷。帝以北平爲舊封國，有國社、國稷，今既爲北京，其社稷宜爲定制。禮部官言：「古制無兩京並立太社、太稷之禮，今北京舊有國社、國稷，宜改設官守護，遇上巡狩，即壇内設太社、太稷位以祭。仍于順天府别建府社、府稷，令北京行部官以時祭祀。」從之。

大政記：永樂三年二月，吏部尚書蹇義等議：「今趙王留守北京，當别建國社、國稷、山川等壇致祭，如禮部尚書所議。」從之。

成祖實録：五年七月，交阯立社稷，交阯布政司言：「安南夷俗，惟尚浮屠法，不知敬事。祀典神祇，宜設風雷雲雨山川社稷等壇，以時致祭，使知崇報之道。」從之。十九年正月，北京社稷壇成。時北京郊社宗廟成，是月，帝躬詣太廟奉安祖宗神主。命皇太子詣南郊，奉安上帝地祇神位。社稷壇，遣太孫行事，其壇制祀禮，一如其舊。

大政記：永樂十九年正月朔晨，命皇太孫詣社稷壇，奉安太社、太稷神主。二月丁酉，祭大社、大稷。八月戊戌，祭大社、大稷。

成祖實録：三月，祀社稷，奉太祖配。帝自即位，及遷都北京，每歲春秋，必躬祀。惟巡狩親征，遣皇太子攝。

仁宗實録：洪熙元年二月，祭社稷，奉太祖、太宗配。命禮部永爲定式。

明史禮志：洪熙後，奉太祖、太宗同配。舊制，上丁釋奠孔子，次日上戊，祭社稷。

宣宗實錄：宣德二年二月，祀社稷，仍用上戊日。是日，適當萬壽節，禮官以祭期妨慶典，請改用中旬。帝以祖宗定制，不可改，至日行禮如常。

明會典：正統二年，令應天府建社稷壇，春秋祈報，以守臣行事。

孝宗實録：故事，社稷壇，春秋祭，每用鋪壇，五色土二百六十石。順天府民取而輸之神宮監，石加八斗。弘治五年正月，順天府尹言：「土以飾壇，義取别其方色，初不以多爲貴，況小民取之山谷，勞費不貲，請著爲定例，庶民勞可紓，而有司亦無延誤之失。」命工部尚書賈俊會神宮監、太常寺，覈用土多寡之數。俊等至壇相度，言：「常年所輸土，用以鋪壇，厚可二寸四分，若厚止一寸，則僅用百一十石而足。」遂命鋪壇土，止以厚一寸爲度，今後依此數辦納。

明史禮志：弘治十七年八月，上丁在初十日，上戊在朔日，禮官請以十一日祀社稷。御史金洪劾之，言如此則中戊，非上戊矣。禮部覆奏言：「洪武二十年，嘗以十一日爲上戊，失不始于今日。」命遵舊制，仍用上戊。

蕙田案：御史之言是也。

嘉靖九年，諭禮部：「天地至尊，次則宗廟，又次則社稷。今奉祖配天，又奉祖配社，此禮官之失也。宜改從皇祖舊制，大社以句龍配，太稷以后稷配。」乃以更正社稷壇配位禮，告太廟及社稷，遂藏二配位于寢廟，更定行八拜禮。

春明夢餘録：嘉靖九年，諭禮部曰：「祭太社、太稷，奉我太祖、太宗配，朕有疑焉。夫天地至尊，次則宗廟，又次則社稷，此次序尊殺之禮也。奉祖配天，則正矣。又奉祖配社，則失其序。或謂以祖配社，乃我皇祖時，禮官張籌之失，然與，否與？又議者謂，后土句龍氏，乃共工之子，祭之無義。夫句龍氏有平水土之功，故取之配社，猶以后稷配稷也。當論其功，況父不善，而可惡及其子乎？至如奉祖配社，屈其所尊，義實未安，茲當改正。仍如高皇帝制，太社以后土句龍氏配，太稷以后稷氏配，雖合祭如故。」而使祖宗百餘年之配位，一旦撤之，人有遺議焉。

蕙田案：句龍配社，后稷配稷，此三代以來，數千百年聖賢定制也，後世亦無有議易之者。明太祖忽欲以祖配，而禮官張籌以迎合之私，違禮經之正，附和行之，其失大矣。世宗改正，極爲卓識，乃孫承澤反以爲祖宗百餘年之配，一旦撤之，人有遺議，獨何心歟？此與郊天載姚淶、霍韜之議，同一謬也。

明會典：嘉靖九年，更定儀。一，前期二日，太常寺卿同光禄寺卿面奏省牲，如常儀。一，陳設。太社居東，北向；太稷居西，北向；后土句龍氏居東，西向；后稷氏居西，東向。陳設並如舊制，惟帛，春用告祀，秋用禮神。一，正祭。上乘輿由西闕門入，至壇北門東，降輿。導引官導上由右門入至具服殿，上具祭服。導引官導上由拜殿右門出，典儀唱「樂舞生就位，執事官各司其事」。上至御拜位，内贊奏「就位」，上就位。典儀唱「瘞毛血」，迎神，樂作。内贊奏「陞壇」，導上至太社神前。奏「跪」，奏「搢圭」，奏「上香」，司香官捧香，跪于上左，上三上香。内贊奏「出圭」，導上至太稷神前，儀同。奏「出圭」，奏「復位」，太常卿上配位香，樂止。奏「四拜」，傳贊百官同。典儀唱「奠玉帛，行初獻禮」，樂作。執事官捧玉帛爵于各神位前，跪奠，訖，樂暫止。内贊奏「跪」，傳贊衆官皆跪，典儀唱「讀祝」，讀祝官跪讀，訖，樂復作。俯伏，興，平身。傳贊百官同，樂止。典儀唱「行亞獻禮」，樂作。執事者捧爵于各神位前，跪奠，訖，樂止。典儀唱「行終獻禮」，樂作。儀同亞獻，樂止。太常卿于壇左，東向立，唱「賜福胙」，内贊奏「跪」，上跪。奏「搢圭」，光禄卿捧酒，跪于上右，内贊奏「飲福酒」，上飲。訖，光禄官捧胙，跪于上右，内贊奏「受胙」，上受胙。訖，奏「出圭，俯伏，興，平身」，奏「四拜」，傳贊百官同。典儀唱「徹饌」，樂作，樂止。典儀唱「送神」，樂作。奏「四拜」，傳贊百官同，樂止。典儀唱「讀祝官捧祝，掌祭官捧帛饌，各詣瘞位」，樂作，捧祝帛饌官過御前。訖，奏「禮畢」，上至具服殿，易服，還宫。一，祝文。稱「嗣天子」，及后土句龍氏、后稷氏配神，餘並同。

世宗實録：九年冬，帝以來春二月三日爲章聖太后生辰，是日上戊，當祀社稷，于稱觴上壽未便。詔：「自今凡仲春祭社稷，若值太后生辰，則别諏吉日。」于是禮部請于癸亥日行禮，從之。

十年三月，幸西苑，祭帝社帝稷。初，親耕禮成，以給事中王璣言：「欲推衍耕耤之道，禮部議西苑地寬，宜令農夫墾藝其中，上以春秋臨幸觀省，收其所入，輸之神倉，既悉小民艱苦之狀，且得致潔清于神明。耕耤之實，孰大于是。」帝可其議。命建土穀壇于豳風亭西。

明史禮志：壇在西苑豳風亭之西者，曰帝社稷。東帝社，西帝稷，皆北向。始名西苑土穀壇。嘉靖十年，帝謂土穀壇亦社稷耳，何以别于太社稷？張璁等言：「古者天子稱王，今若稱王社、王稷，與王府社稷名同。前定神牌曰『五土穀之神』，名義至當。」采帝耤之義，改爲帝社、帝稷，以上戊明日祭。後改次戊，次戊在望後，則仍用上巳。春告秋報爲定制。

明會典：帝社、帝稷壇，壇趾高六尺，方廣二丈五尺，甃以細甎，實以淨土，繚以土垣。北爲櫺星門，高六尺八寸，廣五尺八寸。神位以木爲之，各高一尺八寸，廣三寸，題曰「帝社之神」、「帝稷之神」，俱朱漆質金書。壇之南，置石龕，以藏神位，高六尺，廣二尺。壇之西爲祭器庫、樂器庫，壇之北樹二坊，以表之曰「帝社街」。每歲以仲春秋次戊日，上躬行祈報禮，如次戊在望後，則以上巳日。臨期，命文武大臣十二員陪拜。一，前期四日，太常寺奏「齋戒」。一，前期一日，太常寺奏「省牲」，上親填祝版于文華殿。一，陳設。帝社牛一，羊一，豕一，登一，鉶一，籩、豆各八，簠、簋各二，帛一，玄色。春用告祀，秋用禮神，帝稷陳設同。一，正祭。是日辰刻，上具皮弁服，乘版輿至豳風亭東，降輿。導引官導上至櫺星門内，典儀唱「樂舞生就位，執事者各司其事」。上至御拜位，典儀唱「迎神」，樂作。内贊導上陞壇，至帝社、帝稷香案前，各三上香。奏「復位」，樂止。奏「兩拜」，通贊陪拜官同。典儀唱「奠帛，行初獻禮」，樂作。執事者捧帛爵于各神前奠，訖，樂暫止。奏「跪」，上跪，通贊同。内贊贊「讀祝」，讀訖，樂復作。奏「俯伏，興，平身」，通贊同，樂止。典儀唱「行亞獻禮」，樂作，樂止。唱「行終獻禮」，樂作，樂止。唱「徹饌」，樂作，樂止。唱「送神」，樂作，奏「兩拜」，通贊同，樂止。典儀唱「讀祝官捧祝，掌祭官捧帛饌，各詣瘞位」，樂作。奏「禮畢」，上至豳風亭易服，還宫。

明史樂志：嘉靖十年初，立帝社稷樂章〔一〕：

迎神，時和之曲　東風兮地脈以融，首務兮稼穡之工。秋祭云：「金風兮萬寶以充，忻成兮稼穡之工。」祀神于此兮苑中，願來格兮慰予衷。

初獻，壽和之曲　神兮臨止，禮薦清醇。菲幣在笥，初獻式遵。神其鑒兹，享斯藻蘋。我祀伊何？祈報是因。神兮錫祉，則阜吾民。

亞獻，雍和之曲　二觴載舉，申此殷勤。神悦兮以納，祥靄兮氤氲。

終獻，寧和之曲　禮終兮酒三行，喜茂實兮黍稷粱。農事待兮豐康，予稽首兮以望。

徹饌，保和之曲　祀事告終，三獻既周。徹之罔遲，惠注田疇。迓以休貺，庇兹有秋。

送神，廣和之曲　耕耨伊首，秋祭云：「耕耨告就。」力事豆籩。粢盛賴之，于此大

〔一〕「帝」，諸本脱，據明史樂志二補。

田。予將以祀，神其少延。願留嘉祉，副我潔虔。肅駕兮雲旋，普予兮有年。

望瘞，曲同。

沈德符萬曆野獲編：嘉靖十年，上于西苑隙地立帝社、帝稷之壇，用仲春、仲秋次戊日，躬行祈報禮。蓋以上戊爲祖制社稷祭期，故抑爲次戊，内設豳風亭、無逸殿。其後添設户部尚書或侍郎專督西苑農務。又立恒裕倉，收其所穫，以備内殿及世廟薦新、先蠶等禮。蓋又天子之私社稷也。其後，日事元修，即其地營永壽宫，雖設官如故，而上所創春祈秋報大典，悉遣官代行矣。

世宗本紀：十八年三月，帝至承天，秩于國社、國稷。

禮志：隆慶元年，禮部言：「帝社稷之名，自古所無，嫌于煩數，宜罷。」從之。

王圻續通考：隆慶元年，禮部會議社稷之禮：「國初建太社、太稷，異壇同壝，以句龍、后稷配〔一〕。洪武十年，改建同壇同壝，罷句龍、后稷配，以仁祖配。永樂中，北京壇成，位置如故。洪熙間，又奉成祖配。嘉靖九年，遵復初制，以句龍、后稷配。十

〔一〕「句龍」，原作「句芒」，據光緒本、續文獻通考卷一〇六改。

年，復于西苑隙地墾田，樹穀麥，帝社、帝稷二壇，每歲以仲春、秋上戊次日行祈報禮。會議社祭土祇，稷祭穀神，宜舉太社、太稷之祭，其帝社、帝稷宜罷。」　二月戊子，上親祭太社、太稷。是日，鳴鐘，樂設而不作，餘如舊儀。　三年八月戊申，上親祭太社、太稷。

右明社稷

城隍附

蕙田案：祈報之祭，達于王公士庶、京國郡邑而無乎不徧者，在古唯社稷，而後世則有城隍。且其義其秩，頗與社稷類，而威靈赫濯，奔走巫祝，爲民物之保障，官吏之所倚庇者，則更甚于社稷。在易泰之上六曰：「城復于隍。」禮記：「天子大蜡八，伊耆氏始爲蜡。」水庸居七。水，隍也。庸，城也。詩大雅曰：「崇墉言言。」墉與庸同。說者謂，即古祭城隍之始。夫聖王之制祀也，功施于民則祀之，能禦災捍患則祀之。況有一物，則有一物之神，近而居室飲食，如門、井、户、竈、中霤，尚皆有祀，矧夫高城深溝，爲一方之屏翰者哉？孟子曰：「三里之城，七里之郭，環而攻之而不勝，是天時不如地利。」又曰：「築斯城也，鑿斯池也，與民守之，效死而民弗去。」是城隍直與地方民物相依爲命，誠不殊于社稷矣。民爲貴，社稷次之，其祀顧不重歟？但社稷所以養人，而城隍所以衛人，且濬隍爲城，亦土之功用，則社宜足以該之。然而古人必别有水墉之祭，而後世且盛于社稷者，竊意三代時，封建法行，分茅胙土，首重社稷，即降而卿大夫，莫不有采地，下而農夫，亦有井田，衣租食力，專以土穀爲重，故自天子諸侯而外，大夫以下，成群置社，祈焉報焉，如是而已。雖城與隍，不過秩諸百神之列而索饗之，亦其宜也。後世易封建爲郡縣，而兵戈盜賊、戰攻防守之事起，遂專以城池爲固，守土之臣，齋肅戰栗而嚴事之。平時則水旱疾疫，于以祈禳，有事則衛民禦敵，于焉請禱，亦理勢之不得不然者。故自兩漢以後，廟祀見于乘志者，則有吴赤烏之年號，而北齊書慕容儼傳載儼守郢城禱城隍神獲祐事。唐諸州長史、刺史，如張説、張九齡、杜牧輩，皆有祭文傳于世。逮後唐清泰中，遂封以王爵。宋建隆後，其祀徧天下。明初，京都郡縣，並爲壇以祭，加封爵，府曰公，州曰侯，縣曰伯。洪武三年，去封號。二十年，改建廟宇，俱如公廨，設座判事，如長吏狀。迄于今，牧守縣令朔望展謁文廟外，則唯城隍。偶有水旱，鞠跽拜叩，呼號祈請，實唯城隍。迎神賽會，百姓施捨恐後，亦唯城隍。銜冤牒訴，辨訟曲直，疫癘死亡，幽冥譴謫，罷法輸罪，亦莫不奔走歸命于城隍。至廟貌之巍峨，章服之鮮華，血食品饌之豐繁，歲時伏臘，陰晴朝莫，史巫紛若，殆無虚日。較之社稷之春祈秋報，割祠繫絲，用牲伐鼓，蓋什百矣。夫明有禮樂，幽有鬼神，苟可以庇民利國者，揆之聖人神道設教之意，列之祀典，固所不廢。雖古今事殊，其誼一也。今以義類相近，附諸社稷之末云。

歷代祭城隍

太平府志：城隍廟在府治東承流坊，始于吴赤烏二年創建，歷代增修。

春明夢餘録：城隍之名，見于易。若廟祀，則莫究其始。唐李陽冰謂城隍神，祀典無之，惟吴、越有爾。宋趙與時辯其非，以爲成都城隍祠，太和中李德裕建，李白作韋鄂州碑，有城隍祠。又杜牧刺黄州、韓愈刺潮州、麴信陵刺舒州，皆有城隍之祭，則不獨吴、越然矣。而蕪湖城隍祠，建于吴赤烏二年，則又不獨唐而已。記曰：「天子大蜡八，伊耆氏始爲蜡。」注曰：「伊耆氏，堯也。」蓋蜡祭八神，水庸居七，水則隍也，庸則城也，此正城隍之祭之始。春秋傳鄭災，祈于四鄘。宋災，用馬于四鄘。皆其證也。庸字不同，古通用耳。由是觀之，城隍之祭，蓋始于堯矣。

北齊書慕容儼傳：清河王岳帥師江上，遣儼鎮郢城。始入，便爲梁大都督侯瑱、任約率水陸軍奄至城下。儼隨方備禦，瑱等不能剋。又于上流鸚鵡洲上造荻䇲，竟數里，以塞船路。人信阻絶，城守孤懸，衆情危懼，儼道以忠義，又悦以安之。城中先有神祠一所，俗號城隍神，公私每有祈禱。于是順士卒之心，乃相率祈請，冀獲冥祐。須臾，衝風欻起，驚濤涌激，漂斷荻䇲。約復以鐵鏁連緝，防禦彌切。儼還共祈請，風浪夜驚，復以斷絶，如此者再三。城人大喜，以爲神助。

蕙田案：城隍之神，見于正史，自此始。

圖書集成城隍祀典部藝文：唐張説祭城隍文：維大唐開元五年，歲次丁巳，四月庚午朔，二十日己丑，荆州大都督府長史上柱國燕國公張説，謹以清酌之奠，敢昭告于城隍之神。山澤以通氣爲靈，城隍以積陰爲德。致和産物，助天育人，人之仰恩，是關禮典。説恭承朝命，綱紀南邦，式崇薦禮，以展勤敬。庶降福四甿，式登百穀，猛獸不搏，毒蠱不噬，精誠感通，昭鑒非遠。尚享。

蕙田案：祭城隍文，始于此。

張九齡祭洪州城隍神祈晴文：維開元十五年，歲次丁卯，六月壬寅朔，十日辛亥，中散大夫使持節都督洪州諸軍事洪州刺史上柱國曲江縣開國男張九齡，謹以清酌脯醢之奠，敬祭于城隍之神。恭惟明神，懿此濬德，城池是保，甿庶是依，精靈以康，正直攸好。九齡忝牧兹郡，敢忘在公，道雖隔于幽明，事或同于表裏。今水潦所降，亦惟其時，而淫雨不止，恐害嘉穀。穀者，人之所以爲命；人者，神之所以有祀。祀不可以爲利，義不可以不福，闔境山川，能致雲雨，豈無節制？預達精誠，以時弭災，無或失稔，則理人有助，是有望于神明。尚享。

蕙田案：此城隍水潦祈晴之祭。

杜牧祭城隍神祈雨文：下土之人，天實有之。五穀豐實，寒暑合節，天實生之。苗方甲而水湮之，苗方秀而旱莠之，饑則必死，天實殺之。天實有人，生之孰敢言天之仁？殺之孰敢言天之不仁？刺史吏也，三歲一交，如彼管庫，敢有其寶玉？如彼傳舍，敢治其居室？東海孝婦，吏冤殺之，天實冤之，殺吏可也。東海之人，于婦何辜，而三年旱之？刺史性愚，治或不至，厲其身可也，絶其命可也，凶惡殃罰，止當其身，胡爲降旱，毒彼百姓？謹書誠懇，佈之于神，神能格天，爲我申聞。

蕙田案：此城隍禱水旱之祭。

李商隱祭桂州城隍神祝文：維大中元年，歲次丁卯，八月甲午朔，二十七日庚申，桂州管内都防禦觀察處置等使正議大夫使持節桂州諸軍事桂州刺史兼御史中丞上柱國賜紫金魚袋鄭某，謹遣直官攝功曹參軍文林郎守陽朔縣令莊敬質，謹以旨酒庶饈之奠，祭于城隍之神。濬洫崇墉，所以固吾圉；春祈秋報，所以輔農功。今白露雷收，蟲坏水涸，念時暘而時雨，將乃積而乃倉，敢以吉辰，式陳常典，神其保兹正直，歆彼馨香，聿念前修，勿虧明鑒。昔房豹變樂陵之井味，任延易九真之風土，豈獨人謀，抑由冥助。今猶古也，神實聽之。

蕙田案：此城隍報祀常祭。

前人爲安平公兖州祭城隍文：年月日，致祭于城隍之神。四民攸居，是分都邑，五兵未息，爰假金湯。神受命上玄，守職兹土，擁長雲之壘，提却月之弓，張主威靈，彈厭氛祲。某方宣朝旨，來總藩條〔一〕，帳中之位既安，幕内之籌敢失。神其守同石堡，護等玉關，長令岺若岸焉，無使復于隍也。

蕙田案：此因守城祭城隍。

前人爲懷州李使君祭城隍文：某謬蒙朝奬，叨領藩條，熊軾初臨，虎符適至。敢資靈于水土，冀同固于金湯。況彼潞人，實逆天理。固承明之地，以作巢窠；敺庶樂之民，以爲蝨賊。一至于此，其能久乎？惟神廣扇威靈，劃開聲勢，俾犯境者，望飛鳥而自遁，此滔天者，聽唳鶴以虚聲。崇墉載嚴，巨壍無壅，今來古往，永無川竭之因，萬歲千秋，莫有土崩之事。神其聽之，無易我言。

蕙田案：此用師祭城隍。

册府元龜：後唐廢帝清泰元年十一月，詔杭州城隍神改封順義保寧王，湖州城隍神封阜俗安成王，越州城隍神封興德保闉王，從兩浙節度使錢元瓘奏也。

蕙田案：此城隍封號之始。

〔一〕「來」，諸本作「永」，據全唐文卷七八一改。

後漢隱帝乾祐三年八月，以蒙州城隍神爲靈感王，從湖南請也。時海賊攻州城，州人禱于神，城得不陷，故有是請。

宋史禮志：太祖建隆元年，太祖平澤潞，祭城隍。征揚州、河東，並用此禮。建隆四年十一月，詔以郊祀前一日，遣官奏告城隍，如儀。

蕙田案：城隍告祭，見于正史者，始此。

蘇緘傳：緘知邕州，蠻入寇，城陷。亟還州治，殺其家三十六人，縱火自焚。緘没後，交人謀寇桂州，行數舍，其衆見大兵從北來，呼曰：「蘇城隍領兵來報怨。」懼而引歸。邕人爲緘立祠。

蕙田案：以人鬼爲城隍，始見于此。

續文獻通考：宋孝宗隆興元年，上建寧府城隍爲惠寧侯，加號福應。

元史世祖本紀：世祖至元五年正月庚子，上都建城隍廟。

明集禮：元封燕京城隍爲護國王。

蕙田案：城隍建廟封王，見于正史，始此。

至治中，加封溧水城隍爲靈祐廣惠侯。

王妃。

元史文宗本紀：天曆二年八月，加封上都城隍神爲護國保寧王，夫人爲護國保寧王妃。

蕙田案：城隍封號，兼及王妃，始此。

明會典：都城隍廟。洪武二年，封京都城隍祀之。

蕙田案：都城隍廟，始此。

圖書編：洪武二年，封京師及天下城隍。

明集禮：國初，循舊制，嘗封城隍，京都爲承天鑒國司民統神昇福大帝，各府爲鑒察司民城隍威靈公，各州爲鑒察司民城隍靈祐侯，各縣爲鑒察司民城隍顯佑伯。

大學衍義補：太祖皇帝敕封鑒察司民城隍，制詞曰：「帝王受天明命，行政教于天下，必有生聖之瑞、受命之符，此天示不言之妙，而人見聞所及者也。神司淑慝，爲天降祥，亦必受天之命，所謂明有禮樂，幽有鬼神，天理人心，其致一也。朕君四方，雖明知弗類代天，理物之道，實罄于衷，思應天命，此神所鑒，而簡在帝心者。君道之大，惟典神天，有其舉之，承事惟謹。某州城隍，聰明正直。聖不可知，固有超于高城深池之表者，世之崇于神者則然，神受命于天者蓋不知也。兹于臨御之初，與天下更始，凡城隍之神，皆新其命。」

春明夢餘録：洪武二年，以城隍止合祀于城南諸神享祀之所，未有壇壝，非隆敬神祇之道，命禮官考古制以聞。禮官奏：「城隍之祀，莫詳所始。先儒謂既有社矣，不應復有城隍。故唐李陽冰謂，城隍祀典無之，惟吴、越有之。然成都城隍祠，太和中李德裕所建，張説有祭城隍文，杜牧有祭黄州城隍文，則不獨吴、越爲然。又蕪湖城隍祠，建于吴赤烏二年，高齊慕容儼、梁武陵王祀城隍神，皆書于史，又不獨唐而已。宋以來，其祀徧天下，或賜廟額，或頒封爵，至或遷就附會，各指一人，以爲神之姓名。如鎮江、慶元、寧國、太平、華亭、蕪湖等郡邑，皆以爲紀信，龍且；贛、袁、瑞、吉、建昌、臨江、南康，皆以爲灌嬰是也。張説祭荆州城隍文曰：『致和産物，助天育人。』張九齡祭洪州城隍文曰：『方隅是保，甿庶是依。』則歷代崇祀之意有在也。今國家開創之初，嘗以京都城隍及天下城隍祀于城南享祀之所，既非專祀，又室而不壇，非理所宜。今宜以城隍及太歲、風雨等合爲一壇，春秋祀之。」詔可。

蕙田案：此城隍之神，合祭于風雲雷雨壇。

三年夏六月，始正各城隍等稱號，各處府州縣城隍，稱某府城隍之神、某州城隍之神、某縣城隍之神。未幾，復降儀注，凡府州縣新官到任，必先宿齋城隍廟謁神與誓，在陰陽表裏，以安下民。

明會典：洪武三年，正城隍號，命從祀于山川壇。

明集禮：合祭山川城隍及遣使分祀，每壇各尊三，籩八，豆八，簠二，簋二，登二。

蕙田案：改祀城隍山川壇，從地祇之類也。

明史禮志：洪武六年，製中都城隍神主成，遣官齎香幣奉安。

春明夢餘録：洪武二十年，改建城隍廟，詔劉三吾曰：「朕設京師城隍，俾統若府州縣之神，以監察民之善惡而禍福之，俾幽明舉，不得僥倖而免。」其書所由于石。

丘氏濬曰：城隍之名，不經見而史亦不書。惟唐李陽冰有當塗縣城隍廟記。陽冰，唐開元以後人，則在唐已有矣。因其名而求其義，伏讀聖訓所謂「超于高城深池之表」，則是神之司，乃城隍之主者。夫天地間有一物則有一神，山林有山林之神，川谷有川谷之神。聚一方之民而爲高城深池以衛之，必有所以主之者，此城隍之神所以神歟？國初，承前代之舊，洪武元年，皆加以封爵，府曰公，州曰侯，縣曰伯。三年，詔革去封號，止稱某府、某州、某縣城隍之神。是年六月二十一日，又降旨各處，城隍廟屏去閒雜神道。越二日，又降命各府州縣城隍廟宇俱如其公廨，設公座筆硯如其守令，造爲木主，毀其塑像，舁置水中，取其泥塗壁，繪以雲山，其在兩廡如之。京師既以其神祔享于山川壇，又設爲廟宇，命京尹主其祭。府州縣者，守令主之。新官到任，則俾其與神誓。案周禮有司民之祭，今國初詔封其神，爲鑒察司民，意或有取于此歟？制詞有云：「明有禮樂，幽有鬼神。」蓋置守令以治民生于昭昭之際，設城隍以司民命于冥冥之中，而加之以鑒察之名，而又俾有司到任之初，特與神誓，蓋又付之鑒視糾察之任，使有民社者不敢以非理厲吾民也。我聖祖主典神人，兼用禮樂鬼神以爲治，幽明之間，各受其職。其所以克相上帝，寵綏萬方者至矣。

明會典：洪武二十一年春，附祭于郊，秋祭仍舊。後又罷，惟每歲八月，祭帝王後一日，遣南京太常寺官祭。

明集禮王國祭城隍儀：齋戒。前期，王散齋二日于别殿，王相府官于正寢。王致齋一日于正殿，王相府官于公廨。省牲。先祭二日，執事設王次于廟壇南門外道之東，南向。先祭一日，典儀、典祠導王至次，執事者各執事。典儀、典祠導王至省牲位，執事者自東牽牲西行過王前，省訖，執事牽牲詣神厨。典儀、典祠導王詣神厨，視鼎鑊，視滌濯。訖，典儀、典祠導王還次。　陳設。先祭一日，典祠依圖陳設。正祭。祭日清晨，典祠率執事者各實尊罍籩豆簠簋登鉶，置幣篚于案，祝版于神位之右。大樂入就位，諸執事及陪祭官入就位。典祠啓「王服遠遊冠、絳紗袍」。典祠、典儀導王至位，北向立。典祠、典儀分左右，立于王之前。　迎神。司禮唱「迎神」，大樂作。司禮唱「請行禮」。典祠啓「有司謹具，請行事」，啓「鞠躬，平身」。司禮唱「在位官再拜」，司贊唱「鞠躬，拜，興，拜，興，平身」。王鞠躬，平身；在位官鞠躬，拜，興，拜，興，平身。樂止。　奠幣。初獻，司禮唱「奠幣，行初獻禮」，典祠啓「詣盥洗位」，大樂作。典儀、典祠導王至盥洗位。大樂止。典祠啓「搢圭」，王搢圭。典祠啓「盥手」，司盥洗者酌水，王盥手。訖，司巾者以巾進，典祠啓「帨手」，王帨手。訖，典祠啓「出圭」，王出圭。典祠啓「詣爵洗位」，典祠、典儀導王至爵洗位。典祠啓「搢圭」，王搢圭。執爵官以爵進，典祠啓「受爵」，王受爵。典祠啓「滌爵」，司爵洗者酌水，王滌爵。訖，典祠啓「拭爵」，司巾者以巾進，王拭爵。典祠啓「以爵授執事者」，王以爵授執爵官。典祠啓「出圭」，王出圭。啓「詣城隍神位前」，大樂作。典儀、典祠導王至神位前，北向立。樂止。典祠啓「搢圭」，王搢圭。啓「上香，上香，三上香」，王三上香。訖，捧幣者以幣進于王之右，王受幣，奠于神位前。捧爵者以爵進于王之右，王受爵。典祠啓「祭酒，祭酒，三祭酒，奠爵」，王三祭酒，奠爵。訖，典祠啓「出圭」，王出圭。讀祝官取祝，讀于神位之右，讀訖，復以祝置于案。典祠啓「鞠躬」，王鞠躬。大樂作。典祠啓「平身」，王平身。典祠啓「復位」，典祠、典儀導王復位。樂止。亞獻。司禮唱「行亞獻禮」，典祠啓「行亞獻禮」，典祠、典儀導王至神位前。掌祭官于神位前爵内斟酒。典祠啓「鞠躬」，大樂作。王鞠躬。啓「平身」，王平身。典祠、典儀導王復位。終獻如亞獻之儀。飲福受胙。司禮唱「飲福，受胙」，執事舉香案置于王位前，執事酌福酒，舉胙肉。典祠啓「飲福，受胙」，大樂作。典祠、典儀導王至香案前位，典祠啓「鞠躬，平身」，王鞠躬，平身。典祠啓「搢圭」，王搢圭。執事捧爵，東向進于王，王受爵。啓「飲福酒」，王祭酒少許，飲福酒，以爵置于坫。執事官東向，進胙于王，王受胙，以胙授左右，左右西向受之。典祠啓「出圭」，王出圭。典祠啓「鞠躬，平身」，大樂作。王鞠躬，平身。典祠啓「復位」，典祠、典儀導王復位。樂止。徹豆。司禮唱「徹豆」，掌祭官徹豆。司禮唱「賜胙」，典祠啓「王飲福，受胙者免禮」。司禮唱「陪祭官皆再拜」，司贊唱「鞠躬，拜,興,拜,興,平身」,陪祭官皆鞠躬,大樂作。拜,興,拜,興,平身。樂止。望燎。司禮唱「望燎」,讀祝官取祝,捧幣者取幣,掌祭官取饌,詣燎所。典祠啓「詣望燎位」,大樂作。典祠、典儀導至望燎位,樂止。候燎半,司禮唱「可燎」,典祠啓「禮畢」,導引王還次。引禮引陪祭官出。

明史禮志:永樂中建廟都城之西,曰大威靈祠。嘉靖九年,罷山川壇從祀,歲以仲秋祭旗纛日,并祭都城隍之神。凡聖誕節及五月十一日神誕,皆遣太常寺堂上官行禮。國有大災,則告廟。在王國者,王親祭之。在各府州縣者,守令主之。

王圻續通考:國初,都城隍之神,歲以五月十一日爲神之誕辰,及萬壽聖節,各遣官致祭。後倪岳上疏:「所有前項祭告,煩瀆無據。」遂罷之。

倪岳請正祀典疏略:京都城隍之神,謹案易坎卦有曰:「王公設險,以守其國。」蓋謂人君者,觀坎之象,知險之不可陵也。故設爲城郭溝池,以守其國,以保其民人。傳記謂其制自黄帝始,歷代建國,必有高地深隍,上以保障宗社朝廷,下以捍衛百官萬姓,其所係甚重,其爲功不小。故國朝之制,天下府州縣皆有城隍廟之祭。京都城隍廟，舊順天府西南，累朝皆加修葺，歲以五月十一日爲神之誕辰，及萬壽聖節，各遣官致祭。夫廟祀城隍之神，本非人鬼，安得誕辰？可謂謬妄。況每歲南郊大祀壇、八月山川壇，俱有各祭之禮。事體已重，此于天下府州縣之祭不同。前項祭告，煩瀆無據，俱各罷免。奉旨：是。

日下舊聞：嘉靖九年，改定風雲雷雨神牌次序，曰雲雨風雷。上曰：「雲雨風雷，天神也；岳鎮海瀆，地祇也；城隍，人鬼也。焉可雜于一壇而祭之？」議以城隍之神，歸之本廟，于常祭外，添祭一壇。

觀承案：城隍之神，不見于經説者，乃推本于「八蜡」之「水庸」，亦似有理。其昔微今盛，則由封建變爲郡縣，故城隍之保障特重，洵篤論也。蓋禮與時宜，則神隨代立，城隍固國庇民之功，允宜咸秩無文，以補祀典之缺。其體制，則洪武初年爲壇，立主與社稷同，最得古意。然尸法既亡，塑像亦近尸之義，愚民疑耳而信目，文告不如像設之，竦觀而懾志也，則立廟塑像，亦不可厚非者爾。至如紀信、灌嬰、龍且、蘇環之事，則近乎誕矣。然達觀之，亦復于理可通。古者五行之帝本天神，而配之以五人帝，佐之以五人臣，則人鬼也而天神之矣。社本土神，稷本穀神，而勾龍與柱配焉。商人又以棄易柱而爲稷，則人鬼也而土神之、穀神之矣。夫生而爲英者，死而爲靈，幽明本無二理也。如彼紀、灌諸人，雖不可與聖賢並，然亦各表見于時，而非碌碌者比，則死爲城隍，亦如古之配食者，然何足深怪哉？昔柳子厚治柳有績，死而見神于羅池，韓子因碑而實之，亦猶行古之道也。若夫誕辰之祝，夫人之封，則附會太甚，固不足辨耳。

右歷代祭城隍

五禮通考卷四十六

吉禮四十六

四望山川

蕙田案：虞書「望於山川」，又「望秩於山川」，是祭山川皆稱望，而周禮四望之祭與山川不同。小宗伯「兆五帝于四郊，四望、四類亦如之。兆山川、丘陵、墳衍，各因其方」，是兆不同。典瑞「兩圭有邸，旅四望。璋邸射以祀山川」，是玉不同。大司樂「奏姑洗，歌南吕，舞大磬，以祀四望。奏蕤賓，歌函鐘，舞大夏，以祭山川」，是樂不同。又周禮于四望則曰「祀」，于山川則曰「祭」，是秩不同。蓋同一山川，遠而望祭之，則名曰「望」；祭於其地，則直曰「祭山川」也。而郊後之望，不能徧及，故獨祭其宗，鄭氏所謂「岳瀆」是也。而名山大川不以封，其禮不通於諸侯，故魯之三望，僭也，春秋譏之。若夫山川之祭，則凡能興雲雨者，皆足以濟民澤物，而祈報由辟之典，天子則及天下。近者就祭之，小宗伯所謂「兆山川，因其方」也。遠者或因事祭之，書所謂「柴望」，詩所謂「陟高山」是也。或命有司祭之，月令所謂「祈祀」是也。諸侯則祭境内，左傳所謂「並走群望」，曾子問所謂「命祝史告於山川」是也。朱子曰：「天子有天下，則天下鬼神屬焉。諸侯守一國，則一國鬼神屬焉。」明爲所統屬，則精神相通也。詳考書、傳，專言山川則岳瀆在其中，故禮謂名山大川，五岳視三公，四瀆視諸侯，其餘視伯子男。對四望言，則四望大而秩隆，山川小而秩卑，故周禮壇壝、牲玉、樂舞之屬，皆有等差。通典、通考以「山川」一門兼「四望」，然經有明文，不可强合，今先列四望，後列山川，分爲兩節。其漢以後，祀典不常，不可析别，仍爲合叙。而封禪本非正禮，因其有事于山川，附綴于末焉。

四望壇

周禮春官小宗伯：兆五帝于四郊，四望、四類亦如之。注：鄭司農云：「四望，道氣出入。」玄謂四望，五岳、四鎮、四瀆。兆，爲壇之營域。疏：司農云「四望，道氣出入」者，案上注司農以爲日、月、星、海，後鄭不從矣。今此云「道氣出入」，與上注不同者，以無正文，故兩注有異。若然，云「道氣出入」，則非日、月、星、海，謂五岳之等也。故後鄭就足之，還爲五岳之屬解之。天子四望、諸侯三望境内山川。案僖三十一年，夏四月，「猶三望」。服氏云：「三望，分野星，國中山川。」又上文先鄭云「四望，日、月、星、海」。後鄭必知望祭中無天神者，案哀六年云：「初，楚昭王有疾，卜曰，河爲祟。王弗祭。大夫請祭諸郊，王曰：『三代命祀，祭不越望。江、漢、睢、漳，楚之望也。』」爾雅又云「梁山，晉望」，又案尚書云「望于山川」，則知望祭中無天神可知。若天神日月之等，當入四類之内也。若然，尚書云「望于山川」，必知四望非山川，是五岳、四瀆者，以其下云「兆山川丘陵」之等，山川既在下，故知此四望是五岳之屬，山川之大者也。

鄭氏鍔曰：魯有三望之祭，或以爲分野星及國中山川，或以爲日、月、星、海。考之書云「望于山川」，唯山川則望而祭之，故楚昭王曰：「三代命祀，祭不越望。江、漢、睢、漳，楚之望也。」即是論之，則四望之爲五岳、四鎮、四瀆明矣。諸侯得祭其境内山川，而禮下于天子，故望止于三。天子有天下，祭及于四方，故凡名山大川在四方者，皆望而祭之。四望之祭，亦如五帝，因其方而爲之兆也。

丘氏濬曰：自古所以祀五岳、四瀆、山川者，皆以其能出斂雲雨也。出雲雨則便不至于旱暵，斂雲雨則便不至于淫潦，無非欲其生五穀，五穀熟而民人育，則君位安矣。又曰：所謂四望者，蓋以五岳、四鎮、四瀆，乃天下山川之大者，天子兼有天下之大，不能親臨其地，故遥望而祭之也。又曰：鄭司農解周禮四望，以謂日、月、星、海，鄭玄謂禮無祭海之文，考周頌般序及觀學記，謂三王祭川，先河後海，則是海之祭，三代已有矣，烏可謂無祭海之禮乎？

附辨禮書望兼上下之神：

陳氏禮書：天子四望，達于四方。魯三望，太山、河、海而已。書曰：「海、岱及淮維徐州。」諸侯之望，皆其境内之名山大川也。望雖以名山大川爲主，而其實兼上下之神，故詩於柴望言「懷柔百神，及河、喬岳」，周禮于望皆言祀而不言祭。又典瑞四望與山川異玉。大司樂四望與山川異樂。左氏曰：「望，郊之細也。」又曰：「望，郊之屬也。」公羊曰：「方望之事，無所不通。」則望兼上下之神可知矣。鄭司農釋大宗伯曰：「四望，日、月、星、海。」杜預釋左傳曰：「望祀分野之星及封内山川。」許慎曰：「四望，日月、星辰，河海、大山。」其説蓋有所受之也。鄭康成釋小宗伯曰：「四望，五岳、四瀆。」釋大司樂，又兼之以司中、司命、風伯、雨師。釋舞師，又以四望爲四方，其言異同，不可考也。望之禮有二，而其用不一，男巫掌望祀、望衍。鄭氏讀「衍」爲「延」，謂望祀有牲與粢盛，望衍用幣，致神而已。然鄭氏于大祝「衍祭」，亦以爲「延祭」，禮文殘闕，不可考也。

楊氏復曰：四望之説，惟鄭氏注小宗伯云：「四望，五岳、四鎮、四瀆。」其説爲是，蓋言望祭天下之名山大川也。所謂「懷柔百神」者，言合祭四方名山大川之神，故云百神，非必兼上下之神也。舜即位，「類于上帝，禋于六宗，望于山川，徧于群神」。類也，禋也，望也，各是一事，非望兼上下之神可知也。

蕙田案：小宗伯四郊之兆各爲一壇，以望祀一方之名山大川。舜典「望于山川」，典瑞「兩圭有邸以祀地，旅四望」，司服「王祀四望山川則毳冕」，是四望爲祭山川而屬地祇也。春秋僖公三十一年：「四卜郊，不從，乃免牲，猶三望。」公羊傳曰：「天子有方望之事，無所不通。三望者何？祭太山、河、海也。」鄭康成以魯境不及河，乃以淮易之。左傳哀公六年：「楚昭王曰：『三代命祀，祭不越望。江、漢、睢、漳，楚之望也。』」爾雅：「梁山，晉望也。」皆祭山川名望之證也。鄭衆以四望爲日、月、星、海，許慎以爲日月、星辰、河海、太山，賈逵、服虔、杜預以三望爲魯分野之星及國中山川，陳氏禮書因謂兼上下之神，非也。大宗伯以血祭祭五岳，以埋沈祭山林川澤。王制、説苑「天子祭天下名山大川，五岳視三公，四瀆視諸侯，山川視子男」。蓋四望，祭山川之大且遠者；山川，則凡近且小者，就而祭之也。公羊「方望之事，無所不通」，是言天子之疆域無所不屆，非謂其兼上下之神也。楊信齋駁之，當矣。

又案：鄭康成大、小宗伯注，以四望爲五岳、四鎮、四瀆，是矣。而以公羊傳「河海潤於千里」，及學記「三王之祭川，皆先河而後海」推之，則四望中當有四海。丘瓊山之言，亦是。

觀承案：禮有望祭，其類不一。考之尚書、周禮、春秋，其稱望者，率指山川而言。先鄭解大宗伯四望，謂日、月、星、海，而康成不從，專以五嶽、四鎮、四瀆當之，是也。故此編亦以「四望」定爲山川之禮，以昭畫一也。然義有可通，則其説亦不得不並存。古者祭祀之禮，有定名，而亦有通號，如五天帝稱五帝，而五人帝亦稱五帝；門、行、户、竈、中霤稱五祀，而左傳五官之神，亦稱五祀。望本遥祭之名，祭山川者，固秩於望祀，而凡望祀者，則不獨山川也。周禮大司樂分樂而序，有祀、享、祭之别。而「祀四望」，乃與「祭山川」對舉，祀、祭，雖散文可通，而對文則别。是山川地類，故稱祭；四望必天類，故稱祀耳。康成注先以岳、鎮、四瀆還其本稱，而後曰：「此言祀者，司中、司命、風師、雨師，或亦用此樂歟？」可謂讀經精審。而據本文「祀」字以疑之，不爲無徵也。則左氏謂「望者，郊之細」，又曰「郊之屬」，杜氏謂「望祀分野之星及封内山川」，許慎謂「日月、星辰、河海、大山」，而康成釋舞師，又以四望爲四方者，夫亦各有所受，而未可一概屏除者乎。但其常祀，則主于山川而已。

右四望壇

秩望祀

禮記王制：五嶽視三公，四瀆視諸侯。注：視三公、視諸侯，視其牲器之數也。

楊氏復曰：舜望秩于山川。秩，序也，以次序而祭之。五岳視三公，四瀆視諸侯，特言其禮有隆殺重輕耳。

書舜典：望秩于山川。疏：祭五岳，如祭三公之禮。祭四瀆，如祭諸侯之禮。祭山川，如祭伯子男之禮。

蔡傳：望，望秩以祀山川也。秩者，其牲幣、祝號之次第也。

右秩望祀

望正祭禮物儀節

書舜典：望于山川。 蔡傳：山川，名山大川，五岳、四瀆之屬。望而祭之，故曰望。

王氏樵曰：山川，名山大川，五岳、四瀆之屬，不能親詣，望所在而祭之，故曰望。

周禮春官司服：祀四望則毳冕。 注：鄭司農云：「毳，罽衣也。」玄謂毳，畫虎蜼，謂宗彝也。其衣三章，裳二章，凡五也。 疏：云「毳，罽衣也」者，案爾雅云：「毳氂謂之罽。」則續毛爲之，若今之毛布，但此毳則宗彝謂虎蜼，而先鄭以爲罽衣，于義不可，故後鄭不從也。

鄭氏鍔曰：毳冕，虎蜼二物不可以偏言，以其皆毛物，故因名曰毳。虎，西方之義獸。蜼，遇雨則以其尾塞鼻，獸之有智者。二者皆山林之物，故服之以祭四望山川，而祀四瀆亦服之者，以山川通氣故也。

王氏詳説曰：四望山川，國之阻固以扞禦于外者，故以虎蜼之服。

典瑞：兩圭有邸，以旅四望。 注：兩圭者，以象地數二也。

王氏昭禹曰：旅四望，則五岳、四瀆在焉。

考工記：玉人之事，兩圭五寸，有邸，以旅四望。 疏：此亦依典瑞所解，謂國有故，旅祭四望。

林氏希逸曰：四望之旅，祭用之屬地也。

地官牧人：望祀，各以其方之色牲，毛之。注：望祀，五岳、四鎮、四瀆也。疏：知望祀是四望者，以其言望，與四望義同，故知是四望、五岳等也。

鄭氏鍔曰：各倣其方之色，豈徒東青、西白、南赤、北黑哉？必欲其毛之純乎青、白、赤、黑也。

春官大司樂：奏姑洗，歌南吕，舞大磬，以祀四望。注：姑洗，陽聲第三，南吕爲之合。四望，五岳、四鎮、四瀆。疏：四望又卑于神州，故降用陽聲第三及用大磬也。又曰，云「姑洗，陽聲第三，南吕爲之合」者，以其南吕六二，上生姑洗之九三，是陽聲第三也。姑洗，辰之氣也，三月建焉，而辰在大梁。南吕，西之氣也，八月建焉，而辰在壽星。是南吕爲之合也。云「四望，五岳、四鎮、四瀆」者，以大宗伯五岳在社稷下，山川上。此文四望，亦在社稷下，山川上，故知四望是五岳、四鎮、四瀆也。

陸氏佃曰：南吕，則陰之所成者事。

易氏祓曰：磬，紹也。言舜之繼堯而能紹其道也。故大磬之樂，起于姑洗之辰，而應以南吕之酉，以舜之柴望于方岳，而四岳、四鎮、四海、四瀆之神，咸秩以祀。四望亦其類也。

周禮春官男巫：掌望祀，旁招以茅。注：杜子春云：「旁招以茅，招四方之所望祭者。」

鄭氏鍔曰：用茅以招之，神來無方，其招亦非一方也，故曰旁招。茅之爲物，柔順潔白，惟潔白可以見誠敬之心，惟柔順可以致懷柔之禮。

禮記禮器：五獻察。注：察，明也。疏：謂祭四望山川，其神既尊，神靈明察。又曰毳冕五章，祀四望山川，故知五獻，祭四望山川也。

通典：杜氏曰：其祭之嶽鎮，則升血爲始，次薦豆籩及爓肉爲朝踐。大祭用腥，則次祀用爓也。爓爲沈肉於湯，故鄭云「湯肉爲爓」。時王酌盎齊以獻，所謂朝踐之獻也。大宗伯亞獻，亦以盎齊。至熟，王酌清酒以獻尸。亞者，亦清酒，所謂饋食之獻，通前四獻也。尸食訖，王又酌清酒以酳尸，凡五獻也。

右望正祭禮物儀節

郊後望

大戴禮三正記：郊後必有望。

通典：杜氏曰：一歲凡四祭，一者謂迎氣時，二者郊天時，三者大雩時，四者大蜡時。

蕙田案：春秋書「不郊，猶三望」，則望祭行于郊後可知。三正記之言，當非無據也。

右郊後望

祈告望

書舜典：歲二月，東巡守，至于岱宗柴，望秩于山川。五月，南巡守，至于南嶽，如岱禮。八月，西巡守，至于西嶽，如初。十有一月朔，巡守至于北嶽，如西禮。孔傳：岱宗，太山，爲四岳所宗，故名。柴，燔柴祭天告至。東嶽諸侯境内名山大川，如其秩次望祭之。謂五岳牲禮視三公，四瀆視諸侯，其餘視伯子男。

朱子曰：燔柴以祀天，而遂望祭東方之山川，又各以其秩次而就祭之也。注家以「至岱宗柴」爲句，某謂當以「柴望秩于山川」爲一句，如「柴望，大告武成」。漢郊祀志亦云「柴望秩于山川」。

禮記王制：歲二月，東巡守，至于岱宗，柴而望祀山川，覲諸侯。

陳氏祥道曰：巡守之禮，凡大山川于其所，「至則望之。故時邁言「巡守告祭柴望也」。于其所，過則祀之。故般言「巡守而祀四岳河海也」，柴望先于覲諸侯，尊神也」。

方氏慤曰：柴而望祀山川，即詩時邁言「巡守告祭柴望」是也。以天之高，故燔柴以上達；以山川之遠，故望而祀之：皆所以告至而已。

葉氏夢得曰：或曰望祀，或曰望秩者，秩其無文而祀其在祀典者也。

詩周頌時邁序：時邁，巡守告祭柴望也。疏：武王既定天下，巡行其守土，諸侯至于方岳之下，作告至之祭。柴祭昊天，望祭山川，安祀百神，乃是王者盛事。周公既致太平，追念武王之業，故述其事而爲此歌焉。

懷柔百神，及河、喬岳。毛傳：懷，來也。柔，安也。喬，高也。高岳，岱宗也。疏：百神者，謂天與山川之神。巡守之禮，必始于東方，故以岱宗言之，其實兼四岳也。

朱子集傳：懷柔百神，以至于河之深廣，岳之崇高，而莫不感格。

廖氏剛曰：河之善溢于地，岳之峻極于天，其神爲難。懷柔而言及之，則山川莫不寧可知矣。是信能成天使之傳序之意也。

國語晉語：成王盟諸侯于岐陽，楚爲荊蠻，置茅蕝，設望表，與鮮卑守燎。韋注：置，立也。蕝，謂束茅而立之，所以縮酒。望表，謂望祭山川，立木以爲表，表其位也。鮮卑，東夷國。燎，庭燎也。

蕙田案：以上四條，巡守望。

周禮春官小宗伯：若軍將有事，則與祭，有司將事於四望。注：軍將有事，將與敵合戰也。疏：其「四望」者，謂五岳、四鎮、四瀆。王軍將有事，與敵合戰之時，則小宗伯與祭，有司大祝之等祭四望之神以求福，但四望之神去戰處遠者，不必祭之；王之戰處要有近之者祭之，故以四望言之也。先鄭以「與祭」以上絶讀之，若然，則與祭者，與祭何神？其有司將事于四望，則有司自有事于四望矣，不干小宗伯，輒于此言之，見何義也？于義不然，故鄭合爲一事解之也。

鄭氏鍔曰：軍將有事，則與祭者，主帥奉祭，小宗伯以職當立之奉之，故當與也。小宗伯已與祭于軍中，則四望之祭，必遣其所屬之有司往行事焉，理之宜也。先鄭知此意，故讀「與祭」以上爲絶句。康成以「與祭」連有司以下讀之，恐不成文理。戰必禱于神，欲氣勢之增倍，而四望又山川之尤大者，國家所賴以爲阻固，是其爲兵之捍蔽。

黄氏度曰：春秋「有事于太廟」，有事，祭也。「軍將有事」，謂將以軍旅有事于鬼神也。「祭有司」，主祭禱者也。「與」，如字。祭禱自有主者，小宗伯與之偕。軍事重，將事于四望，謂將其事以往也。兩「將」字各義。

蕙田案：鄭氏、黄氏解，與注不同，似黄氏爲優，先鄭、後鄭俱未穩。

大祝：國將有事於四望，則前祝。疏：云「國將有事于四望」者，謂軍行所過山川，造祭乃過。據此經，四望以上爲出時，獻於社爲歸時，皆大祝前祝，以辭告之。

鄭氏鍔曰：國有事于四望，則將戰地之四望，與夫軍有功，歸而獻于社。凡此二事，大祝處前告神，故曰前祝。

肆師：封于大神，則爲位。注：封，謂壇也。大神，社及方岳也。疏：知兼有方岳者，見小宗伯云「軍將有事于四望」，謂將戰時。今戰訖所告，明兼祭方岳。方岳，即四望也。

鄭氏鍔曰：封者，累土增高，非山川之大神，則無累土爲壇以封崇之禮。非常祭，故爲之位。

蔡傳：既告祖廟，燔柴祭天，望祀山川，以告武功之成。由近而遠，由親而尊也。

周書武成：柴望，大告武成。孔傳：燔柴郊天，望山川，先祖後郊，自近始。

蕙田案：以上四條，行師望。

周禮春官大宗伯：國有大故，則旅四望。注：故，爲凶災。旅，陳也。陳其祭祀以祈焉，禮不如祀之備也。鄭司農云：「四望，日、月、星、海。」玄謂四望，五岳、四鎮、四瀆。賈疏：此旅是祈禱之名，是以知是凶災。凶，謂年穀不熟。災，謂水火也。云「旅，陳也。陳其祭事以祈焉，禮不如祀之備」者，但祈謂祈請求福，得福乃祠賽之，祠賽則備而與正祭同，故知禮不如祀之備也。鄭司農云：「四望，日、月、星、海。」後鄭不從者，禮無祭海之文。又山川稱望，故尚書云「望秩于山川」是也。「玄謂四望，五岳、四鎮、四瀆」，知者，祭山川既稱望，案大司樂有四鎮、五岳崩，四瀆又與五岳相配，故知四望中有此三者。言「四望」者，不可一往就祭，當四向望而爲壇，遥祭之，故云「四望」也。

蕙田案：旅，祭名。旅四望，當即在四郊之兆。詩所謂「自郊徂宫」。郊不止天地，當有四望在内。疏謂四向望而爲壇祭之，非是。

又案：此條因災而祭。

右祈告望

魯望

春秋僖公三十一年：夏四月，四卜郊，不從，乃免牲，猶三望。杜注：三望，分野之星，國中山川，皆因郊祀望而祭之。魯廢郊天而修其小祀，故曰猶。猶者，可止之辭。孔疏：公羊傳曰：「三望者，祭太山、河、海。」且魯竟不及于河，禹貢「海、岱及淮惟徐州」，徐即魯地。三望，謂淮、海、岱也。賈逵、服虔以爲三望，分野之星，國中山川，今杜亦從之。左氏傳：非禮也。望，郊之細也。不郊，亦無望，可也。公羊傳：天子有方望之事，無所不通；諸侯山川有不在其封内者，則不祭也。何注：方望，謂郊時所望祭四方群神、日月、星辰、風伯、雨師、五岳、四瀆及餘山川，凡三十六所〔一〕。天子盡八極之内，天之所覆，地之所載，無所不至，故得郊也。魯郊，非禮也。三望者何？望祭也。然則曷祭？祭太山、河、海。曷爲祭太山、河、海？山川有能潤于百里者，天子秩而祭之。觸石而出，膚寸而合，不崇朝而徧雨乎天下者，唯太山爾；河、海潤于千里。猶者何？通可以已也。何以書？譏不郊而望也。注：側手爲膚，案指爲寸。言其觸石理而出，無有膚寸而不合。崇，重也。不重朝，言一朝也。亦能通氣致雨，潤澤及于千里。

〔一〕「三十六」，諸本脱「三十」，據春秋公羊傳注疏卷一二補。

蕙田案：公羊此傳，論天子、諸侯望祭之事，極有精理，可爲經傳望祭的解。方望無所不通，對下不在封內，是言其疆域之大，非兼上下百神也。何注兼日月星辰言之，大非。

胡傳：望祭也，有虞氏受終而望，因於類，巡守而望，因於柴，皆天子之事也。天子有方望，無所不通。諸侯非名山大川在其封內者，則不祭。魯得用重禮，視王室則殺，故望止于三，比諸侯則隆。故河、海雖不在其封，而亦祭，然非諸侯之所得爲也。

吴氏澄曰：天子郊祀上帝必望祭山川，望祭在郊祀之後，因郊而望也。魯，諸侯也，以成王之賜，許用王禮，四望缺其一，殺于天子。然郊禮既廢，則望禮可以不舉。魯既不郊，而猶三望，故書以譏其非禮。

汪氏克寬曰：周官四望，蓋望四方。今魯三望，蓋太山在魯西，海在魯東，而河在魯北，殺天子之禮也。

宣公三年春，王正月，猶三望。左氏傳：望，郊之屬也。不郊，亦無望，可也。

成公七年春，王正月，猶三望。

右魯望

列國望

春秋哀公六年左氏傳：楚昭王曰：「三代命祀，祭不越望。江、漢、雎、漳，楚之望也。」注：諸侯望祀竟内山川星辰，江、漢、雎、漳，四水在楚界。

朱子曰：諸侯祭山川也，只祭得境内底。如楚昭王病，卜云：「河爲祟。」時諸大夫欲去祭河，昭王自言楚之分地，不及于河，河非所以爲祟。孔子所以美之云：「楚昭王知大道矣。其不失國也，宜哉！」這便見得，境外山川，與我不相關，自不當祭之。

爾雅：「梁山，晉望也。」

右列國望

祈禳走群望

春秋昭公二十六年左氏傳[一]：王子朝曰：「至於夷王，王愆于厥身，諸侯無不並

[一]「昭公」，諸本作「襄公」，據春秋左傳正義卷五二改。

走其望，以祈王身。」

昭七年左氏傳：韓宣子謂子産曰：「寡君寢疾，並走群望。」注：晉所望祀山川，皆走往祈禳。

昭十三年左氏傳：楚共王無冢適，有寵子五人，無適立焉。乃大有事于群望，而祈曰：「請神擇于五人者，使主社稷。」乃徧以璧見于群望，曰：「當璧而拜者，神所立也。」

右祈禳走群望

望祭法

周禮春官大宗伯：以血祭祭五嶽。注：陰祀自血起，貴氣臭也。五岳，東曰岱宗，南曰衡山，西曰華山，北曰恒山，中曰嵩高山。不見四瀆者，四瀆，五岳之匹，或省文。疏：云「五岳，東曰岱宗，南曰衡山，西曰華山，北曰恒山，中曰嵩高山」者，此五岳所在，據東都地中爲說。案大司樂云「四鎮五岳崩」，注云：「華在豫州，岳在雍州。」彼據鎬京爲説。彼必據鎬京者，彼據災異，若據洛邑，則華與嵩高並在豫州，其雍州不見有災異之事，故注有異也。案爾雅，江、河、淮、濟爲四瀆爲定，五岳不定者，周國在雍州，時無西岳〔一〕，故權立吴岳爲西岳，非常法，爾雅不載；以東都爲定，故爾雅載之也。若然，此南岳衡山，案爾雅，霍山爲南岳者，霍山即衡山也。故地理志揚州霍山爲南岳者，山今在廬山，彼霍山與冀州霍山在嵩、華者别。云「不見四瀆者，四瀆，五岳之匹，或省文」者，五岳、四瀆相對若天地，故設經省文，唯見五岳也。若然，下云「貍沈祭山林川澤」，五岳歆神，雖與社稷同用血，五岳、四瀆、山川之類，亦當埋沈也。爾雅云「祭山曰庪縣」者，或異代法耳。若然，庪縣既非周法，而校人云：「凡將事于四海山川，則飾黄駒。」注云：「王巡守過大山川，則有殺駒以祈沈禮與？」玉人云：「天子以巡守，宗祝以前馬。」注云：「其祈沈以馬，宗祝亦執爵以先之。」彼亦言祈沈者，祈沈雖非周法，引以况義無嫌也。

黄氏度曰：鄭謂四瀆五岳之匹，非四瀆川，祭四望，則四瀆在焉。春秋傳曰：「觸石而出，膚寸而合，不崇朝而雨徧天下者，唯太山乎？」其功用大，故與社稷同其秩祭。

劉氏向曰：五岳者，何謂也？泰山，東岳也。霍山，南岳也。華山，西岳也。常山，北岳也。嵩高山，中岳也。五岳何以視三公？能大布雲雨焉，能大斂雲雨焉，施德博大，故視三公。四瀆者，何謂也？江、河、淮、濟也。四瀆何以視諸侯？能蕩滌垢濁焉，能通百川于海焉，能出雲雨千里焉，爲施甚大，故視諸侯也。山川何以

〔一〕「無」，諸本作「爲」，據周禮注疏卷一八改。

視子男也？能出物焉，能潤澤物焉，能生雲雨，爲恩多，然品類以百數，故視子男也。

金氏履祥曰：案李氏心傳辨周禮五岳謂，周都豐鎬，則華山乃中岳，崧高不得爲中岳。據爾雅，河西岳，河南華，河東泰，江南衡。則岳山乃西岳，而華乃中岳，嵩高之爲中岳，蓋東遷之後也。今以此説推之，禹貢冀州自有太岳，今猶謂之霍太山，則堯都冀州，蓋以太岳爲中岳。爾雅河西岳，周禮雍州，其山鎮曰岳山，即禹貢岍山，一名岳山，又名吴岳，今在隴州者是也。然則唐、虞西岳，當以岍爲西岳，太岳爲中岳，而東岱、南衡、北恒爾。衡山最遠，黄帝以灊霍爲山之副，然則秦以岍爲西岳，漢武徙衡山之神于霍山，歷代加封岷山，多以西岳爲言，蓋有自來矣。虞書獨東岳稱岱宗，而南、西、北三岳不名，蓋當時巡守四岳，取肆覲群后，道里之宜爾，不必拘于嵩、華之爲岳也。敢因李氏之言以傳其疑。

蔡氏德晉曰：職方九州皆有山鎮澤藪川浸。大司樂言四鎮、五岳，蓋岳亦爲鎮，岱、衡、華、恒、岳爲五鎮，其餘沂、會、醫、霍又爲四鎮，通爲九鎮，而有不同。五岳、四瀆、四海，定自開闢以來，不可更易。州鎮則每代不同，舜肇十二州，封十二山，即爲十二鎮。禹别九州，奠高山大川。周制又殊，故鎮與澤浸，不得與岳、瀆等。川則流行宇内，不得以州域分。如河自積石而下，稱西河，唐以來，名西瀆，以其歷冀、豫、幽、兖而入海，故職方以爲幽、兖之川是也。涇與渭、洛皆川，而職方以渭、洛爲浸。言澤，則遺洞庭、彭蠡、青艸、南旺；言川，則遺黑水、赤水、遼水。固知職方僅舉其大略，非可援以定祀典也。大宗伯、書大傳、王制、説苑，皆特表岳瀆，而其餘山川並從同，不易之制矣。或又疑職方五岳無嵩山，有岳山，何也？説者謂據鎬京而言，權立吴岳爲西岳，而以華山爲中岳。若以東都爲定，則華山自是西岳，嵩山自是中岳。不知雍、豫二州山鎮，係傳寫錯誤，豫州山鎮，當作岳山，即嵩山也，嵩爲中岳，故獨得岳名。雍州山鎮，當作華山，周之雍州，兼梁州之域，故華山在雍也。

蕙田案：漢郊祀志云：「三代之居，皆河、洛之間。」故嵩高爲中岳，自五帝以至秦，其禮損益世殊，不可勝記。是五岳之名，從古變易，金氏、蔡氏之言是也。

以貍沈祭山林川澤。注：祭山林曰埋，川澤曰沈。順其性之含藏。疏：經埋沈祭山林川澤總言，不析别而説，故鄭分之。以其山林無水，故埋之，川澤有水，故沈之，是其順性之含藏也。

崔氏靈恩曰：祭之法，各當其時。山林于壇，川澤于坎。故禮記云：四坎壇，祭四方。牲用少牢，王服玄冕，牲玉各放其方之色，樂則奏蕤賓，歌函鍾，舞大夏。

鄭氏鍔曰：山林有功于埋藏，川澤有功于涵容。祭山林之牲則埋之，祭川澤之牲則沈之，各象其德。

儀禮覲禮：祭山丘陵升，祭川沈。

敖氏繼公曰：升，謂縣之。瘞，埋也。此皆順其性而爲之也。

爾雅：祭山曰庪縣，祭川曰浮沈。邢疏：庪縣，祭山之名也。庪，謂埋藏之。大宗伯云：「以埋沈祭山林川澤。」鄭注云「祭山林曰埋」是也。縣，謂縣其牲幣于山林中。郭云「或庪或縣，置之于山」是也。又山海經曰「縣以吉玉」是也。浮沈，郭云：「投祭水中，或浮或沈。」大宗伯云「以埋沈祭山林川澤」，鄭注云「祭川澤曰沈，順其性之含藏」是也。

右望祭法

山川壇

禮記祭法：四坎壇，祭四方也。山林、川谷、丘陵能出雲，爲風雨，見怪物，皆曰神。注：四方，即謂山林、川谷、丘陵之神也。祭山林、丘陵于壇，川谷于坎，每方各爲坎爲壇。怪物，雲氣非常見者也。疏：四坎壇，四方各爲一坎一壇。山林、川谷、丘陵能出雲，爲風雨，見怪物，此四壇坎所祭之神也。怪物，慶雲之屬，風雨雲露並益于人。壇以祭山林、丘陵，坎以祭川谷、泉澤也。

馬氏晞孟曰：山林、川谷、丘陵，民之所取財用也，而又能出雲，爲風雨而有澤，以利于人，見怪物而有威，以敬于人，皆有不可測之神，故皆曰神。

右山川壇

祭山川名義

禮記祭法：山林、川谷、丘陵，民所取材用也。非此族也，不在祀典。注：族，猶類也。祀典，謂祭祀也。

學記〔一〕：三王之祭川也，皆先河而後海，或源也，或委也，此之謂務本。注：源，泉所出也。委，流所聚也。始于一勺，卒成不測。疏：三王祭百川之時，皆先祭河，後祭海，或先祭其源，或後祭其委，河爲海本，源爲委本，總之，則皆曰川也。源、委，謂河、海之外諸大川也。或解云：「源，則河也。委，則海也。」申明先河而後海，義亦通矣。先祭本，是務重其本，本小而後至大，是小爲大本。先學然後至聖，是學爲聖本也。

朱子曰：先河後海者，以其或是源，故先之；或是委，故後之。疏有二説，此説是也。

沈氏清臣曰：海者，源也。河者，委也。昔有人問，何以謂海爲源？應之曰：「海者，水之所會也。其河之所流者，皆其泉脉也。譬之人之一身，元氣則其海也，其經絡則其河也。元氣不充實，則經絡不運行矣。謂經絡爲源，則非也。謂元氣爲委，則非也。鄭氏謂『源者，泉所出。委者，流所聚』，蓋

〔一〕「學記」，諸本作「樂記」，據禮記正義卷一八改。

不知吾之説也。然則所謂先河而後海者，以河之近，故先祭之；海之遠，故後祭之。非故後之也，亦務其本者，當如是也。」

蕙田案：此以朱子説爲是，沈氏説非。

禮器：晉人將有事于河，必先有事于惡池。齊人將有事于太山，必先有事于配林。注：呼池、嘔夷，并州川也。配林，林之名。疏：惡池，小川。配林，是太山之從祀者，先告惡池、配林，然後祭河及太山，此皆積漸從小至大之義也。

方氏慤曰：有事，謂祭也。將有事于大，必先有事于小焉，所謂有由始也。林則木之所積，以其從祀于太山，故曰配林。

馬氏晞孟曰：天子祭名山大川，諸侯祭山川之在其地者。齊人有事于太山，亦非禮也。然而祭者取之而不非者，取其有大小先後之序也。

陸氏佃曰：晉人告惡池以配河，齊人告配林以配太山，雖曰告之，實以肄習其禮，即事有漸也。

王制：山川神祇有不舉者，爲不敬，不敬者，君削以地。注：舉，祭也。疏：山川是外神〔一〕，故云不舉。不舉，不敬也。山川在其國，故削以地。

〔一〕「是」，諸本作「有」，據禮記正義卷一一改。

方氏慤曰：神祇衆矣，止以山川爲言者，蓋諸侯之所守，以山川爲大，故魯頌言「錫之山川」。經又云：「諸侯祭名山大川之在其地者。」皆此意也。天曰神，地曰示。此以山川爲神祇者，自其無所屈言之，皆可謂之神，自其有所別言之，皆可謂之祇。

右祭山川名義

山川正祭

書禹貢：奠高山大川。

曾氏曰：定其山之高峻、川之深大者，爲其州之鎮，秩其祭而使其國主之也。

孔氏曰：奠定其差秩，祀禮所視。

易隨卦：上六，王用亨于西山。

朱子本義：自周而言，岐山在西，凡筮祭山川者得之，其誠意如是，則吉也。

項氏安世曰：大有九三，王用亨于天子。隨上六，王用亨于西山。益六二，王用亨于帝。升六四，王用亨于岐山。四爻句法皆同，古文「亨」即「享」字。今讀益作享讀者，俗師不識古字，獨于享帝，不敢作亨帝也。

何氏楷曰：如王之祭享于西山，誠意顓篤，雖鬼神可格，而況于人乎？王謂九五，古文「亨」即「享」

字。西山，岍、隴諸山，其尊者吴岳，在正西兑方。又地祇，陰神也，故兑之陰，畫爲西山，又兑爲巫。

升卦：六四，王用亨於岐山。

何氏楷曰：王，文王也。文王三分有二，侯度益謹，惟祭境内之山川止矣，終不敢越分而修禋祀者也。岐山在禹貢雍州境南。坤，西南象。又按儀禮云：「祭山丘陵升。」疏云「祭山曰庪縣」，不言升。此山丘陵云升者，升，即庪縣也。

禮記王制：天子祭天下名山大川，五岳視三公，四瀆視諸侯。諸侯祭名山大川之在其地者。注：視三公、視諸侯，視其牲器之數也。諸侯祭名山大川，若魯人祭太山，晉人祭河是也。

周氏諝曰：天子，百神之主，故祭天下之名山大川。諸侯，境内之主，惟名山大川之在境内者，則祭之。

張氏栻曰：古者，諸侯各得祭其境内山川。山川所以爲神靈者，以其氣之所感，能出雲雨，潤澤群物，是故爲之壇壝，立之祝史，設之牲幣，所以致吾禱祝之實，而交乎乎隱顯之際，誠之不可掩如此。後世有山川之祠而人其形，宇其地，則其失久矣。夫山峙川流，是其形也，而人之也，何居？其氣之流通，可以相接也，而宇之也，何居？無其理而强爲之，雖百拜而祈，備物以享，其有時而應，亦偶然而已。

朱子曰：一家之主，則一家鬼神屬焉。諸侯守一國，則一國鬼神屬焉。天子有天下，則天下鬼神屬焉。看來爲天子者，這一個神明是甚麽大，如何有些子差忒得！若縱欲無度，天上許多星辰，地下許多山川，如何不變怪？又曰：古人祭山川，只是設壇位以祭之。祭時便有，祭了便無，故不至褻瀆。後世却先立個廟貌，如此，所以反致惑亂人心，僥求非望，無所不至。

曲禮：天子祭山川，歲徧。諸侯方祀，祭山川，歲徧。疏：「祭山川」者，周禮「兆五帝于四郊，四望、四類亦如之也」。諸侯既不得祭天地，又不得總祭五方之神，唯祀當方，故云「方祀」。「祭山川」者，王制云「在其地則祭之，亡其地則不祭」是也。

吕氏大臨曰：天子有天下，故得祭天地、四方、山川、五祀，言無所不及也。諸侯有國，國必有方，祭其所居之方而已，非所居之方，及山川不在其境内者，皆不得祭，故曰方祀。祭山川、祭五祀，言有及有不及也。

陳氏祥道曰：山川，周禮所謂「以血祭祭五岳，以埋沈祭山林川澤」。王制所謂「名山大川」是也。諸侯方祀，春秋傳所謂「三代命祀，祭不越望」是也。山川，王制所謂「名山大川在其竟内」是也。于天子言天地，則日月、星辰、司中、司命、風師、雨師之類舉矣。于天子諸侯言四方、方祀，則社稷之類舉矣。言山川，則林澤、丘陵、墳衍之類舉矣。

陳氏禮書：望祀，或設于郊天之後，或設于巡守之方，或旅于大故之時，則望有常、有不常之祀也。崔靈恩謂四望之祭，歲各有四，不知何據然也。望祀，其兆四郊，其牲各放其方之色，其樂姑洗、南吕、大磬，其玉兩圭有邸，其服毳冕，其位茅以辨之而植表于其中，周禮所謂「旁招以茅」，晉語所謂「茅蕝設表望」是也。白虎通謂「周公祭太山，以召公爲尸」。其言無所經見。

右山川正祭

祭山川之時

禮記月令：孟春之月，命祀山林川澤。

仲夏之月，命有司爲民祈祀山川百源。注：陽氣盛而常旱，山川百源，能興雲雨者也。衆水始所出爲百源。疏：雩之與禱所以異者，考異郵説云：「天子禱九州山川，諸侯禱封内，大夫禱所食邑。」又僖公三時不雨，帥群臣禱山川，以過自讓。凡雩必先禱，故此經云「乃命百縣祈祀山川百源」，始「大雩帝」是也。

陳氏祥道曰：禮有先其大而後其小者，亦有先其小而後其大者。先其大而後其小者，異尊卑也，祫而後時祭、郊而後三望之類是也。先其小而後其大者，致敬文也。魯人將有事于上帝，必先有事于類宫。晉人將有事于河，必先有事于惡池是也。二者之禮雖殊，其所以爲尊尊則一而已。月令仲夏爲民祈祀山川百源，然後大雩帝，此致敬盡文之意也。

仲冬之月，天子命有司祈祀四海、大川、名源、淵澤、井泉。注：順其德盛之時祭之也。

馬氏晞孟曰：盛德在水，故應是而祈焉，以爲民致福也。

講義：四海者，衆水之所聚。大川、名源者，若江、淮、河、濟之類是也。江之源出于岷山，河之源出于崑崙，淮之源自桐柏，濟之源自沇水，故謂之名源也。淵澤者，水之所鍾而息者也。井泉者，汲取之無窮者也。仲冬之月，水歸于澤而復其本源矣，故命有司祈祀之。

應氏鏞曰：夏祈山川、百源，火勝水弱，遵其流委而廣其潤澤也。冬祀四海、川源、淵澤、井泉，盛德在水，鍾其淵源，厚其渟蓄也。三王之祭川，皆先河而後海，以海爲委，而河爲源也。水重冬祀，亦豈非源乎？

季冬之月，乃畢山川之祀。注：四時之功成于冬，孟月祭其宗，至此可以祭其佐也。疏：案上孟冬「祈來年于天宗，大割祠于公社，臘先祖、五祀」，是爲蜡祭，則百神皆祭。則一變而致羽物山林之祇，再變而致鱗物川澤之祇，是蜡祭並祭山川也[一]，是岳瀆及衆山川也。孟冬不見者，文不具。孟冬祭

[一]「則百神皆祭則一變而致羽物山林之祇再變而致鱗物川澤之祇是蜡祭」二十九字，原脱，據味經窩本、乾隆本、光緒本、禮記正義卷一七補。

岳瀆，因及衆山川，至此又更祭衆山川，山川小于岳瀆，是孟月祭其宗，此月祭其佐也。

右祭山川之時

祭山川禮物儀節

周禮春官小宗伯：兆山川、丘陵、墳衍，各因其方。注：順其所在。疏：案大司徒職云，地有十等，此不言林澤、原隰，亦順所在可知，故略不言也。

鄭氏鍔曰：五岳、四瀆，神之最尊者也。此言山川，則祭法所謂「山林、川谷、丘陵能出雲，爲風雨，見怪物，皆曰神」之山川耳。不爲兆域，唯因其所在之方，爲其卑也。

李氏嘉平曰：原隰則卑下不祭。

司服：祀山川則毳冕。

典瑞：璋邸射以祀山川。注：璋有邸而射，取殺于四望。鄭司農云：「射，剡也。」疏：此祀山川，謂若宗伯云「兆山川、丘陵各于其方」，亦隨四時而祭，則用此璋邸以禮神。

鄭氏鍔曰：半圭曰璋。射者，琰而出也。半圭之璋邸于琮，而從下向上皆邪卻而琰出，故謂之射璋，以象陰之盛事。又從而邪殺之，如矢之射，見通贊之義。以此祀山川，則小宗伯所謂「兆山川、丘陵、墳衍」者是也。

易氏祓曰：琮方，固所以象地。半圭所邸，于地道爲不足，于以祀山川。

蕙田案：山川有大小，故玉人職璋有長短，大璋、中璋九寸，邊璋七寸，又牙璋、中璋七寸，雖非此璋，可例推也。

考工記玉人：璋邸射，素功，以祀山川。注：鄭司農云：「素功，無瑑飾也。」

趙氏溥曰：璋邸者，就方琮上出一璋，以璋而邸于琮。琮之方，所以象地之體，以琮爲依托之邸，所以象山川之麗于地也。與圭璧之意同，亦欲山川之神降而依存于璋邸中，亦植在神坐前，非手所執之玉。

易氏祓曰：射，言剡而出，而貫于邸。素功，則朴質而無瑑飾之文，所以象山川有阻固之功。

禮記月令：季夏之月，命四監大合百縣之秩芻，以養犧牲，令民無不咸出其力，以共名山、大川、四方之神。注：四監，主山、林、川、澤之官。百縣，鄉遂之屬，地有山、林、川、澤者也。秩，常也。百縣給國養犧牲之芻，多少有常，民皆當出力艾芻養牲，以供祠神靈，爲民求福也。

疏：案周禮有山虞、澤虞、林衡、川衡之官，秩芻出于山林，又季冬云「收秩薪柴」，薪柴亦出于山林、川澤。鄭知百縣非諸侯，而云鄉遂之屬者，以取芻養牲，不可大遠，故知是畿内鄉遂。仲夏云「百縣雩祀」，則兼外内諸侯也。此云「鄉遂」，不兼公卿大夫之采邑也。

方氏慤曰：四監者，天子之縣内，監郡之大夫也。古者千里百縣，縣有四郡，郡使大夫監之，故謂之四監。春秋傳所謂「下大夫受郡」是也。馬氏晞孟曰：四監，則郊各以監有受其入也。百縣，則甸服之内所使納總、銍、秸服者也。既卜而芻焉，皆謂之牲；將殺而告具焉，皆謂之犧。令民無不咸出其力，則所謂祭祀者，非獨恭也，謂民力之普存也。

季冬之月，命宰歷卿大夫至於庶民土田之數而賦犧牲，以共山林名川之祀。注：此所與卿大夫、庶民共者也。歷，猶次也。卿大夫采地，亦有大小。其非采地，以其邑之民多少賦之。疏：宰，小宰也。卿大夫，謂畿内有采地者。庶民受田，準田多少之數賦之。犧牲，以供山林名川之祀。不云士者，上舉卿大夫，下舉庶民，則士在其中，省文耳。卿大夫無采地，則出其邑之賦税，庶人無邑，則出其賦税以與邑宰，邑宰以共上。陸氏佃曰：歷而數之，小宰之事也。

凡在天下九州之民者，無不咸獻其力，以共山林名川之祀。注：民非神之福不生，雖有其邦國采地，此賦要由民出。疏：以經云「天下九州之民」，不云諸侯卿大夫，獨云民，故鄭注言此賦要由民出也。

周禮夏官小子：凡沈辜侯禳，飾其牲。注：鄭司農云：「沈，謂祭川。」爾雅曰：「祭川曰浮沈。」辜，謂磔牲以祭也。月令曰：「九門磔禳，以畢春氣。」侯禳者，候四時惡氣，禳去之也。

王氏昭禹曰：沈謂貍沈，𦍒謂䟽𦍒，候謂候福，禳謂却禍。

易氏祓曰：飾其牲，被之以文繡，謂羊牲也。

秋官犬人：凡幾、珥、沈、𦍒，用駹可也。

易氏祓曰：幾，祈也。珥，弭也。沈以祭川，𦍒以磔門。四者用牷，正也。無則以駹代之，亦可也。

禮記月令：孟春之月，犧牲毋用牝。 注：爲傷妊生之類。疏：「犧牲毋用牝」者，以山林川澤其祀既卑，餘月之時，牲皆用牝，唯此月不用，故注「爲傷妊生之類」者，天地宗廟大祭之時，雖非正月，皆不用牝。

方氏慤曰：祀不止於山林川澤，然止以是爲言者，蓋天地宗廟之祭，非春，亦未嘗用牝故也。

論語：子謂仲弓曰：犂牛之子騂且角，雖欲勿用，山川其舍諸？

朱注：犂，雜文。騂，赤色。周人尚赤，牲用騂。角，角周正，中犧牲也。用，用以祭也。山川，山川之神也。言人雖不用，神必不舍也。

陳氏埴曰：祭天地之牛，角繭栗。宗廟之牛，角握。社稷之牛，角尺。以其色既赤，又且角中程度也。

大戴禮曾子天圓篇：山川曰犧牷。 注：色純曰犧，體完曰牷。

周禮春官鬯人：掌共秬鬯而飾之。凡山川四方用蜃，凡裸事用概。注：裸，當爲「埋」，字之誤也。故書「蜃」或爲「謨」。杜子春云：「謨當爲蜃，書亦或爲蜃，蜃，水中蜃也。」蜃，畫爲蜃形。蚌曰含漿，尊之象。概，尊以朱帶者。疏：鄭破「裸」爲「埋」者，若裸則用鬱，當用彝尊，不合在此而用概尊，故破從「埋」也。埋謂祭山林，則山川用蜃者，大山川。云「蜃，畫爲蜃形」者，亦謂漆畫之。云「蚌曰含漿，尊之象」者，蚌蛤，一名含漿，含漿，則是容酒之類，故畫爲蜃而尊名也。云「概，尊以朱帶者」，玄、纁相對，既是黑漆爲尊，以朱帶落腹，故名概。概者，横概之義，故知落腹也。

鄭氏鍔曰：四方山川則用漆尊，而畫爲蜃形。先儒謂爲蚌蛤，一名含漿，則是容酒之類。余謂此乃海上能吐氣爲樓臺者，非蚌蛤之比。四方山川，爲國扞蔽，通氣乎天地之間。蜃之爲物，外堅有阻固扞蔽之義，且能一闔一闢，其通亦有時焉，故四方山川之裸尊，則畫以爲飾。裸事用雞鳥六彝，見于司尊彝之官。鬱人亦曰：「凡祭祀賓客之裸事，和鬱鬯，以實彝而陳之。」則裸事不用概明矣。大宗伯有貍沈疈辜之祭，此下有疈事用散之文，則此「裸」字爲「埋」字，無疑矣。裸事用概，概亦漆尊也，上下黑漆，以朱落其腹爲飾，猶横概然。山林川澤，財用百物之所出入，人所取足而爲之神者，初無私焉，其功利及物，可謂平矣。

黄氏度曰：鄭改裸爲埋，埋沈，祭山川之名。此指言山川用蜃，凡裸事則不獨祭也。知賓客享、適子冠，凡用裸者，皆以概盛鬯。

王氏昭禹曰：凡祼必和鬱鬯，而多少之齊宜適平，故以罍。以朱帶爲飾而横概落腹，以概能平物故也。

大司樂：乃奏蕤賓，歌函鍾，舞大夏，以祭山川。 注：蕤賓，陽聲第四，函鍾爲之合。函鍾，一名林鍾。 疏：云「蕤賓，陽聲第四」者，應鍾之六三，上生蕤賓之九四，是陽聲第四也。云「函鍾爲之合」者，蕤賓，午之氣也，五月建焉，而辰在鶉首。函鍾，未之氣也，六月建焉，而辰在鶉火，是函鍾之爲合也。云「函鍾，一名林鍾」者，此周禮言函鍾，月令云林鍾，故云「一名林鍾」也。

易氏祓曰：夏，大也。言禹之治水，而能大中國也。故大夏之樂，起于蕤賓之午，應以函鍾之未，以禹之奠高山大川，而懷襄昏墊之患始息，以祀山川，亦其類也。

陸氏佃曰：林鍾以夏，爲庇物言之。

李氏嘉會曰：林者，物已成林，坤當涵而養之，故曰函，見蓄養萬物。

地官舞師：掌教兵舞，帥而舞山川之祭祀。 賈疏：掌教兵舞，謂教野人使知之。國有祭山川，則舞師還帥領往舞山川之祀，已下皆然。

王氏昭禹曰：兵舞，干舞也。山川爲國阻固，故以干舞之。干之言扞也。

山虞：若祭山林，則爲主，而修除且蹕。 注：爲主，主辦護之也。修除，治道路場壇。

疏：此山林在畿内王國，四方各依四時而祭。云「則爲主」者，謂主當祭事者也。而「修除」者，謂掃除糞洒。云「且蹕」者，且復蹕止行人也。云「爲主，主辦護之也」者，案中候握河紀堯受河圖云：「帝立壇，磬折西向，禹進迎，舜、契陪位，稷辦護。」注云「辦護者，供時用，相禮儀」。則此云辦護者，亦謂共時用，相禮儀者也。云「修除道路場壇」者，案守祧職云「其廟則有司修除之」，鄭云「有司恒主脩除」，謂埽除糞洒。場謂墠，即除地之處。壇，神位之所也。

王氏安石曰：修，修祭事。除，除地爲墠。蹕，止人犯其祭。虞主山林，掌其政令，且爲之厲禁也。

禮記禮器：五獻察。孔疏：謂「祭四望山川」。

白虎通：周公祀太山，召公爲尸。

右祭山川禮物儀節

因事祭山川

書禹貢：梁州，蔡、蒙旅平。

陳氏大猷曰：古人舉事必祭，況治水土大事，必不敢忽。然旅獨於梁、雍言之者，蓋九州終於梁、雍，以見前諸州名山，皆有祭也。旅獨於蔡、蒙、荆、岐言之者，蓋紀梁之山，終於蔡、蒙，紀雍之山，始於荆、岐，以見州内諸名山，皆有祭也。故下文復以「九山刊旅」總結之。然特言於諸州之後，其先成民而後致力於神之意歟！

雍州，荆、岐既旅。

九山刊旅，九川滌源，九澤既陂。

陳氏曰：九州之山，槎木通道，已可祭告。

王氏樵曰：刊旅，舉始末以包中間。刊者，治水之始。旅者，功成祭告。

蕙田案：以上三條，治水祭山川。

詩周頌般序：般，巡守而祀四岳、河、海也。疏：武王既定天下，巡行諸侯所守之土，祭祀四岳、河、海之神，神皆享其祭祀，降之福祚。至周公、成王太平之時，詩人述其事而作此歌焉。中岳無事，故序不言。漢書溝洫志云：「四瀆，河爲宗。」然則河爲四瀆之長，言河可以兼之。經無海而序言海者，海是衆川所爲歸，經雖不説，祭之可知。

於皇時周，陟其高山。嶞山喬嶽，允猶翕河。敷天之下，裒時之對，時周之命。

傳：高山，四嶽也。嶞，山之狹小者也。翕，合也。裒，聚也。鄭箋：陟，登也。喬，高也。允，信也。敷，徧也。對，配也。徧天下之神，皆如是配而祭之，是周之所以受天命而王也。疏：天子巡守所至，則登其高山而祭之，謂每至其方，告祭其方之岳也。堯典及王制説巡守之禮，皆言望秩于山川，則知「嶞山喬岳，允猶翕河」，皆謂秩祭之事。

釋文曰：嶞，山形狹長也。

何氏楷曰：此詩言武王先于喬岳之上祭天，又旁及諸山川，皆在喬岳之上望而祭之，無所不徧。蓋天子省方告祭，所以承天命而答人之心，禮當如此。

周禮夏官校人：凡將事於四海山川，則飾黃駒。注：四海，猶四方也。王巡守，過大山川，則有殺駒以祈沈禮與？玉人職有宗祝以黃金勺前馬之禮。疏：云「四海，猶四方也」者，王巡守，唯至方岳，不至四海夷狄，故以四海爲四方。云「有殺駒以祈沈禮與」者，爾雅云：「祭山曰庪縣，祭川曰浮沈。」今鄭云「以祈沈」者，總解過山川二事。言「與」者，爾雅據正祭，此則行過之，約與彼同，故云「與」以疑之也。引玉人職者，證過山川設禮用馬牲之事也。

鄭氏鍔曰：若有祭祀于四海山川，則必擇黃色之駒加文飾，以將事焉。此皆校人之職，或謂大宗伯以沈貍祭川澤，而祭祀之牲，各放其色。四海山川，乃均用黃駒，何耶？以玉人之職考之，王巡守，過大山川，所用之璋不同，然皆以黃金勺前馬，則知均用黃駒者，海與山川均爲地道，黃者，地之中色。若夫用駒，則以巡守而行四方，駒有千里之足，而行地莫如馬，駒雖馬之小者，禮以小爲貴，飾黃駒，乃郊用犢之意。

考工記玉人：大璋、中璋九寸，邊璋七寸，射四寸，厚寸，黃金勺，青金外，朱中，鼻寸，衡四寸，有繅，天子以巡守，宗祝以前馬。注：射，琰出者也。勺，故書或作「約」，杜子春云：「當爲勺，謂酒尊中勺也。」鄭司農云：「鼻，謂勺龍頭鼻也。衡，謂勺柄龍頭也。」玄謂鼻，勺流也，凡流皆謂龍口也。衡，古文「横」，假借字也。衡謂勺徑也。三璋之勺，形如圭瓚。天子巡守，有事山川，則用灌焉。于大山川，則用大璋，加文飾也。于中山川，用中璋，殺文飾也。于小山川，用邊璋，半文飾也。其祈沈以馬，宗祝亦執勺以先之。禮，王過大山川，則大祝用事焉。將有事于四海山川，則校人飾黄駒。

疏：此經説王巡守、出行、過山川禮敬之事。三璋據爲勺柄，黄金勺以下據爲勺頭。又曰：「射，琰出者也」者，向上謂之出，謂琰半已上，其半已下爲文飾也。先鄭云「鼻，謂勺龍頭鼻」，後鄭增成其義。「衡，謂勺柄龍頭」，後鄭不從。玄謂衡〔一〕，古文爲横，謂勺徑，破先鄭爲勺柄。云「三璋之勺，形如圭瓚」者，圭瓚之形，前注已引漢禮，但彼口徑八寸，下有盤，徑一尺，此徑四寸，徑既倍狹，明所容亦少，但形狀相似耳，故云「形如圭瓚」也。知用灌者，以其圭瓚灌宗廟，明此巡守過山川用灌可知。「于大山川」已下至「半文飾」，皆無正文，鄭君以意解之。云「祈沈以馬」者，取校人飾黄駒，故知馬也。知「宗祝亦執勺以先之」者，即引大祝職云：「王過大山川，則大祝用事焉。」是大祝用此經黄金勺之事也。云「將有事于四海山川，則校人飾黄駒」者，校人職文，引之者，見禮山川非直灌，亦有牲牢。以山川地神，故用黄駒也。大祝職云：

〔一〕「謂」，諸本作「爲」，據周禮注疏卷四一改。

「王過大山川，大祝用事。」不言中山川、小山川者，舉大而言，或使小祝爲之也。

尚書大傳虞傳曰：維元祀，巡守四岳八伯，壇四奥，沉四海，封十有二山，兆十有二州。注：奥，内也，安也。四方之内，人所安居也。爲壇祭之，謂祭四方之帝、四方之神也。祭水曰沈，祭者必封，封，亦壇也。十有二山，十有二州之鎮也。兆，域也，爲營域以祭十二州之分星也。壇、沈、封、兆，皆因所宜爲之名。樂正定樂名，元祀代太山，貢兩伯之樂焉。東岳陽伯之樂，舞侏離，其歌聲比余謡，名曰晳陽；儀伯之樂，舞鼚哉，其歌聲比大謡，名曰南陽。中祀大交霍山，貢兩伯之樂焉。夏伯之樂，舞謾彧，其歌聲比中謡，名曰初慮；羲伯之樂，舞將陽，其歌聲比大謡，名曰朱于。秋祀柳穀華山，貢兩伯之樂焉。秋伯之樂，舞蔡俶，其歌聲比小謡，名曰苓落〔一〕；和伯之樂，舞玄鶴，其歌聲比中謡，名曰歸來。幽都弘山祀，貢兩伯之樂焉。冬伯之舞齊落，歌曰縵縵，并論八音四會。注：陽伯，猶言春伯。春官，秩宗也，伯夷掌之。侏離，舞曲名，言象物生育離根株也。徒歌謂之謡，其聲清濁，比如余謡，然後應律也。晳當爲「析」，春厥民析。晳陽，樂正所定也。是時，契爲司徒，掌地官

〔一〕「苓落」，原作「花落」，據光緒本、尚書大傳卷一改。

矣，後又舉禹掌天官。儀，當爲羲仲之後也。蠢，動貌。哉，始也。言象物應雷而動，始出見也。南，任也。中，仲也，古字通。春爲元，夏爲仲，五月南巡守，仲祭大交氣于霍山也，南交稱大交。書曰：「宅南交也。」夏伯，夏官司馬也，棄掌之。謾，猶曼也。彧，長貌。猶物象之滋曼彧然也。初慮，陽上極，陰始謀也。謾，或爲謗。將陽，言象物之秀實動摇也。于，大也。八月西巡守，祭柳穀之氣于華山也。柳，聚也，齊人語。秋伯，秋官士，皋陶掌之。蔡，猶衰也。俶，始也。言象物之始衰也。和伯，和仲之後也。玄鶴，象陽鳥之南也。歸來，言反其本也。弘山，恒山也。十有一月朔巡守，祀幽都之氣于恒山也。互言之者，明祭山北稱幽都也。冬伯，冬官司空也，垂掌之。齊落，終也，言象物之終也。齊，或爲聚，此上下有脱辭，其説未聞。

蕙田案：以上四條，巡守告山川之禮。

儀禮覲禮：禮四瀆於北門外，禮山川、丘陵於西門外。

敖氏繼公曰：禮四瀆于北，禮山川、丘陵于西，皆隨其地之陰陽而爲之。禮川不于北者，四瀆尊，宜避之也。此三禮者，皆與上事相屬而舉之。天子巡守，有懷柔百神、望秩山川之禮。此諸侯以天子不巡守之故而來覲，故天子於此，亦略修祀事，以放巡守之禮云。

周禮春官大祝：大會同，過大山川，則用事焉。注：用事，亦用祭事告行也。玉人職有宗祝以黄金勺前馬之禮，是謂過大山川與？曾子問曰：「凡告必用牲幣，反亦如之。」疏：「大會同」者，王與諸侯時見曰會，殷見曰同，或在畿内，或在畿外，亦告廟而行。言「用事，亦用祭事告行也」者，言亦如上經大師用祭事告行。引玉人職者，案玉人職：「大璋、中璋九寸，邊璋七寸，射四寸，厚寸，黄金勺，青金外，天子以巡守，宗祝以前馬。」此云「有宗祝以黄金勺前馬之禮」，非是彼正文義，略言之耳。云「是謂過大山川與」者，彼不云過山川〔一〕，此言過大山川，此不言用黄金勺，彼言以黄金勺，以義約爲一，故言「與」以疑之。彼注云「大山川用大璋，中山川用中璋，小山川用邊璋」，此直見過大山川，不見中小者，欲見中小山川共大山川一處，直告大山川，不告中小，故不見中小山川。各自别處，則用中璋、邊璋。此所過山川，非直用黄金勺酌獻而已，亦有牢。故校人職云：「將有事于四海山川，則飾黄駒。」注云：「四海，猶四方。王巡守，過大山川，則有殺駒以祈沈之禮與？」是其牲牢也。

禮記曾子問：孔子曰：「諸侯適天子，命祝史告於社稷、宗廟、山川，凡告用牲幣，反亦如之。」疏：必知天子用牲者，校人云：「王所過山川，則飾黄駒。」是用牲也。必知諸侯不用牲者，約下文云：「幣帛皮圭以告。」故知不用牲也。或天子諸侯出入有告、有祭，故告用制幣一丈八尺，其卿大夫唯入祭而已。故聘禮既使而反，祭用牲也。

諸侯相見，命祝史告於五廟、所過山川。反，命祝史告至於前所告者。注：山川所

〔一〕「云過」，諸本誤倒，據周禮注疏卷二五乙正。

不過，則不告，貶于適天子也。

春秋襄公十一年左氏傳：載書曰：「司慎司盟，名山名川。」注：二司，天神。　疏：名山，山之有名者，謂五岳、四鎮也。名川，謂四瀆也。

蕙田案：以上四條，朝會祭山川。

周書武成：底商之罪，告於皇天后土、所過名山大川。孔傳：名山，華岳。大川，河。　疏：周適商，路過河、華，故知所過名山，華岳，大川，河也。山川大乃有名，「名」、「大」互言之耳。周禮大祝云：「王過大山川，則用事焉。」鄭云：「用事，用祭祀告行也。」

周禮春官肆師：祭兵于山川，則爲位。注：山川，蓋軍之所依止。　疏：云「山川，蓋軍之所依止」者，以其山川衆多，不可並祭，軍旅思險阻，軍止必依山川。故知祭軍所依止者也。

鄭氏鍔曰：兵之所在，必增高以祭之，非頓兵之山川，則無類禡之祭。兵之所在，則宜有祭，此非常祭，故爲之位。

王氏與之曰：祭兵于山川，若武成告所過名山大川。

春秋宣公十二年左氏傳：楚子敗晉師于邲，祀于河。

襄公十八年左氏傳：晉侯伐齊，將濟河，獻子以朱絲係玉二瑴而禱，曰：「齊環怙恃其險，負其衆庶，棄好背盟，陵虐神主。曾臣彪將率諸侯以討焉。其官臣偃實先後之。苟捷有功，無作神羞，官臣偃無敢復濟。唯爾有神裁之！」沈玉而濟。杜注：雙玉曰瑴。環，齊靈公名。負，依也。神主，民也。謂數伐魯，殘民人。彪，晉平公名。稱臣者，明上有天子，以謙告神。曾臣，猶末臣。官臣，守官之臣。偃，獻子名。疏：王制云：「五岳視三公，四瀆視諸侯。」則諸侯于河神，其辭不得稱臣。故解其意稱臣者，以明上有天子，言己是天子之臣，以謙告神也。曾祖曾孫者，曾爲重義，諸侯之于天子，無所可重。曾臣，猶末臣，謙卑之意耳〔一〕。

昭公十七年左氏傳：晉侯使屠蒯如周，請有事於雒與三塗。萇弘謂劉子曰：「客容猛，非祭也，其伐戎乎？」九月丁卯，晉荀吴帥師涉自棘津，使祭史先用牲於雒，陸渾人弗知，師從之。庚午，遂滅陸渾。

蕙田案：以上五條，行師告山川。

春秋成公五年左氏傳：梁山崩，重人曰：「國主山川，故山崩川竭，君爲之不舉，降服，乘縵，徹樂，出次，祝幣，史辭，以禮焉。其如此而已。」注：主，謂所主祭。去盛饌，損盛服，車無文，息八音，舍于郊，陳玉帛，自罪責，禮山川。

右因事祭山川

〔一〕「卑」，原作「彼」，據光緒本、春秋左傳正義卷三三改。

禜祭山川

春秋僖公十九年左氏傳：秋，衛大旱。卜有事於山川，不吉。

昭公元年左氏傳：山川之神，則水旱癘疫之災，於是乎禜之。注：有水旱之災，則禜祭山川之神若臺駘者。周禮四曰禜祭，爲營攢，用幣，以祈福祥。疏：水旱癘疫，在地之災。山川帶地，故祭山川之神也。禜是祈禱之小祭耳，若大旱而雩，則徧祭天地百神，不復别其日月與山川也。杜言「山川之神若臺駘」者，言此禜祭，祭其先世主山川之神耳，非獨祭此山川之神也。

昭公十六年左氏傳：鄭大旱，使屠擊、祝款、豎柎有事於桑山。斬其木，不雨。子産曰：「有事於山，蓺山林也。而斬其木，其罪大矣。」奪之官邑。

淮南子曰：湯旱，以身禱於桑山之林。

右禜祭山川

五禮通考卷四十七

吉禮四十七

四望山川

秦祀山川

史記封禪書：昔三代之居〔一〕，皆在河洛之間，漢書注：師古曰：「謂夏都安邑，殷都朝歌，周都洛陽。」故嵩高爲中嶽，而四嶽各如其方，四瀆咸在山東。至秦稱帝，都咸陽，則五

〔一〕「居」，諸本作「君」，據史記封禪書改。

嶽、四瀆皆并在東方。自五帝以至秦，軼興軼衰，名山大川或在諸侯，或在天子，其禮損益世殊，不可勝記。師古曰：代代殊異，故不可盡記。及秦并天下，令祠官所常奉天地、名山、大川、鬼神可得而序也。于是自殽以東，索隱曰：殽，即崤山。杜預云：「崤在弘農澠池縣西南。」即今之二崤山是也。亦音豪。名山五，大川祠二。曰太室。太室，嵩高也。恒山，泰山，會稽，湘山。索隱曰：地里志，湘山在長沙。水曰濟，曰淮。索隱曰：風俗通云：「濟廟在臨邑，淮廟在平氏也。」春以脯酒爲歲祠，因泮凍，服虔曰：解凍。秋涸凍，漢書注：師古曰：「涸，讀與『沍』同。沍，凝也，音下故反。春則解之，秋則凝之。春秋左氏傳曰：『固陰沍寒。』禮記月令曰：『孟冬行春令，則凍閉不密。』〔一〕」冬賽禱祠。索隱曰：賽，音先代反。謂報神福也。其牲用牛犢各一，牢具圭幣各異。自華以西，名山七，名川四。曰華山、薄山。薄山者，襄山也。漢書注：師古曰：「説者云薄山在河東，一曰在潼關北十餘里。而此志云『自華以西』者，則今閿鄉之南山，連延西出〔二〕，並得華山之名。」岳山，岐山，吴山，鴻冢，瀆山。瀆山，蜀之岷山也。漢書注：師古曰：「周禮職方氏『雍州其山曰岳』。爾雅亦云『河西曰岳』。説者咸云岳即吴岳也。今志有岳，又有吴山，則

〔二〕「出」，諸本作「山」，據漢書郊祀志上改。

吴岳非一山之名，但未詳岳之所在耳。徐廣云：『岳山在武功。』據地理志，武功但有垂山，無岳山也。岐山即在今之岐山縣，其山兩岐，俗呼爲箭括嶺。吴山在今隴州吴山縣。鴻冢，釋在下，岷山在湔氐道。」水曰河，祠臨晉；漢書注：師古曰：「即今之同州朝邑縣界。」沔，祠漢中；漢書注：師古曰：「沔，漢水之上名也。漢中，今梁州是也。沔，音彌善反。」湫淵，祠朝那；蘇林曰：湫淵在安定朝那縣，方四十里，停水不流，冬夏不增減，不生草木。湫，音將蓼反。漢書注：師古曰：「此水今在涇州界，清澈可愛，不容穢濁，或喧污，輒興雲雨。土俗亢旱，每于此求之，相傳云龍之所居也。而天下山川隈曲，亦往往有之。湫，音子由反。」江水，祠蜀。正義曰：括地志云：「江瀆祠在益州成都縣南八里，秦并天下，江水祠蜀。」亦春秋泮涸禱賽，如東方名山川；而牲牛犢牢具圭幣各異。而四大冢鴻、岐、吴、嶽，皆有嘗禾。孟康曰：以新穀祭。陳寶節來祠。服虔曰：陳寶神應節來也。其河加有嘗醪。此皆在雍州之域，近天子之都，故加車一乘，騮駒四。灞、滻、長水、灃、澇、涇、渭皆非大川，以近咸陽，盡得比山川祠，而無諸加。韋昭曰：無車騮之屬。汧、洛二淵，鳴澤、蒲山、嶽壻山之屬，爲小山川，亦皆歲禱賽泮涸祠，禮不必同。

漢書郊祀志：秦始皇即帝位三年，東游海上，行禮祠名山川及八神。諸此祠皆太祝常主，以歲時奉祠之。至如它名山川、諸神及八神之屬，上過則祠，去則已。郡縣遠方祠者，民各自奉祠，不領于天子之祝官。祝官有秘祝，即有災祥，輒祝祠移過于下。

史記封禪書：二世元年，東巡碣石，並海南，歷太山，至會稽，皆禮祀之。

右秦祀山川

兩漢祀山川

漢書高祖本紀：二年夏六月，令祠官祀天地、四方、上帝、山川，以時祀之。

郊祀志：高祖初，悉召故秦祀官，復置太祝、太宰，如其故儀禮。下詔曰：「吾甚重祠而敬祭。今山川之神當祠者，各以時禮祠之如故。」後四歲，天下已定，置祠祀官、女巫。令河巫祠河于臨晉，而南山巫祠南山、秦中。

文帝即位十三年，下詔曰：「秘祝之官，移過于下，朕甚弗取，其除之。」始名山大川在諸侯，諸侯祝各自奉祠，天子官不領。及齊、淮南國廢，令太祝盡以歲時致禮如故。明年，廣增諸祀壇場、珪幣，河、湫、漢水，玉加各二。

文帝本紀：十五年夏四月，修名山大川嘗祀而絶者，有司以歲時致禮。

武帝本紀：建元元年夏五月，詔曰：「河海潤千里，其令祠官修山川之祠，爲歲事，曲加禮。」

郊祀志：武帝元狩元年，濟北王上書獻泰山及其旁邑，天子以它縣償之。常山王有罪，遷，師古曰：遷與遷同。天子封其弟真定，以續先王祀，而以常山爲郡。然後五嶽皆在天子之邦。

文獻通考：馬氏曰：案古者，天子祭四望，五嶽、四瀆其大者也。然王畿不過千里，千里之外則皆諸侯之國，所謂嶽瀆，豈必在畿内而後祭之？如舜都蒲坂，而一歲巡五嶽，俱有望秩之禮是也。始皇雖併六國，而禮典廢墜，所祠祭山川，皆因其遊觀所至處與封禪求仙則及之；而其領之祠官，以歲時致祭，且雜以淫祀者，大率多秦中山川也。至漢，則名山大川之在諸侯國者，不領于天子之祠官，必俟齊、淮南、常山之國廢，及濟北王獻地而後，舉五嶽之祭，俱非古義也。

武帝本紀：元封元年春正月，行幸緱氏。詔曰：「朕用事華山，至于中嶽，親登嵩高，御史乘屬、在廟旁吏卒咸聞呼萬歲者三。登禮罔不答。其令祠官加增太室祠，禁無伐其草木。以山下户三百爲之奉邑，名曰崇高，獨給祠，復亡所與。」

郊祀志：元封元年春三月，東幸緱氏。禮登中嶽太室，從官在山上聞若有言「萬歲」云。問上，上不言；問下，下不言。迺令祠官加增太室祠。

武帝本紀：元封五年冬，行南巡狩，至于盛唐，望祀虞舜于九嶷，登灊天柱山，自潯陽浮江，薄樅陽而出，遂北至琅琊，並海，所過禮祠其名山大川。

郊祀志：五年，上巡南郡，至江陵而東，登禮灊之天柱山，號曰南嶽。師古曰：灊，廬江縣，天柱山在焉。武帝以天柱山爲南嶽。浮江，自潯陽出樅陽，過彭蠡，禮其名山大川。

武帝本紀：天漢三年春三月，幸北地，祠常山，瘞玄玉。

郊祀志：自封太山後十三歲而周遍于五嶽、四瀆矣。

宣帝神爵元年，制詔太常：「夫江、海，百川之大者也，今闕焉無祠。其令祠官以禮爲歲事，師古曰：言每歲常祠之。以四時祠江、海、雒水，祈爲天下豐年焉。」自是五嶽、四瀆皆有常禮。東嶽泰山于博，中嶽太室于嵩高，南嶽灊山于灊，西嶽華山于華陰，北嶽常山于上曲陽，師古曰：上曲陽，常山郡之縣也。河于臨晉，師古曰：馮翊之縣也。江于江都，淮于平氏，師古曰：南陽之縣也。濟于臨邑界中，師古曰：東郡之縣也。皆使者持節侍祠。惟泰山與河歲五祠，江水四，餘皆一禱而三祠云。

哀帝建平三年，莽改祭禮，大合樂，祀四望，祭山川。四望，蓋謂日月星海也。三光高而不可得親，海廣大無限界，故其樂同於山川地理也。

風俗通：五岳，東方泰山。詩云：「泰山巖巖，魯邦所瞻。」尊曰岱宗。岱者，長也。萬物之始，陰陽交代，雲觸石而出，膚寸而合，不崇朝而徧雨天下，其唯泰山乎？故爲五岳之長。岱宗廟在博縣西北三十里，山虞長守之。十月曰合凍，臘月曰涸凍，正月曰解凍，皆太守自侍祠。若有穢疾，代行事，法七十萬五千，三牲燔柴上，福脯三十朐，縣次傳送京師，四岳皆王同禮。南方衡山，一名霍，霍者，萬物盛長，垂枝布葉，霍然而大，廟在廬江灊縣。西方華山，華者，華也，萬物滋然變華于西方也，廟在弘農華陰縣。北方恒山，恒者，常也，萬物伏藏于北方有常也，廟在中山上曲陽縣。中央曰嵩高，嵩者，高也。詩云：「嵩高維嶽，峻極于天。」廟在潁川陽城縣。四瀆，河出燉煌塞外崑崙山，發源注海，易河圖「聖人則之」，禹貢「九河既道」，詩曰「河水洋洋」，廟在河南滎陽縣。河隄謁者掌四瀆，禮祠與五岳同。江出蜀郡湔氐徼外崏山〔一〕，入海，詩云「江漢陶陶」，禹貢「江漢朝宗于海」，廟在廣陵江都縣。淮出南陽平氏桐柏大復

〔一〕「湔氐」，諸本作「湔流互」，據風俗通義校注卷一〇改。

山，東南入海，禹貢「海岱及淮，淮沂其乂」，詩云「淮水湯湯」，廟在平氏縣。濟出常山房子贊皇山，東入海，禹貢「浮于汶，達于濟」，廟在東郡臨邑縣。

後漢書明帝本紀：永平六年冬十二月，幸陽城，遣使者祀中岳。

章帝本紀：元和二年春二月，詔曰：「今山川鬼神應典禮者，尚未咸秩。其議增修群祀，以祈豐年。」丙辰，東巡守。辛未，幸太山，柴告岱宗。有黄鶴三十從西南來，經祀壇上，東北過于宫屋，翺翔升降。進幸奉高。

三年春正月丙申，北巡守。二月戊辰，進幸中山，遣使者祀北岳，出長城。三月己卯，進幸趙。庚辰，祀房山于靈壽。

安帝本紀：延光三年春二月辛卯，幸太山，柴告岱宗。

祭祀志：延光三年，上東巡守，至太山，柴祭，及祀汶上明堂，如元和三年故事。

右兩漢祀山川

三國魏祀山川

三國魏志文帝本紀：黄初二年六月，初祀五嶽、四瀆，咸秩群祀。

晉書禮志：二年，禮五嶽、四瀆，瘞沈珪璧。

六年七月，帝以舟軍入淮。九月壬戌，遣使者沈璧于淮。

三國魏志明帝本紀：太和四年八月辛巳，行東巡，遣使者以特牛祠中嶽。

青龍元年夏五月，詔諸郡國山川不在祀典者勿祠。

陳留王本紀：咸熙元年春正月，行幸長安。使使者以璧幣祀華山。

右三國魏祀山川

晉祀山川

晉書禮志：太始元年十二月，詔曰：「昔聖帝明王修五岳四瀆，名山川澤，各有定制，所以報陰陽之功故也。然以道莅天下者，其鬼不神，其神不傷人，故祝史薦而無媿辭，是以其人敬慎幽冥，而淫祀不作。末世信道不篤，僭禮瀆神，縱欲祈請，曾不敬而遠之，徒偷以求幸，祆妄相煽，舍正爲邪，故魏朝疾之。其案舊禮，具爲之制，使功著于人者，必有其報，而祆淫之鬼，不亂其間。」

隋書禮儀志：建武元年，令郡國有五岳者，置宰祝三人〔一〕。及有四瀆若海應祠者，皆以孟春、仲冬祠之。

晉書明帝本紀：太寧三年七月，詔曰：「自中興以來，五岳四瀆，名山大川，載在祀典應望秩者，悉廢而未舉。主者其依舊詳處。」

禮志：穆帝升平中，何琦備論五嶽祠曰：「唐、虞之制，天子五載一巡狩，順時之方，柴燎五嶽，望于山川，徧于群神，故曰『因名山升中于天』，所以昭告神祇，饗報功德，是以災厲不作，而風雨寒暑以時。降及三代，年數雖殊，而其禮不易，五嶽視三公，四瀆視諸侯，著在經記，所謂『有其舉之，莫敢廢也』。及秦、漢都西京，涇、渭、長水，雖不在祀典，以近咸陽，故盡得比大川之祠，而正立之祀可以闕哉？自永嘉之亂，神州傾覆，兹事替矣。唯灊音潛。之天柱，在王略之内也，舊臺選百户吏卒，以奉其職。中興之際，未有官守，廬江郡常遣太史兼假四時禱賽，春釋寒而冬請冰。咸和迄今，又復墮替。計今非典之祠，可謂非一。考其正名，則淫昏之鬼；推

〔一〕「三人」，諸本作「二人」，據隋書禮儀志二改。

其縻費，則百姓之蠹。而山川大神，更爲簡闕。良由頃國家多難，日不暇給，草建廢滯，事有未遑。今元憝徒對反。已殲，宜修舊典。嶽瀆之域，風教所被，而神明禋祀，未之或甄。崇明前典，將候皇輿北旋，稽古憲章，大釐制度。俎豆牲牢，祝嘏文辭〔一〕，舊章靡記，可令禮官作式，歸諸誠簡，以達明德馨香，如斯而已。其諸妖孽，可粗依法令，先去其甚，俾邪正不黷。」時不見省。

右晉祀山川

宋祀山川

宋書世祖本紀：大明七年春二月甲寅，車駕巡南豫、南兗二州。丙辰，詔曰：「江、漢楚望，咸秩周禋，禮九嶷于盛唐，祀蓬萊于渤海，皆前載流訓，列聖遺式。霍山是曰南岳，實維國鎮，韞靈呈瑞，肇光宋道。朕駐蹕于野，有事岐陽，瞻睇風雲，徘徊以想。可遣使奠祭。」

〔一〕「文」，諸本作「大」，據晉書禮志上改。

禮志：大明七年六月丙辰，有司奏：「詔奠祭霍山，未審應奉使何官；用何牲饌；進奠之日，又用何器。」殿中郎丘景先議：「修祀川岳，道光列代；差秩珪璋，義昭聯冊。但業曠中葉，儀漏典文。尋姬典事繼宗伯，漢載持節侍祠，血祭霾沈，經垂明範，酒脯牢具，悉有詳例。又名山著珪幣之異，大冢有嘗禾之加。山海祠霍山，以太牢告玉，此準酌記傳，其可言者也。今皇風緬暘，輝祀通岳，愚謂宜使以太常持節，牲以太牢之具，羞用酒脯時穀，禮以赤璋纁幣。又鬯人之職『凡山川四方用脤』，則盛酒當以蠡栖，其餘器用，無所取說。案郊望山瀆，以質表誠，器用陶匏，藉以茅席，近可依準。山川以兆，宜爲壇域。」參議景先議爲允。令以兼太常持節奉使，牲用太牢，加以璋幣，器用陶匏，時不復用脤，宜同郊祀，以爵獻。凡肴饌種數，一依社祭爲允。詔可。

右宋祀山川

梁祀山川

隋書禮儀志：梁令郡國有五嶽者，置宰祀三人，及有四瀆若海應祠者，皆以孟春、仲冬祠之。

右梁祀山川

北魏祀山川

北魏書禮志：泰常三年，立五嶽四瀆廟于桑乾水之陰，春秋遣有司祭，有牲及幣。四瀆唯以牲牢，準古望秩云。其餘山川及海若諸神在州郡者，合三百二十四所，每歲十月，遣祀官詣州鎮遍祀。有水旱災厲，則牧守各隨其界内祈謁，其祭皆用牲。王畿内諸山川，皆列祠次祭，若有水旱則禱之。

太宗本紀：泰常四年秋八月辛未，東巡。遣使祭恒岳。

禮志：四年八月，幸代。至雁門關，望祀恒岳。

八年正月，南巡恒岳，祀以太牢。幸洛陽，遣使以太牢祀嵩高、華岳。還，登太行。五月，至自洛陽，諸所過山川，群祀之。

世祖本紀：太延元年六月甲午，詔：「守宰祭界内名山大川。」十二月癸卯，遣使者以太牢祀北岳。

禮志：太延元年，立廟于恒岳、華岳、嵩岳上，各置侍祀幾十人，歲時祈禱水旱。其春秋泮涸，遣官率刺史祭以牲牢，有玉幣。

太平真君十一年十一月，世祖南征，逕恒山，祀以太牢。浮河、濟，祀以少牢。過岱宗，祀以太牢。

文成皇帝即位二年正月〔一〕，遣有司詣華岳修廟立碑。數十人在山上，聞虚中若有音聲〔二〕，聲中稱萬歲云。

和平元年正月，帝東巡。歷橋山，祀黄帝；幸遼西，望祀醫無閭山。遂緣海西南，幸冀州，北至中山，過恒岳，禮其神而返。

二年，帝南巡，過石門，遣使者用玉璧牲牢，禮恒岳。

皇興二年，以青徐既平，遣中書令兼太常高允奉玉幣祀于東岳。

高祖本紀：太和四年二月癸巳，詔曰：「朕承乾緒，君臨海内，夙興昧旦，如履薄

〔一〕「二年」，諸本作「三年」，據魏書禮志四校勘記改。
〔二〕「有」，諸本脱，據魏書禮志四校勘記補。

冰。今東作方興，庶類萌動，品物資生，膏雨不降，歲一不登，百姓饑乏，朕甚懼焉。其敕天下，祀山川群神及能興雲雨者，修飾祀堂，薦以牲璧。」

右北魏祀山川

禮志：太和十九年，帝南征。正月，車駕濟淮，命太常致祭。又詔祀岱岳。十九年春正月己亥，車駕濟淮。夏四月己未，行幸瑕丘，遣使以太牢祀岱岳。

北齊祀山川

北齊書宣帝本紀：天保元年六月己亥，詔分遣使人致祭于五岳四瀆。

右北齊祀山川

北周祀山川

文獻通考：後周大將出征，遣太祝以羊一祭所過名山大川。

右後周祀山川

隋祀山川

隋書禮儀志：開皇十四年閏十月，詔東鎮沂山，南鎮會稽山，北鎮醫無閭山，山遠則遥祀。冀州鎮霍山，並就山立祠。東海于會稽縣界，南海于南海鎮南，並近海立祠。及四瀆、吴山，並取側近巫一人，主知灑掃，並令多蒔松柏。其霍山，雩祀日遣使就焉。

大學衍義補：丘氏濬曰：鄭玄注周禮，四望有五岳、四鎮、四瀆，後世祀典，止有五嶽、四瀆，而無四鎮。至是，始祀之。而又以冀州霍山爲中鎮，是爲五鎮。

隋書高祖本紀：開皇十五年春正月壬戌，車駕次齊州，親問疾苦。丙寅，旅王符山。庚午，上以歲旱，祀泰山，以謝愆咎，大赦天下。三月己未，至自東巡狩，望祭五嶽海瀆。六月辛丑，詔名山大川未在祀典者，悉祀之。

禮儀志：十六年正月，又詔北鎮于營州龍山立祠。東鎮晉州霍山鎮，若修造，並准西鎮吴山造神廟。

煬帝本紀：大業四年八月辛酉，親祀恒岳，河北道郡守畢集。

禮儀志：大業中，煬帝因幸晉陽，遂祭恒嶽。其禮頗採高祖拜岱宗儀，增置二壇，命道士女官數十人，於壝中設醮。十年，幸東都，過祀華嶽，築場于廟側。事乃不經，蓋非有司之定禮也。隋制，行幸所過名山大川，則有司致祭岳瀆以太牢，山川以少牢。

右隋祀山川

唐祀山川

唐書禮樂志：唐制，嶽鎮海瀆祭于其廟，無廟則爲之壇坎，廣一丈，四向爲陛者，海瀆之壇也。嶽鎮海瀆，以山尊實醍齊。山林川澤，以蜃尊實沈齊，皆二。嶽鎮海瀆以兩圭有邸，幣如其方色。嶽鎮海瀆、山林川澤，籩、豆各二，簋、簠、俎各一。丘陵、墳衍、原隰，籩、豆各一，簋、簠、俎各一。四時祭五嶽、四鎮、四海、四瀆，爲籩豆十、簋二、簠二、俎三。犢皆少牢。

高祖本紀：武德二年十月甲子，祠華山。三年四月丙申，祠華山。

册府元龜：武德七年六月，幸仁智宮，以少牢祭宮所山川。

文獻通考：唐武德、貞觀之制，五嶽、四鎮、四海，年别一祭，各以五郊迎氣日祭之。東嶽岱山祭于兖州，東鎮沂山祭于沂州，東海于萊州，東瀆大淮于唐州，南嶽衡山于衡州，南鎮會稽山于越州，南海于廣州，南瀆大江于益州，中嶽嵩山于洛州，西嶽華山于華州，西鎮吴山于隴州，西海及西瀆大河于同州，北嶽恒山于定州，北鎮醫無閭山于營州，北海及北瀆大濟于洛州，其牲皆用太牢，禮官以當界都督刺史充。

册府元龜：貞觀十九年，征遼。三月丁丑，幸定州，經北嶽，帝自爲文祭之。

唐書武后本紀：中宗嗣聖五年即武后垂拱四年。七月丁巳，改洛水爲永昌洛水，封其神爲顯聖侯，加特進，禁漁釣。改嵩山爲神嶽，封其神爲天中王、太師、使持節、大都督。

蕙田案：山川之神，加以人爵封號，蓋始于此，非禮之端，肇之者，則天也。

文獻通考：武后萬歲通天元年，尊神嶽天中王爲神嶽天中皇帝。神龍元年，復爲天中王。先天二年，封華嶽爲金天王。

蕙田案：古者四望山川之祭，壇而不屋，易以廟號，非古也，況復封之爲王爲帝？尊號頻加頻改，不益惑之甚乎？

舊唐書玄宗本紀：開元四年二月，以關中旱，遣使祈雨于驪山，應時澍雨。以少牢致祭，仍禁樵採。

册府元龜：開元五年十二月戊寅，詔曰：「國之大事在祀，神之所歆惟敬，潔誠而齋，精意以享，則可臻介福，致休祥。深慮有司，未副厥旨，所緣岳瀆等祭，宜令禮官博士，斟酌古今，務加虔肅，合于典禮，即詳定奏聞。」

八年三月敕：「頃歲未登，水旱不節。今春事方起，農桑是憂。宜令太常長官分祭華岳、温湯。」

十一年四月庚申，敕曰：「河東冀方，其鎮惟霍，神爲天吏，山有岳靈。在昔皇業初興，肇蒙嘉祉。今者省方旋軫，重獲休徵，同受三神之貺，獨忘百邑之禮。其霍山宜崇飭祠廟，秩視諸侯。蠲山下十户，以爲灑掃。晉州刺史，春秋致祀。」

十二年十一月庚午，幸東都，敕有司，所經名山大川，精意致祭，以酒脯時果，用代牲牢。丙寅，至華州，命刺史徐知仁與信安王禕，勒石于華嶽祠南之通衢，帝親製其文。

文獻通考：十三年，封泰山神爲天齊王，禮秩加三公一等。

册府元龜：開元十六年六月丁亥，詔曰：「爰自首春，有愆時雨，朕憂勤黎庶，精禱靈祇，遂蒙九玄垂福，百神效祉，膏澤頻降，嘉年繁育。睠彼山川，能興雲雨，報功享德，祀典存焉。諸州所管名山大川，宜令當處長官設祭，務盡誠敬，以昭典禮。」庚寅，詔曰：「宗社垂祐，陰陽順成，甘澤應時，庶物繁育。祗奉靈慶，寅畏載深，宜令中書門下肅事昭報，仍令有司奏聞。」

舊唐書玄宗本紀：開元十八年，百僚及華州父老累表請上尊號，并封西岳，不允。

册府元龜：開元十八年正月丁巳，親迎氣于東郊。禮畢，詔凡海内五岳四瀆諸鎮名山大川及靈迹，各令郡縣逐處設祭。

開元二十年四月戊申，命有司擇日就祭五嶽四瀆。十一月庚申，祀后土于脽上，命有司陳禮，帝質明而享。是日，大赦。制：五嶽、四瀆、名山大川，各令致祭，務竭誠敬。

唐開元禮祭五岳四鎮四海四瀆儀：四祭，每座籩、豆各十，簠、簋各二，俎三〔一〕。

前諸嶽鎮海瀆，每年一祭，各以五郊迎氣日祭之。設祭州界，已具歷代祀山川篇。

〔一〕「三」，諸本作「二」，據文獻通考卷八三、開元禮卷三五、三六改。

祭五日，諸祭官各散齋三日，致齋二日，如别儀。前一日，嶽令、瀆令清掃内外，又爲瘞埳于壇壬地，方深取足容物。海瀆則埳内爲壇，高丈四尺，皆爲陛。贊禮者設初獻位于壇東南，亞獻、終獻于初獻南，少退，俱西向，北上。設掌事者位于終獻東南，重行，西面，以北爲上。設贊唱等諸位于終獻西南，西向，北上。設獻官等望瘞位于瘞坎之東北，西向。祭海瀆無望瘞位。設祭官以下門外位于南門之外道東，重行，西向，以北爲上。祭器之數，罇六、籩十、豆十、簋二、簠二、俎三。嶽瀆令帥其屬詣壇東陛升，設罇于壇上東南隅，北向，西上。尊皆加勺冪，有坫以置爵。設玉篚于罇坫之所，設洗于南陛東南，北向。罍水在洗東，篚在洗西，南肆。篚實以巾爵。執罇罍洗篚者，各位于罇罍篚之後。祭日，未明，烹牲于厨。其牲各隨方色，齋郎以豆先取毛血，置于饌所。夙興，掌饌者實祭器。牲體，牛、羊、豕皆用右胖〔一〕，前脚三節，節一段，肩、臂、臑皆載之；後脚三節，節一段，去下節，載上肫、胳二節〔二〕，又取正脊、脡脊、横脊、短脅、正脅、代脅，各二骨以並，餘皆不設。簋實黍稷，簠實稻粱，籩十實石鹽、乾魚、棗、栗、榛、菱、芡、鹿脯、白餅、黑餅，豆十實韭菹、醓醢、菁菹、鹿醢、芹菹、兔醢、筍菹、魚

〔一〕「用」，諸本作「載」，據通典卷一一二改。

〔二〕「肫」，諸本作「肢」，據通典卷一一二、開元禮卷三五改。

醯、脾析菹〔一〕、豚拍，若土無者，各以其類充之。凡祭官各服其服，三品毳冕，四品繡冕，五品玄冕，六品以下爵弁。若有二品以下，各依令。嶽令、瀆令帥其屬入詣壇東陛，升，設嶽神、瀆神座于壇上近北〔二〕，南向。席以莞，又實罇罍及玉，凡罇，一實醴齊，一實盎齊，一實清酒，其玄酒，各實于上罇。祭神之玉，兩圭有邸。祝版置于坫。嶽令、瀆令又以幣置于篚，齋郎以豆血皆設于饌所。其幣長丈八尺，各隨方色。贊唱者先入就位。祝與執罇罍篚者入，當壇南，重行，北面，以西爲上。立定，贊唱者曰「再拜」，祝以下俱再拜。執罇者升自東陛，立于罇所。執罍篚者各就位。祝詣壇東陛，升，行掃除于上，降，行掃除于下。訖，瀆則掃除坫外，訖。各就位。質明，贊禮者引祭官以下俱就門外位，立定。一刻須，贊禮者曰「再拜」，在位者皆再拜。贊禮者進初獻之左，白「有司謹具，請行事」，退，復位。贊唱者曰「再拜」，在位者皆再拜。祝跪取玉幣于篚，興，立于罇所。凡取物者，皆跪，俛伏，而取以興。奠物則跪，奠訖〔三〕，俛伏，而後興。掌饌者帥齋郎奉饌陳于東門之外，贊禮者引初獻詣

〔一〕「析」，諸本作「菜」，據通典卷一一二、開元禮卷三五改。
〔二〕「北」下，諸本衍「面」字，據通典卷一一二、開元禮卷三五删。
〔三〕「則跪」，諸本脱，據通典卷一一二、開元禮卷三五補。

壇，升自南陛，進神座前，北向立。祝以玉幣東向進，初獻受玉幣，祝還罇所〔一〕。贊禮者引初獻進，北向，跪奠于神座，興，少退，北向再拜。贊禮者引初獻降，還本位。掌饌者引饌入，升自南陛，祝迎引于壇上，設于神座前。掌饌者帥齋郎降自東階，復位，祝還罇所。贊禮者引初獻詣罍洗，盥手，洗爵，升自南陛，詣酒罇所。執罇者舉冪，初獻酌醴齊，贊禮者引初獻進詣神座前，北向跪，奠爵，興，少退，北向立。祝持版進于神座之右，東面，跪讀祝文曰：「維某年歲次月朔日，子嗣天子某，謹遣某官某，敢昭告于東嶽岱宗：唯神贊養萬品，作鎮一方，式因春始，南嶽云夏始，中嶽云季夏，西嶽云秋始，北嶽云冬始。謹以玉幣犧齊，粢盛庶品，朝薦于東嶽岱宗，尚享。」東瀆大淮云：「惟神源流深泌，潛潤溥洽。阜成百穀，流滌三川。青春伊始，用遵典秩。」南瀆大江云：「惟神總合大川，朝宗巨海。功昭潤化，德表靈長。敬用夏首，修其常典。」西瀆大河云：「惟神上通靈漢，光啓圖書。分導九枝，旁潤千里。素秋戒序，用率典常。」北瀆

〔一〕「祝」，諸本脱，據通典卷一一二、開元禮卷三五補。

大濟云：「惟神泉源清潔，浸被遐遠〔一〕。播通四氣，作紀一方。玄冬肇節，聿修典制。」訖，興，初獻再拜。祝進奠版于神座，還罇所。祝以爵酌清酒，進初獻之右，西向立。初獻再拜，受爵，跪祭酒，啐酒，奠爵。祝帥齋郎以俎進，減神座前胙肉，前脚第二節共置一俎上，以授初獻。初獻受，以授齋郎。初獻跪取爵，遂飲，卒爵，祝進受爵，復于坫。初獻興，再拜。贊禮者引初獻降，復位。于初獻飲福酒，贊禮者引亞獻詣罍洗，盥手，洗爵，升自東陛，詣罇所。執罇者舉冪，亞獻酌盎齊，贊禮者引亞獻詣神座前，北面跪，奠爵，興，少退，北向再拜。祝以爵酌清酒，進于亞獻之右，西向立。亞獻再拜，受爵，跪祭酒，遂飲，卒爵，祝受虚爵，復于坫。亞獻興，再拜。贊者引亞獻降，復位。初，亞獻將畢，贊禮者引終獻盥洗，升獻、飲福如亞獻之儀。訖，贊禮者引終獻降，復位。祝進神座前，徹豆，還罇所。贊唱者曰「再拜」，非飲福受胙者皆再拜。贊禮者進初獻之左，白「請就望瘞位」，西向立。于獻官將拜，嶽令進神座前〔二〕，跪取幣。

〔一〕「被」，諸本作「彼」，據開元禮卷三六改。

〔二〕「前」，諸本脱，據通典卷一一二、開元禮卷三五補。

齋郎以俎載牲體、黍稷飯詣瘞埳，以饌物置于埳。祭海瀆，獻官拜訖，瀆令及齋郎以幣血沈于瀆，瀆令退，就位。東西厢各二人寘土，半埳，贊者進初獻之左，白「禮畢」，遂引初獻以下出〔一〕。祝與執罇罍篚冪者俱復執事位，立定。贊唱者曰「再拜」，訖，遂出。祝版燔于齋所。

舊唐書玄宗本紀：開元二十二年春正月癸亥朔〔二〕，制岳瀆海鎮用牲牢，餘並以酒脯充奠。二月壬寅，秦州地震，命尚書左丞相蕭嵩往祭山川。

冊府元龜：開元二十二年六月，詔曰：「春來多雨，歲事有妨。朕自誠祈，靈祇降福，以時開霽，迄用登成，永惟休徵，敢忘昭報。宜令高品官祭五岳、四瀆，其天下名山大川，各令所在長官致祭，務盡誠潔，用申精意。」

二十三年正月乙亥，詔：「五岳、四瀆、名山大川，並令所在長官以禮致祭。」

二十五年十月戊申，敕曰：「時和年豐，神所福也。精意備物，祭之義也。朕每爲

〔一〕「出」，諸本作「立」，據通典卷一一二改。
〔二〕「癸亥」，諸本作「癸卯」，據舊唐書卷八改。

蒼生嘗祈稔歲，微誠有感，丕應乃彰。今宗社降靈，神祇效祉，三時不害，百穀用成。使京坻遍于天下，和平之氣，既無遠而不通，禋祀之典，亦有期而必報。宜令兵部尚書兼中書令晉國公李林甫、工部尚書同中書門下三品豳國公牛仙客即分祭郊廟社稷，尚書左丞相裴耀卿祭中岳，禮部尚書杜暹祭東岳，御史大夫李適之祭西岳，太子賓客王丘祭北岳，國子祭酒張説祭南岳。其四瀆、四海、四鎮及諸名山靈迹等，各委所由州長官祭。仍令所司即擇日開奏，務修蠲潔之禮，以致精明之德，冀申誠懇，如朕意焉。」

文獻通考：開元時，天台道士司馬承禎言：「今五岳神祠，是山林之神也，非正真之神也。五嶽皆有洞府，有上清真人，降任其職，山川風雨，陰陽氣序，是所理焉。冠冕服章，佐從神仙，皆有名數，請別立齋祠之所。」上奇其説，因敕五岳各置真君祠一所。

蕙田案：以五岳之神爲真君，始此，方士之謬也。

册府元龜：天寶元年正月丁未，改元。制曰：「前王重典，在乎祭祀。況屬惟新，事宜昭告。五嶽、四瀆、名山大川諸靈迹，並令所繇州縣致祭。」是月甲寅〔一〕，得靈符于尹喜臺西，百官請崇徽號。壬申，詔曰：「神仙所緘，造化同固，爰初有待，經韞櫝而多時，潛應改元，若符契之相合。景福修介，祇畏良深，而群官宗室，抗疏于外，元良諸子，屢請于中。逮夫緇黄，兼彼耆老，以至誠懇不已，前後相仍，願加天寶之名，用益開元之號。顧惟菲薄，何以當之？然則玄貺，在乎欽承，人心難以稱拒。順天從衆，義叶至公，敬依所請，實用多愧。斯蓋上玄厚載，爰自百神，孚佑效靈，通于睿祖。幽贊惟新之曆，克彰永代之祥，宜遵祀典，式陳昭報。宜差公卿，擇日祭五岳四瀆，其名山大川，各令所在長官備禮陳祭，務申誠敬，副朕意焉。」十二月乙亥，詔曰：「歲之豐儉，雖繫于常數；天之感應，實在于精誠。頃者，案以陰陽，求諸推步，至于今歲，不合有年。朕所以齋心妙門，懇其玄德，靈徵不遠，丕應乃彰，果獲西成，頗爲善熟。蓋至道儲祉，惠于蒸人，亦群神叶贊，錫以昭報。詩不云乎，『無德不報』。宜令光禄卿嗣鄭王希言祭東岳，太子詹事嗣許王瓘祭中岳，太常卿韋縚祭北岳，所司即擇

〔一〕「月」，諸本作「日」，據册府元龜卷三三改。

日録奏。其四瀆及諸名山大川，或遠近不同，各委所繇郡長官，便擇吉日致祭，務崇豐潔，以稱朕懷。」三載四月丙辰，遣使分祀岳瀆。詔曰：「務農勸穡，雖用天道，人和歲稔，實賴休徵。頃者，春夏之交，稍愆時雨，收穫之際，復屬秋霖。慮害農功，每祈乎佑，遂得百神降福，群望效靈，既不爲災，仍多美熟。幽贊之德，普洽于生人；昭報之儀，式遵于祀典。宜令太子詹事嗣許王瓘祭東岳，光禄卿嗣鄭王希言祭中岳，宗正卿濮陽郡王徹祭西岳，少府監李知柔祭南岳，衛尉卿嗣吴王祗祭淮瀆，光禄少卿彭果祭河瀆，所司擇日録奏。其名山大川，有路近處，亦合便祭。僻遠處，委所繇長官備禮致祭，務陳蠲潔，以達精誠。」十一月壬申，敕曰：「敬惟明神，普存于祀典，咸秩群望，式重於邦畿。頃者，分命使臣，致誠岳瀆山川，便近亦已有處分。其關輔之内，屢有陳祈，王者所都，禮亦異數。應關内名山大川，各委所繇郡縣長官，稍優于常禮致祭。京兆府界，宜委蕭照同與少尹分祭，倍崇精潔，以副誠祈。」

舊唐書玄宗本紀：天寶五載春正月，封中岳爲中天王，南岳爲司天王，北岳爲安天王。天下山水，名稱或同，義且不經，多因于里諺，宜令所司，各據圖籍改定。

册府元龜：天寶五載正月乙亥，詔曰：「五方定位，岳鎮總其靈；萬物阜成，雲雨施其潤。上帝攸叙，寰區是仰。且岱宗、西華先已封崇，其中岳等三方，典禮所尊，未齊名秩。永言光被，用叶靈心，其中岳神宜封爲中天王，南岳神爲司天王，北岳神爲安天王，應須告祭。仍令所司，擇日聞奏。」

舊唐書玄宗本紀：天寶六載正月，詔：「五岳既已封王，四瀆當昇公位，封河瀆爲靈源公，濟瀆爲清源公，江瀆爲廣源公，淮瀆爲長源公。」

蕙田案：四瀆封公爵，始此。

册府元龜：天寶六載正月戊子，詔曰：「四瀆五岳，雖差秩序，興雲播潤，蓋同利物。崇號所及，錫命宜均，其五岳既已封王，四瀆當昇公位，遞從加等，以答靈心。其河瀆宜封靈源公，濟瀆封清源公，江瀆封廣源公，淮瀆封長源公。仍令所司，擇日差使告祭。併五岳及名山大川，并令所在長官致祭。」

舊唐書玄宗本紀：天寶七載十二月，改會昌山爲昭應山，封山神爲玄德公，仍立祠宇。

册府元龜：天寶八載六月，詔曰：「九州之鎮，實著禮經；三代之典，必崇望秩。事既屬于報功，義有符于錫命。其九州鎮山，除入諸岳外，宜並封公，仍各置祠，守者量更增修，儲慶發祥，當申昭報。宜令所在長官，各陳祭祀。名山大川，亦量事致祭。」九月，命宗正卿、褒信郡王璆祭西岳〔一〕，太僕少卿兼單于安北副大都護張齊丘祭北海，蜀郡長史鮮于仲通祭江瀆，太子詹事李旭祭北岳，尚書右丞李通遷祭河瀆，詔曰：「朕肅恭明祀，祈福上玄，冀敷佑于黎蒸，將昭報于靈應。頃蠻夷款附，萬里廓清，稼穡豐穰，群方樂業，豈惟菲德，以致元和，實賴神休，永綏景貺。思崇望秩，用展虔誠。宜令宗正卿、褒信郡王璆等，即分往五岳、四瀆及四海致祭，所經道次者名山大川，亦便致祭。務令精意，以稱朕懷。」

蕙田案：九鎮封公號，始此。

天寶九載四月，詔曰：「五材並用，時表上靈。八水分流，實稱美利。京師奧壤，秦甸王畿，灞滻通于涇渭，澇潏匯于灃滈，蓄洩雷雨，滋育稼穡。雖惠澤已及于蒸民，而虔誠猶闕于祀典。聿崇精享，庶達明神，其涇、渭、灞、滻等八水，宜令左庶子韋述，取今月二十九日一時，備禮致祭，務陳蠲潔，稱朕意焉。」

〔一〕「褒信郡王」，諸本作「褒郡信王」，據舊唐書高宗中宗諸子傳及下文改。

舊唐書玄宗本紀：天寶十載正月癸丑，分遣嗣吴王祇等十三人，祭岳鎮海瀆。

册府元龜：天寶十載正月甲子，制曰：「岳瀆山川，藴靈毓粹，雲雨之澤，利及生人。春秋之義，存乎祀典，況正其運序，式遵咸秩。其五岳、四瀆及諸鎮山，宜令專使分往致祭。其名山大川及諸靈迹，先有廟者，各令郡長官逐便致祭。」是月丁未，封東海爲廣德王，南海爲廣利王，西海爲廣潤王，北海爲廣澤王。二月己亥，分遣嗣吴王祇祭東岳齊天王，嗣魯王宇祭南岳司天王，秘書監崔秀祭中岳中天王，國子祭酒班景倩祭西岳金天王，宗正少卿李成裕祭北岳安天王，衛尉少卿李澣祭江瀆廣源公，京兆少尹韋嘗祭河瀆靈源公，太子左諭德柳偡祭淮瀆長源公，河南少尹豆盧回祭濟瀆清源公，嗣道王鍊祭沂山東安公，江東道採訪使吴郡太守趙居貞祭會稽山永興公，大理少卿李禎祭吴岳山成德公，潁王府長史甘守默祭霍山應靈公，范陽郡司馬畢悦祭醫巫閭山廣寧公，並取三月十七日庚子一時致祭。申命太子中允李隨祭東海，儀王府長史張九章祭南海，太子中允柳奕祭西海，太子洗馬李隨榮祭北海，加王位，且行册禮也。四月辛巳，制曰：「王者臨馭萬國，莫不尊五岳。至于迎氣致祭，必在辨方正位。朕丕冒眷命，肅事嚴禮，庶有合于乾坤，用永垂于典實。加以厚德載物，莫先于土，推誠導氣，必叶于時。在曆數之有徵，諒國家之所感。含弘廣大，利用豐功，隨王雖布于四方，歸本且闕于中位。朕式明統緒，用答元符，爰創新儀，再修墜典。頃者，每祝黄帝，乃就南郊，義實有乖，禮亦非便。稽諸體式，理固不然，宜于皇城内西南就坤地，改置黄帝壇，朕當親祠，以昭誠敬。仍令中書門下與禮官，更審參詳奏聞。」

文獻通考：天寶七載、八載、十載，皆以歲豐遣官分祭嶽瀆。

册府元龜：天寶十二載二月，制：「五岳、四瀆及名山大川，并靈迹之處，各委郡縣長官致祭。其祠宇頹毁者，量事修葺。」

十四載八月辛卯，制曰：「書云『咸秩群望』，詩曰『懷柔百神』，永惟明徵，豈忘昭報。今秋稼穡，頗勝常年，實賴靈祇，福臻稔歲。其五岳、四瀆，所在山川及得道昇仙靈迹之處，宜委郡縣長官，至秋後各令醮祭，務崇嚴潔，式展誠享。」是月癸未，詔曰：「朕永念蒸人，祈穀上帝，而陰陽式序，風雨不愆。今獲稼穡阜成，允賴神明幽贊也。頃者，虔心精享，已申昭告。其五嶽、四瀆及天下諸郡山川，近令秋後展祭。收穫既就，農畝事隙，報功咸秩，抑推其時。宜令所在郡縣長官，即擇良辰，以崇明祀。」

舊唐書禮儀志：至德二年春，帝在鳳翔，改汧陽郡吴山爲西岳，增秩以祈靈助。

冊府元龜：上元元年閏四月己卯，御明鳳門，大赦，改元。詔曰：「自古明王聖帝，名山大川，並委州縣長吏擇日致祭。」

文獻通考：肅宗上元二年，改封華山爲太山，華陰縣爲太陰縣。

冊府元龜：廣德二年二月，詔：「五岳、四瀆、名山大川，宜令所管致祭。」三月丙午，敕曰：「三代之初，皆有神降，監其德也，天實啓之。恭惟王業之初，師及霍邑，堅城未下，大將阻兵，連雨積旬，糧儲不給。有白衣父老忽詣軍門，稱霍山之神，謁大唐皇帝云：『東南取路，八日雨止，助帝破敵。』盡如其言。巖巖霍山，九州之鎮，興雲致雨，功已洽于生人，親道輔德，力更宣于王室。朕纘承大寶，膺受鴻休，肹蠁之間，誠明可接。永言幽贊，玆謂有孚，惟天命神，據我斯意，宜令禮儀使判官、司封員外郎薛頎，即往霍山致祭，正詞以薦，稱朕意焉。」

永泰元年正月癸巳，改元。制曰：「書稱咸秩，詩美懷柔，仰惟衆靈，念玆多祐。其五岳、四瀆、名山大川，宜令所管牧宰精誠致祭。」

大曆元年十一月甲子，日長至，御含元殿，大赦，改元。制曰：「五岳、四瀆、名山大川，祀典攸存，神理昭著，宜以禮致祭。」

五年六月，詔曰：「五嶽、四瀆、名山大川，神明所居，風雨是主。宜委中書門下分使致祭，以達精誠。」

唐書歸崇敬傳：大曆八年，遣祀衡山。未至，而哥舒晃亂廣州，監察御史憚之，請望祀而還，崇敬正色曰：「君命豈有畏耶？」遂往。

文獻通考：德宗貞元二年，詔太常卿裴郁等十人，各就方鎮祭岳瀆等。舊禮，皆因郊祀望而祭之。天寶中，始有遣使祈福之祠，非禮之正也。

册府元龜：貞元四年五月初，復御署祭嶽鎮海瀆祝版。

文獻通考：太常卿董晉奏：「五嶽四瀆，伏準開元禮，每年各以五郊迎氣日祭之，其祝版並合御署。自上元元年，中祠、小祠，一切權停，自後因循，不請御署。其祝版欲至饗祭日，所司準程先進取御署，附驛發遣〔一〕。」敕旨宜依，仍委所司每至時先奏〔二〕，附中使送往。

〔一〕「發」，諸本作「祭」，據文獻通考卷八三改。
〔二〕「委」，諸本脱，據文獻通考卷八三補。

册府元龜：順宗以貞元二十一年正月即位。四月，册皇太子，詔：「五嶽、四瀆、名山大川，委所在長吏量加祭祀。」

憲宗元和七年十月庚戌，制：册皇太子，五岳、四瀆、名山大川，委所在長吏量加祭祀。

文宗太和八年二月庚寅，以疾瘳，大赦。詔曰：「百靈所佑，獲遂痊和。虔奉神休，敢忘昭報。其五岳、四瀆、名山大川，各委所在長吏致祭，仍加豐潔，以副精誠。」

九年六月，封雞翁山爲侯。先是，温造爲興元節度使，初往漢中，遇大雨，平地水尺餘，不可進。禱雞翁山，疾風驅雲，即時清霽。及是，帝憶聞其事，會造爲御史大夫入見，得詳言當時靈貺。明日，下詔封之。

文獻通考：文宗開成二年四月十一日，敕：「每聞京師舊説，以爲終南山興雲，即必有雨。若晴霽，雖密雲佗至，竟不沾濡。況兹山北面闕庭，日當顧矚，修其望祀，寵數宜及。今聞都無祠宇，巖谷湫却在命祀，終南山未備禮秩，湫爲山屬，捨大從細，深有闕于興雲致雨之祀也。宜令中書門下且差官設奠，宣告致禮。便令擇立廟處所，回日以聞，命有司即時建立。」其年九月，敕終南山宜封爲廣惠公，準四鎮例，以本府都督刺史充獻官，每年一祭，以季夏土王日祭之。

僖宗乾寧五年，敕封少華山爲佑順侯。

昭宗天佑二年，敕封洞庭湖君爲利涉侯，青草湖君爲安流侯。

右唐祀山川

後唐祀山川

册府元龜：後唐愍帝應順元年閏正月，詔曰：「朕猥以沖人，獲膺大寶，賴神祇之贊助，顯天地之休禎，夷夏駿奔，式符于睠命，聲教綿遠，虔荷于炳靈。德薄承祧，憂深馭朽，克奉治平之道，諒繇冥助之功，集是殊祥，敢不寅畏。賴陰陽之行運，致時雨以應期；稼穡順成，得歲功而叶望，咸臻上瑞，普泰兆民。宜令三京諸道州府界内名山大川祠廟有益于民者，以時精虔祭祀，稱朕意焉。」

清泰元年五月壬申，詔曰：「吴嶽成德公，昨遇享期，克申幽贊，宜加王號，以表神功，可進封靈應王，其祀享官屬仍舊同五嶽，擇日册命。」初，帝在鳳翔，將有沈閼之釁，遣房暠祀之，有應。至是，欲加封爵，下有司檢討。奏曰：「天寶十載正月，封吴山爲成德公，與沂山、會稽、醫無閭同制封公。至德二年十二月，改吴山爲嶽，祠享官屬視五嶽。今國家以靈應告祥，宜示殊等。」故有是命。至二年四月庚午，授册于少府監烏昭達，往吴山祠封靈應王。

右後唐祀山川

後晉祀山川

册府元龜：後晉高祖天福二年三月，詔巡幸汴州。中書奏：「車駕經過河南府河陽、鄭州、汴州管界，所有名山大川，去路十里内者，伏請下本州府，各排比祇候，車駕過日，以酒脯醢祭告。」從之。五月，湖南馬希範奏：「青草等四廟，各乞進封，敕青草廟安流侯，宜進封廣利公。洞庭廟利涉侯，進封靈濟公。磊石廟昭靈侯，進封威顯公。黄陵二妃廟，舊封懿節廟，改封昭烈廟。」八月，詔曰：「負國者〔一〕，天地不容；爲逆者，神人共怒。永惟躬饗，實有感通。昨出師之時，將帥虔禱，頗聞陰佑，成此戰

〔一〕「國」，諸本作「固」，據册府元龜卷九三改。

功。唐衛國公，宜封靈顯王，其餘鄭州并汜水管内神祠，宜令長吏差官點簡，如有隳損處，便委量事修葺，貴申嚴飭，以合陰功。五嶽承天，四瀆紀地，自正當陽之位，未伸望秩之儀，宜令差官徧往告祭。兼下逐州府，量事修崇，所有近廟山林，仍宜禁斷樵牧。」十月丙戌，命使祠五嶽、四瀆。

遼史太宗本紀：會同三年冬十月庚申，晉遣使貢布，及請親祠南嶽，從之。案：遼會同三年，即晉天福五年。

册府元龜：天福六年，詔曰：「嶽鎮司方，海瀆紀地，載諸祀典，咸福蒸民。將保豐穰，宜申虔敬，俾加崇飾，以奉神明。其嶽鎮海瀆廟宇等，宜令各修葺，仍禁樵蘇。」

七年二月，敕：「唐州湖陽縣蓼山神祠，宜賜名爲蓼山顯聖之神，仍下本州修葺廟宇。」初，襄州安從進作逆，舉軍北來，東京教坊使、充南面先鋒都監陳思讓進軍南行，與從進相遇，接蓼山列障，俗以「蓼」與「了」字同音，傳爲不祥。遂祈戰勝，奏立廟額。從進既敗，行營都部署高行周以狀奏聞，因有是敕。

右後晉祀山川

後周祀山川

册府元龜：後周太祖廣順二年五月，親征兖州，遣翰林學士竇儀祭東嶽廟。

玉海：周世宗顯德四年，止祭沂山，其諸鎮不祭。

右後周祀山川

宋祀山川

宋史太祖本紀：乾德元年三月戊寅，克復朗州，湖南平。夏四月乙酉，遣使祭南嶽。繼令有司製諸嶽神衣、冠、劍、履，遣使易之〔一〕。

玉海：乾德六年，詔祭四鎮，准開元禮。七月十日，復南嶽、四瀆常祭。八月，修霍山祠。

圖書編：宋初，緣舊制祭東嶽泰山于兖州，西嶽華山于華州，北岳恒山于定州，中嶽嵩山于河南府。

〔一〕「繼令有司製諸嶽神衣冠劍履遣使易之」十六字，引自宋史禮志五，非太祖本紀，秦氏誤載。

文獻通考：乾德六年，有司言：「祠官所奉止四嶽，今案祭典，請祭南嶽于衡州，東鎮沂山于沂州，南鎮會稽山于越州，西鎮吴山于隴州，中鎮霍山于晉州，東海于萊州，南海于廣州，西海、河瀆並于河中府，北海、濟瀆並于孟州，淮瀆于唐州。其江瀆準顯德五年敕，祭于揚州揚子江口，今請復祭于成都府。北鎮醫無閭山在營州界，未行祭享。」從之。其後望祭北鎮于定州北岳祠。

宋史太祖本紀：開寶四年二月，廣南平。六月癸酉，遣使祀南海。

禮志：廣南平，遣司農少卿李繼芳祭南海，除去劉鋹所封僞號及宫名，易以一品服。又命李昉、盧多遜、王祐、扈蒙等分撰嶽、瀆祠及歷代帝王碑，遣翰林待詔孫崇望等分詣諸廟書于石。

文獻通考：開寶五年，詔：「自今嶽、瀆并東海、南海廟，各以本縣令兼廟令，尉兼廟丞，專掌祀事，常加案視，務于蠲潔，仍籍其廟宇祭器之數。受代日交以相付。本州長吏每月一詣廟察舉，縣近廟者，遷治所就之。」

宋史禮志：開寶六年，遣使奉衣、冠、劍、履，送西鎮吴嶽廟。

太祖本紀：開寶九年秋七月丁亥，命修五嶽、四瀆祠廟。

玉海：太宗太平興國四年六月八日，平太原，還次定州，遣使祀北嶽。

宋史禮志：太宗太平興國八年，河決滑州，遣樞密直學士張齊賢詣白馬津，以一太牢沈祠加璧。自是，凡河決溢、修塞皆致祭。

玉海：淳化二年二月，秘書監李至請五郊迎氣，祭其方嶽、鎮、海、瀆，北鎮于北嶽望祭。八月十三日，禮官言：「顯德中祭江瀆于揚，請如故事，祭于益。」

宋史禮志：秘書監李至言：「案五郊迎氣之日，皆祭逐方嶽、鎮、海、瀆。自兵亂後，有不在封域者，遂闕其祭。國家克復四方，間雖奉詔特祭，未著常祀。望遵舊禮，就迎氣日各祭于所隸之州，長吏以次爲獻官。」其後，立春日，祀東嶽岱山于兖州，東鎮沂山于沂州，東海于萊州，淮瀆于唐州。立夏日，祀南嶽衡山于衡州，南鎮會稽山于越州，南海于廣州，江瀆于成都府。立秋日，祀西嶽華山于華州，西鎮吴山于隴州，西海、河瀆並于河中府，西海就河瀆廟望祭。立冬，祀北嶽恒山、北鎮醫無閭山並于定州，北鎮就北嶽廟望祭，北海、濟瀆並于孟州，北海就濟瀆廟望祭。土王日，祀中岳嵩山于河南府，中鎮霍山于晉州。

玉海：至道元年二月八日，以旱祀五嶽。故事，御書祝版。學士言五嶽視三公，稱名恐非古。上曰：「唐德宗猶拜風雨，朕爲民祈福，無憚桑林之禱，舊制豈可廢？」

宋史真宗本紀：景德元年閏九月壬申，江南旱，遣使祀境内山川。

文獻通考：景德元年，上封事者言：「案開元禮儀鑑云，車駕行幸，路次有名山大川，去三十里内則祭之，名臣十里内則祭之。今朝陵有期，緣州縣所祀山川祠宇，名多僞俗，望委禮官，先檢詳事迹以聞。」可。下太常禮院，禮院言：「同開封府、孟鄭州所供山川神祠，除京城神祠舊係祀典者，今約定祠宇，請下逐州差官以禮致祭。」從之。

玉海：景德三年七月，以汴口復通，祭河瀆。十二月己卯，詔澶州于河南置河瀆廟。初，帝幸澶淵，大河不冰，虜若見陰兵助戰，故立祠。

文獻通考：真宗景德三年，令澶州置河瀆廟，上幸大名也，禱之，有應。及元年，駐蹕澶淵，戎騎在郊，河流不冰，故立祠，春秋致祭。

宋史真宗本紀：景德四年二月辛卯，車駕發西京。甲午，次鄭州，遣使祀中嶽。

禮志：景德四年二月，次西京，遣告汾陰、中嶽、太行、河、洛、啓母少姨廟，東還，奏告如常儀。

真宗本紀：大中祥符二年四月，河北旱，遣使祀北嶽。五月，陝西旱，遣使禱西嶽、河瀆諸祠。三年八月，昇、洪、潤州屢火〔一〕，遣使祀境内山川。九月，華州言父老二千餘人請幸西嶽。

四年二月壬子，出潼關，渡渭河，遣近臣祀西嶽。乙丑，加號西嶽。五月乙未，加上五嶽帝號，作奉神述。九月，向敏中等爲五嶽奉册使。冬十月戊申，御朝元殿發五嶽册。

禮志：真宗封禪畢，加號泰山爲仁聖天齊王，遣職方郎中沈維宗致告。又封威雄將軍爲炳靈公，通泉廟爲靈派侯，亭山神廟爲廣禪侯，嶧山神廟爲靈巖侯，各遣官致告。詔泰山四面七里禁樵採，給近山二十户以奉神祠，社首、徂徠山並禁樵採。車駕次澶州，祭河瀆廟，詔進號顯聖靈源公，遣右諫議大夫薛映詣河中府，比部員外郎丁顧言詣澶州祭告〔二〕。祕書丞董温其言：「漢以霍山爲南嶽，望令壽州長吏春秋致祭。」

〔一〕「昇」，諸本作「旱」，據宋史真宗本紀改。
〔二〕「澶州」，諸本作「潭州」，據宋史禮志五改。

禮官言：「雖前漢嘗以霍山爲南嶽。緣今嶽廟已在衡山，難于改制。其霍山如遇水旱祈求及非時，凖别敕致祭，即委州縣奉行。」詔封江州馬當上水府，福善安江王；太平州采石中水府，順聖平江王；潤州金山下水府，昭信泰江王。及祀汾陰，命陳堯叟祭西海，曹利用祭汾河。車駕至潼關，遣官祀西嶽及河瀆，並用太牢，備三獻禮。庚午，親謁華陰西嶽廟，群臣陪位，廟垣内外列黄麾仗，遣官分奠廟内諸神，加號嶽神爲順聖金天王。還至河中，親謁奠河瀆廟及西海望祭壇。五月乙未，加上東嶽曰天齊仁聖帝，南嶽曰司天昭聖帝，西嶽曰金天順聖帝，北嶽曰安天元聖帝，中嶽曰中天崇聖帝。命翰林、禮官詳定儀注及冕服制度、崇飾神像之禮。其玉册制，如宗廟謚册。帝自作奉神述，備紀崇奉意，俾撰册文。有司設五嶽册使一品鹵簿及授册黄麾仗、載册輅、衮冕輿于乾元門外，各依方所。群臣朝服序班，仗衛如元會儀〔一〕。上服衮冕〔二〕，御乾元殿。中書侍郎引五嶽玉册，尚衣奉衮冕升殿，上爲之興。奉册使副班于香案

〔一〕「元」，諸本脱，據宋史禮志五補。
〔二〕「上」，諸本作「改」，據宋史禮志五、文獻通考卷八三改。

前，侍中宣制曰：「今加上五嶽帝號，遣卿等持節奉册展禮。」咸承制再拜。奉册使以次升自東階，受册御座前，降西階，副使受衮冕輿于丹墀，隨册使降立丹墀西。玉册發，至于朝元門外，帝復坐。册使奉册升輅，鼓吹振作而行。東嶽、北嶽册次于瑞聖園，南嶽册次于玉津園，西嶽、中嶽册次于瓊林苑。及廟，内外列黄麾仗，設登歌。奉册于車，奉衮冕于輿，使副袴褶騎從，遣官三十員前導。及門，奉置幄次，以州長吏以下充祀官，致祭畢，奉玉册、衮冕置殿内。又加上五嶽帝后號，東曰淑明，南曰景明，西曰肅明，北曰靖明，中曰正明。遣官祭告。詔嶽、瀆、四海諸廟，遇設醮，除青詞外，增正神位祝文。又改唐州上源桐柏廟爲淮瀆長源公，加守護者。帝自制五嶽醮告文，遣使醮告。即建壇之地構亭立石柱，刻文其上。

文獻通考：十一月，車駕過澶州，幸河瀆廟，酌奠，進號河瀆曰顯聖靈源公，遣官往河中府、澶州祭告〔一〕。二年八月，秘書丞董温其上言：「漢以霍山爲南嶽，望令壽州長吏春秋致祭。」詔禮官與崇文院檢討詳定，上奏曰：「案爾雅云：『江南衡山。』注

〔一〕「河中府」，諸本作「河東府」，據文獻通考卷八三校勘記改。

云：『衡山，南嶽。』又『霍山爲南岳』，注云：『即天柱山，潛水所出。』此即非特霍山爲南嶽。舜五月南巡，周之王制，皆以衡山爲南嶽，惟漢武帝以衡山遼遠，取讖緯之説，而祭灊、霍。至隋，復以衡山爲嶽，況奉祀已久，國家疆宇夐廣，難于改制。其霍山如有所請及特致祭，即委州縣奉行。」從之。

陳氏淳曰：泰山曰天齊仁聖帝，在唐爲天齊王，至本朝，以東方主生，加「仁聖」二字，封帝。帝只一上帝而已，安有山而謂之帝？今立廟，儼然人形貌，垂旒端冕，衣裳而坐，又立后殿于其後，不知又是何山可以當其配而爲夫婦耶？據泰山，魯封内惟魯公可以祭，今隔一江一淮，與南方地脉絶不相干涉，而在在州縣皆立東嶽行祠，亦失于講明之故。

丘氏濬曰：有此天地，即有此山川，有此山川，即有所以主之者，是則所謂神也。世俗乃以三月二十八日爲嶽神初度之辰。嗚呼！自天一生水，凝而爲山，其所以凝而成形也，亦有時日耶？此無稽之甚也！甚者，惑于釋氏地獄之説，謂人死其魂皆必經嶽祠考掠，而有二十四案之像，其説尤爲不經。乞下有司屏除，毋俾得以惑世欺民。

宋史樂志：大中祥符五嶽加帝號祭告八首：

迎神，靜安　鍾石既作，俎豆在前。雲旗飛揚，神光肅然。當駕飈欻，來乎青圜。言備縟禮，享兹吉蠲。

册入門，正安　節彼喬嶽，神明之府。秩秩威儀，肅肅靈宇。懿號克崇，庶物咸覩。帝籍升名，式綏九土。

酌獻東嶽，嘉安　節彼岱宗，有嚴廟貌。惟辟奉天，依神設教。帝典焜煌，嘉薦普淖。至靈格思，殊祥是效。

南嶽　作鎮炎夏，畜茲靈光。敷與萬物，既阜既昌。爰刻温玉，式薦徽章。昭嘏神意，福熙穰穰。

西嶽　瞻言太華，奠方作鎮。典册是膺，等威以峻。上公奉儀，祀宫薦信。介祉萬邦，永配坤順。

北嶽　仰止靈嶽，鎮于朔方。增崇懿號，度越彝章。祇薦嘉樂，式陳令芳。永資純佑，國祚蕃昌。

中嶽　巖巖神岳，作鎮中央。肅奉徽册，尊名孔章。聿降飈駕，載獻蘭觴。熙事允洽，寶祚彌昌。

送神，靜安　祇薦鴻名，寅威明祀。有楚之儀，如在之祭。奠獻既終，禮容克備。神鑒孔昭，福禧來曁。

天安殿册封五嶽帝一首：

册出入，正安　名嶽奠方，帝儀克舉。吉日惟良，九賓咸旅。温玉鏤文〔一〕，纁裳正宁。禮備樂成，篤神之祜。

真宗本紀：大中祥符五年八月己未，作五嶽觀。

玉海：五年二月，命晁迥等撰五嶽碑。　六年正月辛亥，修淮瀆廟。　九月辛卯，修南海廟。　七年十月十九日，上親製東嶽醮告文。　八年三月十四日，製五嶽醮告文，刊石于廟。

宋史禮志：天禧四年，從靈臺郎皇甫融請，凡修河致祭，增龍神及尾宿、天江、天紀、天社等諸星在天河内者，凡五十位。

仁宗本紀：景祐四年六月乙亥，杭州江潮壞堤，遣使致祭。

文獻通考：仁宗康定二年，增封海、瀆，逐處遣官致祭，東海爲淵聖廣德王，南海爲洪聖廣利王，西海爲通聖廣潤王，北海爲沖聖廣澤王，江瀆爲廣源王，河瀆爲靈源

〔一〕「鏤」，諸本作「縷」，據宋史樂志十一改。

王，淮瀆爲長源王，濟瀆爲清源王。

宋史禮志：康定二年三月，以黄河水勢甚淺，致分流入汴，未能通濟，遣使祭河瀆及靈津廟。又澶州曹村埽方開減水直河，而水自流通，遣使祭謝。

文獻通考：慶曆二年，儂智高反，圍廣州，數有風雨，遂遁。乃詔：「益封南海神爲洪聖廣利昭順王。」

宋史仁宗本紀：慶曆三年夏四月丙辰，以春夏不雨，遣使祠禱于嶽瀆。

禮志：皇祐四年，以靈臺郎王大明言，汴口祭河，兼祀箕、斗、奎與東井、天津、天江、咸池、積水、天淵、天潢、水位、水府、四瀆、九坎、天船、王良、羅堰等十七星在天河内者。

皇祐五年，以儂智高遁，益封南海洪聖廣利昭順王。

蕙田案：禮志與文獻通考年次不同，必有一誤。

仁宗本紀：嘉祐元年春正月，帝不豫，遣諸州長吏禱于嶽瀆諸祠。

玉海：嘉祐六年閏八月辛卯，修北嶽祠。

宋史神宗本紀：熙寧九年春正月庚辰〔一〕，遣使祭南嶽、南海，告以南伐。十一月乙亥，以安南行營將士疾疫，遣同知太常禮院王存禱南嶽，遣中使建祈福道場。

文獻通考：神宗元豐三年，集賢校理陳侗言：「案周禮小宗伯之職，『兆五帝于四郊，四望、四類亦如之』。鄭氏注：『四望，謂五嶽、四瀆也。四類，日月星辰也。』今四郊有五帝及日月星辰之壇，而獨四望之壇不建。或遇朝廷有祈焉，則設位皇地祇壇下，甚非古制。請依周禮，建四望壇于四郊，以祭五嶽、四鎮、四瀆，庶合于經。」詔下詳定禮文所。詳定請以國朝祠令所載嶽鎮海瀆兆四望于四郊，岱山、沂山、東海、大淮于東郊，衡山、會稽山、南海、大江、嵩山、霍山、大海于南郊，華山、吴山、西海、大河于西郊，常山、醫無閭山、北海、大濟于北郊。每方嶽鎮則共爲一壇，海瀆則共爲一坎，以五時迎氣日祭之，皆用血祭瘞埋。有事則請禱之。又以四方山川各附于本方嶽鎮海瀆之下，别爲一壇一坎，水旱則禱之。其北郊從祀及諸州縣就祭如故。詔每方嶽鎮共爲一壇望祭。餘從之。

〔一〕「九年」，諸本作「元年」，據宋史神宗本紀改。

宋史樂志：熙寧望祭嶽鎮海瀆十七首：

東望迎神，凝安　盛德惟木，勾芒御神。沂、岱、淮、海，厥功在民。爰熙壇坎，裒對庶神。于以歆格，靈貽具臻。

升降，固安　紳韠襜兮，玉佩粲兮。于我將事，神燕喜兮。帝命望祀，敢有不共。往返于位，肅肅雍雍。

奠玉幣，明安　祀以崇德，幣則有儀。肅我將事，登降孔時。精明純潔，罔有弗祇。史辭無愧，神用來娭。

酌獻，成安　肇兹東土，含潤無疆。維時發春，嘉薦令芳。祭用蘊沈，順性含藏。不涸不童，誕降祺祥。

送神，凝安〔二〕　神之至止，熙壇爲春。神之將歸，旂服振振。歘兮迴飈，窅兮旋雲。佑于東方，永施厥仁。

南望迎神，凝安　嵩、嵇、衡、霍，曁厥海江。時維長養，惠我南邦。肆嚴牲幣，

〔二〕「凝安」，諸本作「迎安」，據宋史樂志十一改。

神式來降。以侑以妥，百福是寵。

酌獻，成安　景風應律，朱鳥開辰。肅肅明祀，嘉籩列陳。牲用牷物，樂奏蕤賓。克綏永福，祐此下民。

送神，凝安　鼓鐘云云，歆管依依。神既醉飽，曰送言歸。山有厚藏，水有靈德。物其永依，往奠炎宅。

中望迎神，凝安　維土作德，維帝御行。含養載育，萬物以成。有嚴祀典，薦我德馨。神其歆止，永用億寧。

酌獻，成安　高廣融結，實維中央。宣氣報功，利彼一方。坎壇以祀，六樂鏘鏘。靈其有喜，酌以大璋。

送神，凝安　言旋其處，以奠中域。無替厥靈，四方是則。神永不息，祀永不愆。以享以報，于萬斯年。

西望迎神，凝安　品物順説，時司金行。于郊迎氣，以望庶靈。雅歌惟樂，圭薦惟牲。作民之祉，永相厥成。

酌獻，成安　西顥沆碭，執矩司秋。諏言協靈，時祀孔修。禮有薦獻，爰視公侯。秩而祭之，百福是遒。

送神，凝安　我樂我神，簋俎牲饔。曰神之還，西土是宫。于蕃禽魚，于衍草木。富我藪隰，滋我高陸。

北望迎神，凝安　帝德乘坎，時御閉藏。爰潔牲醴，兆兹北方。海山攸宅，神施無疆。具享蠲吉，降福孔穰。

酌獻，成安　凄寒凝陰，隕擇滌埸。百物順成，黍稷馨香。款于北郊，爰因其方。何以侑神？薦此嘉觴。

送神，凝安　維山及川，奠宅幽方。我度其靈，降止靡常。肅肅坎壇，既迎既將。促樂徹俎，是送是望。

禮志：吴山舊封成德公，元豐八年封王。

元祐元年十二月，以華州鄭縣山摧，命太常博士顔復往祭西嶽。

玉海：元符三年，修東嶽廟，命曾肇爲碑，爲殿三，曰嘉寧、蕃祉、儲佑。

宋史禮志：東海，大觀四年加號助順廣德王。

徽宗本紀：政和三年八月戊寅，封四鎮山爲王。

禮志：沂山舊封東安公，政和三年封王。會稽舊封永興公，政和封永濟王。醫無閭舊封廣寧公，政和封王。霍山舊封應聖公，政和封應靈王。

文獻通考：徽宗政和三年，議禮局上五禮新儀。五方嶽鎮海瀆壇各高五尺，周四十步，四出陛，兩壝，每壝二十五步，壇飾依方色。祭嶽鎮海瀆，設位南向，以西爲上；山川從祀，西向，以北爲上。諸嶽鎮海瀆，年別一祭，以祭五帝日祭之。東嶽泰山于兗州界，東鎮沂山于青州界，東海于萊州界，東瀆大淮于唐州界，南嶽衡山于潭州界，南鎮會稽山于越州界，南海于廣州界，南瀆大江于益州界，中嶽嵩山于河南府界，中鎮霍山晉州界，西嶽華山於華州界〔一〕，西鎮吴山于隴州界，西海、西瀆、大河于河中府界，北嶽常山及遥祀北鎮醫無閭山于定州界，北海、北瀆大濟于孟州界。太常寺言：「大中祥符中，封五嶽爲帝，四海爲王，獨五鎮封爵尚仍唐舊。元豐八年，始封西鎮吴山爲成德王，而未及四鎮。」詔並封王。

玉海：高宗建炎元年九月，權太常少卿滕康請如虞望秩，周時邁，車駕巡幸，祭所

〔一〕「華山於」，諸本脱，據文獻通考卷八三補。

過名山大川。詔望祭。

宋史高宗本紀：紹興七年五月，命禮官舉嶽鎮海瀆之祀。

文獻通考：紹興七年，太常博士黄積厚言：「百神之祀，曠歲弗修。如中祀未舉者，嶽瀆海鎮、中嶽、中鎮是也。望舉而行之。」從之。

每歲以四立日、季夏土王日設祭，其禮料初依奏告例，後比擬舊制，用羊、豕各一口，籩十，菱、芡、栗、鹿脯、榛實、乾桃、乾䕩、乾棗、形鹽、魚鱐；簠二，稻、粱；簋二，黍、稷；鉶鼎三，鉶羹；登二，大羹；脂盤一，毛血；豆十，芹、筍、葵、菁、韭、魚醢、兔醢、腸胃、鹿臡、醓醢；俎八，羊腥七體，羊熟十一。羊腥，腸、胃；羊熟，腸、胃、肺。豕腥七體，豕熟十一。豕腥，膚；豕熟，膚。尊罍二十四，實酒並同皇地祇。

三十一年，知樞密院事督視軍馬葉義問言：「敵逼江上〔二〕，與鎮江、建康、太平諸郡纔隔一水。先報，敵謀開第二港河，欲徑衝丹徒。施工累日，一夕大風，沙漲截斷，不得渡。以爲水府陰佑，所以致然。乞詔禮官考其制，乞依五嶽例，峻加帝號，令建

〔二〕「敵逼江上」，文獻通考卷八三作「比虜寇進逼江上」。

康守臣擇地建廟。其金山、采石二水府，乞增封，遣官精潔祭告。」詔令禮部、太常寺討論。已而太常寺言：「江瀆已封廣源王，止係二字，欲特贈加六字，作八字王，擬『昭靈孚應威烈廣源王』，令建康守臣擇爽塏之地建廟，賜額曰『佑德』。其乞峻加帝號一節，恢復中原日別議封册，兼契勘廣源王本廟，係在成都府，今來所封廟額，并增八字王，令本廟一等稱呼。」從之。

孝宗乾道五年，太常少卿林栗言：「國家駐蹕東南，東海、南海實在封域之内，檢照國朝祀儀，立春祭東海于萊州，立夏祭南海于廣州，其西、北海遠在夷貊〔一〕，獨即方州行二時望祭之禮。自渡江以後，惟南海廣利王廟，歲時降御書祝文。令廣州行禮，并紹興七年，加封至八字王爵，如東海之祠。但以萊州隔絶，不曾令沿海官司致其時祭，殊不知通、泰、明、越、温、台、泉、福，皆東海分界也。紹興辛巳，敵入侵〔二〕，李寶等舟師大捷于膠西，是時神靈助順，則東海之神于國爲有功矣。謹案，東海祠，隋祭于

〔一〕「海遠在夷貊」五字，諸本脱，據文獻通考卷八三補。

〔二〕「敵入侵」，文獻通考卷八三作「虜人入寇」。

會稽縣界，唐祭于萊州界，本朝沿唐制，萊州立祠。元豐元年，建廟于明州定海縣，既成，命知制誥鄧潤甫撰記。二年，加封『淵聖』之號。崇寧二年，本朝歲度道士一員。大觀四年，又加『助順』二字，則東海之祠，本朝累加崇奉，皆在明州，不必泥于萊州矣。欲乞行下禮部，參照南海已封禮例，將李寶等昨來立功事迹顯著，特封東海之神八字王爵，自今後立春及大禮告謝。乞依見令廣州祭南海禮例，關報所屬，請降香祝下明州排辦，差官行禮。」詔從之。

蕙田案：國勢偏安，不克振作，徒以加封神號爲望佑之舉，所謂聽命于神也，其可久乎？

宋史樂志：紹興祀嶽鎮海瀆四十三首：

東方迎神，凝安　帝奠九壥，孰非我疆。翳我東土，山川相望。祀事孔明，肅雍不忘。罣峨濛鴻〔一〕，郁哉洋洋！

初獻盥洗，同安　青陽肇開，祀事孔飭。鬱人贊溉，其馨苾苾。敬爾威儀，亦

〔一〕「罣」，宋史樂志十一作「槼」。

孔之則。神之格思，無我有斁。

奠玉幣，明安　司曆告時，惟孟之春。爰舉時祀，旅于有神。鼓鐘既設，珪帛具陳。阜蕃庶物，以福我民。

東嶽位酌獻，成安　巖巖天齊，自古在昔。膚寸之雲，四方其澤。惟時東作，祀事乃飭。惠我無疆，恩霑動植。

東鎮位　惟山有鎮，雄于其方。東孰爲雄？于沂之疆〔一〕。祀事有時，爰舉舊章。我望匪遥，庶幾燕享。

東海位　澒洞鴻濛，天與無極。導納江、漢，節宣南北。順助其功，善下維德。我祀孔時，以介景福。

東瀆位　我祀伊何？于彼長淮。導源桐柏，委注蓬萊。扞齊護楚，宣威示懷。豆籩列陳，亦孔之偕。

亞、終獻，酌獻四位並同。　我祀孔肅，神其安留。容與裴回，若止若浮。洽此

〔一〕「沂」，諸本作「河」，據宋史樂志十一改。

重觴，申以百羞。無我斁遺，萬邦之休。

送神，凝安　蹇兮紛紛，神實戾止。以飲以食，以享以祀。眑兮冥冥，神亦歸止。以醉以飽，以錫爾祉。

南方迎神，凝安　朱明盛長，我祀用飭。厥祀伊何？山川咸秩。如將見之，繩繩齊栗。神哉沛兮，消摇來格！

初獻盥洗、升降，同安　爰熙嘉壇，揭虔毖祀。鬱人沃盥，贊我祼事。于降于登，以作以止。莫不肅雍，告靈享矣。

奠玉幣，明安　我祀我享，儀物孔周。一純斯舉，二精聿修。璞兮其温，絲兮其紑。是薦潔蠲，神兮安留。

南嶽位酌獻，成安　神曰司天，居南之衡。位焉則帝，于以奠方。南訛秩事，望禮有常。庶幾嘉虞，介福無疆。

南鎮位　維南有山，于彼會稽。作鎮在昔，神則司之。厥有舊典，以祀以時。百味惟旨，靈其燕娭。

南海位　維水善下，利物曰功。逶迤百川，誰歟朝宗？蕩蕩大受，于焉會同。

脅蕭列陳，以答鴻濛。

南瀆位　四瀆之利，經營中國。南曰大江，險兮天設。維爾有神，隃其廟食。望秩孔時，我心翼翼。

亞、終獻，酌獻　神之游兮，洋洋對越。澹乎容與，肸蠁斯答。乃奏既備，八音攸節。重觴申陳，百禮以洽。

送神曲同迎神。　薦徹豆籩，熙事備成。靈兮將歸，羽旄紛紜。飄其逝矣，浮空簫雲。悵然顧瞻，有撫懷心。

中央迎神，凝安　天作高山，屹然中峙。經營厥宇，萬億咸遂。火熙土王，爰舉時祀。繩繩宣延，彷彿來止。

初獻盥洗、升降，同安　思來感格，肅雍不忘。禮儀既備，濟濟蹌蹌。潔蠲致敬，往薦其芳〔一〕。交若有承，神兮孔饗。

奠玉幣，明安　練日有望，高靈來下。何以告誠？心惟物假。有篚斯實，有竇

〔一〕「芳」，諸本作「方」，據宋史樂志十一改。

斯藉。于以奠之，神光燭夜。

中嶽位酌獻，成安　與天齊極，伊嵩之高。顯靈效異，神休孔昭。飭我祀事，實俎鸞膋。以侑旨酒，其馨有椒。

中鎮位　禹畫九州，河内曰冀。霍山崇崇，作鎮積勢。我祀如何？百末旨味。承神燕娭，諸神畢至。

亞、終獻，酌獻　禮樂既成，肅容有常。奄留消摇，申畢重觴。仰臚所求，降福滂洋。師象山則，以況皇章。

送神曲同迎神。　虞至旦兮，靈亦有喜。蹇欲驤兮，象輿已輚。粥音送兮，靈聿歸矣。長無極兮，錫我以祉。

西方迎神，凝安　有岌斯安，有涵斯洽。聿相厥成，允祀是答。爰飭乃奏，迺奏既協。於昭降止，是尊是接。

初獻盥洗、升降，同安　靡實不新，靡陳不濯。人之弗蠲，矧敢將酌。載晞之帨，載濡之勺。洗儀告備〔一〕，陟降時若。

奠玉幣，明安　彼林有㢈〔二〕，彼澤有沈。倚與西望，弗菲弗淫。迺追斯邸，迺幭斯尋。卬禮既卒，是用是歆。

西嶽位酌獻，成安　屹削厥方，風雲斯所。陰邑有宮，侐侐俁俁。清酤在尊，靈脊在下。于俎獻兮，則莫我吐。

西鎮位　維吳崇崇，于汧之西。瞻彼有隴，赫赫不迷。克俾于嶽，我酌俶齊。于凡有旅，眂公維躋。

西海位　奄浸坤軸，滋殖其濊。而典斯稽，有陛有壝。弗替時舉，元罍斯斝。胡先于河？實委之會。

西瀆位　自彼崐虛，于以潛流。念兹誕潤，豈俟不猶。在昔中府，曁海聿修。迄既望止，神保先卣。

〔一〕「洗」，原作「洸」，據光緒本、宋史樂志十一改。
〔二〕「㢈」，原作「展」，據光緒本、宋史樂志十一改。

亞、終獻　肅肅其乂，既旨既溢。迨其畢酌，偏兹博碩。祀事既遂，不敢諄射。神武醉止〔一〕，我心斯懌。

送神曲同迎神。　迺羞既徹，迺奏及闋。無餕斯俎，式聽致謁。不蹇不蹶，不沸不決。厲魃其祛，永庇有截。

北方迎神，凝安　我土綿綿，孰匪疆里。惟時幽都，匪曰隃止。滌哉良月，朔風其同！曷阻曷深，其亦來降。

初獻盥洗、升降，同安　壽宮輝煌，聿將時祀。繽其臨矣〔二〕，吉蠲以娭。居乎昂昂，行乎遂遂。敬爾攸司，展采錯事。

奠玉幣，明安　相予陰威，厥功浩浩。一歲之功，何以爲報？府有珪幣，我其敢私！肅肅孔懷，于以將之。

北嶽位酌獻，成安　瞻彼芒芒，曰北之常。既高既厚，迺紀迺綱。薦鬯伊始，

〔一〕「武」，宋史樂志十一作「或」。

〔二〕「臨」，諸本作「昭」，據宋史樂志十一改。

靈示孔將。玄服鐵駕，覽此下方。

北鎮位　赫赫作鎮，幽、朔之垂。兼福我民，食哉其宜。克配彼嶽，有嚴等衰。蠲我灌禮，其敢不祗！

北海位　八裔皆水，此一會同。沄沄天墟，洞蕩洪濛。至哉維坎，不有斯功！所秩伊何？黄流在中。

北瀆位　水星之精，播液發靈。不脅于河，既介以清。翼翼盥薦，椒糈芬馨。載止載留，爰弭翠旌。

亞、終獻　俎豆紛披，金石繁會。侑以貳尊，匪瀆匪怠。我儀既周，我心孔戒。懵兮容與，彷彿如在。

送神曲同迎神。　靈既醉飽，禮斯徹兮。靈亦樂康，樂斯闋兮。雲征飈舉，不可尼兮。薦福錫祉，曷有極兮！

理宗本紀：淳祐十二年十二月癸亥，詔海神爲大祀，春秋遣從臣奉命往祠，奉常其條具典禮來上。

樂志：淳祐祭海神十六首：

迎神，延安，宫一曲　堪輿之間，最鉅惟瀛。包乾括坤，吐日滔星。祀典載新，禮樂孔明。鑒吾嘉賴，來燕來寧。

角一曲　四溟廣矣，八紘是紀。我宅東南，迴復萬里。洪濤飃風，安危所倚。祀事特隆，神其戾止。

徵一曲　若稽有唐，克致崇極。祝號既升，爰增祭式。從享于郊，神斯受職。我祀肇新，式祈陰騭。

羽一曲　猗與祀禮，四海會同。靈之來沛，鞭霆馭風。肹蠁彷彿，在位肅雍。佑我烝民，式儆神功。

升降，欽安　靈之來至，垂慶陰陰。靈之已坐[一]，飭兹五音。壇殿聿嚴，陟降孔欽。靈宜安留，鑒我德心。

東海位奠玉幣，德安　百川所歸，天地之左。澒洞鴻濛，功高善下。行都攸依[二]，

[一]「坐」，諸本作「至」，據宋史樂志十一改。
[二]「攸」，諸本作「依」，據宋史樂志十一改。

百禄是荷。制幣嘉玉，以佑以妥。

南海位奠玉幣，瀛安　祝融之位，貴乎三神。吞納江、漢，廣大無垠。長爲委輸，佑我黎民。敬陳明享，允鑒恭勤。

西海位奠玉幣，潤安　蒲昌之澤，派引天潢。羲娥出入，浩渺微茫。蓋高斯覆，猶隔封疆。我思六合，肇正吉昌。

北海位奠玉幣，瀚安　瀚海重潤，地紀亦歸。吞受百瀆，限制北陲。一視同仁，我心則怡。嘉薦玉幣，神其格思。

捧俎，豐安　昭格靈貺，祀典肇升。牲牷告充，雕俎是承。薦虔效物，省德惟馨。靈其有喜，萬宇肅澄。

東海位奠酌獻，熙安　滄溟之德，東南具依。熬波出素，國計攸資。石臼却敵，濟我王師。神其享錫，益畀燕綏。

南海位酌獻，貴安　南溟浮天，旁通百蠻。風檣迅疾，琛舶來還。民商永賴，坐消寇姦。薦兹嘉觴，弭矣驚瀾。

西海位酌獻，類安　積流疏派，被于流沙。布潤施澤，功均邇遐。我秩祀典，四海一家。祇薦令芳，靈其享嘉！

北海位酌獻，溥安 儵忽會同〔二〕，裴回安留。牲肥酒香，晨事聿修。惟德之涼，曷奄九州？帝命是祇，多福是求。

亞、終獻，饗安 籩豆有楚，貳觴斯旅。神其醉飽，式燕以序。百靈祕怪，蜿蜒飛舞。錫我祺祥，有永終古。

送神，成安 告靈享矣，錫我嘉祚。乾端坤倪，開豁呈露。玄雲聿收，群龍咸騖。滅除凶菑，六幕清豫。

右宋祀山川

〔二〕「儵」，原作「備」，據光緒本、宋史樂志十一改。

五禮通考卷四十八

吉禮四十八

四望山川

遼祀山川

遼史太祖本紀：太祖七年十一月，祠木葉山。

禮志：太祖幸幽州大悲閣，遷白衣觀音像，建廟木葉山，尊爲家神。于拜山儀過樹之後，增「詣菩薩堂儀」一節，然後拜神，非和掄罕之故也。

太祖本紀：天贊三年八月，登阿勒坦音德爾山，以麃鹿祭。

王圻續通考：太宗天顯四年三月，望祀群神。

遼史太宗本紀：天顯四年秋九月戊寅〔一〕，祠木葉山。

王圻續通考：會同二年十月，晉遣使請親祀南嶽，從之。

遼史穆宗本紀：應曆十二年六月甲午，祀木葉山及潢河。

應曆十四年七月，以酒脯祀黑山。

景宗本紀：保寧元年十一月甲辰朔，行柴册禮，祠木葉山。

聖宗本紀：統和七年二月，遣巫覡祭名山大川。三月壬午朔，遣使祭木葉山。

十三年八月，詔修山澤祠宇，以時祀之。

興宗本紀：重熙十四年冬十月甲子，望祀木葉山。

禮志：興宗先有事于菩薩堂及木葉山、遼河神，然後行拜山儀，冠服、節文多所變更，後因以爲常。

右遼祀山川

〔一〕「九月」，諸本作「七月」，據遼史太宗本紀改。

金祀山川

金史世宗本紀：大定四年六月甲子，以雨足，命有司祭謝嶽鎮海瀆于北郊。定祭四嶽五瀆禮。

禮志：大定四年，禮官言：「嶽鎮海瀆，當以五郊迎氣日祭之。」詔依典禮，以四至、土旺日就本廟致祭，其在他界者遥祀。立春，祭東嶽于泰安州、東鎮于益都府、東海于萊州、東瀆大淮于唐州。立夏，望祭南嶽衡山、南鎮會稽山于河南府，南海、南瀆大江于萊州。季夏土旺日，祭中嶽于河南府、中鎮霍山于平陽府。立秋，祭西嶽華山于華州、西鎮吴山于隴州，望祭西海、西瀆于河中府。立冬，祭北嶽恒山于定州、北鎮醫無閭山于廣寧府，望祭北海、北瀆大濟于孟州，其封爵並仍唐、宋之舊。

王圻續通考：七年，或有言，前代都長安及汴、洛，以太華等山列爲五嶽，今既都燕，當别議五嶽名。時太常寺官，或取嵩高疏「周都豐鎬，以吴嶽爲西嶽」，范拱以爲非是。議略曰：「軒轅居上谷，在恒山之西；舜居蒲阪，在華山之北。以此言之，未嘗據所都而改嶽祀也。」後遂不改。

金史世宗本紀：大定八年五月庚寅，改旺國崖曰静寧山，哈斯滸東川曰金蓮川。

禮志：鎮安公，舊名旺國崖。太祖伐遼，嘗駐蹕于此。大定八年五月，更名靜寧山，後建廟。

大定十二年，有司言：「長白山在興王之地，禮合尊崇，議封爵，建廟宇。」十二月，禮部、太常、學士院奏奉敕旨封興國靈應王，即其北山地建廟宇。

大定十五年三月，奏定長白山封册、儀物，冠九旒，服九章，玉圭、玉册函、香幣、册祝〔一〕。遣使副各一員，詣會寧府。行禮官散齋二日，致齋一日。所司于廟中陳設如儀。廟門外設玉册、衮冕幄次，牙仗、旗鼓從物等視一品儀。禮用三獻，祭如嶽鎮。其册文云：「皇帝若曰：自兩儀剖判，山嶽神秀，各鍾于其分野。國將興者，天實作之。對越神休，必以祀事。故肇基王迹，有若岐陽。望秩山川，於稽虞典。厥惟長白，載我金德，仰止其高，實惟我舊邦之鎮。混同流光，源所從出。秩秩幽幽，有相之道。列聖蕃衍熾昌，迄于太祖，神武徵應，無敵于天下，爰作神主。肆予沖人，紹休聖緒，四海之内，名山大川，靡不咸秩。矧王業所因，瞻彼旱麓，可儉其禮？服章爵號，

〔一〕「册祝」，諸本誤倒，據金史禮志八乙正。

非位于公侯之上，不足以稱焉。今遣某官某持節備物，册命兹山之神爲興國靈應王，仍敕有司歲時奉祀。於戲！廟食之享，亘萬億年。惟金之禎，與山無極，豈不偉歟？」自是，每歲降香，命有司春秋二仲擇日致祭。

昭應順濟聖后。大定十七年，都水監言：「陽武上埽黄河神聖后廟，宜依唐仲春祭五龍祠故事。」

大定十九年，有司言：「盧溝河水勢泛決嚙民田，乞官爲封册神號。」禮官以祀典所不載，難之。已而，特封安平侯，建廟。

二十一年，册封山陵地大房山神爲保陵公，冕八旒，服七章，圭、册、香幣，使副持節行禮，並如册長白山之儀。其册文云：「皇帝若曰：古之建邦設都，必有名山大川以爲形勝。我國既定鼎于燕，西顧郊圻，巍然大房，秀拔混厚，雲雨之所出，萬物之所瞻，祖宗陵寢，于是焉依。仰惟嶽鎮，古有秩序，皆載祀典，矧兹大房，禮可闕歟？其爵號服章，俾列于侯伯之上，庶足以稱。今遣某官某備物，册命神爲保陵公。申敕有司，歲時奉祀。其封域之内，禁無得樵採弋獵。著爲令。」是後，遣使山陵行禮畢，山陵官以一獻禮致奠。

混同江。大定二十五年，有司言：「昔太祖征遼，策馬徑渡，江神助順，靈應昭著，宜修祠宇，加賜封爵。」迺封神爲興國應聖公，致祭如長白山儀，册禮如保陵公故事。其册文云：「昔我太祖武元皇帝，受天明命，掃遼季荒茀，成師以出，至于大江，浩浩洪流，不舟而濟，雖穆滿渡江而鼋梁，光武濟河而水冰，自今觀之，無足言矣。執徐之歲，四月孟夏，朕時邁舊邦，臨江永嘆，仰藝祖之開基，佳江神之效靈，至止上都，議所以尊崇之典。蓋古者五嶽視三公，四瀆視諸侯，至有唐以來，遂享帝王之尊稱，非直後世彌文，而崇德報功，理亦有當然者。矧茲江源出于長白，經營帝鄉，實相興運，非錫以上公之號，則無以昭答神休。今遣某官某持節備物，册命神爲興國應聖公。申命有司，歲時奉祀。於戲！嚴廟貌，正封爵，禮亦至矣。惟神其衍靈長之德，用輔我國家彌億年，神亦享廟食于無窮，豈不休哉！」

嘉蔭侯。大定二十五年，敕封上京護國林神爲護國嘉蔭侯，毳冕七旒，服五章，圭同信圭，遣使詣廟，以三獻禮祭告。其祝文曰：「蔚彼長林，實壯天邑，廣袤百里，惟神主之。廟貌有嚴，侯封是享，歆時蠲潔，相厥滋榮。」是後，遇月七日，上京幕官一員行香，著爲令。

大定二十七年春正月，尚書省言：「鄭州河陰縣聖后廟，前代河水爲患，屢禱有應，嘗加封號廟額。今因禱祈，河遂安流，乞加褒贈。」上從其請，特加號曰昭應順濟聖后，廟曰靈德善利之廟。每歲委本縣長官春秋致祭，如令。

盧溝河神。大定二十七年，奉旨，每歲委本縣長官春秋致祭，如令。

章宗本紀：明昌四年十二月甲寅，册長白山之神爲開天弘道聖帝。

禮志：明昌四年十月，備衮冕、玉册、儀物，上御大安殿，用黄麾立仗八百人，行仗五百人，復册爲開天弘道聖帝。

章宗本紀：明昌六年九月甲申，册靜寧山神爲鎮安公，呼圖哩巴山神爲瑞聖公。十二月乙亥，詔加五鎮四瀆王爵。

禮志：明昌六年八月，以冕服玉册，册靜寧山神爲鎮安公。册文曰：「皇帝若曰：古之名山，咸在祀典。軒皇之世，神靈所奉者七千。虞氏之世，望秩每及于五載。蓋惟有益于國，是以必報其功。逮乎後王，申以徽册，至于嶽鎮之外，或亦封爵之加。故太白有神應之稱，而終南有廣惠之號。禮由義起，事與時偕，載籍所傳，于今猶監。朕修和有夏，咸秩無文，眷兹靜寧，秀峙朔野。緼澤布氣，幽贊乎坤元；導風出雲，協符乎乾造。一方之表，萬物所瞻，南直都畿，北維障徼，連延廣厚，寶藏攸興，盤固高明，詒宮斯奠。昔有遼嘗恃以富國，迄大定更爲之錫名。洪惟世宗，功昭列聖，亦越顯考，德利生民。爰即歲時，駕言臨幸，兵革不試，遠人輯寧。雨暘常調，品彙蕃廡，此上帝無疆之貺，亦英靈有相之符。比即輿情，載修故事。顧先皇駐蹕之地，開累世承平之風。迓續遺休，式甄神祐。肆象德以畀號，仍班台而闡儀。宇象一新，采章具舉。今遣使某、副某持節備物，册命神爲鎮安公，仍敕歲時奉祀。於戲！容典焜燿，精明感通，惟永億年，翊我昌運。神其受職，豈不偉歟？」

瑞聖公，即瑪達哈山也，章宗生于此。世宗愛此山勢衍氣清，故命章宗名之。後更名呼圖哩巴山，建廟。明昌六年八月，以衮服玉册，封山神爲瑞聖公。建廟，命撫州有司，春秋二仲擇日致祭爲常。其册文曰：「皇帝若曰：國家之興，命曆攸屬。天地元化，惟時合符。山川百神，無不受職。粹精薦瑞，明聖繼生。著丕應于殊禎，啓昌期于幽贊。裒對信猶之典，咸修望秩之文。嘉乃名山，奠茲勝地，下綿乾分，上直樞靜。盤析木之津，達中原之氣。廓除氛祲，函毓太和。仰惟光烈昭垂，徽音如在，即高明而清暑，克靜壽以安仁。周廬安寧，厚澤浹洽。朕祗循祖武，順講時巡，感美號以興懷，佩聖謨而介福。言念誕彌之初度，抑由翊衛之效靈。然猶祀秩無章，神居不屋，非所以盡報功崇德之義，副追始樂原之心。爰飾名稱，載新祠宇。勒忱辭于貞琰，涓良日于元龜，彰服采以辨威，潔庋縣而致祭。闡揚茂實，敷繹多儀。今遣使某、副某持節備物，册命神爲瑞聖公，仍敕有司歲時奉祀。於戲！尚其聰明，歆此誠意，孚休惟永，亦莫不寧。」

王圻續通考：料石岡祠。海陵嘗過此祠，持杯筊禱曰：「使吾有天命，當得吉卜。」投之，吉。又禱曰：「果如所卜，他日當有報。否，則毁爾祠宇。」投之，又吉。及即位，貞元元年十月，封料石岡神爲靈應侯。

章宗明昌六年十二月，詔加五嶽四瀆王爵。

金史禮志：明昌間，從沂山道士楊道全請，封沂山爲東安王，吴山爲成德王，霍山爲應靈王，會稽山爲永興王，醫無閭山爲廣寧王，淮爲長源王，江爲會源王，河爲顯聖靈源王，濟爲清源王。每歲遣使奉御署祝版奩薌，乘驛詣所在，率郡邑長貳官行事。禮用三獻。讀祝官一、捧祝官二、盥洗官二、爵洗官二、奉爵官一、司尊彝一、禮直官四，以州府司吏充。前三日，應行事執事官散齋二日，治事如故，宿于正寢，如常儀。

前二日，有司設行事執事官次於廟門外。掌廟者掃除廟之内外。前一日，有司牽牲詣祠所，享官以下常服閱饌物，視牲充腯。享日丑前五刻，執事者設祝版于神位之右，置于坫，及以血豆陳于饌所。次設祭器，皆藉以席，掌饌者實之。左十籩爲三行，以右爲上，實以乾䕩、乾棗、形鹽、魚鱐、鹿脯、榛實、乾桃、菱、芡、栗。右十豆爲三行，以左爲上，實以芹菹、筍菹、韭菹、菁菹、葵菹、魚醢、兔醢、豚拍、鹿臡、醓醢。左簠二，實以粱、稻。右簋二，實以稷、黍。俎二，實以牲體〔一〕。次設犧尊二、象尊二，在堂上東南隅，北向，西上。犧尊在前，實以法酒。犧尊，初獻官酌。象尊，亞、終獻酌。又設太尊一、山尊一，在神位前，設而不酌。有司設燭于神位前。洗二，在東階之下，直東霤，北向。罍在洗東，加勺。篚在洗西，南肆，實以巾。執罍篚者位于其後。又設揖位于廟門外，初獻在西，東向，亞、終及祝在東，南向，北上。開瘞坎于廟内庭之壬地。享日丑前五刻，執事官各就次。掌饌者帥其屬實饌具畢。凡祭官各服其服，與執事官行止皆贊者引，點視陳設訖，退就次。引初獻以下詣廟南門外揖位，立定，贊

〔一〕「左簠二實以粱稻右簋二實以稷黍俎二實以牲體」二十字，原脱，據光緒本、金史禮志七補。

禮者贊「揖」。次引祝升堂就位，立。次引初獻詣盥洗位，北向立，搢笏，盥手，帨手，執笏，詣爵洗位，北向立；搢笏，洗爵，以爵授執事者；執笏，升堂，詣酌罇所，西向立。執事者以爵授初獻，初獻搢笏，執爵，執罇者舉冪，執事者酌酒。初獻以爵授執事者，執笏，詣神座前，北向立，搢笏，跪，執事者以爵授初獻。初獻執爵，三祭酒，奠爵，訖，執笏，俛伏，興，少立。次引祝詣神位前，東向立。搢笏，跪，讀祝，訖，執笏，興，退，復位。初獻再拜，贊禮者引初獻復位。次引亞獻酌獻，並如初獻之儀。次引終獻，並如亞獻之儀。贊者引初獻官詣神位前，北向立，執事者以爵酌清酒，進初獻之右，初獻跪，祭酒，啐酒，奠爵。執事者以俎進，減神座前胙肉前脚第二節，共置一俎上，以授初獻，初獻以授執事者。初獻取爵，遂飲，卒爵，執事者進受爵，復于坫。初獻興，再拜，贊者引初獻復位。贊者曰「再拜」，已飲福、受胙者不拜〔一〕。亞獻官以下皆再拜。拜訖，次引初獻以下就望瘞位，以饌物進于坎，東西厢各二人，贊者曰「可瘞」，寘土，半坎，又曰「禮畢」，遂引初獻官以下出。祝與執尊罍篚冪者俱復位，立定。贊者曰「再

〔一〕「再拜」，諸本脱，據金史禮志七補；「已飲福受胙者不拜」八字，諸本爲大字，據金史禮志七改爲小字。

拜」，再拜訖，遂出。祝版燔于齋所。

宣宗本紀：貞祐三年十一月壬申，遣參知政事侯摯祭河神于宜村。

王圻續通考：哀帝天興三年正月，册柴潭神爲護國靈應王。

右金祀山川

元祀山川

元史世祖本紀〔一〕：中統二年秋七月乙丑，遣使持香幣祀嶽瀆。冬十月辛卯，遣道士訾洞春代祀東海廣德王廟。

祭祀志：嶽鎮海瀆代祀，自中統二年始，凡十有九處，分五道。後乃以東嶽、東海、東鎮、北鎮爲東道，中嶽、淮瀆、濟瀆、北海、南嶽、南海、南鎮爲南道，北嶽、西嶽、后土、河瀆、中鎮、西海、西鎮、江瀆爲西道。既而又以驛騎迂遠，復爲五道，道遣使二人，集賢院奏遣漢官，翰林院奏遣蒙古官，出璽書給驛以行。中統初，遣道士，或副以

〔一〕「世祖本紀」，諸本作「世宗本紀」，據元史世祖本紀改。

漢官。

世祖本紀：至元三年秋七月丙午，遣使祀五嶽四瀆。

祭祀志：至元三年夏四月，定歲祀嶽鎮海瀆之制。正月，東嶽、鎮、海、瀆，土旺日祀泰山于泰安州，沂山于益都府界。立春日祀東海于萊州界，大淮于唐州界。三月，南嶽、鎮、海、瀆，立夏日遥祭衡山，土旺日遥祭會稽山，皆于河南府界。立夏日遥祭南海、大江于萊州界。六月，中嶽、鎮，土旺日祀嵩山于河南府界，霍山于平陽府界。七月，西嶽、鎮、海、瀆，土旺日祀華山于華州界，吴山于隴縣界。立秋日遥祭西海、大河于河中府界。十月，北嶽、鎮、海、瀆，土旺日祀恒山于曲陽縣界，醫無閭于遼陽廣寧路界。立冬日遥祭北海于登州界，濟瀆于濟源縣。祀官，以所任守土官爲之。既有江南，乃罷遥祭。

世祖本紀：至元四年春正月癸丑，敕封實圖美山爲武定山，其神曰武定公；泉爲靈淵，其神曰靈淵侯。夏四月辛未，遣使祀嶽瀆。

十二年二月甲辰，立河瀆等廟于河中、解州、洪洞、趙城。庚午，命吹丹察罕布哈、侍儀副使關思義、真人李德和代祀嶽瀆。

十三年五月乙未，遣使代祀嶽瀆。秋七月丙辰，遣使持香幣祀嶽瀆。

十四年二月甲子，遣使代祀嶽瀆。五月乙卯，命真人李德和代祀濟瀆。秋七月丁巳，回水窩淵聖廣源王加封善佑，常山靈濟昭應王加封廣惠，安丘雹泉靈霈侯追封靈霈公。

十五年春正月，賜湖州長興縣金沙泉名爲瑞應泉。金沙泉不常出。唐時用此水造紫筍茶進貢，有司具牲幣祭之，始得水，事訖輒涸。宋末屢加浚治，泉迄不出。至是中書省遣官致祭，一夕水溢，可溉田千畝。安撫司以事聞，故賜今名。八月，制封泉州神女號護國明著靈惠協正善慶顯濟天妃。

祭祀志：凡名山大川、忠臣義士在祀典者，所在有司主之。惟南海女神靈惠夫人，至元中以護海運有奇應，加封天妃神號，積至十字，廟曰靈慈。直沽、平江、周涇、泉、福、興化等處，皆有廟。

世祖本紀：至元十六年五月丙子，進封桑乾河神洪濟公爲顯應洪濟公。

十七年二月，遣使代祀嶽瀆。十二月，修桐柏山淮瀆祠。

二十一年閏五月辛巳〔一〕，加封衛輝路小清河神曰洪濟威惠王。

二十二年春正月甲申，遣使代祀五嶽、四瀆、東海。冬十月甲辰，修南嶽廟。

二十三年春正月壬午，太陰犯軒轅太民。遣使代祀嶽、瀆、東海。

二十六年春正月辛丑，遣使代祀嶽、瀆，東、南海。

二十七年春正月丁巳，遣使代祀嶽、瀆、海神。九月辛亥，修東海廣德王廟。

二十八年，饑，二月己卯，遣官持香詣中嶽、南海、淮瀆致禱。丁酉，詔加嶽、瀆、四海封號，各遣官詣祠致告。

王圻續通考：至元二十八年正月，帝謂中書省臣言曰：「五嶽、四瀆祠事，朕宜親往，道遠不可，大臣如卿等又有國務，宜遣重臣代朕祠之，漢人選名儒及道士習祀事者。」其禮物則每處歲祀銀香盒一重，二十五兩；五嶽，組金幡二，鈔五百貫；四瀆，織金幡二，鈔二百五十貫；四海、五鎮，銷金幡二，鈔二百五十貫。至則守臣奉詔，使行禮。皇帝登寶位，遣官致祭。降香幡盒如前禮。惟各加銀五十兩，五嶽各中統鈔五

〔一〕「閏」，諸本脱，據元史世祖本紀補。

百貫，四瀆、四海、五鎮各中統鈔二百五十貫，或他有禱禮，亦如之。

是年春二月，加上東嶽爲齊天大生仁聖帝，南嶽司天大化昭聖帝，西嶽金天大利順聖帝，北嶽安天大貞玄聖帝，中嶽中天大寧崇聖帝。加封江瀆爲廣源順濟王，河瀆靈源弘濟王，淮瀆長源博濟王，濟瀆清源善濟王，東海廣德靈會王，南海廣利靈孚王，西海廣潤靈通王，北海廣澤靈祐王。

時東平布衣趙天麟上策曰：「臣聞天子祭天地及天下之名山大川，諸侯祭社稷及名山大川之在其地者，大夫祭五祀，士祭宗廟，庶人祭祖考於寢。上得兼下，下不得僭上，皆有制以節之。今國家稱秩元祀，咸秩無文，既有禮部及太常司、侍儀司以備其節文，又詔令所在官司，歲時致祭五嶽、四瀆、名山大川，歷代聖帝明王、忠臣節士之載在祀典者，皆其宜也。竊見方今小民，不安常典，妄事神明，其類甚多，不可枚舉。夫東嶽者，太平天子告成之地，東方藩侯當祀之山，今乃有娼優戲謔之徒，貨殖屠沽之子，每年春季，四方雲聚，有不遠千里而來者，有提挈全家而至者，干越邦典，渫瀆神明，停廢産業，耗損食貨，亦已甚矣。昔季氏，魯國之上卿，旅於泰山，孔子猶欲其宰救之，况小民之賤乎？大人之教，不以名器分之，則將紊矣。小民之心，不以名器繩之，則將恣矣。況淫祀者，事神之誠極寡，希福之貪甚多，且父慈子孝，何用焚香？上安下順，何須楮幣？不然，則雖竭天下之香，繼爐而焚之，罄天下之楮，爲幣而爇之，臣知其斷無益矣。然而聖人立祀禮者，報其當然之本，行吾當然之義也。伏望陛下申明前詔，使天下郡縣官，各祭名山大川，聖帝明王、忠臣節士之在其地者。凡下民當祭之神，如祖考及門庭、户、竈等，聽之。凡非典所當祀而祀者，禁之，無令妄瀆。凡祈神賽社、漿酒藿肉、飾立神像、泥金鏤木者，禁之，無令妄費。如是，則非但巫風寢消，抑亦富民一助。」

蕙田案：山川之祀，其來自古。天子諸侯之秩祀，本無與于小民。自後世加封晉號，非時淫祀，一切皆邀福之心。小民化之，遂至如此。趙天麟所奏，切中時弊，有益世教。此風至今猶然，不可禁止。人心之惑，非一朝一夕之故矣。

元史世祖本紀：至元二十九年二月，遣使代祀嶽、瀆、四海。三十年正月丁亥，遣使代祀嶽、瀆、東海。

成宗本紀：元貞二年二月，遣使代祀嶽、瀆。

大德元年六月甲午，諸王伊爾根遣使乘驛祀五嶽、四瀆，命追其驛券，仍切責之。

二年二月癸未，詔諸王、駙馬毋擅祀嶽鎮海瀆。三月壬子，詔加封東鎮沂山爲元德東安王，南鎮會稽山爲昭德順應王，西鎮吴山爲成德永靖王，北鎮醫無閭山爲貞德廣寧王，中鎮霍山爲崇德應靈王。敕有司歲時與嶽瀆同祀，著爲令式。

四年，遣使祠東嶽。

武宗本紀：至大元年三月，遣使祀五嶽、四瀆、名山大川。

仁宗本紀：延祐四年冬十月，遣御史大夫布呼、參知政事王桂祭陝西嶽鎮、名山。

祭祀志：南海女神靈惠夫人，皇慶以來，歲遣使齎香遍祭〔一〕，金幡一合，銀一鋌，付平江官漕司及本府官，用柔毛酒醴，便服行事。祝文云：「維年月日，皇帝特遣某官等，致祭于護國庇民廣著福惠明著天妃。」

英宗本紀：至治元年五月辛卯，海漕糧至直沽，遣使祀海神天妃。三年二月，海漕糧至直沽，遣使祀海神天妃。

泰定帝本紀：泰定元年二月，加封廣德路祠山神張真君曰普濟，寧國路廣惠王曰

〔一〕「遍」，諸本作「編」，據元史祭祀志五改。

福祐。

王圻續通考：泰定元年，遣使代祀嶽瀆。又以鹽官州海水溢，遣使祀海神。

二年，遣使代祀龍虎、武當二山。又遣使代祀嶽瀆、名山大川。

元史泰定帝本紀：泰定三年三月乙巳朔，帝以不雨，遣使分祀五嶽、四瀆、名山大川及京城寺觀。秋七月甲辰，遣使祀海神天妃。八月辛丑，作天妃宫于海津鎮。鹽官州大風，海溢，遣使祭海神。十一月戊午，加封盧陵江神曰顯應。

四年秋七月乙丑，遣使祀海神天妃。閏九月甲戌，命致祭五嶽、四瀆、名山大川。冬十月甲辰，改封建德路烏龍山神曰忠顯靈澤普祐孚惠王。

致和元年春正月甲申，遣使祀海神天妃，加封幸淵龍神福應昭惠公。三月甲申，遣户部尚書李嘉努往鹽官祀海神，仍集議修海岸。夏四月甲寅，改封蒙山神曰嘉惠昭應王，鹽池神曰靈富公，洞庭廟神曰忠惠順利靈濟昭佑王。

文宗本紀：天曆元年九月壬戌，遣使祭五嶽、四瀆。

二年冬十月己亥，加封天妃爲護國庇民廣濟福惠明著天妃，賜廟額曰靈慈，遣使致祭。遣使代祀嶽瀆山川。

十一月戊午，遣使代祀天妃。

王圻續通考：至順二年冬十月，遣秘書太監王珪等代祀嶽鎮海瀆。

三年，遣使分祀嶽鎮海瀆。

五年，加北嶽之神爲安天大貞玄皇帝。

順帝至元元年，加封真定路滹沱河神爲昭佑靈源侯。

元史順帝本紀：至正二年春正月癸巳，遣翰林學士三寶等代祀五嶽、四瀆。

九年九月，遣御史中丞李獻代祀河瀆。

王圻續通考：十年，詔加封河瀆神爲靈源神祐弘濟王，仍重建河瀆及西海神廟。

元史順帝本紀：十四年冬十月，詔加海神爲輔國護聖庇民廣濟福惠明著天妃。

二十一年十一月戊辰，黄河自平陸三門磧下至孟津，五百餘里皆清，凡七日。命秘書少監程徐祀之。

右元祀山川

明祀山川

明會典：國初，建山川壇于天地壇之西，正殿七間，祭太歲、風雲、雷雨、五嶽、五鎮、四海、四瀆、鍾山之神。東西廡各十五間，祭京畿山川、春夏秋冬四季月將及都城隍之神。壇西南有先農壇，東有旗纛廟，南有籍田。

明史禮志：嶽鎮海瀆山川之祀。洪武二年，太祖以嶽瀆諸神合祭城南，未有專祀，又享祀之所，屋而不壇，非尊神之道。禮官言：「宜以嶽鎮海瀆及天下山川城隍諸地祇合爲一壇，與天神埒，春秋專祀。」遂定祭日以清明、霜降。前期一日，皇帝躬省牲。至日，服通天冠、絳紗袍，詣嶽鎮海瀆前，行三獻禮。山川城隍，分獻官行禮。是年，命官十八人祭天下嶽鎮海瀆之神。帝皮弁御奉天殿，躬署御名，以香祝授使者。百官公服，送至中書省，使者奉以行。黄金合貯香，黄綺幡二，白金二十五兩市祭物。

春明夢餘録：洪武二年，以嶽鎮海瀆、山川之神，享祀之所未有壇壝，非隆敬神祇之道，命禮官考古制以聞。禮官奏：「嶽鎮海瀆之祀，虞舜以四仲月巡狩而祭。四嶽，東嶽泰山，四嶽之宗也，故文曰岱宗；南嶽曰衡山，西嶽曰華山，北嶽曰恒山，而未言五嶽。王制曰天子祭天下名山大川、五嶽、四瀆，始有五嶽之稱。蓋以中嶽嵩山並列。又周官小宗伯兆四望于四郊，鄭玄謂四望爲四嶽、四瀆。四瀆者，江、河、淮、濟也。四鎮者，東曰沂山，西曰吳山，南曰會稽，北曰醫無閭。詩又曰巡狩而祀四嶽河海，則又有四海之祭。蓋天子方望之祀，無所不通。而嶽鎮海瀆在諸侯封内，諸侯亦各以其方祀之。秦罷封建，嶽瀆皆領于祠官。及漢復建諸侯，則侯國各祀其封内山川，天子無預焉。武帝時，諸侯或分或廢，五嶽皆在天子之邦。宣帝時，嶽瀆始有使者持節祀之禮。由魏及隋，嶽鎮海瀆皆即其地立祠，命有司致祭。唐、宋之制，有命本界刺史縣令之祀，有因郊祀而望祭之祀，又有遣祭之祀。元遣使祭嶽鎮海瀆，分東西南北中爲五道，其天下山川之祀，虞書『望于山川，徧于群神』。周頌曰『懷柔百神』。周禮小宗伯『兆山川丘陵墳衍，各因其方』。王制『凡山川之小者，其祭秩視伯子男』。劉向謂山川能生物，出雲雨，施潤澤，品類以百數，故視伯子男。其在諸侯封内者，諸侯又自祭之，如楚祭雎、漳，晉祭惡池，齊祭配林是也。秦罷封建，則皆領于祠官焉。由漢、唐以及宋、元，嶽鎮海瀆之外，又有其餘山川之祀，不獨嶽瀆也。今國家開創之初，嘗以嶽鎮海瀆及天下山川，與太歲、風雲、雷雨、城隍，皆祀于城南享祀之所，既非專祀，又室而不壇，非理所宜。夫海嶽之神，其氣本流通暢達，無有限隔，今宜以嶽鎮海瀆及天下山川，與太歲、風雲、雷雨、城隍合爲一壇，春秋祀之。」詔可。

明史禮志：洪武二年，建山川壇于正陽門外天地壇西，合祀諸神。凡設壇十九，太歲、春夏秋冬四季月將爲第一，次風雲雷雨，次五嶽，次五鎮，次四海，次四瀆，次京都鍾山，次江東，次江西，次湖廣，次淮東、淮西，次浙東、浙西、福建，次廣東、廣西、海南、海北，次山東、山西、河南、河北，次北平、陝西，次左江、右江，次安南、高麗、占城諸國山川，次京都城隍，次六纛大神、旗纛大將、五方旗神、戰舡、金鼓、銃礮、弓弩、飛鎗、飛石、陣前陣後諸神，皆躬自行禮。先祭，禮官奏：「祝文，太歲以下至四海，凡五壇，稱臣者親署御名。其鍾山諸神，稱余者，請令禮官代署。」帝曰：「朋友書牘，尚親題姓名，況神明乎？」遂加親署。後又定驚蟄、秋分後三日，遣官祭山川壇諸神。七年，令春秋仲月上旬，擇日以祭。

明會典：洪武三年，正嶽鎮海瀆、城隍諸神號，合祀太歲、月將、風雲雷雨、嶽鎮海瀆、山川、城隍、旗纛諸神。又令每歲用驚蟄、秋分各後三日，遣官祭山川壇諸神。是日，上皮弁服，御奉天殿，降香，中嚴，坐殿上。獻官復命解嚴，還宫。是年，又合祭東嶽泰山于山川壇。

明史禮志：洪武三年，詔定嶽鎮海瀆神號。略曰：「爲治之道，必本于禮。今依古定制，並去前代所封名號。五嶽稱東嶽泰山之神，南嶽衡山之神，中嶽嵩山之神，西嶽華山之神，北嶽恒山之神。五鎮稱東鎮沂山之神，南鎮會稽山之神，中鎮霍山之神，西鎮吴山之神，北鎮醫無閭山之神。四海稱東海之神，南海之神，西海之神，北海之神。四瀆稱東瀆大淮之神，南瀆大江之神，西瀆大河之神，北瀆大濟之神。」帝躬署名于祝文，遣官以更定神號告祭。

日知録：洪武三年六月癸亥，詔曰：「五嶽、五鎮、四海、四瀆之封，起自唐世，崇名美號，歷代有加。在朕思之，則有不然。夫嶽、鎮、海、瀆，皆高山廣水，自天地開闢，以至于今，英靈之氣，萃而爲神，必皆受命于上帝，幽微莫測，豈國家封號之所可加？瀆禮不經，莫此爲甚。至如忠臣烈士，雖可加以封號，亦惟當時爲宜。夫禮所以明神人，正名分，不可以僭差。今宜依古定制，凡嶽、鎮、海、瀆，並去其前代所封名號，止以山水本名稱其神。郡縣城隍神號，一體改正。歷代忠臣烈士，亦依當時初封以爲實號，後世溢美之稱，皆與革去。庶幾神人之際，名正言順，于禮爲當，用稱朕以禮事神之意。」其東嶽祝文曰：「神有歷代之封號，予詳之再三，畏不敢效。」可謂卓絶千古之見。

丘氏濬曰：我聖祖此詔，可謂考諸三王而不謬，質諸鬼神而無疑，百世以俟聖人而不惑，一滌千古之謬。臣知上帝在天之靈，必有以簡在于冥冥之中，而山川鬼神，亦莫不各受其職矣。

明史禮志：其他山川之神。洪武元年躬祀汴梁諸神，仍遣官祭境内山川。二年，以天下山川祔祭嶽瀆壇。帝又以安南、高麗皆臣附，其國内山川，宜與中國同祭。諭中書及禮官考之。安南之山二十一，其江六，其水六。高麗之山三，其水四。命著祀典，設位以祭。三年遣使往安南、高麗、占城，祀其國山川。帝齋戒，親爲祝文。仍遣官頒革正山川神號詔于安南、占城、高麗。六年，琉球諸國已朝貢，祀其國山川。八年，禮部尚書牛諒言：「京都既罷祭天下山川，其外國山川，亦非天子所當親祀。」中書及禮臣請附祭各省，從之。廣西附祭安南、占城、真臈、暹羅、鎖里，廣東附祭三佛齊、爪哇，福建附祭日本、琉球、渤泥，遼東附祭高麗，陜西附祭甘肅、朶甘、烏斯藏，京城不復祭。又從禮官言，各省山川居中南向，外國山川東西向，同壇共祀。

明集禮專祀嶽鎮海瀆天下山川：

國朝既於方丘以嶽鎮海瀆、天下名山從祀，復於春秋、清明、霜降日，遣官專祀嶽鎮海瀆、天下山川于國城之南。至于外夷山川，亦列祀典。若國有祈禱，則又遣使降香專祀于其本界之廟。若夫山川之在王國，則自以時致祭。

瘞坎　嶽鎮海瀆祭畢，其祝幣牲饌，嶽鎮則瘞之于坎，海瀆則沈之于水。其國南群祀壇，則並置于瘞坎。

祝版　親祀，祝文自署御名。遣官代祀，祝文稱：「嗣天子某，謹遣臣某官姓名，敢昭告于東嶽泰山之神：唯神磅礴英靈，參贊化育，位于東方，爲嶽之首。及出膚寸之雲，不崇朝而雨天下，有滋稼苗，民賴以生，功被于世。歷代帝王，咸敦祀典，或躬臨而奉祭，或遣使以伸忱。朕允膺天命，肇造丕基，禮宜親臨致祀。今國治未周，新附未撫，或居以圖治，或出而視師，是用命使，以表朕衷。惟神鑒焉。尚享。」西嶽曰：「惟神氣應金方，靈鍾兑位，奠於西極，屹立巍巍。長物養民，功被于世。歷代云云同前，下並同。」南嶽曰：「惟神祝融諸峰，奠彼南服，崇高峻極，德配離明。長物養民，功被于世。」北嶽曰：「惟神鎮并臨代，峙立朔方，終始陰陽，德著悠久。養民阜物，功被寰中。」中嶽曰：「惟神嵩高攸宅，表此中區，四嶽攸宗，群山環拱。養民育物，功被寰中。」東海曰：「惟神百川朝宗，涵育深廣，靈鍾坎德，潤衍震宗。滋物養民，功被於世。歷代云云同前，下並同。」西海曰：「惟神灝靈所鍾，道里遼邈，坎德深廣，衍潤兑方。滋物養民，功被于世。」南海曰：「惟神環兹粤壤，物巨靈鍾，坎德深大，離明斯配。潤物養民，功被于世。」北海曰：「惟神玄冥攸司，遐遠莫即，鍾靈坎德，奠位陰方。潤物養民，功被于世。」江瀆曰：「惟神岷蜀發源，浩渺萬里，朝宗於海，坎德靈長。潤物養民，澤被于世。歷代云云同前，下並同。」河瀆曰：「惟神發源崐崘，亘絡中土，配精天漢，坎德靈長。潤物養民，澤被于世。」淮瀆曰：「惟神源深桐柏，演迤楚甸，出雲致雨，潤物養民。坎德靈長，澤被于世。」濟瀆曰：「惟神沈浸覃懷，功配三瀆，流澄蕩濁，潤物養民。坎德靈長，澤被于世。」東鎮曰：「惟神鎮彼瑯琊，群山所仰，宣澤布氣，毓秀鍾靈。生物養民，功被于世。歷代云云同前，下鎮並同。」西鎮曰：「惟神作鎮汧陽，群山所仰，宣澤布氣，育秀鍾靈。生物養民，功被于世。」南鎮曰：「惟神作鎮會稽，群山所仰，宣澤布氣，育秀鍾靈。阜物養民，功被于世。」北鎮曰：「惟神鎮彼平營，群山所仰，宣澤布氣，育秀鍾靈。阜物養民，功被于世。」中鎮曰：「惟神鎮彼霍邑，三晉所瞻，育秀暢靈，奠兹中土。生殖庶物，功被寰宇。」洪武三年正月，專遣使致祭于外夷山川，其安南祝文曰：「惟神磅礴深廣，流峙西南，靈秀所鍾，福庇一方。使其國君，世保境土。當歷代中國帝王之興，即能慕義歸化，得免兵戈，靖安民庶，神功爲大。朕本布衣，因四方雲擾，廓清群雄，混一天下，以承正統，皆賴天地神明，而至于此。自臨御以來，海嶽鎮瀆，俱已致祭。邇者安南，奉表稱臣，考之典禮，天子于山川之祀，無所不通，故特遣使，以牲幣之祭，往答神靈。尚享。」其高麗祝文曰：「高麗爲國，奠于海東，山勢磅礴，水德汪洋。實皆靈氣所鍾，故能使境土安寧，國君世享富貴。尊慕中國，以保生民，神功爲大。朕起自布衣，今混一天下，以承正統。比者高麗奉表稱臣，朕嘉其誠，已封王爵。考之古典，天子于山川之祀，無所不通，是用遣使，敬將牲帛，修其祀事，以答神靈，惟神鑒之。尚享。」其占城祝文曰：「惟神靈秀磅礴，源流深廣，以濟民物，保安海邦。使其國君，世守境土，尊附中國，其功多矣。朕起自布衣，仰荷天地眷祐，混一疆宇，以承正統。邇者占城，奉表稱臣，考之典禮，天子于天下山川之祀，無所不通，故特遣使，以牲幣之祭，往答神靈，惟神鑒之。尚享。」五月，降詔，嶽鎮海瀆復遣使代祀。其祝文曰：「惟洪武三年，歲次庚戌，六月戊午朔，越二十二日己卯，某官臣某，今蒙中書省點差，欽賫祝文，致祭于東嶽泰山之神。皇帝制曰：『磅礴東海之西，中國之東，參穹靈秀，生同天地，形勢巍然。古昔帝王登之，觀滄海，察地利，以安生民，故祀曰泰山，于敬則誠，于禮則宜。自唐始加神之封號，歷代相因至今。曩者元君失馭，海内鼎沸，生民塗炭。余起布衣，承上天后土之命，百神陰佑，削平暴亂，正位稱尊，職當奉天地、享鬼神以依時，統一人民，法當式古。今寰宇既清，特修祀儀。因神有歷代之封號，予起寒微，詳之再三，畏不敢效。蓋神與穹壤同始，靈鎮東方，其來不知歲月幾何。神之所以靈，人莫能測。其職必受命于上天后土，爲人君者，何敢預焉？予懼不敢加號，特以東嶽泰山名其名，依時祀神，唯神鑒知。尚享。』」南嶽、中嶽、西嶽、北嶽祝文並同。其東鎮祝文曰：「屹立沂州，作鎮東方，生同天地，形勢巍然。古先帝王察地利，以安民生。故祀之曰沂山，于敬則誠，于禮則宜。自唐始加神之封號，歷代相因至今。曩者元君失馭，海内鼎沸，生民塗炭。予起布衣，承上天后土之命，百神陰佑，削平暴亂，正位稱尊，職當奉天地、享鬼神以依時，統一人民，法當式古。今寰宇既清，特修祀儀。因神有歷代之封號，予起寒微，詳之再三，畏不敢效。蓋神與穹壤同始，靈鎮東方，其來不知歲月幾何。神之所以靈，人莫能測。其職必受命于上天后土，爲人君者，何敢預焉？予懼不敢加號，特以東鎮沂山名其名，依時祀神，惟神鑒知。尚享。」其起句，南鎮則曰：「屹立會稽，作鎮南方。」中鎮則曰：「屹立霍州，作鎮中央。」西鎮則曰：「屹立隴州，作鎮西方。」北鎮則曰：「屹立營州，作鎮北方。」餘並同東鎮。其東海祝文曰：「生同天地，浩瀚之勢既雄，深淺之處莫測。古昔人君，名之曰海，神而祀之，于敬則誠，于禮則宜。自唐以及近代，皆加以封號。予因元君失馭，四方鼎沸，起自布衣，承上天后土之佑，百神之助，削平暴亂，以主中國，職當奉天地、享鬼神以依時，式古法以昭民。今寰宇既清，特修祀儀。因神有歷代之封號，予起寒微，詳之再三，畏不敢效。蓋觀神之所以生，與穹壤同立於世，其來不知歲月幾何。凡施爲造化，人莫可知，其職必受命于上天后土，爲人君者，何敢預焉？予懼不敢加號，特以東海名其名，依時祭祀，神其鑒知。尚享。」南海、西海、北海文，並同。其東瀆大淮祝文曰：「源始桐柏，潔而東逝，納諸川以歸海。古者人君，尊曰淮瀆之神，未嘗加號，于敬則誠，于禮則宜。自唐始加神之封號，歷代相因至今。曩者元君失馭，海內鼎沸。予起布衣，承上天后土之命，百神陰佑，削平暴亂，正位稱尊，職當奉天地、享鬼神以依時，統一人民，法宜式古。今寰宇既清，特修祀儀。因神有歷代之封號，予起寒微，詳之再三，畏不敢效。蓋神與穹壤同始，其來不知歲月幾何。神之所以靈，人莫能知。其造化必受命于上天后土，爲人君者，何敢預焉？予懼不敢加號，特以東瀆大淮名其名，依時祀神，惟神鑒知。尚享。」其南瀆則曰：「源于岷山，生同天地，廣納諸川，東逝于海。古者人君，尊曰江瀆之神。」餘文並同東鎮。其西瀆則曰：「源于崐崘，其行也屈曲，其激也有聲，于山不徙，于平壤則流蕩，洶湧莫測。自有天地則有之，古之人君，尊曰河瀆之神。」餘文並同東鎮。其北瀆則曰：「源始王屋，伏流而出，潔異衆水。古者人君，尊曰濟瀆之神。」餘文並同東鎮。

代祀嶽鎮海瀆碑文　洪武二年春正月四日，群臣來朝，皇帝若曰：朕自起義臨濠，率服渡江，宅於金陵。每獲城池，必祭其境内山川，于今十有五年，罔敢或怠。邇者命將出師，中原底定，嶽鎮海瀆，悉在封域，朕托天地祖宗之靈，武功之成，雖藉人力，然山川之神，嘿實相予。自古帝王之有天下，莫不禮秩尊崇，朕曷敢違？于是親選敦朴廉潔之臣，賜以衣冠，俾齊沐端竦以俟。遂以十月五日，授祝幣而遣焉。臣某承詔將事，惟謹某月某日，祭于祠下。威靈歆格，祀事孔明，礱石鐫文，用垂悠久。惟神收藏萬類，奠于東方，西、南、北，隨方改用。典禮既崇，綱維斯在。尚期陰陽以和，風雨以時，物不疵癘，民庶乂安。是我聖天子之所望于神明者，而亦神明助我邦家之靈驗也。

代祀外夷山川碑文　洪武三年春正月三日癸巳，皇帝御奉天殿，受群臣朝，乃言曰：朕賴天地祖宗眷祐，位于臣民之上，郊廟社稷以及嶽鎮海瀆之祭，不敢不恭。邇者占城安南、高麗並同。遣使奉表稱臣，朕已封其王爲占城國王。安南、高麗同。則其國之境内山川，既歸職方，考諸古典，天子望祭，雖無不通，然未聞行實禮達其境者。今當具牲幣，遣朝天宫道士某人前往，用答神靈。禮部尚書崔亮欽承上旨，惟謹乃諭：臣某致其誠潔以俟。于是上齋戒七日，親爲祝文。至十日庚子，上臨朝，以香授臣某，將命而行。臣某以某月某日至其國，設壇城南。某月某日，敬行祀事于某國某山及諸山之神、某水及諸水之神，禮用告成。臣某聞帝王之勤民者，必致敬于神，欽惟皇上受天明命，丕承正統，四海内外，悉皆臣屬。思與普天之下，共享昇平之治，故遣臣某致祭于神，神既歆格，必能庇其國王，世保境土，使風雨以時，年穀豐登，民庶得以靖安，庶昭聖天子一視同仁之意。是用刻文于石，以垂示永久。臣某謹記。某國王臣某陪臣某官某。

祭器　合祭嶽鎮海瀆、天下山川，及遣使分祀，每壇各尊三，籩八，豆八，簠二，簋二，登二。州縣祀本境山川，則尊二，籩二，豆二，簠一，簋一。

玉幣　望祀用幣不用玉，諸王同。遣使奉祠嶽鎮海瀆，各降真香一炷，沉香一合，金香合一，共一觔。黄紵絲旛一對，幣帛一段，長丈有八尺。銀三十五兩。其外夷山川，則高麗旛用青，安南、占城旛用紅，餘並同嶽鎮海瀆。

牲　合祭嶽鎮海瀆、山川，各用犢一、羊一、豕一，遣使代祀，各廟並同。州縣祭本境山川，用羊一、豕一。

酒齊　合祭嶽鎮海瀆、天下山川，及遣使代祀，犧尊實醴齊，象尊實沈齊，山罍實事酒。州縣祭本境山川，則象尊實緹齊，壺尊實事酒。

粢盛　合祭嶽鎮海瀆、天下山川，及遣使分祀，並如宋制。其州縣祭本境山川，簠實以稷，簋實以粱。

籩、豆之實　合祭嶽鎮海瀆於國城之南，及每歲遣使分祀各廟，並籩實以石鹽、魚鱐、棗、栗、榛、菱、芡、脯，豆實以韭菹、醓醢、菁菹、鹿醢、芹菹、兔醢、筍菹、魚醢。州縣祭本境山川，則籩實以栗、脯，豆實以葵菹、鹿醢。

樂　望祀用雅樂。諸王祭本國山川，則用大樂。遣使代祀，不用樂。

祭服　遣官攝祀，並用公服。

專祀地祇壇諸神樂章：

迎神，保和之曲　吉日良辰，祀典式陳。惟地之祇，百靈繽紛。嶽鎮海瀆，山川城隍，内而中國，外及四方。濯濯厥靈，昭鑒我心。以俟以迎，來格來歆。

奠幣，安和之曲　靈旗莅止，有赫其威。一念潛通，幽明弗違。有幣在篚，物薄而微。神兮安留，尚其饗之。

初獻，中和之曲　神兮我留，有薦必受。享祀之初，奠兹醴酒。晨光初升，祥徵應候。何以侑觴，樂陳雅奏。

亞獻，肅和之曲　我祀維何？奉兹犧牲。爰酌醴齊，貳觴載升。洋洋如在，式燕以寧。庶表微衷，交于神明。

終獻，凝和之曲　執事有嚴，品物斯祭。黍稷非馨，式將其意。薦兹酒醴，成我常祀。神其顧歆，永言樂只。

徹豆，壽和之曲　春祈秋報，率爲我民。我民之生，賴于爾神。維神佑之，康寧是臻。祭祀云畢，神其樂歆。

送神，豫和之曲　三獻禮終，九成樂作。神人以和，既燕且樂。雲車風馭，靈光昭灼。瞻望以思，邈彼寥廓。

望瘞，熙和之曲　俎豆既徹，禮樂已終。神之云還，倏將焉從。以望以瘞，庶幾感通。時和歲豐，維神之功。

降香遣官祀嶽鎮海瀆天下山川儀注　時日：春以清明日，秋以霜降日行事。

齋戒：皇帝散齋二日，致齋一日。獻官以省臺官充。及各執事官，俱散齋二日，致齋一日。

降香：前祀一日清晨，有司立仗，百官具公服侍班，皇帝服皮弁，升奉天殿，捧香授獻官。獻官捧由中陛降，中道出至午門外，寘龍亭内。儀仗鼓吹導引至祭所。

陳設：前祀一日，有司陳設如圖儀。　省牲：前祀一日，獻官公服，詣壇東省牲。贊禮引至省牲位，執事者牽牲。省訖，詣神厨，視鼎鑊，視滌濯。畢，遂烹牲。

正祭：祭日清晨，執事者入實尊、罍、簠、簋、籩、豆、牲俎，并陳毛血豆于神位前，列篚幣于酒尊所。贊引引獻官及應祀官各入就位。　迎神：贊禮唱「迎神」，協律郎舉麾，奏保和之曲，執事者以毛血瘞于坎。樂止。贊引唱「有司已具，請行禮」，唱「鞠躬，拜，興，拜，興，平身」，獻官及在位者皆鞠躬，拜，興，拜，興，平身，樂止。復位。　奠幣：贊禮唱「奠幣」，贊引引獻官詣盥洗位，搢笏，盥手，帨手，出笏。詣五嶽神位前，協律郎奏安和之曲。贊禮唱「跪」，獻官北向跪，搢笏，三上香；執事者捧幣，東向跪，授獻官；獻官受幣，贊禮唱「奠幣」，獻官興，奠幣于神位前。贊禮唱「鞠躬，拜，興，拜，興，平身」。次詣五鎮神位前。奠幣如上儀，訖。次詣四海、四瀆、鍾山、江東、兩淮、兩浙、江西、湖廣、山東、山西、河南、陝西、北平、福建、廣東、廣西、海南、海北、左右兩江山川之神，并京都外夷山川之神，皆以次自左而右，逐位上香。奠幣皆如五嶽神位前之儀，奠訖，樂止。復位。　進俎：贊禮唱「進俎」，執事者舉俎，升階。協律郎跪，俛伏，舉麾，奏熙和之曲。贊禮引獻官至五嶽神位前，搢笏，以俎奠于神位前，訖，出笏。以下二十一位進俎皆同。　初獻：贊禮唱「行初獻禮」，贊引引獻官詣爵洗位，搢笏，滌爵，拭爵，以爵授執事者，以下二十一位爵，其滌、拭、授皆同。詣酒尊所。司尊者舉冪，執爵者以爵進，酌醴齊，以爵授執事者，以下二十一位進爵、酌醴、授執事，皆同。出笏。贊禮唱「引詣五嶽神位前」，協律郎舉麾，奏中和之曲，武功之舞。贊禮引至神位前，跪，搢笏，三上香，三祭酒，奠爵，出笏，俛伏，興，平身，少退，鞠躬，拜，興，拜，興，平身。次詣五鎮以下二十一位，其上香、祭酒、退拜，皆如上儀。拜畢，樂舞止。贊禮唱「讀祝」，獻官跪，讀祝官取祝版于神右。跪讀畢，樂舞作。贊禮唱「俛伏，興，平身；稍後，鞠躬，拜，興，拜，興，平身」。樂舞止。亞獻、終獻，並如初獻儀。惟不讀祝。飲福受胙：贊禮唱「飲福，受胙」，贊引引獻官詣飲福位，鞠躬，拜，興，拜，興，平身。稍前，跪，搢笏，進爵，祭酒，飲福酒，以爵復于坫。奉俎者進俎，獻官受俎，以俎授執事者。出笏，俛伏，興，平身，鞠躬，拜，興，拜，興，平身，復位。徹豆：贊禮唱「徹豆」，掌祭官徹豆。贊禮唱「賜胙」，傳贊唱「已飲福、受胙者不拜」，在位官皆再拜，鞠躬，拜，興，拜，興，平身。送神：贊禮唱「送神」，協律郎舉麾，奏豫和之曲。贊禮唱「鞠躬，拜，興，拜，興，平身」，獻官以下皆再拜。祝人取祝，幣人取幣，詣望瘞位。望瘞：贊禮唱「望瘞」，贊引引獻官詣望瘞位。執事者以祝版、幣、饌置于坎。贊禮唱「可燎」，執事者舉炬火燔，至半，東西面各二人，以土寘于坎。贊禮唱「禮畢」，獻官以下各以次退。

諸侯王祭封內山川。

三代命祀，祭不越望，故諸侯祭名山大川之在其地者。如魯人祭泰山，晉人祭河，楚人祭江、漢、睢、漳是也。苟不在其封內者，則不敢以祭。漢文帝時，名山大川在諸侯封內者，其國各自奉祠。隋、唐、宋、元，郡不封建，故缺其禮。國朝封建諸皇子爲王，始得各祭其國內山川，一遵周、漢故事云。祝文：洪武三年某月，皇帝制曰：「朕以一身渡江，始立太平郡，次駐金陵，于今十有六年。枝葉茂盛，子孫十有一人，已命長子爲皇太子，其餘幼者，于今年四月初七日皆封以王爵。第二子某建國于秦，國内山川之祀，王實主之。因其年幼，未能往祭，欲令作詞以奉神，其詞必非己出，然久不告神，朕心甚慊。今朕以詞實告，遣使賫香幣，陳牲醴，特伸祭告，唯神鑒知。尚享。」其晉、燕、趙、吴、楚、潭、齊、魯、靖江九國，制文同。秦國，則西嶽華山之神及諸山之神，西瀆大河之神及諸水之神。晉國，則中鎮霍山之神及諸山之神，汾水之神及諸水之神。燕國，則北鎮醫無閭山之神及諸山之神，易水之神及諸水之神。趙國，則北嶽恒山之神及諸山之神，滹沱河之神及諸水之神。吴國，則南鎮會稽山之神及諸山之神，浙江之神及諸水之神。楚國，則大别山之神及諸山之神，江漢水之神及諸水之神。潭國，則南嶽衡山之神及諸山之神，洞庭水之神及諸水之神。齊國，則東嶽泰山之神及諸山之神，東海之神及諸水之神。魯國，則嶧山之神及諸山之神，沂水之神及諸水之神。靖江，則舜山之神及諸山之神，灕江之神及諸水之神。

王國祭山川壇儀　齋戒：前期，王散齋二日于别殿，王相府官于正寢。王致齊一日于正殿，王相府官于公廨。省牲：先祭二日，執事設王次于廟壇南門外道之東，南向。先祭一日，典儀、典祠導王至次，執事者各執事，典儀、典祠導王至省牲位，執事者自東牽牲西行過王前。省訖，執事牽牲詣神厨，典儀、典祠導王詣神厨，視鼎鑊，視滌濯。訖，典儀、典祠導王還次。陳設：先祭一日，典祠依圖陳設。正祭：祭日清晨，典祠率執事者各實尊、罍、簠、簋、籩、豆、登、鉶，實篚幣于案，祝版于諸神位之右。大樂入就位，諸執事及陪祭官入就位，典祀啓「王服遠遊冠、絳紗袍」。典祠、典儀導王至位，北向立。典祠、典儀分左右，立于王之前。迎神：司禮唱「迎神」，大樂作。司禮唱「請行禮」，典祠啓「有司謹具，請行事」，啓「鞠躬，拜，興，拜，興，平身」。司禮唱「在位官再拜」，司贊唱「鞠躬，拜，興，拜，興，平身」，王與在位官皆鞠躬，拜，興，拜，興，平身。大樂止。奠幣：初獻，司禮唱「奠幣，行初獻禮」。典祠啓「詣盥洗位」，大樂作。典儀、典祠導王至盥洗位，大樂止。典祠啓「搢圭」，王搢圭。典祠啓「盥手」，司盥洗者酌水，王盥手。訖，司巾者以巾進，典祠啓「帨手」，王帨手。訖，典祠啓「出圭」，王出圭。典祠啓「詣爵洗位」，典祠、典儀導王至爵洗位。典祠啓「搢圭」，王搢圭。執爵官以爵進，典祠啓「受爵」，王受爵。典祠啓「滌爵」，司爵洗者酌水，王滌爵。訖，典祠啓「拭爵」，司巾者以巾進，王拭爵。典祠啓「以爵授執事者」，王以爵授執爵官。典祠啓「出圭」，王出圭。啓「詣山川神位前」，大樂作。典祠、典儀導王至神位前。樂止。奉爵、奉幣者前行，典祠啓「跪」，王跪，掌祭詣案，取香，跪進于王之左。典祠啓「搢圭」，王搢圭。啓「上香，上香，三上香」，王三上香。訖，奉幣者捧幣，跪進于王之右，王受幣，奠于神位前。奉爵者捧爵，跪進于王之右，王受爵。典祠啓「祭酒，祭酒，三祭酒，奠爵」，王三祭酒，奠爵。訖，典祠啓「出圭」，王出圭。讀祝官取祝，跪讀于神位之右。讀畢，復以祝寘于案。典祠啓「俛伏，興，拜，興，拜，興，平身」，王俛伏，興，大樂作。拜，興，拜，興，平身。樂止。典祠啓「復位」，典祠、典儀導王復位。亞獻：司禮唱「行亞獻禮」，典祠啓「行亞獻禮」，掌祭官于神位前爵内斟酒。典祠啓「鞠躬，拜，興，拜，興，拜，興，拜，興，平身」，王鞠躬，大樂作。拜，興，拜，興，拜，興，平身。樂止。終獻如亞獻之儀。飲福受胙：司禮唱「飲福，受胙」，執事舉香案寘于王拜位前，執事酌福酒，舉胙肉。典祠啓「飲福，受胙」，大樂作。典祠、典儀導王至香案前位。典祠啓「鞠躬，拜，興，拜，興，平身」，王鞠躬，拜，興，拜，興，平身。典祠啓「跪，搢圭」，王跪，搢圭。執事捧爵，東向，跪進于王，受爵。訖，啓「飲福酒」，王祭酒少許，飲福酒，以爵寘于坫。執事官東向，跪進胙于王，王受胙，以胙受左右，左右西向，跪，受，興。典祠啓「出圭」，王出圭。啓「俛伏，興，拜，興，拜，興，平身」，王俛伏，興，大樂作。拜，興，拜，興，平身。樂止。典祠啓「復位」，典祠、典儀導王復位。徹豆：司禮唱「徹豆」，掌祭官徹豆。司禮唱「賜胙」，典祠啓「王飲福、受胙者免拜」。司禮唱「陪祭官皆再拜」，司贊唱「鞠躬，拜，興，拜，興，平身」，陪祭官皆鞠躬，大樂作。拜，興，拜，興，平身。樂止。送神：司禮唱「送神」，典祠啓「鞠躬，拜，興，拜，興，平身」。司禮唱「在位官皆再拜」，司贊唱「鞠躬，拜，興，拜，興，平身」，王與陪祭官皆鞠躬，大樂作。拜，興，拜，興，平身。樂止。望燎：司禮唱「望燎」，讀祝官取祝，捧幣者取幣，掌祭官取饌，詣燎所。典祠啓「詣望燎位」，大樂作。典祠、典儀導王至望燎位。樂止。司禮唱「可燎」，候燎半，典祠啓「禮畢」，導引王還次。引禮、引陪祭官出。

各府州縣祭山川　於王國既已祭其封内山川，而郡縣亦得于本境築壇致祭。凡各府州縣山川壇，皆築于城西南，高三尺，四出陛，三級，方二丈五尺。祭則設主于其上，以春秋清明、霜降日行事。牲用羊一、豕一。籩二，實以栗、黄牛脯。豆二，實以葵菹、鹿醢。簠一，實以黍飯。簋一，實以稷飯。象尊一，實以緹齊。壺尊一，實以事酒。

各府州縣祭山川壇儀　時日：春用清明日，秋用霜降日行事。　齋戒：前三日，三獻官守令爲初獻，僚屬以次爲亞、終獻。散齋二日于別寢，致齋一日于祭所。散齋，理事如舊，惟不弔喪問疾，不作樂，不判署刑殺文書，不行刑罰，不預穢惡事。致齋惟祭事得行，其餘悉斷。執事人員齊各一日於祭所。　陳設：前祭二日，有司掃除壇内外，設三獻官、執事官次于壇壝門外，爲瘞坎于門外之西北方，深取足容物。前一日，執事設省牲位于南門之外，設山川神位于壇上之北，正中，南向，每位設籩四于神位之左，豆四于神位之右，簠簋各一于籩豆之間，毛血豆于簠簋之前，俎二又于毛血之前。香燭案于俎前，爵坫、沙池于香案之前，祝版于神位之右。設酒尊位于壇上東南隅，犧尊一、山罍一次之。設幣篚位附于酒尊所，設爵洗位于壇下之東，盥洗位于爵洗之東，初獻官位于壇下之正中，北向。亞獻官位於初獻位之左，終獻官位于初獻位之右，掌祭官二人位于神位之左右，司尊、司爵、司洗、捧幣位各于其所，設望瘞于壇之西南。　省牲：前祭一日，執事者引三獻官至省牲位，北向立。執事者自門東牽牲西行過獻官前。省訖，執事者牽詣神厨，遂烹牲。執事以豆取毛血，寘饌所。　正祭：奠幣，祭日丑前五刻行事。執事者入實尊、罍、籩、豆、簠、簋、登、鉶，陳毛血豆、祝版。

執事者各服垂角唐巾、盤領衫，各就位。引贊引獻官各服公服入就位。贊引唱「有司已具，請行事」，贊禮唱「鞠躬，拜，興，拜，興，平身」，在位皆再拜。贊者唱「奠幣」，引贊引初獻官詣盥洗位。引贊唱「搢笏」，初獻官搢笏。唱「盥手」，司盥洗者酌水。盥訖，唱「帨手」，司巾者以巾進。帨訖，唱「出笏」，初獻官出笏。引詣山川神位前，北向立。唱「跪，搢笏」，初獻官跪，搢笏。執事者以幣跪進于初獻之右，初獻官受幣，奠于神位前。訖，稍後，贊引唱「俛伏，興，拜，興，拜，興，平身」，初獻官俛伏，興，拜，興，拜，興，平身。引復位。初獻：贊禮唱「行初獻禮」，引贊引初獻詣爵洗位，引贊唱「搢笏」，初獻官搢笏。執爵者以爵進，初獻受爵。司爵洗者酌水，初獻滌爵，拭爵，以爵授執事者。引贊唱「出笏」，初獻出笏，引詣酒尊所。引贊唱「搢笏」，初獻官搢笏。訖，執事者以爵授初獻。初獻執爵，司尊者舉冪，酌犧尊之緹齊，以爵授執事者。引贊唱「出笏」，初獻官出笏，引詣山川神位前，北向立。引贊唱「搢笏，跪」，初獻搢笏，跪。掌祭官捧香，跪進于初獻之左，引贊唱「上香，上香，三上香」，初獻三上香。訖，執事者以爵跪進于初獻之右，初獻受爵。引贊唱「祭酒，三祭酒，奠爵」，初獻三祭酒，奠爵。訖，贊引唱「出笏」，讀祝官取祝，跪于神位之右。讀訖，引贊唱「俛伏，興，拜，

興，拜，興，平身」，初獻再拜。訖，引復位。亞獻、終獻並如初獻之儀。惟酌山罍之事酒與不讀祝，與初獻不同。飲福：贊禮唱「飲福」，贊禮引初獻官詣飲福位，西向立。掌祭者以爵酌福酒，持詣獻官之左。引贊唱「鞠躬，拜，興，拜，興，平身」，初獻官再拜。訖，引贊唱「跪，搢笏」，初獻跪，搢笏。掌祭舉福酒爵，進于初獻之左，初獻受爵，祭酒少許，飲福酒，奠爵。掌祭者減神位前胙肉，跪進于初獻之左，初獻受胙，以胙授執事者。引贊者唱「出笏，俛伏，興，拜，興，拜，興，平身」，初獻再拜。訖，引復位。贊禮唱「賜胙」，初獻官飲福受胙，免拜，在位者皆再拜。唱「鞠躬，拜，興，拜，興，平身」，亞獻官以下皆鞠躬，拜，興，拜，興，平身。望瘞：贊禮唱「詣望瘞位」，引贊引初獻官以下詣望瘞位，北向立。祝人取祝，幣人取幣，掌祭取饌，寘于坎。贊引唱「可瘞」，寘土半坎，贊引唱「禮畢」，引初獻官以下及諸從祭官以次而出。

圖書集成：洪武七年，令禮部頒祭嶽鎮海瀆儀于所在有司。

明會典：嶽鎮海瀆，東嶽泰山，山東泰安州祭。西嶽華山，陝西華陰縣祭。中嶽嵩山，河南河南府祭。南嶽衡山，湖廣衡州府祭。北嶽恒山，直隸真定府祭。東鎮沂山，山東青州府祭。西鎮吴山，陝西隴州祭。中鎮霍山，山西平陽府祭。南鎮會稽山，浙江紹興府祭。北鎮醫無閭山，遼東祭。東海，山東萊州府祭。西海，山西蒲州祭。南海，廣東廣州府祭。北海，河南懷慶府祭。江瀆，四川成都府祭。河瀆，山西蒲州祭。淮瀆，河南南陽府祭。濟瀆，河南懷慶府祭。

王圻續通考：七年，令祭山川諸神。於春秋仲月上旬擇日，後又以孟春郊祀時，諸神既預祭壇内，乃定以仲秋祭社稷後，擇日祭之。

明史禮志：洪武九年，復定山川壇制。凡十三壇，正殿，太歲、風雲雷雨、五嶽、五鎮、四海、四瀆、鍾山七壇。東西廡各三壇，東，京畿山川、夏冬二季月將。西，春秋二季月將、京都城隍。十年定正殿七壇，帝親行禮。東西廡，遣功臣分獻。

王圻續通考：十年，太祖親祀山川壇諸神于殿中，功臣分祀兩廡。命官十八人分祀嶽鎮海瀆，賜之制。

明會典：十四年，令在外山川等神以文職長官一員行禮，武官不預。如軍民指揮使司，則從本司行之。

二十一年，各設壇于大祀殿，以孟春從祀。山川壇，惟仲秋一祭。

明史禮志：洪武二十一年，增修大祀殿諸神壇壝。乃勑十三壇諸神並停春祭。

每歲八月中旬，擇日祭之，命禮部更定祭山川壇儀，與社稷同。

大政紀：永樂五年三月甲子，督木工部尚書宋禮奏：「有大木數株，不藉人力，一夕出大谷達于江，蓋川之靈相之。」賜其山名神木山。遣禮部郎中王羽致祭，建祠立碑，命侍讀胡廣撰碑文。

明會典：永樂六年，駕幸北京東宫監國，凡山川之神，預期敕皇太子攝祭。

大政紀：永樂八年二月己酉，車駕次龍虎臺，遣行在太常寺少卿朱焯祭居庸山。

明會典：永樂中，建山川壇位，置陳設悉如南京舊制。唯正殿鍾山之右增祀天壽山神。帛用黑色，加爵篚各一。

春明夢餘録：山川壇在正陽門南之右。永樂十八年建，繚以垣墻，周圍六里。

明會典：孝宗弘治元年，令湖廣太嶽、太和山祀神油燭香炷，布政司照例每三年一次，于夏税内酌量派收，陸續送山應支。

王圻續通考：世宗嘉靖初，科臣陳棐題請正嶽祀略曰：「真定府曲陽縣有北嶽恒山廟，爲朝廷秩祀之所，及查其實，恒山在迤北渾源州，南北相去甚遠。俗傳曾有飛石一方，自恒山坎中飛來，墜于曲陽，故立廟祀。今其廟扁有『飛石殿』，臣竊疑之。臣考舜典，十有一月巡狩，至于北嶽。周禮載恒山爲并州之鎮，水經謂北嶽爲玄嶽，天文志大梁、析木以負北海，其神主恒山。三代而下，歷漢、隋、唐，俱于此致祭。石晉失燕、雲十六州之地，宋未能混一，北爲契丹所據，無緣至幽、薊之域而睹所謂北嶽者，所以止得祭之于曲陽，詭言飛石之謬，以粉飾其削弱之迹耳。然宋都汴，而真定在汴京之北，以爲北門，不得已權宜祭之，猶之可也。我太祖高皇帝統一華夏，奄有萬方，首定嶽鎮海瀆之號，但時都金陵，真定迥在京師之北，所以因循，未曾釐正。我成祖文皇帝建都北平，而真定已在京師之南，使當時有禮官建明，顧有南面而登，踵宋人削弱之迹哉？臣因此而論及五嶽焉。臣觀祀典載嵩山中嶽在河南登封縣，泰山東嶽在山東泰安州，衡山南嶽在湖廣衡山縣，華山西嶽在陝西華陰縣，祠祀皆近在本山之麓，而恒山北嶽則即此大同府東南渾源州者是也。今不惟北嶽之祀缺謬，而東嶽行祠徧天下，尤爲惑妄。乞將渾源州北嶽恒山，定爲秩祀之所，其廟制量加修拓，以後凡遣告祈請，皆詣此致祭。其曲陽祠廟，但令有司致祭，『飛石殿』扁并令改撤。于凡東嶽行祠，除京師及齊、魯之境外，其餘量改書院社學，仍不許加修創建，以昭皇上釐正典禮之盛，則治道幸甚。」

明會典：嘉靖八年，令凡親祀山川等神，皆用皮弁服行禮，以别于郊廟。先是，改山川爲中祀。嘉靖中，凡山川皆天子親祀，國有大事，則遣官祭告。

十年，建天地神祇壇于先農壇之南，天神在左，南向，地祇在右，北向。附祖陵基運山、皇陵翊聖山、顯陵純德山神于地祇壇，并號鍾山曰神烈山。

神祇壇　國初，建山川壇于天地壇之西。永樂中，北京山川壇成。嘉靖十一年，即其地爲天神、地祇壇。神壇方廣五丈，高四尺五寸五分，四出陛，各九級；壝墻方二十四丈，高五尺五寸，厚二尺五寸；欞星門六，正南三，東西北各一，内設雲形青白石龕四于壇北，各高九尺二寸五分。祇壇面闊十丈，進深六丈，高四尺，四出陛，各六級；壝墻方二十四丈，高五尺五寸，厚二尺四寸；欞星門亦如神壇，内設青白石龕山形三、水形二于壇北，先擬設于壇南，北向，後改各高八尺二寸，左從位山水形各一于壇東，右從位山水形各一于壇西，各高七尺六寸。又令神祇壇三年一親祭。

嘉靖十一年，改山川壇名爲天地神祇壇，改序雲師、雨師、風伯、雷師。天神壇在左，南向，雲、雨、風、雷凡四壇。地祇壇在右，北向。五嶽，五鎮，基運、翊聖、神烈、天壽、純德五陵山，四海，四瀆，凡五壇，從祀。京畿山川西向，天下山川東向。以辰、戊、丑、未年仲秋，皇帝親祭，餘年遣大臣攝祭。其太歲、月將、旗纛、城隍，別祀之。十七年，加上皇天上帝尊稱，預告于神祇，遂設壇于圜丘外壝東南，親定神祇壇位、陳設儀式。禮部言：「皇上親獻大明壇，則四壇分獻，諸臣不敢並列。請先上香，畢，命官代獻。」帝裁定，上香、奠帛、獻爵、復位後，分獻官方行禮。亞、終二獻，執事官代。餘壇俱獻官三行。

明會典：嘉靖十八年南巡，經過處所，真定望祭北嶽恒山之神，用牛犢羊豕，上具常服，行禮如常儀。五府、九卿、巡撫大臣吉服陪拜。衛輝遣官祭濟瀆之神，用太牢。鈞州望祭中嶽嵩山之神，用牲犢，俱翰林院撰祭文，禮如北嶽。南陽遣官祭五當山之神，用牲犢，俱翰林院撰祭文。

明史：隆慶元年，禮臣言：「天神地祇已從祀南北郊，其仲秋神祇之祭，不宜復舉。」令罷之。

王圻續通考：隆慶二年六月，以陜西地震，命撫臣張祉告祭西嶽華山、西鎮吴山之神。

三年三月，遣太常寺官祭東嶽泰山之神，以洪水爲患，命總督河道都御史翁大立祭大河、大濟之神，巡撫鳳陽等處侍郎趙孔昭祭大江、大淮之神，巡撫山東都御史姜廷頤祭東嶽泰山、東鎮沂山之神，巡撫都御史谷中虛祭東海、南鎮會稽之神，巡撫保定都御史朱大器祭北嶽恒山之神。

明史：萬曆十四年，巡撫胡來貢請改祀北嶽于渾源州。禮臣言：「大明集禮載，漢、唐、宋北嶽之祭，皆在定州曲陽縣，與史俱合。渾源之稱北嶽，止見州誌碑文，經傳無可考。仍祀曲陽是。」

春明夢餘録：北嶽在今真定府定州曲陽縣，漢爲常山郡上曲陽縣。史記封禪書：「常山王有罪，遷。天子封其弟於真定，以續先王祀，而以常山爲郡，然後五嶽皆在天子之邦。」漢書郊祀志：「祠北嶽常山于上曲陽。」後漢書章帝紀：「元和三年，幸中山，遣使者祠北嶽于上曲陽。」魏書：「和平元年，如中山，過恒嶽，禮其神而返。二年，如中山，遣使者禮恒嶽。」隋書：「大業四年，帝巡河北，親祀恒嶽。」唐書地理志：「定州曲陽縣，元和十五年更恒嶽曰鎮嶽，有嶽祠。」張嘉徵傳：「爲州刺史，至州，于恒嶽廟中立頌，自爲文書于石，其碑用白石爲之，素質黑文，甚爲奇麗。先是，嶽祠爲遠近祈賽，有錢數百萬，嘉徵自以爲頌文之功，納其數萬。」自漢及唐，北嶽之祭，皆在曲陽。一統志乃謂恒山在渾源州南二十里。山西志又謂宋時因山北諸州陷于契丹，乃即曲陽致祭。此謬説也。

大學衍義補：丘氏濬曰：「中國之地，在三代不出九州之外，惟揚、徐、青、冀四州濱海而已。四海，惟東北濱中國，而南海、北海，則越在荒服之外。自漢以後，南越始入中國，而有南海，然西海竟不知所在。故今祀東海于登州，祀南海于廣州，二祀皆臨海而祭。西海則望祀于蒲州，北海則望祀于懷慶。夫宋都汴梁，而懷慶在其北，是時失幽、燕，而以白溝河爲界，無緣至遼薊之域，出國門而北望，以祭之可也。國初，都金陵，因之以祭，亦不爲過。若今日建都於燕，往南而祭北海，豈天子宅中以臨四海之義哉？且古謂青州爲北海郡，青去登不遠，猶以是名。今京師東北，乃古碣石淪海之處，于此立祠，就海而祭，于勢爲順，于理爲宜。況今北鎮醫巫閭山在于遼海，山既可以爲北鎮，川獨不可以爲北海乎？若夫中國之正西，在于秦隴，西南則蜀，稍南則滇也。滇之極西，百夷之外，聞有大海，通西南島夷，此地在前代，未入中國，今既爲羈縻之地，則王化之所及也。宜于雲南望祀之，如此，則四海之祀，皆在吾域中矣。議禮之事，非臣下所敢專者，謹録愚見，以俟採擇焉。」

又曰：「臣案所謂四望者，蓋以五嶽、四鎮、四瀆乃天下山川之大者，天子兼有天下之大，不能親臨其地，故遥望而祭之也。若夫所謂山川者，隨所在而有，則各隨其地而祭之焉。本朝郊壇之外，既各爲壇，以分祭五嶽、四鎮、四瀆、四海，又于郊壇之右以專祀之。初春大祀，則從享于天地；仲秋報祀，天子乃躬獻于其壇焉。是則所謂四望之祭也。又列南京鍾山之神、北京天壽山之神，與之同壇而祭，所謂山川之祭也。又于凡天下藩府郡縣，既立山川壇，總祭其一方之山川，又表其山林川澤之有名者，以專祀之，使有司躬莅其所在祀焉。」

右明祀山川

五禮通考卷四十九

吉禮四十九

四望山川附封禪

蕙田按：封禪之名，六經無之也。其事始於秦始皇。太史公作封禪書。正義曰：「泰山上築土爲壇以祭天，報天之功，故曰封；泰山下小山上除地，報地之功，故曰禪。言禪者，神之也。」然則封禪者，不過禮天祭地焉耳。書「望秩于山川」。詩時邁序曰：「巡狩告祭柴望也。」禮記曰：「因名山升中於天。」是古天子巡狩方嶽，必告祭柴望，所以尊天而懷柔百神也。三代既衰，禮失其傳，陋儒諂諛，遂爲符瑞受命之説。以希世主，謂之封禪。蓋春秋時已有之，故管子作封禪篇，然終之以詭奇之説，而桓公乃止，亦以著其説之足以惑聽而不可行也。自始皇作俑，厥後漢武、光武、唐高宗、玄宗、宋真宗皆襲行之，流毒當時，貽譏後世，斯足畏矣。若所謂聖主不須封禪，凡主不應封禪，許懋之論，深切著明。雖以梁武之中主，猶深信之而毅然不爲，況聖君賢相，秉道行義，什百于梁武者哉？今臚其論議事蹟，附于山川之末，後之覽者，可以鑒矣。

傳記諸家論封禪

管子封禪篇：桓公既霸，會諸侯于葵丘而欲封禪。管仲曰：「古者封泰山、禪梁父者七十二家，史記正義：韓詩外傳云：「孔子升泰山，觀易姓而王可得而數者七十餘人，不得而數者萬數也。」案：管仲所記，自無懷氏以下十二家，其六十家無紀録也。而夷吾所記者十有二焉。昔無懷氏封泰山，禪云云；漢書注：鄭氏曰：「無懷氏，古之王者，在伏羲前，見莊子。」服虔曰：「云云在梁父東，山名也。」晉灼曰：「云云山在蒙陰縣，故城東北下有云云亭。」史記正義：括地志云：「云云山在兖州博城縣西南三十里也。」虙羲封泰山，禪云云；神農封泰山，禪云云；炎帝封泰山，禪云云；史記索隱曰：鄧展云「神農後子孫亦稱炎帝而登封者」，律曆志「黄帝與炎帝戰于阪泉」，豈黄帝與神農身戰乎？皇甫謐云：「炎帝傳位八代也。」黃帝封泰山，禪亭亭；史記注：徐廣曰：「在鉅平。」駰案：服虔曰：「亭亭山在牟陰。」索隱曰：應劭云：「亭亭在鉅平北十餘里。」服虔曰「亭亭在牟陰」，非也。正義曰：括地志云：「亭亭山在兖州博城縣西南三十里也。」漢書志：晉灼曰：「地理志鉅平有亭亭山。」師古曰：「晉說是也。」顓頊封泰山，禪云云；帝嚳封泰山，禪云云；堯封泰山，禪云云；舜封泰山，禪云云；禹封泰山，禪會稽；湯封泰山，禪云云；周成王封泰山，禪社首。漢書注：應劭曰：「山名，在博縣。」晉灼曰：「在鉅平南十二里。」師古曰：「晉說是也。」皆受命，然後得封禪。」桓公曰：「寡人北伐山戎，過孤竹；西伐大夏，涉流沙，束馬懸車，上卑耳之山；南伐至召陵，登熊耳山以望江、漢。兵車之會三，而乘車之會六，九合諸侯，一匡天下，諸侯莫違我。昔三代受命，亦何以異乎？」于是管仲睹桓公不可窮以辭，因設之以事曰：「古之封禪，鄗上之黍，北里之禾，史記注：應劭曰：「鄗上，山也。鄗音臛。」蘇林曰：「鄗上、北里，皆地名。」索隱曰：「設以不可得之物。」應劭曰：「光武改高邑曰鄗。」姚氏云：「鄗縣屬常山。」一云鄗上，山名。所以爲盛；漢書注：師古曰：「盛，謂以實簠簋。」江、淮之間，一茅三脊，所以爲藉也。漢書注：服虔曰：「茅草有三脊也。」張晏曰：「謂靈茅也。」師古曰：「藉，謂以藉地也。音才夜反。」東海致比目之魚，史記注：韋昭曰：「各有一目，不比不行，其名曰鰈。」索隱曰：「鰈，音答。」

郭璞云：「如牛脾，身薄，細鱗，紫黑色，一眼，兩片合乃得行。今江東呼爲王餘，亦曰阪魚。」漢書注：師古曰：爾雅云：「東方有比目魚焉，不比不行，其名謂之鰈。」西海致比翼之鳥，史記注：韋昭曰：「各有一翼，不比不飛，其名曰鶼鶼。」索隱曰：「山海經崇吾之山有鳥〔一〕，狀如鳧，一翼一目，相得乃飛，名曰蠻。」郭璞注爾雅亦作鶼鶼。漢書注：師古曰：「爾雅曰南方，而管仲乃云西海，其説異也。」然後物有不召而自至者十有五焉。今鳳凰麒麟不來，嘉穀不生，而蓬蒿藜莠茂，鴟梟數至，而欲封禪，毋乃不可乎？」于是桓公乃止。

蕙田按：封禪篇著于管子，而史記引之，可知其説，自春秋已然矣。世衰道微，六經晦塞，未經孔子删定，而陋儒附會如此。此亦孟子所謂邪説也。管子著其説，而卒破之，其亦有見于後世之必然，而設辭以窮之乎？

禮器：因名山升中於天，升中於天，而鳳凰降，龜龍假。鄭注：名，猶大也。升，上也。中，猶成也。謂巡狩至於方岳，燔柴祭天，告以諸侯之成功也。孝經説曰：「封乎泰山，考績燔燎；禪乎梁父，刻石紀號也。」疏：泰山謂方岳也。巡守至于方岳，燔柴告天，告以諸侯之成功也，此所謂封禪也。

〔一〕「崇吾之山」，原作「崇丘之山」，據史記封禪書改。

太平乃封禪，其封禪必因巡守而爲之。若未太平，但巡守而已。其未太平，巡守之時，亦燔柴以告至〔一〕，故王制説天子巡守必先柴。若太平，巡守之時，初到方岳，以燔柴告至，之後乃考諸侯功績，及封土爲壇，更燔柴祭天，告諸侯之成功也。此唯泰山爲之，餘岳則否。其巡守，則每岳皆至也。而皇氏云：「太平乃巡守。」案詩頌時邁「巡守告祭柴望」。時邁，武王之詩，而有巡守之禮，武王未太平，何得云太平乃巡守？其義非也。「孝經説云」至「刻石紀號」，皆孝經緯文也。「封乎泰山」者，謂封土爲壇，在于泰山之上。「考績燔燎」者，謂考諸侯功績，燔柴燎牲以告天。「禪乎梁甫」者，禪讀爲墠，謂除地爲墠，在于梁甫，以告地也。梁甫，是泰山之旁小山也。「刻石紀號也」者，謂刻石爲文，紀録當代號謚。案白虎通云：「王者易姓而起，必升封泰山何？報告之義。所以必于泰山何？萬物之所，交代之處也。必于其上何？因高告高，順其類。故升封者，增高也。下禪梁甫之基，廣厚也。」「刻石紀號」者，著己之功迹以自勸也。增泰山之高以報天，附梁甫之基以報地。或曰封者，金泥銀繩，或曰石泥金繩，封之印璽，故孔子曰：「封泰山，觀易姓而王可得數者七十有餘，三皇禪于繹繹之山，五帝禪于亭亭之山，三王禪于梁甫之山。」繹繹，無窮之意。禪于有德者而居之無窮已。亭亭者，制度審諦，道德著明。梁甫者，梁，信也，甫，輔也，信輔天地之道。今案書説，禪者，除地爲墠，而白虎通云「禪以讓有德」，其義非也。案史記封禪書：齊桓公欲行封禪，管仲諫止。辭云：自古封禪七十二家，夷吾所識十有二焉。昔有無

〔一〕「至」，諸本作「之」，據禮記正義卷二四改。

懷氏封泰山，禪云云；伏羲氏封泰山，禪云云；神農、炎帝、黄帝、顓頊、帝嚳、堯、舜、禹、湯、周成王皆封泰山，惟禹禪會稽，成王禪社首，其餘皆禪云云者，亦泰山傍小山名也。但白虎通與史記禪處不同，未知孰是也。

蕙田按：禮記因名山升中于天，特巡狩柴望耳。注疏乃引緯書封禪以實之，不亦誣聖經而賊萬世哉？

史記封禪書：自古受命帝王，曷嘗不封禪？蓋有無其應而用事者矣，未有睹符瑞見而不臻乎泰山者也。雖受命而功不至，至梁父矣而德不洽，洽矣而日有不暇給，是以即事用希。傳曰：「三年不爲禮，禮必壞；三年不爲樂，樂必廢。」每世之隆，則封禪答焉，及衰而息。厥曠遠者千有餘載，近者數百載，故其儀闕然湮滅，其詳不可得而記聞云。又曰：孔子論述六藝，傳略言易姓而王，封泰山禪乎梁父者七十餘王矣，其俎豆之禮不彰，蓋難言之。詩云紂在位，文王受命，政不及泰山。武王克殷二年，天下未寧而崩。爰周德之洽惟成王，成王之封禪則近之矣。

後漢書祭祀志注：莊子曰：「易姓而王，封于泰山、禪于梁父者七十有二代，其有形兆垠堮勒石〔一〕，凡千八百餘處。」許慎說文序曰：「蒼頡之初作書，蓋依類象形，故謂之文。其形聲相溢，即謂之

〔一〕「垠」，原作「填」，據光緒本、後漢書祭祀志上改。

字。字者，言孳乳而滋多也。著于竹帛，謂之書。書者，如也〔一〕。五帝三王之世，改易殊體。封于泰山者七十有二代，靡有同焉。」

蕙田案：觀莊子云云，則戰國時有其説矣。

春秋漢含孳：天子所以昭察，以從斗樞，禁令天下，繼體守文，宿思以合神，保長久，天子受符，以辛日立號。

河圖真記：王者封泰山、禪梁父，易姓奉度，繼興崇功者七十二人。

孝經鉤命決曰：封乎泰山，考績燔燎；禪乎梁父，刻石紀號。煥炳巍巍，教化顯著。

蕙田案：以上三書，所謂讖緯之言是也。

尚書中候曰：昔古聖王，功成道洽，符瑞出，乃封泰山。今比目之魚不至，鳳凰不臻，未可以封。

鄭玄注云：比目，東方異氣所生，名鰈。

蕙田案：此即管子而重衍之。

帝王世紀曰：黄帝得寶鼎，興封禪，有景雲之瑞，故以雲紀官爲雲師。

蕙田案：此亦管子篇内所有。

〔一〕「如也」，諸本脱，據後漢書祭祀志上補。

五經通義：易姓而王，太平必封泰山、禪梁父何？天命已爲王，使理群生也。或曰封，以黄金爲泥，以銀爲繩，經無明文，以義説之。所以止封岱。泰山者，五岳之長，群神之主，故獨封于泰山，告太平于天，報群臣之功也。禪梁父者，泰山之支屬，能配泰山之德也。

白虎通：王者易姓而起，必升封泰山何？教告之義也。始受命之時，改制應天，天下太平，功成封禪，以告太平也。所以必于太山何？萬物所交代之處也。必于其上何？因高告高，順其類也。故升封者，增高也。下禪梁父之山基，廣厚也。刻石紀號者，著己之功迹也。以自效仿也，天以高爲尊，地以厚爲德，故增泰山之高以倣天，附梁甫之基以報地，明天地之所命，功成事遂，有益于天地，若高者加高，厚者加厚矣。或曰封者，金泥銀繩，或曰石泥金繩，封以印璽。故孔子曰：「升泰山，觀易姓之王可得而數者七十有餘。」封者，廣也。言禪者，明以成功相傳也。梁甫者，泰山旁山名。正以梁甫何？以三皇禪于繹繹之山，明己成功而去，有德者居之。繹繹者，無窮之意也。五帝禪于亭亭者，制度審諟，德著明也。三王禪于梁甫之山者，梁，信也，甫，輔也，輔天地之道而行之也。太平乃封，知告于天。必也于岱宗何？明知易姓也。刻石紀號，知自紀于百王也。燎祭天，報之義也。望祭山川，祀群神也。詩云「於皇時周，陟其高山」。言周太平，封泰山也。又曰「墮山喬嶽，允猶翕河」，言望祭山川百神來歸也。天下太平，符瑞所以來至者，以爲王者承天統理〔一〕，調和陰陽，陰陽和，萬物序，休氣充塞，符瑞並

〔一〕「天」，諸本脱，據白虎通疏證卷六補。

臻，皆應德而至。德至天則斗極明，日月光，甘露降；德至地則嘉禾生，蓂莢起，秬鬯出，太平感。德至文表，則景星現，五緯順軌；德至草木，朱草生，木連理；德至鳥獸，則鳳凰翔，鸞鳥舞，麒麟臻，白虎到，狐九尾，白雉降，白鹿見，白鳥下；德至山陵，則景雲出，芝實茂，陵出異丹，阜出蓮莆，山出器車，澤出神鼎；德至淵泉，則黄龍見，醴泉通，河出龍圖，洛出龜書，江出大貝，海出明珠；德至八方，則祥風至，佳氣時喜，鍾律調，音度施，四夷化，越裳貢。孝道至，則蓮莆生庖厨〔一〕。蓮莆者，樹名也，其葉大于門扇，不摇自扇，于飲食清凉，助供養也。繼嗣平明，則賓連生于房户。賓連者，木名，連葉相承，故生于房户〔二〕，象繼嗣也。日曆得其分度，則蓂莢生于階間。蓂莢，樹名也，月一日生一莢，十五日畢，至十六日去莢，故莢階生，似日月也。賢不肖位不相踰，則平路生于庭。平路者，樹名也，官位得其人則生，失其人則死。狐九尾何？狐死首丘，不忘本也，明安不忘危也。必九尾也者，九妃得其所，子孫繁息也。于尾者何？子孫常盈也。景星者，大星也。月或不見，景星常見，可以夜作，有益於人民也。甘露者，美露也，降則物無不盛者也。朱草者，赤草也，可以染絳，别尊卑也。醴泉者，美泉也，狀若醴酒，可以養老。嘉禾者，大禾也，成王時，有三苗異畝而生，同爲一穟，大幾盈車，長幾充箱，民有得而上之者，成王訪周公而問之，公曰：「三苗爲一穟，天下當和爲一乎？」以是果有越裳氏重九譯而來矣。

〔一〕「蓮莆生庖厨」，原訛脱作「以」，據光緒本、白虎通疏證卷六改。
〔二〕「生」，原作「在」，據光緒本、白虎通疏證卷六改。

蕙田案：附會之説，無稽之談，至此已極。不意孟堅而猶爲此，習俗移人，乃至是乎！

孟康曰：王者功成治定，告成功于天。封，崇也，助天之高也。刻石紀號，有金策、石函、金泥、玉檢封之焉。

風俗通：尚書、禮，天子巡守，歲二月，至于岱宗。孔子稱「封泰山、禪梁父，可得而數七十有二」。蓋王者受命易姓，改制應天，天下太平，功成封禪，以告平也。所以必于岱宗者，長萬物之宗，陰陽交代，觸石而出，膚寸而合，不崇朝徧雨天下，唯泰山乎？封者，立石高一丈二尺，刻之曰：「事天以禮，立身以義，事父以孝，成名以仁。四守之内，莫不爲郡縣，四夷八蠻，咸來貢職，與天下無極，人民蕃息，天禄永得。」祭上玄尊，而俎生魚。壇廣十二丈，高三尺，階三等，必于其上，示增高也。刻石紀號，著己績也。或曰金泥銀繩，印之璽。下禪梁父，禮祠地主，去事之殺，示增廣也。禪謂壇墠，當有所與也。三皇禪于繹繹，明己功成而去，德者居之。繹繹者，無所指斥也。五帝禪于亭亭，德不及于皇。亭亭，山名，其身禪予聖人。三王禪于梁父者，信父者子，言父子相信與也。孝武皇帝封廣丈二尺，高九尺，其下有玉牒書秘書。江、淮間一茅三脊爲神藉，五色土益雜封。縱遠方奇獸飛禽及白雉，加祠，兕牛犀象之屬。其享曰：「天增授皇帝泰元神筴，周而復始，皇帝敬拜泰靈。」其夜有光，如流星，晝有白雲起封中，于是作明堂汶上，令諸侯各治邸，車駕前後五至祠。以元鼎六年告封，改爲元封，武帝已年四十七矣。何緣反更得十八也？就若所云，明神禍福，必有徵應，權時倒讀，安能誕招期乎？奉車子侯，驂乘上下臣，不預封事，何因操印，没石乃止。暴病而死，悼傷無已！又言武帝與仙人對博，棊没石中，馬蹄迹處，于今尚存，虚妄若此，非一事也。予以空僞，承乏東嶽，忝素六載，數聘祈祠，咨問長老賢通上泰山者云，謂璽處剋石，文昧難知也。殊無有金篋、玉牒、探籌之事。春秋以爲傳聞不如親見，見之人，斯爲審矣。傳曰：「五帝聖焉，死；三王仁焉，死；五伯智焉，死。」其隕落崩薨之日，不能咸至百年。詩云：「三后在天。」論語曰：「古皆没。」太史記：「黄帝葬于橋山。」騎龍升天，豈不怪乎？烏號弓者，柘桑之林，枝條暢茂，烏登其上，下垂著地，烏適飛去，後從撥殺，取以爲弓，因名烏號耳。

蕙田案：風俗通意似稍正，而文極支離。

袁宏曰：夫揖讓受終，必有至德於天下；征伐革命，則有大功于萬物。是故王者初基，則有封禪之事，蓋以其成功告于神明者也。夫東方者，萬物之所始；山岳者，靈氣之所宅。故求之物本，必于其始；取其所通，必于所宅。崇其壇場，則謂之封；明其代興，則謂之禪。然則封禪者，王者開務之大禮也。德不周洽，不得輒議斯事；功不宏濟，不得髣髴斯禮。曠代一有，其道至高。自黄帝、堯、舜至于三代，各一得封禪，未有中修其禮者也。雖繼體之君，時有功德，此蓋率復舊業，增修其前政，不得仰齊造國，同符改物者也。夫神道真一，其用不煩，天地易簡，其禮尚質。故藉用白茅，貴其誠素；器用陶匏，取其易從。然則封禪之禮，簡易可也。若夫石函玉牒，非天地之性也。

崔靈恩曰：自周以前，封者皆封土爲壇。至秦皇、漢武，始用石檢。

袁準正論：封禪之言，惟周官有王大封之文。齊桓公欲封禪，聞管仲言而止。焚燎祭天，皆王者之事，非諸侯之所爲也。是以學者疑焉。後秦一主、漢二君，修封禪之事，其制爲封土方丈餘，崇于泰山之上，皆不見于經。秦、漢之事，未可專信。管仲云：「禹禪會稽。」告天則同，祭地不得異也。會稽而可禪，四岳皆可封也。夫洛陽者，天地之所合。嵩高者，六合之中也。今處天地之中，而告于嵩高可也，奚必于泰山？

蕙田案：準但略言其事之不可信，而未言其事之不可爲，識不足也。末以封泰山不如告嵩高，抑惑矣！

又案：以上諸儒附會封禪之說。

黄憲外史封禪篇：齊王將進泰山，問于徵君曰：「敝邑有封禪之山，非天子不能舉也。秦始以諸侯之國而舉之，非僭與？」徵君對曰：「憲也聞之，古者天子巡狩，朝諸侯于明堂，祀群神于岱嶽，觀民風以布王政，未聞有封禪之舉也。不經孰甚矣！天子一日有萬務，其勤惕也如是，豈能懈其萬務，率之以臣庶，曠之以時月，而侈心于封禪，勒功德于無知之石哉？自古迄于秦，好爲封禪者七十有二，然茫昧而不可述，大抵皆侈心之主也。炎漢重離，我二祖光耀前後，豐功令德，不能殫紀其盛，然亦未嘗蹈前王之陋規而舉封禪。文、景紹厥休烈，海内幾刑措之風，固盛王素主也，至于封禪則恥之。及孝武即極，玩武佳兵，傾海内之命，運府庫之積，而肆伐匈奴，使百姓去家室之樂，而身顯功烈之名。致符瑞，求神仙，茂舉封禪，以建榮號，是以漢祚中替，卒不能休隆于前也。歷至于今，譚封禪之事者，猶昌而未熄，豈非貽謀之慮與？若秦之始皇，又何道哉？今以大王之賢，而光濟王室，可以跨秦而登周也。誠能偃泰山之碑，摧梁父之碣，毁雲夢之銘，修明堂之典，以臨天皇而招八國之諸侯，是王之顯功，踰于桓、文也。何必慕狂秦之侈心，追七十二君之陋軌哉？」齊王曰：「先生幸教不穀，美矣駿矣！雅矣元矣！」乃命左右紀之。

文中子：封禪，非古也，其秦、漢之侈心乎！蓋其曠世不常行，而于禮無所本。自漢以來，儒生學官，議論不同，而至于不能決，則出于時君率意而行之爾。

文獻通考：馬氏曰：案文中子曰：「封禪，非古也，其秦、漢之侈心乎！」而太史公作封禪書，則以爲古受命帝王，未嘗不封禪，且當以文中子之言爲正。

蕙田案：文中子數語，切中是非，而盡其事理矣。有德者必有言，其信然乎？

蘇氏轍曰：郊祀天地，見夫詩、書，固有國之常禮也。三代既衰，禮失其舊。秦、漢之間，祀五時，封泰山，禮汾陰，雜于郊祀之外，儒者以爲此禮之大者。然五時廢于漢元，封禪止于晉武，當時自以爲賢于秦、漢。今將考論其實，此三者，于唐、虞、三代，抑嘗行之乎？所謂封禪七十二君，亦可信乎？秦不足言，漢之諸儒，初不言封禪。封禪之端，發于相如，相如之言，抑可信乎？

胡氏寅曰：緯書原本于五經而失之者也，而尤紊于鬼神之理，幽明之故。夫鬼神之理，幽明之故，非知道者不能識。斷國論者，誠能一決以聖人之經，經所不載，雖有緯書讖記，屏而不用，則庶乎其不謬于理矣！登封之事，原本于燔柴而失之者也。詩、書紀巡狩而柴者，記所謂祭天也。「至于岱宗，陟其高山」云者，記所謂因名山也。有山則因以爲高，無則于郊而壇，其義類一也。又有大事而告于上帝者，武王克商，始有天下，故柴望而告也。舍此則瀆矣。記以饗帝于郊與升中于天爲二事，則傳者之失也。然則七十二君之編録，詩、書、禮典，略不經見，審有是事，乃天下國家之盛舉，堯、舜、禹、湯、文、武、成、康、昭、宣，皆身致太平，安得闕而不講？

大學衍義補：丘氏濬曰：封禪之説，詩、書、禮典，略不經見，審有是事，乃天下國家之盛舉，堯、舜、禹、湯、文、武、成、康，皆身致太平，安得闕而弗講？所謂七十二君者，果何代何人哉？先儒有言，養生至于長生不死，爲國至于祈天永命，皆有是理，然人未有能爲之者。縱爲之，然亦不出乎身心日用之間，非必由乎服食藥物、徼求鬼神而後致之也。然自秦、漢以來，千餘年矣，有國家者，未有一人過百年而不死者，亦未有一國踰千年而不亡者。則是有此説而無此事明矣。是故明君欲求壽年之永，莫若寡欲，欲得國祚之延，莫若愛民。寡欲而至于全其天，愛民而至于過其歷，真誠有是理，亦真誠有是事。嗚呼！世主所以甘心于不貲之費，而行封禪之禮者，以有秘祝之求也。誠知此理，反之于心，知其必無驗之于古，知其無效則自不爲矣。

徐氏乾學曰：韓詩外傳曰：「孔子升泰山，觀易姓而王可得而數者七十餘氏，不可得而數者萬數。」袁準正論曰：「唯周有王大封之文。」案成王封禪，而文、武皆不在七十二君，而無一言見于經傳，學者疑焉。愚謂韓詩外傳，亦漢儒附會之説。即太史公所引，管仲荅齊桓公之説，皆非事實。雖書籍經秦焚，烏有七十二君而不一見于經傳者乎？至緯書河圖真紀之言，皆漢人僞托以諛世主。又案，晉太康郡國志，始皇立石頌德，文曰：「事天以禮，立身以義，事父以孝，成人以仁。四守之内，莫不郡縣，四屬八荒，咸來貢職。與天無極，人庶蕃息，天禄永得，刻石改號。」有金册、石函、金泥、玉檢之事焉。案史遷云封藏皆秘，世不得記，則是漢世已無聞矣。而太康志所載文，亦不類秦人語。特杜氏通典載之，故附記于此。

蕙田案：以上數條，先儒辨正封禪之説。

右傳記諸家論封禪

秦始皇封禪

史記始皇本紀：二十八年，始皇東行郡縣，上鄒嶧山。立石，與魯諸儒生議，刻石頌秦德，議封禪、望祭山川之事。乃遂上泰山，立石，封，祠祀。下，風雨暴至，休于樹下，因封其樹爲五大夫。禪梁父。刻所立石，其辭曰：「皇帝臨位，作制明法，臣下修飭。二十有六年，初并天下，罔不賓服。親巡遠方黎民，詩記：宋大觀中，汶陽劉跂至泰山，見其碑，摹之，乃作「親巡遠黎」。登茲泰山，周覽東極。從臣思迹，本原事業，祗誦功德。治道運行，諸産得宜，皆有法式。大義休明，垂于後世，順承勿革。皇帝躬聖，既平天下，不懈于治。夙興夜寐，建設長利，專隆教誨。訓經宣達，遠近畢理，咸承聖志。貴賤分明，男女禮順，慎遵職事。昭隔内外，靡不清淨，施于後嗣。化及無窮，遵奉遺詔，永承重戒。」

封禪書：秦始皇既即帝位三年，東巡郡縣，祀騶嶧山，頌秦功業。于是徵從齊、魯之儒生博士七十人，至乎泰山下。諸儒生或議曰：「古者封禪爲蒲車，惡傷山之土石草木；掃地而祭，席用葅稭，言其易遵也。」始皇聞此議各乖異，難施用，由此絀儒生。而遂除車道，上自泰山陽至巔，立石頌秦始皇帝德，明其得封也。從陰道下，禪于梁父。其禮頗采太祝之祠雍上帝所用，而封藏皆秘之，世不得而記也。始皇之上泰山，中阪遇暴風雨，休于大樹下。諸儒既絀，不得與用于封事之禮，聞始皇遇風雨，則譏之。于是始皇遂東遊海上，行禮祠名山川及八神。始皇封禪之後十二歲，秦亡。諸儒生疾秦焚詩、書，誅僇文學，皆曰：「始皇上泰山，爲風雨所擊，不得封禪。」

史記正義：道書福地記云：「泰山高四千九百丈二尺，周迴二千里。」括地志：「梁父山在兖州泗水縣北八十里，西接徂徠山。肅然山在博城縣東六十里。」晉太康地志云：「肅然，泰山趾東北名也。」

蕙田案：始皇封禪，意在誇詡功德也。

右秦始皇封禪

漢武帝封禪

漢書武帝本紀：元封元年春正月，行幸緱氏，遂東巡海上。夏四月癸卯，上還，登封泰山，降坐明堂。詔曰：「朕以眇身承至尊，兢兢焉惟德菲薄，不明于禮樂，故用事八神。遭天地況施，著見景象，屑然如有聞，震于怪物，欲止不敢，遂登封泰山，至于梁父，然後升禪肅然。自新，嘉與士大夫更始，其以十月爲元封元年。行所巡至，博、奉高、蛇丘、歷城、梁父，民田租逋賦貸，已除。加年七十以上孤寡帛，人二匹。四縣無出今年算，賜天下民爵一級，女子百户牛酒。」

郊祀志：後二年，郊雍，獲一角獸，若麃然。有司曰：「陛下肅祗郊祀，上帝報享，賜一角獸，蓋麟云。」于是薦五畤，畤加一牛以燎。賜諸侯白金，以風符應合于天也。于是濟北王以天子且封禪，上書獻泰山及其旁邑。齊人公孫卿曰：「今年得寶鼎，其冬辛巳朔旦冬至，與黄帝時等。」卿有札書曰：「黄帝得寶鼎冕服，問于鬼臾區，鬼臾區對曰：『黄帝得寶鼎神策，是歲己酉朔旦冬至，得天之紀，終而復始。』于是黄帝迎日推策，後率二十歲復朔旦冬至，凡二十推，三百八十年，黄帝仙登于天。」卿因所忠欲奏之。所忠視其書不經，疑其妄言，謝曰：「寶鼎事已決矣，尚何以爲！」卿因嬖人奏之。上大悦，廼召問卿。卿對曰：「受此書申公，申公已死。」上曰：「申公何人也？」卿曰：「齊人，與安期生通，受黄帝言，無書，獨有此鼎書。曰：『漢興復當黄帝之時。』曰：『漢之聖者，在高祖之孫且曾孫也。寶鼎出而與神通，封禪。封禪七十二王，唯黄帝得上泰山封。』申公曰：『漢帝亦當上封禪，封禪則能仙登天矣。』」元鼎中，汾陰得寶鼎，上與公卿諸生議封禪。封禪用希曠絶，莫知其儀體，而群儒采封禪尚書、周官、王制之望祀射牛事。齊人丁公年九十餘，曰：「封禪者，古不死之名也。秦皇帝不得上封。陛下必欲上，稍上即無風雨，遂上封矣。」上于是廼令諸儒習射牛，草封禪儀。數年，至且行。天子既聞公孫卿及方士之言，黄帝以上封禪皆致怪物與神通，欲放黄帝以接神人蓬萊，高世比德于九皇，而頗采儒術以文之。群儒既已不能辨明封禪事，又拘于詩、書古文而不敢騁。上爲封祠器視群儒，群儒或曰「不與古同」，徐偃又曰「太常諸生行禮不如魯善」，周霸屬圖封事，于是上黜偃、霸，而盡罷諸儒弗用。三月，乃東幸緱氏，禮登中岳太室。上因東上泰山，泰山草木未生，迺令人上石立之泰山巔。上遂東巡海上，行禮祠八神。齊人之上疏言神怪奇方者以萬數，迺益發船，令言海中神山者數千人求蓬萊神人。公孫卿持節常先行候名山，至東萊，言夜見大人，長數丈，就之則不見，見其迹甚大，類禽獸云。群臣有言見一老父牽狗，言「吾欲見鉅公」，已忽不見。上既見大迹，未信，及群臣又言老父，則大以爲仙人也。宿留海上，與方士傳車，及間使求神仙人以千數。四月，還至奉高。上念諸儒及方士言封禪人殊，不經，難施行。天子至梁父，禮祠地主。至乙卯，令侍中儒者皮弁縉紳，射牛行事。封泰山下東方，如郊祠太一之禮。封廣丈二尺，高九尺，其下則有玉牒書，書秘。禮畢，天子獨與侍中奉車子侯上泰山，亦有封。其事皆禁。明日，下陰道。丙辰，禪泰山下阯東北肅然山，如祭后土禮。天子皆親拜見，衣上黄而盡用樂焉。江、淮間一茅三脊爲神藉，五色土益雜封。縱遠方奇獸飛禽及白雉諸物，頗以加祠。兕牛象犀之屬不用。皆至泰山，然後去。封禪祠，其夜若有光，晝有白雲出封中。天子從禪還，坐明堂，群臣更上壽。下詔改元爲元封。又曰：「古者天子五載一巡守，用事泰山，諸侯有朝宿地。其令諸侯各治邸泰山下。」天子既已封泰山，無風雨，而方士更言蓬萊諸神，若將可得，于是上欣然庶幾遇之，復東至海上望焉。奉車子侯暴病，一日死。上迺遂去，並海上，北至碣石，巡自遼西，歷北邊至九原。五月，迺至甘泉，周萬八千里云。其秋，有星孛于東井。後十餘日，有星孛于三能。望氣王朔言：「候獨見填星出如瓜，食頃，復入。」有司皆曰：「陛下建漢家封禪，天其報德星云。」

史記平準書：武帝既得寶鼎，立后土、太一祠。公卿議封禪事，而天下郡國皆預治道橋〔一〕，繕故宫，及當馳道縣，縣治官儲，設供具，而望以待幸。

漢書司馬相如傳：相如既病免，家居茂陵。天子曰：「司馬相如病甚，可往從悉取其書，若後之矣。」使所忠往，而相如已死，家無遺書。問其妻，對曰：「長卿未嘗有書也。時時著書，人又取去。長卿未死時，爲一卷書，曰有使來求書，奏之。」其遺札書言封禪事，所忠奏焉，天子異之。相如既卒五歲，上始祭后土。八年而遂禮中岳，封于泰山，至梁甫，禪肅然。

司馬相如封禪文：伊上古之初肇，自顥穹生民。歷選列辟，以迄乎秦。率邇者

〔一〕「道橋」，諸本誤倒，據史記平準書乙正。

踵武，逖聽者風聲。紛綸葳蕤，堙滅而不稱者，不可勝數也。繼昭夏，崇號謚，略可道者七十有二君。罔若淑而不昌，疇逆失而能存？軒轅之前，遐哉邈乎，其詳不可得聞已。五三六經載籍之傳，惟見可觀也。書曰：「元首明哉！股肱良哉！」因斯以談，君莫盛于唐堯，臣莫賢于后稷。后稷創業于唐，公劉發迹于西戎，文王改制，爰周郅隆，大行越成，而後陵夷衰微，千載亡聲，豈不善始善終哉！然無異端，慎所由于前，謹遺教于後耳。故軌迹夷易，易遵也；湛恩厖洪，易豐也；憲度著明，易則也；垂統理順，易繼也。是以業隆于繦褓，而崇冠于二后。揆厥所元，終都攸卒，未有殊尤絶迹可考于今者也。然猶躡梁父，登泰山，建顯號，施尊名。大漢之德，逢涌原泉，沕潏曼羨，旁魄四塞，雲布霧散，上暢九垓，下泝八埏。懷生之類，霑濡浸潤，協氣橫流，武節焱逝，爾陿遊原，迥闊泳沫，首惡鬱没，晻昧昭晰，昆蟲闓澤，回首面内。然後囿騶虞之珍群，徼麋鹿之怪獸，導一莖六穗于庖，犧雙觡共抵之獸，獲周餘放龜于岐，招翠黄乘龍于沼。鬼神接靈圉，賓于閒館。奇物譎詭，俶儻窮變。欽哉，符瑞臻兹，猶以爲德薄，不敢道封禪。蓋周躍魚隕航，休之以燎。微夫斯之爲符也，以登介丘，不亦恧乎！進讓之道，何其爽與？于是大司馬進曰：「陛下仁育群生，義征不譓，諸夏樂貢，八蠻執贄，德侔往初，功無與二，休烈浹洽，符瑞衆變，期應紹至，不特創見。意者泰山、梁父設壇場望幸，蓋號以況榮，上帝垂恩儲祉，將以慶成，陛下謙讓而弗發也。挈三神之驩，缺王道之儀，群臣恧焉。或謂且天爲質闇，示珍符固不可辭；若然辭之，是泰山靡記而梁父罔幾也。亦各並時而榮，咸濟厥世而屈，説者尚何稱于後，而云七十二君乎？夫修德以錫符，奉符以行事，不爲進越也。故聖王弗替，而修禮地祇，謁款天神，勒功中岳，以章至尊，舒盛德，發榮號，受厚福，以浸黎民也。皇皇哉斯事，天下之壯觀，王者之卒業，不可貶也。願陛下全之。而後因雜薦紳先生之略術，使獲曜日月之末光絶炎，以展采錯事。猶兼正列其義，祓飾厥文，作春秋一藝。將襲舊六爲七，攄之無窮。俾萬世得激清流，揚微波，蜚英聲，騰茂實。前聖之所以永保鴻名而常爲稱首者用此。宜命掌故悉奏其儀而覽焉。」于是天子沛然改容，曰：「俞乎，朕其試哉！」乃遷思回慮，總公卿之議，詢封禪之事，詩大澤之博，廣符瑞之富。乃作頌曰：「自我天覆，雲之油油。甘露時雨，厥壤可遊。滋液滲漉，何生不育！嘉穀六穗，我穡曷蓄？匪唯雨之，又潤澤之；匪唯偏我，氾布濩之。萬物熙熙，懷而慕思。名山顯位，望君之來。

君兮君兮，侯不邁哉！般般之獸，樂我君囿；白質黑章，其儀可喜；旼旼穆穆，君子之態。蓋聞其聲，今視其來。厥塗靡從，天瑞之徵。兹亦于舜，虞氏以興。濯濯之麟，遊彼靈畤。孟冬十月，君徂郊祀。馳我君輿，帝用享祉。三代之前，蓋未嘗有。宛宛黄龍，興德而升；采色玄燿，煥炳煇煌。正陽顯見，覺寤黎烝。於傳有之，云受命所乘。厥之有章，不必諄諄。依類託寓，諭以封巒。」披藝觀之，天人之際已交，上下相發允答。聖王之德，兢兢翼翼也。故曰興必慮衰，安必思危。是以湯武至尊嚴，不失肅祗，舜在假典，顧省厥遺：此之謂也。

兒寬傳：漢武帝時，議欲倣古巡狩封禪之事，諸儒對者五十餘人，未能有所定。先是，司馬相如病死，有遺書，頌功德，言符瑞，足以封泰山。上奇其書，以問寬，對曰：「享薦之義，不著于經，以爲封禪告成，合祛天地神祇，祇戒精專，以接神明。總百官之職，各稱事宜，爲之節文。惟聖王所由，制定其當，非群臣之所能列。今將舉大事，優游數年，使群臣得人人自盡，終莫能成。惟天子建中和之極，兼總條貫，金聲而玉振之，以順成天慶，垂萬世之基。」上然之，乃自制儀，采儒術以文焉。既成，將用事，拜寬爲御史大夫，從東封泰山，還登明堂。寬上壽曰：「三代改制，屬象相因。聞者聖統廢絶，陛下發憤，合指天地，祖立明堂辟雍，宗祀太一，六律五聲，幽贊聖意，神樂四合，各有方象，以承嘉祀，爲萬世則，天下幸甚。將建大元本瑞，登告岱宗，發祉闓門，以候景至。癸亥宗祀，日宣重光；上元甲子，肅雝永亨。光輝充塞，天文粲然。見象日昭，報降符應。臣寬奉觴再拜，上千萬歲壽。」制曰：「敬舉君之觴。」

東方朔傳：朔之文辭，有封泰山篇。

武帝本紀：元封二年冬十月，行幸雍，祀五畤。春，幸緱氏，遂至東萊。夏四月，還祠泰山。

郊祀志：其春，公孫卿言見神人東萊山，若云「欲見天子」。天子于是幸緱氏城，拜卿爲中大夫。遂至東萊，宿，留之數日，無所見，見大人迹云。復遣方士求神人采藥以千數。是歲旱。天子既出亡名，迺禱萬里沙，過祠泰山，還至瓠子，自臨塞決河，留二日，湛祀而去。

元封三年夏，旱。公孫卿曰：「黄帝時封則天旱，乾封三年。」上乃下詔：「天旱，意乾封乎？」

武帝本紀：五年冬，行南巡守，至于盛唐，望祀虞舜于九嶷。登灊天柱山，自尋陽浮江，親射蛟江中，獲之。舳艫千里，薄樅陽而出，作盛唐樅陽之歌。遂北至琅邪，並海。春三月，還至泰山，增封。夏四月，詔曰：「朕巡荆揚，輯江淮物，會大海氣，以合泰山。上天見象，增修封禪。其赦天下。」

太初元年冬十月，行幸泰山。十二月，禮高里。

郊祀志：太初元年，幸泰山。十二月甲午朔，上親禪高里，祀后土，臨渤海，將以望祀蓬萊之屬，幾至殊庭焉。

武帝本紀：太初三年春正月，行東巡海上。夏四月，還修封泰山，禮石閭。

郊祀志：是年，東巡海上，考神仙之屬，未有驗者。方士有言黄帝時爲五城十二樓，以候神人于執期，名曰迎年。上許作之如方，名曰明年。上親禮祠，上犢黄焉。公玉帶曰：「黄帝時雖封泰山，然風后、封鉅、岐伯令黄帝封東泰山，禪凡山，合符，然後不死。」天子既令設祠具，至東泰山，東泰山卑小，不稱其聲，迺令祠官禮之而不封焉。其後令帶奉祠候神物。復還泰山，修五年之禮如前，而加禪祠石閭。石閭者，在泰山下阯南方，方士言仙人閭也，故上親禪焉。

武帝本紀：天漢三年春三月，行幸泰山，修封，祀明堂，因受計。還幸北地，祀常山，瘞玄玉。

郊祀志：自封泰山後，十三歲而周遍于五嶽、四瀆矣。

武帝本紀：太始四年春三月，行幸泰山。甲申，修封。丙戌，禪石閭。夏四月，幸不其，祀神人于交門宫，若有鄉坐拜者。作交門之歌。

征和四年三月，上耕于鉅定。還幸泰山，修封。癸巳，禪石閭。

郊祀志：上復修封于泰山。東游東萊，臨大海。是歲，雍縣無雲如靁者三，或如虹氣蒼黄，若飛鳥集棫陽宫南，聲聞四百里。隕石二，黑如鷖，有司以爲美祥，以薦宗廟。而方士之候神入海求蓬萊者終無驗，公孫卿猶以大人之迹爲解。天子猶羈縻不絶，幾遇其真。泰山五年一修封。武帝凡五修封。

文獻通考：馬氏端臨曰：秦始皇、漢武帝之封禪也，皆黜當時諸儒之議，而自定其禮儀。考史氏所載，則秦之諸儒，進蒲車、掃地之説，漢之諸儒，有拘于詩、書古文而不敢騁之説，以此拂二帝之意而不見録。然封禪非古禮也。竊詳諸儒之意，蓋欲以古帝王巡狩望祀之禮而緣飾之。然古帝王之事，則省方問俗，賞善罰惡，凡以爲民，其意出于公也。秦、漢二主之事，則誇誦功德，希求福壽，凡以爲己，其意出于私也。迹其舉措，正自冰炭，則又安能考詩、書之説，行簡質之禮乎？固宜其見黜也。

蕙田案：漢武封禪，意在慕黄帝之升天也。

右漢武帝封禪

後漢光武帝封禪

後漢書光武帝本紀：中元元年春二月己卯，幸魯，進幸泰山。北海王興、齊王石朝于東岳。辛卯，柴望岱宗，登封泰山；甲午，禪于梁父。夏四月癸酉，車駕還宮。己卯，大赦天下。復嬴、博、梁父、奉高，勿出今年田租芻稾。改年爲中元。

祭祀志：建武三十年二月，群臣上言，即位三十年，宜封禪泰山。詔書曰：「即位三十年，百姓怨氣滿腹，吾誰欺，欺天乎？曾謂泰山不如林放，何汙七十二代之編録！桓公欲封，管仲非之。若郡縣遠遣吏上壽，盛稱虚美，必髡，兼令屯田。」從此群臣不敢復言。三月，上幸魯，過泰山，告太守以上過故，承詔祭山及梁父。時虎賁中郎將梁松等議：「記曰『齊將有事泰山，先有事配林』，蓋諸侯之禮也。河、岳視公侯，王者祭焉。宜無即事之漸，不祭配林。」三十二年正月，上齋，夜讀河圖會昌符，曰：「赤劉之九，會命岱宗。不慎克用，何益于承。誠善用之，姦僞不萌。」感此文，乃詔松等復案索河、雒讖文言九世封禪事者。松等列奏，乃許焉。初，孝武帝欲求神仙，以扶方者言黄帝由封禪而後仙，于是欲封禪。封禪不常，時人莫知。元封元年，上以方士言作封禪器，以示群儒，多言不合于古，于是罷諸儒不用。三月，上東上泰山，乃上石立之泰山之巔。遂東巡海上，求仙人，無所見而還。四月，封泰山。恐所施用非是，乃秘其事。語在漢書郊祀志。上許梁松等奏，乃求元封時封禪故事，議封禪所施用。有司奏當用方石再累置壇中，皆方五尺，厚一尺，用玉牒書藏方石。牒厚五寸，長尺三寸，廣五寸，有玉檢。又用石檢十枚，列于石旁，東西各三，南北各二，皆長三尺，廣一尺，厚七寸，檢中刻三處，深四寸，方五寸，有蓋。檢用金縷五周，以水銀和金以爲泥。玉璽一方寸二分，一枚方五寸。方石四角又有距石，皆再累。枚長一丈，厚一尺，廣二尺，皆在圓壇上。其下用距石十八枚，皆高三尺，厚一尺，廣二尺，如小碑，環壇立之，去壇三步。距石下皆有石跗，入地四尺。又用石碑，高九尺，廣三尺五寸，厚尺二寸，立壇丙地，去壇三丈以上，以刻書。上以用石功難，又欲及二月封，故詔松欲因故封石空檢，更加封而已。松上疏爭之，以爲「登封之禮，告功皇天，垂後無窮，以爲萬民也。承天之敬，尤宜章明。奉圖書之瑞，尤宜顯著。今因舊封，竄寄玉牒故石下，恐非重命之義。受命中興，宜當特異，以明天意」。遂使泰山郡及魯趣石工，宜取完青石，無必五色。時以印工不能刻玉牒，欲用丹漆書之；會求得能刻玉者，遂書。書秘刻方石中，命容玉牒。二月，上至奉高，遣侍御史與蘭臺令史，將工先上山刻石。文曰：「維建武三十有二年二月，皇帝東巡守，至于岱宗，柴，望秩于山川，班于群神，遂覲東后。從臣太尉憙、行司徒事特進高密侯禹等，漢賓二王之後在位。孔子之後襃成侯，序在東后，蕃王十二，咸來助祭。河圖赤伏符曰：『劉秀發兵捕不道，四夷雲集龍鬭野，四七之際火爲主。』河圖會昌符曰：『赤帝九世，巡省得中，治平則封，誠合帝道孔矩，則天文靈出，地祇瑞興。帝劉之九，會命岱宗，誠善用之，姦僞不萌。赤漢德興，九世會昌，巡岱皆當。天地扶九，崇經之常。漢大興之道，在九世之王。封于泰山，刻石著紀，禪于梁父，退省考五。』河圖合古篇曰：『帝劉之秀，九名之世，帝行德，封刻政。』河圖提劉子曰：『九世之帝，方明聖，持衡拒，九州平，天下予。』雒書甄曜度曰：『赤三德，昌九世，會修符，合帝際，勉刻封。』孝經鉤命決曰：『予誰行，赤劉用帝，三建孝，九會修，專茲竭行封岱青。』河雒命后，經讖所傳。昔在帝堯，聰明密微，讓與舜庶，後裔握機。王莽以舅后之家，三司鼎足冢宰之權勢，依托周公、霍光輔幼歸政之義，遂以篡叛，僭號自立。宗廟墮壞，社稷喪亡，不得血食，十有八年。揚、徐、青三州首亂，兵革橫行，延及荊州，豪傑并兼，百里屯聚，往往僭號。北夷作寇，千里無煙，無雞鳴犬吠之聲。皇天睠顧皇帝，以匹庶受命中興，年二十八載興兵起，是以中次誅討，十有餘年，罪人則斯得。黎庶得居爾田，安爾宅。書同文，車同軌，人同倫。舟輿所通，人迹所至，靡不貢職。建明堂，立辟雍，起靈臺，設庠序。同律、度、量、衡。修五禮，五玉，三帛，二牲〔一〕，一死贄。吏治修職，復于舊典。在位三十有二年，年六十二。乾乾日昃，不敢荒寧，涉危歷險，親巡黎元，恭肅神祇，惠恤耆老，理庶遵古，聰允明恕。皇帝唯慎河圖、雒書正文，是月辛卯，柴，登封泰山。甲午，禪于梁陰。以承靈瑞，以爲兆民，永茲一宇，垂于後昆。百僚從臣，郡守師尹，咸蒙祉福，永

〔一〕「牲」，原作「生」，據味經窩本、後漢書祭祀志上改。

永無極。秦相李斯燔詩、書，樂崩禮壞。建武元年以前，文書散亡，舊典不具，不能明經文，以章句細微相況八十一卷，明者爲驗，又其十卷，皆不昭晰。子貢欲去告朔之餼羊，子曰：『賜也，爾愛其羊，我愛其禮。』後有聖人，正失誤，刻石記。」二十二日辛卯晨，燎祭天于泰山下南方，群神皆從，用樂如南郊。諸王、王者後二公、孔子後褒成君，皆助祭位事也。事畢，將升封。或曰：「泰山雖已從食于柴祭，今親升告功，宜有禮祭。」于是使謁者以一特牲于常祀泰山處，告祠泰山，如親耕、貙劉、先祀、先農、先虞故事。至食時，御輦升山，日中後到山上更衣，早晡時即位于壇，北面。群臣以次陳後，西上，畢位升壇。尚書令奉玉牒檢，皇帝以寸二分璽親封之，訖，太常命人發壇上石，尚書令藏玉牒已，復石覆訖，尚書令以五寸印封石檢。事畢，皇帝再拜，群臣稱萬歲。命人立所刻石碑，乃復道下。二十五日甲午，禪，祭地于梁陰，以高后配，山川群神從，如元始中北郊故事。四月己卯，大赦天下，以建武三十二年爲建武中元元年，復博、奉高、嬴勿出元年租、芻藁。以吉日刻玉牒書函藏金匱，璽印封之。乙酉，使太尉行事，以特告至高廟。太尉奉匱以告高廟，藏于廟堂西壁石室高主室之下。

應劭漢官：馬第伯封禪儀記曰：車駕正月二十八日發雒陽宫，二月九日到魯，遣守謁者郭堅伯將徒五百人治太山道。十日，魯遣宗室諸劉及孔氏、瑕丘丁氏上壽受賜，皆詣孔氏宅，賜酒肉。十一日發，十二日宿奉高。是日遣虎賁郎將先上山，三案行。還，益治道徒千人。十五日，始齋。國家居太守府舍，諸王居府中，諸侯在縣庭中齋。諸卿、校尉、將軍、大夫、黄門郎、百官及宋公、衛公、褒成侯、東方諸侯、雒中小侯齋城外汶水上。太尉、太常齋山虞。馬第伯自云，某等七十人先之山虞，觀祭山壇及故明堂宫郎官等郊肆處。入其幕府，觀治石。石二枚，狀博平，圓九尺，此壇上石也。其一石，武帝時石也。時用五車不能上也，因置山下爲屋，號五車石。四維距石長丈二，廣二尺，厚尺半所，四枚。檢石長三尺〔一〕，廣六寸，狀如封篋。長檢十枚。一紀號石，高丈二尺，廣三尺，厚尺二寸，名曰立石。一枚，刻文字，紀功德。是朝上山，騎行，往往道峻峭，不騎，步牽馬，乍步乍騎，且相半，至中觀留馬。去平地二十里，南向極望無不覩。仰望天關，如從谷底仰觀抗峰。其

〔一〕「三尺」，諸本作「五尺」，據漢官儀卷下改。

爲高也，如視浮雲。其峻也，石壁窅窱，如無道徑。遥望其人，端如行杇几〔一〕，或爲白石或雪，久之白者移過樹，乃知是人也。殊不可上，四布僵卧石上，有頃復蘇。亦賴齎酒脯，處處有泉水，目輒爲之明。復勉强相將行，到天關，自以已至也，問道中人，言尚十餘里。其道旁山脇，大者廣八九尺，狹者五六尺。仰視巖石松樹，鬱鬱蒼蒼，若在雲中。俛視谿谷，碌碌不可見丈尺。遂至天門之下。仰視天門窔遼，如從穴中視天。直上七里，賴其羊腸逶迤，名曰環道，往往有絙索，可得而登也。兩從者扶挾，前人相牽，後人見前人履底，前人見後人頂，如畫重累人矣，所謂磨胸捊石〔二〕，捫天之難也。初上此道，行十餘步一休，稍疲，咽脣燋，五六步一休。牒牒據頓，地不避濕暗，前有燥地，目視而兩脚不隨。早食上，晡後到天門。郭使者得銅物，銅物形狀如鐘，又方柄有孔，莫能識也。疑封禪具也。得之者汝南召陵人，姓楊名通。東上一里餘，得木甲。木甲者，武帝時神也。東北百餘步，得封所，始

〔一〕「行」，諸本作「竹」，據漢官儀卷下改。
〔二〕「捊」，諸本作「捏」，據漢官儀卷下改。

皇立石及闕在南方，漢武在其北。二十餘步得北垂圓臺，高九尺，方圓三丈所，有兩陛。人不得從，上從東陛上。臺上有壇，方一丈二尺所，上有方石，四維有距石，四面有闕。鄉壇再拜謁，人多置錢物壇上，亦不掃除。國家上見之，則詔書所謂酢梨酸棗狼藉，散錢處數百，幣帛具，道是武帝封禪至泰山下，未及上，百官爲先上跪拜，置梨棗錢于道以求福，即此也。東山名曰日觀，日觀者，雞一鳴時，見日始欲出，長三丈所。秦觀者望見長安，吴觀者望見會稽，周觀者望見齊西。北有石室。壇以南有玉盤，中有玉龜。山南脅神泉，飲之極清美利人。日入下，去行數環。日暮，時頗雨，不見其道，一人居其前，先知蹈有人，乃舉足隨之。比至天門下〔一〕，夜人定矣。

太康地記曰：奉高者，以事東岳，帝王禪代之處也。故明堂在縣南四里。漢武立太壇于東山，以登天下，示增高。

後漢書曹褒傳：褒父充，持慶氏禮。建武中爲博士，從巡狩岱宗，定封禪禮。

〔一〕「下」，原脱，據味經窩本、乾隆本、光緒本、後漢書祭祀志上補。

張純傳：建武三十年，純奏上宜封禪，曰：「自古受命而帝，治世之隆，必有封禪，以告成功焉。樂動聲儀曰：『以雅治人，風成于頌。』有周之盛，成康之間，郊配封禪，皆可見也。書曰『歲二月，東巡狩，至于岱宗，柴』，則封禪之義也。臣伏見陛下受中興之命，平海内之亂，脩復祖宗，撫存萬姓，天下曠然，咸蒙更生，恩德雲行，惠澤雨施，黎元安寧，夷狄慕義。詩云：『受天之祜，四方來賀。』今攝提之歲，蒼龍甲寅，德在東宫。宜及嘉時，遵唐帝之典，繼孝武之業，以二月東巡狩，封于岱宗，明中興，勒功勳，復祖統，報天神，禪梁甫，祀地祇，傳祚子孫，萬世之基也。」中元元年，帝乃東巡岱宗〔一〕，以純視御史大夫從，并上元封舊儀及刻石文。

文獻通考：司馬彪論，自上皇以來，封泰山者，至周七十二代。易姓則改封者，著一代之始，明不相襲也。繼世之王巡狩，則有修封以祭而已。自秦始皇、孝武帝封泰山，本因好仙，信方士之言，及造石檢印封之事也。天道質誠，約而不費，故牲用犢，器用陶匏，殆將無事于檢封之間，而樂難攻之石也。夏少康、周宣，由廢復

〔一〕「岱宗」，諸本脱「宗」字，據後漢書張純傳補。

興，不聞改封。光武欲因孝武故封，而梁松固爭，以爲必改，乃當天意。既封之後，未有能福。而松卒被誅死，雖罪由身作，蓋亦誣神之咎也。且帝王所以能大著于後者，實在其德加于人，不聞其在封矣。

胡氏寅曰：前世論登封者，莫善于許懋。惜乎世祖之臣，智不及此，陷其君于過舉而不得聞也。且世祖享國，至是已三十年，四垂無虞，中土寧謐，其心浸滿，是以告功皇天，明示得意，而不自知其多失也。不法唐、虞、三代，而法始皇、武帝，一失也。案讖文九世當封禪，則孝武之世，今乃自綴于元帝，而削去成、哀、平三君，二失也；玉檢秘文，人不得見，是必祈求永年，三失也。前年拒群臣之請，謂「百姓怨氣滿腹，吾欺天乎」，豈有治天下三十年，民怨未除，纔後兩歲，即已歡洽，此四失也。敕戒郡縣，有上壽稱美者，必髡，令屯田；詔墨未乾，乃自令梁松等討論故事，此五失也。奉高后配地祇，未幾，黜降廟主，歸于寢園，此六失也。即位改元，終身不可改而又改，此七失也。凡此七者，人君舉動之大節，而疵病如此，惜乎光武勇智出倫，而學問不足也。光武年及耳順，方建中元，則意在久生，不言而自見矣。其視向者對宗族乞復之言，壽陵迭興之詔，即已大異。蒯徹所謂人心無常，詎不然哉！

蕙田案：光武封禪，信讖也。

右後漢光武帝封禪

五禮通考卷五十

吉禮五十

四望山川附封禪

魏文帝封禪未行

晉書禮志：魏文帝黄初中，護軍蔣濟曰：「夫帝王大禮，巡守爲先；昭祖揚禰，封禪爲首。是以自古革命受符，未有不蹈梁父，登泰山，刊無竟之名，紀天人之際者也。故司馬相如謂，有文以來七十二君，或順所繇於前，謹遺教於後。太史公曰，主上有聖明而不宣布，有司之過也。然則元功懿德，不刊梁山之石，無以顯帝王之功，示兆庶不朽之觀也。語曰：『當君而歎堯、舜之美，譬猶人子對厥親而生譽他人之父。』今大魏承百王之敝亂，拯流遁之艱厄，接千載之衰緒，繼百代之廢業。自文、武至於聖躬，所以參成天地之道，綱維神人之化，上天報應，嘉瑞顯祥，以比往古，無所取喻。至於歷世迄今，未廢大禮，雖志在掃盡殘盜，蕩滌餘穢，未遑斯事。若爾三苗屈彊於江海，大舜當廢東巡之儀，徐夷跳梁於淮泗，周成當止岱嶽之禮。且去歲破吴虜於江漢，今兹屠蜀賊於隴右，其震蕩内潰，在不復淹，無累於封禪之事也。此議久廢，非倉卒所定。宜下公卿，廣撰其禮，卜年考時，昭告上帝，以副天下之望。臣待罪軍旅，不勝大願，冒死以聞。」詔曰：「聞蔣濟斯言，使吾汗出流足。自開闢以來，封禪者七十餘君耳。故太史公曰：『雖有受命之君，而功有不洽。』是以中間廣遠者千有餘年，近者數百載，其儀闕不可得記。吾何德之修，敢庶兹乎！濟豈謂世無管仲，以吾有桓公登泰山之志乎！吾不欺天也。濟之所言，華則榮矣，非助我者也。公卿侍中、尚書、常侍省之而已，勿有所議，亦不須答詔也。」天子雖距濟議，而實使高堂隆草封禪之儀，以天下未一，不欲便行大禮。會隆卒，不復行之。

右魏文帝封禪未行

孫皓封禪附

吳志：孫皓天璽元年，陽羨山有石室，所在表爲天瑞。乃遣司空董朝、周處等封禪國山。明年，改元，大赦，以協石文。

右孫皓封禪附

晉武帝不行封禪

晉書禮志：武帝平吳，混一區宇，太康元年九月庚寅，尚書令衛瓘、尚書左僕射山濤、右僕射魏舒、尚書劉寔、司空張華等奏曰：「臣聞肇自生靈，則有后辟，年載之數，莫之能紀。立德濟世，揮揚仁風，以登封泰山者七十有四家，其謚號可知者十有四焉。沈淪寂寞，曾無遺聲者，不可勝記。大晉之德，始自重黎，實佐顓頊，至于夏商，世序天地。其在于周，不失其緒。金德將升，世濟明聖，外平蜀漢，海内歸心，武功之盛〔一〕，實由文德。至於陛下，受命踐祚，弘建大業，群生仰毓。惟獨江湖沅湘之表，凶

〔一〕「盛」，原作「興」，據味經窩本、乾隆本、光緒本、晉書禮志下改。

桀負固，歷代不賓。神謀獨斷，命將出討，兵威暫加，數旬蕩定。羈其鯨鯢，赦其罪逆，雲覆雨施，八方來同，聲教所被，達於四極。雖黄軒之征，大禹遠略，周之奕世，何以尚今！若夫玄石素文，底號前載，象以數表，言以事告，雖古河圖、洛書之徵，不是過也。宜宣大典，禮中嶽，封泰山，禪梁父，發德號，明至尊，享天休，篤黎庶，勒千載之表，播流後之聲，俾百世之下，莫不興起。斯帝王之盛業，天人之至望也。」詔曰：「今逋寇雖殄，外則障塞有警，内則百姓未寧，此盛德之事，所未議也。」瓘等又奏曰：「今東漸於海，西被於流沙，大漠之陰，日南北户，莫不通屬，芒芒禹迹，今實過之。天人之道已周，巍巍之功已著，宜修禮地祇，登封泰山，致誠上帝，以答人神之願也。乞如前奏。」詔曰：「今陰陽未和，刑政未當，百姓未得其所，豈可以勒功告成耶？」詔不許。瓘等又奏曰：「臣聞處帝王之位者，必有曆運之期，天命之應；濟兆庶之功者，必有盛德之容，告成之典。無不可誣，有不敢讓，自古道也。而明詔謙沖，屢辭其禮，雖盛德攸在，推而未居。夫三公職典天地，實掌人物，國之大事，取義於此。故漢氏封禪，非是官也，不在其事。臣等前奏，蓋陳祖考之功，天命又應，陛下之德，合同四海，迹古考今，宜修此禮。至於克定歲月，須五府上議〔一〕，然後奏聞。」詔曰：「雖蕩清江表，皆臨事者之勞，何足以告成。方望群后思隆大化，以寧區夏，百姓獲乂，與之休息。斯朕日夜之望，無所復下諸府矣。」瓘等又奏：「臣聞唐、虞、三代濟世弘功之君，莫不仰承天休，俯協人志，登介丘，履梁父，未有辭焉者，蓋不可讓也。今陛下勳高，皇德無與二，茂績宏規，巍巍之業，固非臣等所能究論。而聖旨勞謙，屢自抑損，時至弗應，推美不居，闕皇代之上儀，塞靈祇之款望，使大晉之典謨，同風於三五。臣等誠不敢奉詔，請如前奏施行。」詔曰：「方當共思弘道，以康庶績。以俟他年，無所復紛紜也。」王公有司又奏：「自古聖明，光宅四海，封禪名山，著于史籍，作者七十四君矣。舜、禹之有天下也，巡守四岳，躬行其道。易著『觀俗省方』，禮有『升中於天』，詩頌『陟其高山』，皆載在方策。文王爲西伯以服事殷，周公以魯藩列於諸侯，或享于岐，或有事于太山，徒以聖德，猶得爲其事。自是以來，功薄而僭其義者，不可勝數，號謚不泯，以至於今。況高祖宣皇帝肇開王業，海外有截；世宗景皇帝濟以大功，輯寧區

〔一〕「須」，原作「雖」，據光緒本、晉書禮志下改。

夏;太祖文皇帝受命造晉,盪定蜀漢;陛下應期龍興,混一六合,澤被群生,威震無外。昔漢氏失統,吴蜀鼎峙,兵興以來,近將百年,地險俗殊,人望絶塞。今不羈之寇,二代而平,非聰明神武,先天弗違,孰能巍巍其成功若兹者歟?臣等幸以千載得遭運會,親服大化,目覩太平,至公至美,誰與爲讓。宜祖述先朝〔二〕,憲章古昔,勒功岱岳,登封告成,弘禮樂之制,正三雍之典,揚名萬世,以顯祖宗。是以不勝大願,敢昧死以聞。請告太常,具禮儀復上。」詔曰:「所議誠列代之盛事也,然方今未可以爾。」便報絶之。

右晉武帝不行封禪

宋文帝孝武帝封禪未行

宋書禮志:太祖在位長久,有意封禪,遣使履行太山舊道,詔學士山謙之草封禪儀注。其後索虜南寇,六州荒毁,其意乃息。

〔二〕「朝」,原作「明」,據光緒本、晉書禮志下改。

世祖大明元年十一月戊申，太宰江夏王義恭表曰：「惟皇天崇稱大道，始行揖讓。迄于有晉，雖聿修前緒，而迹淪言廢，蔑記於竹素者，焉可單書。紹乾維，建徽號，流風聲，被絲管，自無懷以來，可傳而不朽者，七十有四君。罔仁厚而道滅，鮮義澆而德宣，鍾律之先，曠世綿絶，難得而聞。丘、索著明者，尚有遺炳。故易稱先天弗違，後天奉時。蓋陶、唐、姚、姒、商、姬之主，莫不由斯道也。是以風化大洽，光熙於後。炎漢二帝，亦踵曩則，因百姓之心，聽輿人之頌，龍駕帝服，鏤玉梁甫，昌言明稱，告成上靈。況大宋表祥唐、虞，受終素德，山龍啓符，金玉顯瑞，異采騰於軫墟，紫烟藹於邦甸，錫冕兆九五之徵，文豹赴天曆之會。誠二祖之幽慶，聖后之冥休。道冠軒、堯，惠深亭毒，而猶執沖約，未言封禪之事，四海竊以恧焉。臣聞惟皇配極，惟帝祀天，故能上稽乾式，照臨黔首，協和穹昊，膺兹多福。高祖武皇帝明並日月，光振八區，拯已溺之晉，濟横流之世，撥亂寧民，應天受命，鴻徽洽於海表，威稜震乎沙外。太祖文皇帝體聖履仁，述業興禮，正樂頌，作象曆，明達通於神祇，玄澤被乎上下。仁孝命世，叡武英挺，遭運屯否，三才湮滅，迺龍飛五洲，鳳翔九江，身先八百之期，斷出人鬼之表，慶煙應高牙之建，風耀符發迹之辰，親剪凶逆，躬清昏壒，天地革始，夫婦更造，豈與彼承業繼緒，拓復禹迹，車一其軌，書罔異文者，同年而議哉！今龍麟已至，鳳凰已儀，比李已實，靈茅已茂，雕氣降霧於宮樹，珍露呈味於禁林，嘉禾積穗於殿甍，連理合榦於園籞，皆耀質離宮，植根蘭囿。至夫霜毫玄文，素翮赬羽，泉河山岳之瑞，草木金石之祥，方畿憬塗之謁，抗驛絕祖之奏，彪炳雜沓，粤不可勝言。太平之應，兹焉富矣。宜其從天人之誠，遵先王之則，備萬乘，整法駕，修封泰山，瘞玉岱趾，延喬、松於東序，詔韓、岐於西廂，麾天閽，使啓關，謁紫宮，朝太一，奏鈞天，詠雲門，贊揚幽奥，超聲前古，豈不盛哉！伏願時命宗伯，具兹典度。」詔曰：「太宰表如此。昔之盛王，永保鴻名，常爲稱首，由斯道矣。朕遭家多難，入纂絕業〔一〕，德薄勳淺，鑒昧崩愧。頃麟鳳表禎，茅禾兼瑞，雖符祥顯見，而乎猶深，庶仰述先志〔二〕，拓清中寓，禮祇謁神，朕將試哉！」

四年四月辛亥，有司奏曰：「臣聞崇號建極，必觀俗以樹教；正位居體，必採世以

〔一〕「業」，諸本作「孝」，據宋書禮志三改。
〔二〕「先」，諸本作「矢」，據宋書禮志三改。

立言。是以重代列聖，咸由厥道。玄動上烈，融章未分，鳴光委緒，歇而罔滅。若其顯謚略騰軌，則系綴聲采，徵略聞聽。爰洎姬、漢，風流尚存，遺芬餘榮，綿映紀緯。雖年絶世祀，代革精華，可得騰金綵，奏玉潤，鏤迹以燻今，鐫德以麗遠。而四望埋禋歌之禮，日觀弛修封之容，豈非神明之業難崇，功基之迹易泯。自兹以降，迄於季末，莫不欲英弘徽位，詳固洪聲。豈徒深默修文，淵幽馭世而已。諒以滕非虚奏，書非妄埋，擊雨怨神，淳癊復樹，安得紫壇肅祇，竹宫載竚，散火投郊，流星奔座。寶緯初基，厭靈命曆，德振弛維，功濟淪象，玄浸紛流，華液幽潤，規存永馭，思詳樹遠。太祖文皇帝以啓遘泰運，景望震凝，采樂調風，集禮宣度，祖宗相映，軌迹重暉。聖上韞籙蓄河，竚翔衡漢，金波掩照，華耀停明，運動時來，躍飛風舉，澄氛海岱，開景中區，歇神還靈，頽天重耀，儲正凝位於兼明，衮岳蕃華於元列。故以祥映昌基，繫發篆素。重以班朝待典，飾令詳儀，纂綜淪蕪，搜騰委逸，奏玉郊宫，禋珪丘畤，景集天廟，脉壤祥農，節至昕陽，川丘夙禮，綱威巡駐，表綏中甸，史流其詠，民挹其風。於是涵迹視陰，振聲威響，歷代之渠，沈于望内，安侯之長，賢王入侍，殊生詭氣，奉俗還鄉，羽族卉儀，懷音革狀，邊帛絶書，爟光弛燭。天岱發靈，宗河開寶，崇丘淪鼎，振采泗淵，雲皇王岳，摛藻雲漢，并角即音，栖翔禁籞，衮甲霜味，翾舞川肆，榮泉流鏡，後昭河源，故以波沸外關，雲蒸内澤。若其雪趾青毳，玄文朱綵，日月郊甸，擇木弄音。重以榮露騰軒，蕭雲掩閣，鎬穎孳萌，移華淵禁，山輿竚衡，雲鵜竦翼，海鰈泳流，江茅吐蔭。校書之列，仰筆以飾辭，濟、代之蕃，獻邑以待禮。豈非神貺氣昌，物瑞雲照，蒲軒龜軫，醴泉淳芳。太宰江夏王臣義恭咀道遵英，抽奇麗古，該潤圖史，施詳閟載，表以功懋往初，德耀炎、昊，升文中岱，登牒天關，耀冠榮名，摛振聲號。而道謙稱首，禮以虚挹，將使玄祇缺觀，幽瑞乖期，梁甫無盛德之容，介丘靡升聞之響。加窮泉之野，獻八代之駟，交木之鄉，奠絶金之楛，肅靈重表，珍符兼貺。伏惟陛下，謨詳淵載，衍屬休章，依徽聖靈，潤色聲業，諏辰稽古，肅齊警列，儒僚展采，禮官相儀，懸蕤動音，洪鐘竦節，陽路整衛，正途清禁。於是續環珮，端玉藻，鳴鳳竚律，騰駕流文，間綵比象之容，昭明紀數之服。徽焯天陣，容藻神行，翠蓋懷陰，羽華列照。乃詔聯事掌祭，賓客贊儀，金支宿縣，鏞石潤響。命五神以相列，闢九關以集靈，警衛兵而關雲，先雨祇以灑路。霞凝生闕，煙起成宫，臺冠丹光，壇浮素靄。爾乃臨中壇，備盛禮，天降祥錫，壽固皇根，谷動神音，山傳稱響。然後辨年問老，陳詩觀俗，歸薦告神，奉遺清廟。光美之盛，彰乎萬古；淵祥之烈，溢乎無窮。豈不盛歟！臣等生接昌辰，肅懋明世，束教管聞，未足言道。且章志湮微，代往淪絶，拘採遺文，辨明訓詁，闕四字。篋訪鄒、魯，草縢書埋玉之禮，具竦石繩金之儀，和芝潤瑛，鐫璽乾封。懼弗軌屬上徽，燀當王則。謹奉儀注以聞。」詔曰：「天生神物，昔王稱愧。况在寡德，敢當鴻貺。今文軌未一，可停此奏。」

右宋文帝孝武帝封禪未行

梁武帝不行封禪

通典：梁武帝天監中，有請封會稽禪國山者，帝命諸儒草封禪儀，欲行之。著作佐郎許懋建議，上嘉納之，因推演懋議，稱制旨以答請者。由是遂止。

梁書許懋傳：懋除征西鄱陽王諮議兼著作郎，待詔文德省。時有請封會稽禪國山者，高祖雅好禮，因集儒學之士，草封禪儀，將欲行焉。懋以爲不可，因建議曰：「臣案舜幸岱宗，是爲巡守，而鄭引孝經鉤命決云『封於太山，考績柴燎，禪乎梁父，刻石紀號』。此緯書之曲説，非正經之通義也。依白虎通云，『封者，言附廣也；禪者，言成功相傳也』。若以禪授爲義，則禹不應傳啓至桀十七世也，湯又不應傳外丙至紂三十七世也。又禮記云：『三皇禪奕奕，謂盛德也。五帝禪亭亭，特立獨起於身也。三王禪梁甫，連延不絶，父歿子繼也。』若謂禪奕奕爲盛德者，古義以伏羲、神農、黄帝，是爲三皇。伏羲封太山，禪云云，黄帝封太山，禪亭亭，皆不禪奕奕，而云盛德，則無所寄矣。若謂五帝禪亭亭，特立獨起於身者，顓頊封太山，禪云云，帝嚳封太山，禪云云，堯封太山，禪云云，舜封太山，禪云云，亦不禪亭亭，若合黄帝以爲五帝者，少昊即黄帝子，又非獨立之義矣。若謂三王禪梁甫，連延不絶，父歿子繼者，禹封太山，禪云云，周成王封太山，禪社首，舊書如此，異乎禮説，皆道聽所得，失其本文。假使三王皆封太山，禪梁甫者，是爲封太山則有傳世之義，禪梁甫則有揖讓之懷，或欲禪位，或欲傳子，義既矛盾，理必不然。又七十二君，夷吾所記，此中世數，裁可得二十餘主：伏羲、神農、女媧、大庭、柏皇、中央、栗陸、驪連、赫胥、尊盧、混沌、昊英、有巢、朱襄、葛天、陰康、無懷、黄帝、少昊、顓頊、高辛、堯、舜、禹、湯、文、武，中間乃有共工，霸有九州，非帝之數，云何得有七十二君封禪之事？且燧人以前至周之世，未有君臣，人心淳朴，不應金泥玉檢，升中刻石，燧人、伏羲、神農三皇結繩而治，書契未作，未應有鐫文告成。且無懷氏，伏羲後第十六主，云何得在伏羲前封太山禪云云？夷吾又曰『惟受命之君然後得封禪』。周成王非受命君，云何而得封太山禪社首？神農與炎帝是一主，而云神農封太山禪云云，炎帝封太山禪云云，分爲二人，妄亦甚矣。若是聖主，不須封禪；若是凡主，不應封禪。當時齊桓欲行此事，管仲知其不可，故舉怪物以屈之也。秦始皇登太山中坂，風雨暴至，休松樹下，封爲五大夫，而事不遂。漢武帝宗信方士，廣召儒生，皮弁縉紳，射牛行事，獨與霍嬗俱上，既而子侯暴卒，厥足用傷。至魏明使高堂隆撰其禮儀，聞隆歿，歎息曰：『天不欲成吾事，高生舍我亡也。』晉武太始中欲封禪，乃至太康，議猶不定，竟不果行。孫皓遣兼司空董朝、兼太常周處至陽羨封禪國山。此朝君子，有何功德？不思古道而欲封禪，皆是主好名于上，臣阿旨于下也。夫封禪者，不出正經，惟左傳説『禹會諸侯于塗山，執玉帛者萬國』，亦不謂爲封禪。鄭玄有參、柴之風，不能推尋正經，專信緯候之書，斯爲謬矣。蓋禮云『因天事天，因地事地，因名山升中於天，因吉土享帝于郊』。燔柴岱宗，即因山之謂矣。故曲禮云『天子祭天地』是也。又祈穀一，報穀一，禮乃不顯祈報地，推文則有。樂記云：『大樂與天地同和，大禮與天地同節。和故百物不失，節故祀天祭地。』百物不失者，天生之，地養之，故知地亦有祈報，是則一年三郊天，三祭地。周官有圜丘、方澤者，總爲三事，郊祭天地，故小宗伯云『兆五帝於四郊』，此即月令迎氣之郊也。舜典有『歲二月東巡守，至于岱宗』，夏南，秋西，冬北，五年一周，若爲封禪，何其數也！此爲九郊，亦皆正義。至如大旅於南郊者，非常祭也。大宗伯『國有大故則旅上帝』，月令云『仲春玄鳥至，祀于高禖』，亦非常祭。故詩云『克禋克祀，以弗無子』。并有雩禱，亦非常祭。禮云『雩，禜水旱也』。是爲合郊天地有三，特郊天有九，非常祀又有三。孝經云：『宗祀文王于明堂，以配上帝。』雩祭與明堂雖是祭天，而不在郊，是爲天祀有十六，地祭有三，惟大禘祀不在此數。大傳云：『王者禘其祖之所自出，以其祖配之。』異于常祭，以故云大於時祭。案繫辭云：『易之爲書也，廣大悉備。有天道焉，有地道焉，有人道焉，兼三才而兩之，故六。六者非他，三才之道也。』乾彖云：『大哉乾元，萬物資始，乃統天。雲行雨施，品物流形，大明終始，六位時成。』此則應六年一祭，坤元亦爾。誠敬之道，盡此而備。至於封禪，非所敢聞。」高祖嘉納之，因推演懋議，稱制旨以答請者。由是遂停。

胡氏寅讀史管見：封禪之事，漢唐之君，往往行之，曾無一人建議明白如許懋者。賢哉懋乎！其學可謂正矣。漢唐以來，緯書行而經學弛，重以鄭玄博聞寡要，不知折衷於聖人，而惟緯書之信，世無稽古大儒稽古言以祛群惑，遂使有天下者于無事時肆其侈心，千乘萬騎，巡守侈費，登山琢石，夸大功德。或有秘祝，以祈不死，取笑當代，貽譏後來。彼梁武之資，未必如漢光武之英也，一聞懋言，遂遏欲行之意，推廣其義，以答請者，則賢于光武遠矣。使其舉措每如此，則金甌之業，何缺壞之有？

右梁武帝不行封禪

北齊文宣帝封禪未行

通典：北齊有巡守之禮，并登封之儀，竟不行。

名臣奏議：北齊文宣帝天保五年正月，制詔，問升中紀號。秀州長吏樊孝謙對曰：「臣聞巡岳之禮，勒在虞書；省方之義，著於易象。往帝前王，匪唯一姓，封金刊玉，億有餘人。仲尼之觀梁甫，不能盡識；夷吾之對齊桓，所存未幾。然盛德之事，必待太平，苟非其人，更貽靈譴。秦皇無道，致風雨之災；漢武奢淫，有奉車之害。及文叔受命，炎精更輝，四海安流，天下輯睦，劍賜騎士，馬駕鼓車，乃用張純之文，始從伯陽之説。至於魏晉，雖各有君，量德而處，莫能擬議。蔣濟上言於前，徒穢紙墨；袁準發論于後，終未施行。世歷三朝，年將十紀，啓聖之期，兹爲昌會。陛下以神武之姿，天然之略，馬多冀北，將異山西，涼風至，白露下，北上大行，東臨碣石。方欲吞巴蜀而掃崤函，苑長洲而池江漢，復恐迎風縱火，芝艾共焚。案此六軍，未申九伐，夫周發牙璋，漢馳竹使，義在濟民，非聞好戰。至如投鼠忌器之説，蓋是常談；文德懷遠之言，豈識權道？今三臺令子，六郡良家，蓄鋭須時，裹糧待詔。未若龍駕虎服，先收隴右之民；電轉雷驚，因取荆南之地。昔秦舉長平，金精食昴；楚攻鉅鹿，枉矢宵流。況我威靈，能無協讚？但使彼之百姓，一覩六軍，似見周王，若逢司隸。然後除其苛令，與其約法，振旅而還，止戈爲武，標金南海，勒石東山，紀天地之奇功，被風聲於千載。若令馬兒不死，子陽尚在，使欲案明堂之圖，草射牛之禮，比德論功，多慙往列。升中告禪，臣用有疑！」

右北齊文宣帝封禪未行

隋文帝不行封禪

隋書高祖本紀：開皇九年，陳國平。時朝野物議，咸願登封。秋七月丙午，詔曰：「豈可命一將軍，除一小國，遐邇注意，便謂太平。以薄德而封名山，用虚言而干上帝，非朕攸聞。而今以後，言及封禪，宜即禁絶。」冬十一月壬辰，考使定州刺史豆盧通等上表，請封禪，上不許。

禮儀志：自古帝王之興，皆稟五精之氣。每易姓而起，以致太平，必封乎泰山，所以告成功也。封訖而禪乎梁甫，梁甫者，泰山之支山卑下者也，能以其道配成高德。故禪乎梁甫，亦以告太平也。封禪者，高厚之謂也。天以高爲尊，地以厚爲德，增太山之高，以報天也，厚梁甫之基，以報地也。明天之所命，功成事就，有益于天地，若天地之更高厚云。記曰：「王者因天事天，因地事地。因名山升中於天，而鳳凰降，龜龍格。」齊桓公既霸而欲封禪，管仲言之詳矣。秦始皇既黜儒生，而封泰山，禪梁甫，其封事皆祕之不可得而傳也。漢武帝頗採方士之言，造爲玉牒，而編以金繩，封廣九尺，高一丈二尺。光武中興，聿遵其故。晉、宋、齊、梁及陳，皆未遑其議。後齊有巡守之禮，并登封之儀，竟不之行也。開皇十四年，群臣請封禪。高祖不納。晉王廣又率百官抗表固請，帝命有司草儀注。於是牛弘、辛彦之、許善心、姚察、虞世基等創定其禮，奏之。帝逡巡其事，曰：「此事體大，朕何德以堪之。但當東守，因拜岱山耳。」十五年春，行幸兖州，遂次岱岳。爲壇，如南郊，又壝外爲柴壇，飾神廟，展宫懸於庭。爲埋坎二，於南門外。又陳樂設位於青帝壇，如南郊。帝服衮冕，乘金輅，備法駕而行。禮畢，遂詣青帝壇而祭焉。

舊唐書禮儀志：隋開皇十四年，晉王廣率百官抗表，固請封禪。十五年，幸兖州，遂於泰山下爲壇，設祭，不升山而還。

右隋文帝不行封禪

唐高祖不行封禪

册府元龜：兖州刺史薛胄，以天下太平，登封告禪，帝王盛烈。遂遣博士登太山，觀古迹，撰封禪圖及儀，上之。高祖謙讓，不許。

右唐高祖不行封禪

唐太宗封禪未行

舊唐書太宗本紀：貞觀五年正月癸未，朝集使請封禪。

册府元龜：貞觀五年正月，朝集使、趙郡王孝恭等僉議，以爲天下一統，四夷來同，詣闕上表，請封禪。帝手詔曰：「省表具懷。自有隋失道，四海横流，百王之弊，于斯爲甚。朕提劍鞠旅，首啓戎行，扶翼興運，克成鴻業。遂荷慈睠，恭承大寶，每日昃思治，弗敢康寧。兢兢夕惕，用忘興寢，履薄馭朽，不足爲喻。賴三靈顯命，百辟同心，海外無塵，遠夷慕義。但流遁永久，凋殘未復，田疇多曠，倉廩猶虚，家給人足，尚懷多愧。豈可遽追前代，取譏虚美？所望恂恂濟濟，叶力盡誠，輔其不逮，致之王道。如得雅頌形于金石，菽粟同於水火，反朴還淳，當如來議。」十二月己亥，朝集使、利州都督武士彠等詣朝堂，又上表請封禪。帝曰：「隋末分離，群凶競逐。我提三尺劍，數年之間，正一四海，是朕武功所定也。突厥强梁，世爲紛更，今乃襲我衣冠，爲我臣吏，殊方異類，輻輳鴻臚，是朕文教所來也。突厥破滅，君臣爲俘，安養之情，同于赤子，是朕仁愛之道也。林邑貢能言鳥，新羅獻女樂，憫其離本，皆令反國，是朕敦本也。酬功録效，必依賞格，懲惡罰罪，必據刑書，割親愛，捨嫌隙，以弘至公之道，是朕崇信也。非朕苟自矜伐，欲明聖人之教，不徒然也。比年穀稼頻登，疾疢不作，誠宜展禮名山，以謝天地。但以喪亂之後，民物凋殘，憚于勞費，所未遑也。」

舊唐書禮儀志：貞觀六年，平突厥，年穀屢登。群臣上言，請封泰山。太宗曰：「議者以封禪爲大典，如朕本心，但使天下太平，家給人足，雖闕封禪之禮，亦可比德堯、舜；若百姓不足，夷狄内侵，縱修封禪之儀，亦何異于桀、紂？昔秦始皇自謂德洽天心，自稱皇帝，登封岱宗，奢侈自矜。漢文帝竟不登封，而躬行儉約，刑措不用，今皆稱始皇爲暴虐之主，漢文爲有德之君，以此而言，無假封禪。禮云『至敬不壇』，掃地而祭，足表至誠，何必遠登高山，封數尺之土也！」侍中王珪曰：「陛下發德音，明封禪本末，非愚臣之所及。」祕書監魏徵曰：「隋末大亂，黎民遇陛下，始有生望。養之則至仁，勞之則未可。升中之禮，須備千乘萬騎，供帳之費，動役數州。户口蕭條，何以能給？」太宗深嘉徵言，而中外表章不已。上問禮官兩漢封山儀注，因遣中書侍郎杜正倫行太山上七十二帝壇迹。是年，兩河水潦，其事乃寢。

大唐新語：貞觀中，百官上表，請封禪。太宗許焉，唯魏徵切諫，以爲不可。太宗謂魏徵曰：「朕欲封禪，卿極言之，豈功不高耶？德不厚耶？遠夷不服耶？嘉瑞不至耶？年穀不登耶？何爲不可？」徵對曰：「陛下功則高矣，而人未懷惠；德雖厚矣，而澤未旁流；諸夏雖安，未足以供事；遠夷慕義，未足供其求；符瑞雖臻，罻羅猶密；積歲一豐，倉廩尚虛。此臣所以竊謂未可。臣未能遠譬，但喻于人。今有人十年長患瘵，治且愈，皮骨僅存，便欲使負米一石，日行百里，必不可得。隋氏之亂，非止十年。陛下之良醫，除其疾苦，雖已人安，未甚充實。告成天地，臣竊有疑。且陛下東封，萬國咸集，要荒之外，莫不奔走。自今伊洛，洎于海岱，灌莽巨澤，茫茫千里，人煙斷絶，雞犬不聞，道路蕭條，進退艱阻，豈可引彼夷狄，示之虛弱，殫府竭財，未厭遠人之望。加年給復，不償百姓之勞，或水旱之災，風雨之變，庸夫橫議，悔不可追，豈獨臣言，兆人咸爾。」太宗不能奪，乃罷封禪。

貞觀政要：太宗謂房玄齡曰：「封禪是帝王盛事，比表請者不絶，公等以爲何如？」魏徵對曰：「帝王在德，不在封禪。自喪亂以來，近泰山州縣，凋殘最甚。若車駕既行，不能全無使役，此便是因封禪而勞役百姓。」太宗曰：「封禪之事，不自取功績，歸之於天。譬如玄齡等功臣，雖有益于國，能自謙讓，歸之于朕，豈似不言，而欲自取。今向泰山，功歸于天，有似于此。然朕意常以嵩高既是中嶽，何謝泰山？公等評議。」

册府元龜：貞觀六年，公卿百寮，以天下太平，四夷賓服，詣闕請封禪者，首尾相屬。帝不許，嘗從容而言曰：「朕本諸公子也，始望不及此屬。天下喪亂，遂有救焚拯溺之志。義師入關之始，群凶鼎沸，當此之時，但得三分天下，亦爲足矣。朕以不武，内稟太上皇之謀，外假士大夫之力，數年之間，六合大定，升中告禪，信亦其時。然朕往昔，蒙犯霜露，遂嬰氣疾，但恐登封之後，彌增誠懼，有乖營衛，非所以益朕也。少欲自怡，用安年壽，公卿等勿復爲言。」

舊唐書禮儀志：貞觀十一年，群臣復勸封山，始議其禮。于是國子博士劉伯莊、睦州刺史徐令言等，各上封禪之事，互設疑議，所見不同，多言新禮中封禪儀注，簡略未周。太宗敕祕書少監顔師古、諫議大夫朱子奢等，與四方名儒博物之士參議得失。議者數十家，遞相駁難，紛紜久不決。于是左僕射房玄齡、特進魏徵、中書令楊師道，博採衆議堪行用而於舊禮不同者奏之。其議昊天上帝壇曰：「將封先祭，義在告神，且備謁敬之儀，方展慶成之禮。固當於壇下陛，豫申齊潔。贊享已畢，然後登封。既表重慎之深，兼示行事有漸。今請祭於泰山下，設壇以祀上帝，以太祖景皇帝配享。

壇長一十二丈，高一丈二尺。」又議製玉牒曰：「金玉重寶，質性貞堅，宗祀郊禋，皆充器幣，豈嫌華美，實貴精確。況乎三神壯觀，萬代鴻名，禮極殷崇，事資藻縟。玉牒玉簡，式緼靈奇，傳之無窮，永存不朽。今請玉牒長一尺三寸，廣厚各五寸。玉簡厚二寸，長短闊狹一如玉牒。其印齒請隨璽大小，仍纏以金繩五周。」又議玉策曰：「封禪之祭，嚴配作主，皆奠玉策，肅奉虔誠。今玉策四枚，各長一尺三寸，廣一寸五分，厚五分。每策五簡，俱以金編。其一奠上帝，一奠太祖座，一奠皇地祇，一奠高祖座。」又議金匱曰：「登配之策，盛以金匱，歸格藝祖之廟室。今請長短令容玉策，高廣各六寸。形制如今之表函。纏以金繩，封以金泥，印以受命璽。」又議方石再累曰：「舊藏玉牒，止用石函，亦猶盛書篋笥〔二〕，所以或呼石篋。今請方石三枚，以爲再累。其十枚石簡，刻方石四邊而立之，纏以金繩，封以金泥，印以受命璽。」又議泰山上圜壇曰：「四出開道，壇場通議。南面入升，於事爲允。今請介丘上圜壇廣五丈，高九尺，用五色土加之。四面各設一陛。御位在壇南，升自南階，而就上封玉牒。」又議圜壇上土

〔二〕「篋」，原作「筴」，據光緒本、舊唐書禮儀志三改。

封曰：「凡言封者，皆是積土之名。利建分封，亦以班社立號，謂之封禪，厥義可知。今請于圜壇之上，安置方石，璽緘既畢，加土築以爲封。高一丈二尺，而廣二丈，以五色土益封，牒書藏于其内。祀禪之所土，封制亦同此。」又議玉璽曰：「謹詳前載方石緘封，玉檢金泥，必資印璽，以爲祕固。今請依令用受命璽以封石檢。其玉檢既與石檢大小不同，請更造璽一枚，方一寸二分，文同受命璽，以封玉牒。石檢形制，依漢建武時故事。」又議立碑曰：「勒石紀號，顯揚功業，登封降禪，肆覲之壇，立碑紀之〔一〕。」又議設告至壇曰：「既至山下，禮行告至，柴于東方上帝，望秩遍禮群神。今請其壇方八丈一尺，高三尺，陛仍四出。其禪方壇及餘儀式，請從今禮。仍請柴祭、望秩，同時行事。」又議廢石闕及大小距石曰：「距石之設，意取牢固，本資實用，豈云彫飾。今既積土厚封，足與天長地久。其小距環壇，石闕迴建，事非經誥，無益禮儀，煩而非要，請從減省。」太宗從其議，仍令附之於禮。

顔師古傳：帝將有事泰山，詔公卿博士雜定其儀，而論者爭爲異端。師古奏：

〔一〕「紀之」，原脱，據光緒本、舊唐書禮儀志三補。

「臣諜定封禪儀注書在十一年，于時諸儒謂爲適中。」于是以付有司，多從其説。

册府元龜：貞觀十四年十月甲戌，趙王元景等表請封禪，奏曰：「夫功成道合，古今以爲隆平；登封降禪，聖賢謂之大典。是以出震則天之后，革夏變商之君，繼韶夏而施尊名，崇號謚而廣符瑞，顧遲遲焉，群臣區區，誠爲此也。原夫大始云構，生靈厥萌，黎庶布乎穹壤，皇王司其右契。遐哉上古，以迄於兹，歷選休徵，未有如今日之盛也。所以敢罄窺管，無懼觸鱗，瀝膽披肝，言亦備矣；援天引聖，辭亦殫矣。幸蒙亭育之澤，降以聽覽之恩，大賚雖敷，猶申後命，未便涣汗，方事逡巡，懷生之徒，不遑寧處。伏乞皇帝陛下，則天成務，應物爲心，協三才之會昌，乃霈然而動色，遂萬姓之延首，俯凝旒而改容，雖復龍圖告徵，龜書襲吉，尚諮諏于四岳，建明謨于兆人。欲使六合之中，沃心通于朝野；八紘之内，下問浹于華戎。凡在人靈，疇無抃躍。今兹百辟咸集，九有攸同，並執玉以來庭，俱式歌而且舞，遠則重譯僉議，近則端笏參謀，欣覩增天之高，願逢加地之厚，絶域忘生而越險，華髮忍死而爭趨，中外之心克諧，愚智之情允睦。掌故事者，草登封而待期；執羈靮者，儼車徒而俟命。庶官率職，三事夙興，遠邇昌言，明靈幽贊，莫不傾視俯聽，希陪肆覲之禮，效祉呈祥，欽承告成之慶。山稱萬歲，企和鑾而發奇；雲浮五彩，佇華蓋而交蔭。兩儀之情轉迫，萬國之望愈深。臣又聞之，屈己從衆，至人所以稱仁；綸言顯發，哲王以之敷信。昨奉明詔，許以試之，實降皇情，俯同人欲。寬仁之利斯博，示信之道宜弘。即日庶尹馳心，咸奉章而守闕；列藩翹足，各伏地以祈恩。所冀天慈，深加昭察，制可群寮之奏，剋以發軫之期。頒示普天，申明絕典，使夫一時之士，欣獨高于萬代，八荒之酋，荷周露于再造。則臣等死日，猶生之年，不任誠懇之至。謹與連率方牧等奉表詣闕〔一〕，固請以聞。」帝沖讓不許，至于再三。於是下詔曰：「自古明王，君臨區宇，功濟天下，道被生民，内外無虞，年穀豐稔。莫不歸功上玄，致禮厚地，騰茂實于六合，飛英聲于百代。今公卿在列，屢屬虛心，岳牧具僚，固陳僉願，理在難奪，敬依來請，顧循諸己，仍懷慙德。」

唐書太宗本紀：貞觀十五年四月辛卯，詔以來歲二月，有事于泰山。六月己酉，有星孛于太微。丙辰，停封泰山。

唐書禮樂志：唐太宗已平突厥，年穀屢豐，群臣請封太山。太宗初頗非之，已而

〔一〕「率」，原作「牽」，據光緒本、册府元龜卷三五改。

遣中書侍郎杜正倫行太山上七十二君壇迹，以是歲兩河大水而止。其後群臣言封禪者多。至十五年，將東，幸行至洛陽，而彗星見，乃止。

册府元龜：貞觀十五年三月庚辰，肅州言所部川原遍生芝草。先是，百僚及雍州父老詣朝堂上表，請封禪。四月辛卯朔，下詔曰：「肇有蒸庶，樹之司牧，載籍所紀，風烈猶存。至于道洽品物，功成宇縣，天眷彰于符瑞，人事表于隆平，莫不增封岱宗，廣禪梁甫，榮鏡六合，對越三神。前聖所以垂其尊名，後王所以仰其休烈，蓋由此也。自火德既衰，三光分裂，金行失御，九鼎沈淪，諸華競逐，彝倫大壞。雖周室削平趙魏，隋氏混一文軌，而金革之事，未戢于封疆，雅頌之音，弗聞於朝廷。遂使至教闕如，淳風莫反，齊郊絶類帝之禮，日觀缺升中之儀，其已久矣。朕丕膺景命，嗣守洪基，承大亂之餘，當率土之責，負扆興惕，納隍在慮，上憑宗社之靈，下資士庶之力。草昧伊始，援干戈以靖亂；區夏既平，引禮樂以緯俗。尉候無警，菑畬有年，比屋咸保其歡，含氣不違其性。殊方異域，盡地界而來庭；應圖合牒，殫天符而表瑞。緬懷前載，詳求諸己，豈伊寡德，能致此乎？固乃上玄所叶贊也。而群公卿士，百辟庶僚，因陳人祇之意，請遵封禪之典，推而不居，至於數四。文武之情彌切，内外之議日聞，誠請頻繁，淹歷年載。朕繼迹百王，因心萬物，上奉蒼昊，義在薦功，下撫黎元，方祈厚福。既迫兹理，敢不祇從！猥以眇身，齊美上代，永言夙志，凛乎增惕。可以來年二月有事泰山。所司宜與公卿并諸儒士及朝臣有學業者詳定其儀。博考聖賢之旨，以允古今之中，務盡誠敬，稱朕意焉。」于是詔太常卿韋挺爲簡較封禪大使，禮部侍郎令狐德棻副焉。朝廷參議其儀，異端競起。祕書少監顏師古乃奏稱：「臣撰定封禪之禮書在十一年春，于時諸儒參詳，以爲適中。」詔公卿定其可否，多從師古之禮。六月己酉，有星孛於太微宫，犯帝位。辛亥，朝散大夫行起居郎褚遂良進曰：「陛下撥亂反正，功超前烈。告成升岳，天下幸甚。而行至雒陽，彗星輒見，此或有所未允合者也。且漢武優柔數年，始行岱禮。臣愚伏願詳擇。」丙辰，詔曰：「自古皇王，受天之命，建顯號於封禪，揚洪名於竹帛者，莫不功濟夷夏，道叶人祇。然登太山之高，刊梁甫之石，未有七德靡記，九部寂寥，而欲齊聲於聖哲，垂美於篆籀者也。朕承宗廟之重，當區宇之責，寅畏三靈，憂勤萬姓。雖戡剪禍亂，克定遐荒，而至教猶鬱，刑典未厝。勝殘之化，未洽于率土；和平之風，多慙于往烈。是以覽經籍而自失，想壇場而增懼，亟寢縉紳之奏，屢拒公卿之請，逡巡大典，荏苒歷載。近者文武百僚，州縣庶尹，頻繁抗表，殷勤固陳，咸以爲兩儀交泰，四夷賓服，禮讓興行，年穀豐稔。蒼昊呈符于上，靈符不可以久替；黎獻協心于下，衆欲不可以固拒。朕迫兹群議，敢不敬從。欲薦功上玄，大報后土，升中之儀已具，省方之期有日。今太史奏有彗星出於西方，朕撫躬自省，深以戰慄，良由功業之被六合，猶有未著，德化之覃八表，尚多所闕。遂使神祇垂祐，警戒昭然。朕畏天之威，寢興靡措。且曠代盛典，禮數非一，行途之間，勞費不少，冬夏凋弊，多未克復。將送儀仗，轉運糧儲，雖存節省之義，終煩黎庶之力，非唯上虧天意，亦恐下失人心。解而更張，抑有故實。前以來年二月有事太山，宜停。庶夙夜自修，遂其罪己之志；勤恤匪懈，申其納隍之情。倘蒙靈祇迴睠，宗社介福，朝廷同于大道，風俗歸于朴素，告成之美，更思其宜。仍命所司，太山有前代帝王，因封禪立碑及石函、檢之類，往遭離亂，被賊毁發，並修立瘞藏之。」

二十年十一月，司徒長孫無忌與百官及方岳等上表請封禪，不許。司徒長孫無忌與百僚又請封禪，詔曰：「朕念遠役初寧，頗須休息。深知所請，甚合機宜，即事省方，恐生勞擾。俟百姓閑逸，可徐議之。」十二月己丑，司徒長孫無忌等又詣順天門抗表，請封禪，曰：「臣聞陰陽不測，陶冶生靈之謂神；道德玄通，仁育黎元之謂聖。聖也者,自天之攸縱也;神也者,代天之理物也。是以惟天稱辟,靈心作其會昌;惟辟奉天,至誠表其封禪。升中之道,抑斯之謂歟!由是先王急焉,當仁不讓,景中必彗,時至則行,務在告于成功,故無俟于終日。伏見綸旨,辭遠役之初寧;緩此嘉期,託俟人之逸豫。豈容前歌拔拒,戢武之後辭勞;拓境開疆,太平之秋有勸。誠如睿慮,未昭百姓之心;假此空言,實乖千里之應。臣等伏膺麟閣,縱觀太始之初;沈研鳥文,歷選櫓巢之上。悠悠粟陸,未辨犧牲,淼淼大庭,孰知罇俎。衮衣爲飾,尚報太帝之功;茹毛充薦,輕展介丘之禮。西敘窮乎積石,東漸迫乎滄江,化未覃于九夷,貢有闕于三脊,猶且範圍天地,斡運羲舒。揚翠旌于奉高,撫朱絃于岱岳,迓百神而賓上帝,契三靈而謁太壇。玉牘靈文,飛英華于萬古;金繩祕檢,騰清輝于八埏。是知紀號垂名,崇高莫加于肆類;推功輯瑞,廣厚莫大于登封。若乃靈貺所集,人謀允洽,雖固執於撝謙,諒無得而辭也。伏惟皇帝陛下,研精探賾,神無不照。唯幾所鑒,洞出象帝之初;先天成則,超貫混元之際。由是大明揚彩,麗雕軒以再中;景宿騰輝,藻璇題以霄映。奔山車而疊軫,促日馭之鳴鑾;躍澤馬而相趨,徵天駟之徐軔。煙川清野,蓄洩于奕奕之阿；薰風警途〔一〕，扇蕩于云云之嶠。其冥兆也如彼，其顯應也若斯。而陛下因事逡巡，方稽大典，使尊名顯號，韜光于琰碑，絶異殊尤，沮絢于瓊簡。孰謂畏天之命，順人之欲者歟？率土悽悽，深所未喻。臣又聞之，游海若者，馮夷之宫爲陋；登太山者，魯侯之邦蓋小。是知絳霄不極，九垓網絡于胸中；赤縣無涯，四海括囊於度内。何者？升山巢睫，竊比所以懸殊；朝菌靈椿，長短自然相度也。若夫大樂云替，封豨盜鐘；大禮既湮，長鯨裂冕。酌撫石于無體，鈞天之響鬱興，採掃地于無形，禋宗之道愈劭，則女希慙其創制，軒后歸其正名矣。至若比屋見誅，農夫化爲京觀；稟噍無類，芻牧窮于染鍔。重興粒食，頒栖畝之餘糧；首建騶驌，詠徒行之兼乘。則農皇貶于推轂，羲氏退以扶輪矣。既而凝旒闡化，中外禔福，負扆勝殘，飛沈遂性。亭育侔于宇宙，就望體于雲日。荷其德以難名，用其功而無謝，故乃邈高辛之順義，孕顓頊之疏通矣。加以刑清政肅，委金科而罔施；毁犴空囹，設畫衣而莫犯。通關梁于夐服，共苑囿于黎蒸。擊壤而謡，傳清音于戎狄；耕田而食，建可封于皂隸。外户

〔一〕「警」，諸本作「驚」，據册府元龜卷三三五改。

設而不扃，神獸馴而靡觸。故以光融伊帝，景焕虞庭，至于卑宫菲膳，孝享通于鬼神，大路越席，致敬極于嚴配。黄屋建三辰之旂，垂範裕于千祀；元冔垂九旒之藻，設法懸于萬代。小正調其玉燭，應祥蓂而不虧；中天朗其金鏡，與真明而同晷。則文命以是伏膺，玄玉于兹負笈矣。洎乎翦商除害，夷項銐災，戮冀野而復皇猷，誅疇華而清帝道。提倚天之長劍，拯塗炭于遊魂；揮駐日之雕戈，暢懷生于仁壽。則駭文武之仍代，吞高光之累葉矣。詮彼數君，時聞一善，能兼之者，實歸仁聖。若乃提封海外，總一寰中，日域窮芳華之津，月竁跨濛波之表。顒顒向内，並爲冠帶之倫；飄飄駕風，總萃王庭之會。賚北荒之明月，牣天府以摛光，筐南州之火毛，纛旗亭而吐曜。龍伯釣鼇之旅，咸編列于武臣；鳳洲君子之渠，各委質于文吏。斯乃書契之所未覩，超古先而絶類矣。竊惟域中三大，義均一體，感通由乎影響，彌綸切乎交際。是知德逾厚者貺逾深，功尤高者祥尤著。當今皞穹儲祉，浹天紘以宅心；后土錫符，總坤維而服化。由是百官累息，萬國聳神，僉發叩閽之請，佇副上靈之望。伏願時紆睿紱，遠振天聲，徵鴻儒，聘鯢齒，考逸義，緝遺編，摭秦煨之逸文，採魯壁之餘蠹，酌雲經而定議，憲河圖而繕儀。然後玉路乘春〔一〕，金鑣肅景，五牛翻其折羽，六龍輝其鏤鍚，鼓豐隆而警翠微〔二〕，振列缺而清緑野。疑笳發岫，合萬歲于山言；飛蓋登巒，錯五松于林秀。登圜壇而接武，降曜魄而齊尊。俾夫一代衣冠，寘其名于册府；四方夷狄，鑿其竅于靈宫。則普天欣賴，懷生再造，朝聞夕死，抃若登仙。臣等深荷玉成，不勝至願，重竭愚瞽，昧死以聞。」詔曰：「朕遐觀哲王，焕在方册。功既成矣，咸禮備以升中；道既行焉，必奉符而告禪。所以發揮天命，昭格上靈。其有建顯號以創鴻徽，施尊名而騰茂烈者，莫不揚輝于鏤玉，絢景于塗金，昭昭然麗三辰而並運，滔滔焉播四冥而極深。朕誠寡德，良深景慕。曩者氓俗凋弊，國步甫安，勉致隆平，日不暇給。而槐卿守闕，請繼美于云、亭；岳牧叩閽，祈踵武于梁、岱。自惟菲薄，至道未凝，抗禮皡穹，實懷疑懼。緬尋幼齒，運鍾交喪，忘其家以狥天下，委其體以濟寰中。翊戴先皇，削平諸夏，出於萬死，首導五横之源，不顧一生，光錫兆人之命。越自罏炭，獲返營魂，拔於鬼

〔一〕「玉」，原作「五」，據光緒本、册府元龜卷三三五改。
〔二〕「警」，諸本作「驚」，據册府元龜卷三三五改。

録，並登仁壽。竊惟天地之大德，存於施生。朕以徑寸之懷小心，襲於造育，降期體泰，諒或繇兹。不然者，何能致於此也！遂得池隍象浦，苑囿龍沙，置一侯於鵜林，同六爻於鰈水，實資天睠，賁以咸亨，豈朕微庸而能及此？今兹列辟卿士，鴻生碩德，各述靈徵，累陳丹款，既迫群議，當事敬從。」乃詔有司廣召縉紳先生，議方石圜壇之制，草封禪射牛之禮，修造羽儀輦輅，並送之雒陽宫。

唐書太宗本紀：貞觀二十一年正月丁酉，詔以來歲二月有事於泰山。八月，泉州海溢。壬戌，停封泰山。

册府元龜：貞觀二十一年正月丁酉，詔曰：「朕聞天高地大，首播黎方；嬀、皇、燧人，肇恭玄籙。是知施生爲德，處崇高而不言；亭毒攸資，委欽明以司契。洎乎三正迭建，五運相遷，休烈存乎典、墳，至道流乎雅、頌。其有仰齊七政，俯會百神，察靈眷于祥符，報玄功于昭告〔一〕，莫不罄情梁、岱，繼踵云、亭。對越兩儀，盡先聖之能事；揚蕤三統，垂曩哲之尊名。懸鏡天衢，罔不繇於此也。自中陽絶組，堙白水於窮流；宫

〔一〕「報」，原作「服」，據光緒本、册府元龜卷三五改。

孽紹興，阻黄星于天塹。永嘉東播，化金馬以爲牛；道武南徂，飛蒼鵝以登祚。周吞岳裔，逮三葉而巢傾；隋并舜後，及二帝而舟覆。莫不以凶易亂，以暴代昏，各肆巨蠹之心，規享上靈之佑，卻行求進，其可得乎？由是寂寥千祀，無懷之風不嗣；泯棄七經，子長之言殆絶。遂使成山日觀，久闕升中之儀；汶上明堂，疇聞類帝之義。顧瞻禮樂，深有可嗟。朕幼踐危機，愍斯窮運，上同負翼，下靡息肩，負荷休徵，投旗鞠旅，肅恭儲祉，吟雲躍鱗，順朱鳥以行誅，騫丹鳳而遐舉。射九烏而懸日月，區品物以煦陽和，鍊五石以造乾坤，濟摧角以全眉壽。於是尊奉先帝，凝旒于廟堂；躬履兵鋒，憂勤于燮輔。既而仰逼威命，俯順樂推，越自唐侯，言膺下武，深惟憂責之重，自勗若厲之懷。遂致靈貺無涯，剪毛頭而降錫；遊魂削衽，盡窮髮以開疆。東苑蟠桃，西池昧谷，咸覃正朔，並充和氣。較凝禎於往代，窮今古而罕聞；考光澤於前皇，罄練緗而莫覩。豈朕眇身，勤勞所逮，諒由高明垂鑒，祚此隆平。今兹三事大夫，百僚庶尹，各述天人之意，請躡封禪之蹤。顧惟寡薄，推而不有，杜絶群言，至於數四。中外之情尤切，企竚之望逾深。朕又詳思，荷財成於穹昊，自古賢哲，並歸功於大帝。迫斯至理，弗獲固辭，展禮上玄，實增慙懼。可以貞觀二十二載仲春之月，式遵故實，有事於泰山。諸内外具僚，岳牧卿士，既相敦喻，將事告成。各罄乃心，無虧政道，恪居職務，以協時雍。所司宜與縉紳先生、載筆圓冠之士，詳求通典，裁其折中，深加嚴敬，稱朕意焉。乃令天下諸州，明揚仄陋，其有學藝優洽、文蔚翰林、政術甄明、才膺國器者，並宜總集太山，庶令作賦擲金，不韞天庭之揆，披褐懷玉，無溺屠釣之間。務得英奇，當加不次也。」遣太常卿楊師道爲簡較封禪大使，户部侍郎盧承慶爲副。後改令禮部尚書江夏郡王道宗爲大使。司空梁國公房玄齡等議云：「梁甫、社首二山，並是古昔禪祭之所去。十五年議奏，請禪梁甫，今更奉詔詳議。梁甫去太山七十里，又在東南，至於行事，未爲穩便。社首去太山五里，是周家禪處。臣等參詳，請禪社首。」有詔依奏，餘並依十五年議。八月壬戌，詔曰：「朕聞探玄賾者，先實而後賓；體至公者，本仁而末禮。名歸於己，往哲存而弗務；德利於人，前聖徇而爲急。是用範圍天地，權輕重以會時宜；取則陰陽，適變通以從衆欲。由古之封禪，無奪事機，所謂奉天，咸資務隙。朕仰窺前志，歷選哲王，無懷、有巢，緬逾繩契之末，龜文鳳紀，越在俎豆之先。扣寂寞以傳疑，故可略而言也。至如三元立統，百物正名，步驟之軌非遥，損益之源可挹。雖堯心廣運，局疆域於流沙；禹迹遐宣，限隄封於碣石。猶且先引即叙，次展玉帛之儀；首創賓門，方備云、亭之典。告成之義，罔弗由兹。況朕奄有方輿，闔域該於千古；仰承靈貺，降福超於百王。巨海所環，莫非臣妾；長河攸括，並入封疆。日者夷夏同文，禎符狎至，謂可鳴鑾日觀，勒牒仙閭。許以來春，親行告禪。而今延陁一姓，流竄西陲，控弦萬計，初歸正朔，新就縶維。又以公卿庶僚，各陳誠請，遂有翠微之役，非無版築之勞。既而山谷阻深，朝宗有礙，重披丹懇，請建玉華。且復頻有興造，恐致煩勞，兼聞河北數州，頗傷淹澇。朕爲人父母，思濟黎元，順動升中，理無兼遂。其介丘之禮，宜且權停；其玉華宫制度，務從菲薄，更令卑陋，庶免風雨，稱朕意焉。」

唐書謝偃傳：太宗時，偃爲弘文館直學士，撰玉牒真紀，以勸封禪。

唐實録：貞觀五年正月，朝集使趙郡王孝恭等請封禪，手詔不許。十二月己亥，朝集使表請，帝曰「未遑」。六年，百僚又請，不許。十一年，帝將有事封禪，國子博士劉伯莊等皆上封禪事，言新禮簡略，敕名儒及顔師古、朱子奢參議得失，議者數十家，遞相駁難，不決。于是玄齡、徵、師古，采衆議，以爲永式。十四年十月甲戌，趙王元景等表請，壬辰，詔從。十五年三月庚辰，肅州言所部川原遍生芝草。

先是，百僚及雍州父老詣朝堂表請。四月辛卯朔，詔以來歲二月有事於泰山。詔太常卿韋挺爲檢校封禪大使，禮部侍郎令狐德棻副焉。秘書少監顔師古奏：「臣撰禮書在十一年春，詔公卿定可否。」多從師古之禮。六月己酉，有星孛太微宫。辛亥，起居郎褚遂良進曰：「行至洛陽，彗星輒見，或有未允合者。」丙辰，停封泰山。

容齋隨筆：漢光武建武三十年，車駕東巡，群臣上言，即位三十年，宜封禪泰山。詔曰：「即位三十年，百姓怨氣滿腹，吾誰欺，欺天乎？何事汙七十二代之編録？若郡縣遠遣吏上壽，盛稱虚美，必髡，令屯田。」從此，群臣不敢復言。後二年，上齋，夜讀河圖會昌符，曰：「赤劉之九，會命岱宗。」感此文，乃詔梁松等，案索河雒讖文言九世封禪事者，遂奏三十六事。于是求武帝元封故事，以三月行封禪禮。唐太宗貞觀五年，群臣以四夷咸服，表請封禪，詔不許。六年，復請，上曰：「卿輩皆以封禪爲帝王盛事，朕意不然。若天下乂安，家給人足，雖不封禪，庸何傷乎？昔秦始皇封禪，而漢文帝不封禪，後世豈以文帝之賢不及始皇耶？且事天掃地而祭，何必登太山之巔，封數尺之土，然後可以展其誠敬乎？」已而欲從其請，魏鄭公獨以爲不可，發六難以爭之，至以爲崇虚名而受實害。會河南北大水，遂寢。十年，復使房喬裁定其禮，將以十六年二月有事于太山，會星孛太微而罷。予謂二帝，皆不世出盛德之主，灼知封禪之非，形諸詔誥，可謂著明。然不能幾時，自爲翻覆。光武感于讖記，太宗好大喜名。以今觀之，蓋所以累善政耳。

蕙田案：漢光武、唐太宗，皆一代令主，灼知封禪之非，而不免爲累。一則惑於讖記，卒毅然行之；一則上下往復，歸於中止。然光武之興也，何由知非？僕本以讖爲始事，故深信不疑。雖初有欺天之語，而亦不顧其心事，固坦然明白也。若太宗非力不能行，特以終非盛德之舉，雖四方獻諛，議協盈廷，不過藉以頌述功德爲快心之事，故時與答敕而姑從之，意在居其美而謝其名，其用心更爲深遠也。不然，以貞觀之時，何難舉此一事，豈彗星、河決之所可止？而鄭公所得而爭哉？二主之心迹，自不同矣。

右唐太宗封禪未行

五禮通考卷五十一

吉禮五十一

四望山川附封禪

唐高宗封禪

通鑑：顯慶四年六月，詔許敬宗議封禪儀，敬宗請以高祖、太宗俱配昊天上帝，太穆、文德二后並配地祇，從之。

唐書高宗本紀：麟德元年七月丁未，詔以三年正月有事于泰山。

册府元龜：麟德元年七月丁未朔，詔宜以三年正月式遵故實，有事于岱宗。所司詳求茂典，以從折衷。其諸州都督、刺史以二年十二月便集岳下，諸王十月集東都，緣邊州府襟要之處，不在集限。天下諸州，明揚才彦，或銷聲幽藪，或藏器下僚，並隨岳牧舉送。九月乙丑，詔曰：來年行幸岱宗，州縣不得浪有煩擾。其水淺可涉，不可繕造橋梁；所行之處，亦勿開道路；諸州及寺觀并百姓不得輒獻食。

唐書高宗本紀：麟德二年二月壬午如東都，十月丁卯如泰山。

舊唐書高宗本紀：麟德二年春正月壬午，幸東都。丁酉，幸合璧宫。甲子，以發向泰山，停選。五月，以司空、英國公李勣，少師、高陽郡公許敬宗，右相、嘉興縣子陸敦信，左相、鉅鹿男竇德玄爲檢校封禪使。冬十月戊午，皇后請封禪。司禮太常伯劉祥道上疏請封禪。丁卯，將封泰山，發自東都。十一月丙子，次于原武，以少牢祭漢將紀信墓，贈驃騎大將軍。十二月丙午，御齊州大廳。乙卯，命有司祭泰山。丙辰，發靈巖頓。

册府元龜：麟德二年十月丁卯，帝發東都赴東岳，從駕文武兵士及儀仗法物相繼數百里，列營置幕，彌亘郊原。突厥、于闐、波斯、天竺國、罽賓、烏萇、崑崙、倭國及新羅、百濟、高麗等諸蕃酋長各率其屬扈從，穹廬氈帳及牛羊駝馬填候道路。是時頻歲豐稔，斗米至五錢，豆麥不列于市，議者以爲古來帝王封禪未有若斯之盛者也。十二月丙午，至齊州，停十日。丙辰，發靈巖頓，至于太岳之下。庚申，帝御行宫牙帳，以朝群臣。

唐書高宗本紀：乾封元年正月戊辰，封于泰山，禪于社首，以皇后爲亞獻。壬申，大赦改元。

禮樂志：高宗乾封元年封泰山，爲圓壇山南四里，如圜丘，三壝，壇上飾以青，四方如其色，號封祀壇。玉策三，以玉爲簡，長一尺二寸，廣一寸二分，厚三分，刻以金文。玉匱一，長一尺三寸，以藏上帝之册；金匱二，以藏配帝之册。纏以金繩五周，金泥、玉璽，璽方一寸二分，文如受命璽。石䃮以方石再累，皆方五尺，厚一尺，刻方其中以容玉匱。䃮旁施檢，刻深三寸三分，闊一尺，當繩刻深三分，闊一寸五分。石檢十枚，以檢石䃮，皆長三尺，闊一尺，厚七分；印齒三道，皆深四寸，當璽方五寸，當繩闊一寸五分。檢立于䃮旁，南方、北方皆三，東方、西方皆二，去䃮隅皆一尺。䃮纏以金繩五周，封以石泥。距石十二，分距䃮隅，皆再累，皆闊二尺，長一丈，斜刻其首，令與䃮隅相應。又爲壇于山上，廣五丈，高九尺，四出陛，一壝，號登封壇。玉檢、玉牒、石礎、石距、玉匱、石檢皆如之。爲降禪壇于社首山上，八隅、一成、八陛如方丘〔一〕，三壝。上飾以黄，四方如其色，其餘皆如登封。其議略定，而天子詔曰：「古今之制，文質不同。今封禪以玉牒、金繩，而瓦尊、匏爵、秸席，宜改從文。」於是昊天上帝褥以蒼，地祇褥以黄，配褥皆以紫，而尊爵亦更焉。是歲正月，天子祀昊天上帝于山下之封祀壇。以高祖、太宗配，如圜丘之禮。親封玉册，置石礎，聚五色土封之，徑一丈二尺，高九尺。已事，升山。明日，又封玉册于登封壇。又明日，祀皇地祇于社首山之降禪壇，如方丘之禮，以太穆皇后、文德皇后配，而以皇后武氏爲亞獻，越國太妃燕氏爲終獻，率六宫以登，其帷帟皆錦繡。群臣瞻望，多竊笑之。又明日，御朝覲壇以朝群臣，如元日之禮。乃詔立登封、降禪、朝覲之碑，名封禪壇曰舞鶴臺，登封壇曰萬歲臺，降禪壇曰景雲臺，以紀瑞焉。其後將封嵩岳，以吐蕃、突厥寇邊而止。

舊唐書禮儀志：高宗即位，公卿數請封禪。則天既立爲皇后，又密贊之。麟德二年二月，車駕發京，東巡狩，詔禮官、博士撰定封禪儀注。有司于乾封元年正月戊辰

〔一〕「如」，諸本作「加」，據新唐書禮樂志四改。

朔。先是，有司齋戒。於前祀七日平旦，太尉誓百官于行從中臺，云：「來月一日封祀，二日登封泰山，三日禪社首，各揚其職。不供其事，國有常刑。」上齋于行宫四日，致齋三日。近侍之官應從升者，及從事群官、諸方客使，各本司公館清齋一宿。前一日，諸衛令其屬〔一〕，未後一刻，設黄麾半仗于外壝之外，與樂工人俱清齋一宿。至其年十二月，車駕至山下。及有司進奏儀注：封祀以高祖、太宗同配，禪社首以太穆皇后、文德皇后同配，皆以公卿充亞獻、終獻之禮。於是皇后抗表曰：「伏尋登封之禮，遠邁古先，而降禪之儀，竊爲未允。其祭地祇之日，以太后昭配，至於行事，皆以公卿。以妾愚誠，恐未周備。何者？乾坤定位，剛柔之義既殊；經義載陳，中外之儀斯别。瑶壇作配，既合于方祇；玉豆薦芳，實歸于内職。况推尊先后，親饗瓊筵，豈有外命宰臣，内參禋祭？詳于至理，有紊徽章。但禮節之源，雖興于昔典；而升降之制，尚缺于遥圖。且往代封岳，雖云顯號，或因時省俗，意在尋仙；或以情覬名，事深爲己。豈如化被乎四表，推美于神宗；道冠乎二儀，歸功于先德。寧可仍遵舊軌，靡創

〔一〕「令」，原作「會」，據光緒本、舊唐書禮儀志三改。

彝章？妾謬處椒闈，叨居蘭掖。但以職惟中饋，道屬于蒸、嘗；義切奉先，理光于蘋、藻。罔極之思，載結于因心；祇肅之懷，實深于明祀。但妾早乖定省，已闕侍于晨昏；今屬崇禋，豈敢安于帷帟？是故馳情夕寢，睠嬴里而翹魂；疉慮宵興，仰梁郊而聳念。伏望展禮之日，總率六宫内外命婦，以親奉奠。冀申如在之敬，式展虔拜之儀。積此微誠，已淹氣序。既屬鑾輿將警，奠璧非賒，輒效丹心，庶裨大禮。冀聖朝垂則，永播于芳規；螢燭末光，增輝于日月。」於是祭地祇、梁甫，皆以皇后爲亞獻，諸王太妃爲終獻。丙辰，前羅舍府果毅李敬貞論封禪：「須明水實樽。淮南子云：『方諸見月，則津而爲水。』高誘注云：『方諸，陰燧，大蛤也。熟摩拭令熱，以向月，則水生。以銅盤受之，下數石。』王充論衡云：『陽燧取火于日，方諸取水于月，相去甚遠，而火至水來者，氣感之驗也。』漢書儀云：『八月飲酎，車駕夕牲，以鑑諸取水于月，以陽燧取火于日。』周禮考工記云：『金有六齊。金錫半謂之鑑燧之齊。』鄭玄注云：『鑑燧，取水火于日月之器。』準鄭此注，則水火之器，皆以金錫爲之。今司宰有陽燧，形如圓鏡，以取明火；陰鑑形如方鏡，以取明水。但比年祀祭，皆用陽燧取火，應時得；以陰鑑取水，未有得者，嘗用井水替明水之處〔一〕。」奉敕令禮司研究。敬貞因説先儒是非，言及明水，乃云：「周禮金錫相半，自是造陽燧之法〔二〕，鄭玄錯解以爲陰鑑之制。依古取明水法，合用方諸，引淮南子等書，用大蛤也。」又稱：「敬貞曾八九月中，取蛤一尺二寸者依法試之。自人定至夜半，得水四五斗者。敬貞所陳，檢有故實。」又稱：「先經試驗確執，望請差敬貞自取蚌蛤，便赴泰山與所司對試。」是日，制曰：「古今典制，文質不同，至于制度，隨世代沿革，唯祀天地，獨不改張，斯乃自處于厚，奉天以薄。又今封禪，即用玉牒金繩，器物之間，復有瓦罇秸席，一時行禮，文質頓乖，駁而不倫，深爲未愜。其封祀、降禪所設上帝、后土位〔三〕，先設槀秸、瓦甒、瓢杯等物，並宜改用裀褥罍爵，每事從文。其諸郊祀，亦宜准此。」于是昊天上帝之座褥以蒼，皇地祇褥以黄，配帝及后褥以紫，五方上帝及大明、夜明席皆以方色〔四〕，内官以下

〔一〕「嘗用井水替明水之處」，疑有脱文，册府元龜卷五八六曰：「嘗用井水代之，請準淮南、論衡，以方諸取之，則禮神之物備矣。」

〔二〕「陽燧」，原脱，據光緒本、舊唐書禮儀志三補。

〔三〕「所設」，原作「祈穀」，據光緒本、舊唐書禮儀志三改。

〔四〕「方」，原作「五」，據光緒本、舊唐書禮儀志三改。

席皆以莞。

册府元龜：乾封元年正月戊辰朔，有事于泰山，親祀昊天上帝于封祀之壇。己巳，帝登于泰山，封玉牒于介丘。庚午，降禪于社首山，皇后爲亞獻，越國太妃燕氏爲終獻。先是李勣、許敬宗等議封禪儀注，請以高祖、太宗二座俱配昊天上帝，詔從之。壬申，帝御朝覲壇，受朝賀，大赦天下。癸酉，帝謂群官曰：「升中大禮不行來數千載，近代帝王雖稱封禪，其間事有不同。或謂求仙克禋，或以巡遊望拜，皆非尊崇祖業。近在隋朝，喪亂最甚，老者填溝壑，少壯染兵鋒。高祖發自晉陽，撥亂反正，先朝躬擐甲胄，纘成大業，掃除氛祲，廓清區宇，遂得四海宅心，萬方仰德。朕丕承寶曆，十有七年，終日孜孜，夙夜無怠，屬國家無事，天下泰平，華夷乂安，遠近輯睦，所以躬親展禮，褒賛先勳，情在歸功，固非爲己，遂得上應天心，下允人望。今大禮既畢，深以爲慰。公等休戚是同，故應共有此慶，欲與公等飲宴盡歡，各宜在外更衣，即來相見。」仍敕所司撤幄帳，施玉牀，三品以上升壇，四品以下縱列坐壇下，從酒設樂。群臣及諸岳牧競來上壽起舞，日晏方止。戊寅，詔兖州置寺觀各三所，觀以「紫雲」、「仙鶴」、「萬歲」爲稱，寺以「封巒」、「非煙」、「重輪」爲名。丙戌，發自太山，改號封祀壇爲舞鶴臺，介丘壇爲萬歲臺，降禪壇爲景雲臺，以祀日各有弄鶴及山呼萬歲之瑞故也。

舊唐書禮儀志：乾封三年正月，帝親享昊天上帝于山下封祀之壇，如圜丘之儀。祭訖，親封玉策，置石𥓋，聚五色土封之。圜徑一丈二尺，高九尺。其日，帝率侍臣以下升泰山。翌日，就山上登封之壇封玉策訖，復還山下之齋宮。其明日，親祀皇地祇于社首山上降禪之壇，如方丘之儀。皇后爲亞獻，越國太妃燕氏爲終獻。翌日，上御朝覲壇以朝群臣，如元日之儀。禮畢，讌文武百寮，大赦改元。案本紀是年三月改元總章。

大唐新語：高宗乾封初，封禪岱宗，行初獻之禮畢，執事者趨下而宮官執帷，天后率六宮昇壇行禮。帷席皆以錦繡爲之，識者咸非焉。

上元三年二月，詔今冬有事于嵩岳。閏三月，以吐蕃犯塞停之。案本紀是年十一月改元儀鳳。

册府元龜：上元三年二月，詔：「以今冬有事于嵩岳，命有司修撰儀注，務從典故。」閏三月，詔：「以吐蕃犯塞，停嵩岳封禪之禮。」

舊唐書高宗本紀：調露元年秋七月己卯，詔：「以今年冬至有事嵩岳。禮官、學士詳定儀注。」冬十月，單于大都護府突厥阿史德温傳及奉職二部相率反叛。庚申，詔封嵩山宜停。

永淳二年春正月甲午朔，幸奉天宫，遣使祭嵩岳、少室、箕山、具茨等山，西王母、啓母、巢父、許由等祠。十一月癸亥，幸奉天宫。時天后自封岱之後，勸上封中岳。每下詔草儀注。即歲饑、邊事警急而止。至是復行封中岳禮，上疾而止。

禮儀志：高宗既封泰山之後，又欲徧封五岳。至永淳元年，於洛州嵩山之南，置崇陽縣。其年七月，敕其所造奉天宫。二年正月，駕幸奉天宫。至七月，下詔將以其年十一月封禪于嵩岳。詔國子司業李行偉、考功員外郎賈大隱、太常博士韋叔夏、裴守貞、輔抱素等詳定儀注。于是議：立封祀壇，如圜丘之制。上飾以玄，四面依方色，爲圓壇，三成，高二丈四尺，每等高六尺。壇上徑一十六步，三等各闊四步。設十二陛，陛皆上闊八尺，下闊一丈四尺。爲三重壝，距外壝三十步，内壝距五十步。燎壇在壇東南外壝之内，高三尺，方一丈五尺，南出陛。登封壇，圓徑五丈，高九尺。四出陛，爲一壝，飾以五色，準封祀〔一〕。禪祭，上飾以金，四面依方色，爲八角方壇，再成，

〔一〕「祀」下，原衍「壝」字，據光緒本、舊唐書禮儀志三删。

高一丈二尺，每等高四尺。壇上方十六步〔一〕，每等廣四步，設八陛。其上壇陛皆廣八尺，中等陛皆廣一丈，下等陛皆廣一丈二尺。爲三重，壝之大小，準封祀。爲埋埳，在壇之未地外壝之内，方深取足容物，南出陛。朝覲壇，于行宫之前爲壇，宫方三分。壝二，在南。壇方二十四丈，高九尺，南面兩陛，餘三面各一陛。封祀、登封，五色土封石䃭爲圜封，上徑一丈二尺，下徑三丈，高九尺。禪祭，五色土封爲八角方封，大小準封祀制度。所用尺寸，準歷東封，並用古尺。諸壇並築土爲之，禮無用石之文。並度影以定方位。登封、降禪，四出陛各當四方之中，陛各上廣七尺，下廣一丈二尺。封祀玉帛料，有蒼璧，四圭有邸，圭璧。禪祭有黄琮，兩圭有邸，無璧。又定登封、降禪、朝覲等日。準禮，冬至祭天于圜丘，其封祀請用十二日。準東封祀故事，十二日登封，十三日禪祭，十四日朝覲。若有故，須改登封已下期日，在禮無妨。又輦輿料云：封祀、登封，皇帝出乘玉輅，還乘金輅。皇太子往還金輅。禪祭，皇太子如封祀。又衣服料云：東封祀祭日，天皇服衮冕，近奉制，依貞觀禮服大裘。又云：衮冕服一

〔一〕「六」，原脱，據光緒本、舊唐書禮儀志三補。

具，齋服之；通天冠服一具，迴服之；翼善冠服一具，馬上服之。皇太子衮冕服。又齋則服遠遊冠，受朝則公服遠遊冠服，馬上則進德冠服。

儀注，務展誠敬。仍令天下岳牧及京官五品以上各舉所知有孝行、儒學、文武之士，

册府元龜：永淳二年七月庚申，詔以今年十月有事于嵩岳，宜令禮官學士等審定於是詔禮官議射牛之事。太常博士裴守真奏議曰：「據周禮及國語，郊祀天地，天子自射其牲。漢武唯封泰山，令侍中、儒者射牛行事。至于餘祀，亦無射牲之文。但親春、射牲，雖是古禮，久從廢省，不可復行。據封禪祀禮，日未明十五刻，宰人以鸞刀割牲，質明而行事。比鑾駕至祠所，牢牲總畢。天皇唯奠玉酌獻而已。若今祀前一日射牲，事即傷早；祀日方始射牲，事又傷晚。若依漢武故事，即非親射之儀。事貴隨時，不可行用。」神功破陣樂及功臣慶善樂二舞，每奏，上皆立對。守真又議曰：「竊惟二舞肇興，謳吟攸屬。贊九功之茂烈，叶萬國之歡心。義均韶、夏，用兼賓祭，皆祖宗聖德，而子孫享之。詳覽傳記，未有皇王立觀之禮。況升中大事，華夷畢集，九服仰垂拱之安，百蠻懷率舞之慶。陶甄化育，莫匪神功。豈於樂舞，別申嚴禁。臣等詳擬奏二舞時，天皇不合起立。」詔並從之。尋以帝不豫，改用來年正月行封禪之禮。

十月癸亥，車駕幸奉天宫。十一月丙戌，詔曰：「朕聞仁者德之本，叶亭育之至途；禮者道之末，乃帝王之餘事。歷選往初，詳觀曩躅，惻隱以孚其化，變通以會其神。朕以虚薄，祇膺寶位，旰食宵衣，懼忝于宗社；如傷若厲，佇濟于黎元。每以皇基肇闢，範圍覆載，遺惠所覃，昭格區宇。虔荷靈命，嘗慮下虧鴻業；遍刊群岳，不足上報玄功。已升聞于日觀，思款謁于天臺。志在告成，諒非爲己。屬今兹豐稔，方有事于嵩丘。崇累聖之丕績，祈兆人之嘉佑。頃者分使出巡，存問風俗，河南、河北尚有十餘州旱澇，加以朔方寇盜，時或侵邊，關内流離，未能復業。一物失所，獨甚納隍；數郡不寧，豈宜備禮。前欲以來年正月封中岳者宜停。

蕙田案：高宗非有封禪之志者，特以席太宗之盛，迫武后之請，絶不復權其是非而昧昧爲之，斯亦事理之至奇者矣。禪地配后，爲武氏亞獻地也。慢神悖禮，不可言矣，遂致變亂，不亦宜哉！

右唐高宗封禪

唐武后封禪附

唐書武后本紀：嗣聖十三年即武后萬歲通天元年。臘月甲戌，如神岳。甲申，封于神岳。丁亥，禪于少室山。

王玄感傳：天授中，玄感直弘文館，武后時已郊，遂享明堂，封嵩山。紹興韋叔夏等草儀具，衆推練洽。

右唐武后封禪附

唐玄宗封禪

册府元龜：玄宗開元十二年十二月辛酉，文武百官、吏部尚書裴漼等上請封東岳，曰：「臣聞道協乾坤，聖人之玄德；功存禮樂，王者之能事。故旁徵前載，博考鴻名，躬曆數之期，遇天人之應，莫不發號施令，升中合符，澤浸黎元，以茂聲實者矣。伏惟開元神武皇帝陛下，握符提象，出震乘圖，英威邁于百王，至德加于四海。梯航接武，畢盡戎夷之獻；耕鑿終歡，不知堯、舜之力。惡除氛沴，增日月之光輝；慶襲休榮，雜煙雲之氣色。靈物紹至，休祥沓委，江茅將鄗黍均芳，雙觡與一莖齊烈。固可以稽典訓，設壇場，悉符瑞之美，答神祇之貺。謙而不發，雖在于聖心；理則難辭，孰違于天意。臣幸遭昌運，謬齒周行，咸申就日之誠，願覩封巒之慶。無任勤懇之至，謹于朝堂奉表陳情以聞。」帝手詔報曰：「自中朝有故，國步艱難，天祚我唐，大命集于聖真皇帝。朕承奉丕業，十有餘年，德未加于百姓，化未覃于四海，將何以擬洪烈于先帝，報成功于上玄？至若堯、舜、禹、湯之茂躅，軒后、周文之懿範，非朕之能逮也。其有日月之瑞，風雲之祥，則宗廟社稷之餘慶也。天平地成，人和歲稔，則群公卿士之任職也。撫躬内省，朕何有焉。難違兆庶之情，未議封崇之禮。」甲子，侍中臣乾曜、中書令臣説等奏：「臣聞自古受天命、居大寶者，必登崇高之丘，行封禪之事，所以展誠敬，報神祇，三五迄今，未之闕也。是以高宗因文、武之業，盛岱、亭之禮。方册所記，虞夏同風。聖移三朝，年經五紀，封崇之典，缺而未修，山川望幸，屬在今日。陛下靖多難，尊先朝，天所啓也；承大統，臨萬邦，天所命也。焉可不陟東岱，禪云、亭，報上玄之靈，思紹高宗之洪烈，則天地之意、宗廟之心，將何以克厭哉？且陛下即位以來，十有四載，創九廟，禮三郊，大舜之孝敬也；敦九族，友兄弟，文王之慈惠也；卑宫室，菲飲食，夏禹之恭儉也；道稽古，德日新，帝堯之文思也；憐黔首，惠蒼生，成湯之深仁也；化玄漠，風太和，軒皇之至理也。至如日月星辰，山河草木，羽毛鱗介，窮祥極瑞，蓋以薦至而爲常，衆多而不録。正以天平地成，人和歲稔，可以報于神明矣。鴻生碩儒，上章奏而請封禪者，前後千百，聖情撝挹，天鑒未回。臣等仰考神心，旁採衆望，封巒展禮，時不可抑。陛下縱不欲以成功告天，豈不可以天休報德。臣等昧死，上請以聞。」帝手詔報曰：「夫登封之禮，告禪之儀，蓋聖人之能事，明王之盛業也。朕以眇身，託王公之上，夙夜祗懼，恐不克勝，幸賴群公，以保宗社。至于休徵符瑞，皆先帝遺慶，朕何賴焉？豈可以禮百神，覲群后，備岱、亭之禮，展封祀之儀者哉？雖誠精是違，而宿心未暇。」臣乾曜、説等又上言曰：「臣等考天人之際，稽億兆之情，以爲治定功成，登封告禪，鴻名盛則，屬在聖明。陛下讓德沖深，未允群議，神祇闕望，臣等懼焉。且今四海和平，百蠻率職，莫不含道德之甘實，咀仁義之馨香。是以上帝聿懷，名山望幸，珍符薦至，年穀屢登。開闢以來，未之有也。臣聞自古受命而封禪者七十二君，安有殊風絶業足以方今也。然猶躡梁父，登泰山，飛英聲，騰茂實，而陛下功德之美，符瑞之富，固以孕虞、夏，含殷、周矣，有何退讓逡巡于大禮哉！夫昭報天地，至敬也；嚴配祖宗，大孝也；厚福蒼生，博惠也；登封紀號，丕業也。陛下安可以闕哉！況天地之符彰矣，祖考之靈著矣，蒼生之望勤矣，禮樂之文備矣，陛下安可以辭哉！故臣等願因神祇之叶贊，順華夏之懇誠，早稽舊章，特垂新詔，庶幾仲夏乘農之隙，以展巡狩朝覲之儀，則天下幸甚。臣等昧死重請以聞。」帝又詔報曰：「夫治定然後制禮，功成然後作樂。朕承奉宗廟，恐未克勝，未能使四海乂安，此禮未定也；未能使百蠻效職，此功未成也；焉可以揚景化、告成功？雖欲答于神祇，終候安于兆庶。再省誠懇，惻怵良深。」乾曜、説等又再上言曰：「臣聞聖人者，與天地合德，故珍符休命，不可得而辭；鴻名盛典，不可得而讓。陛下功格上天，澤流厚載，三五之盛，莫能比崇。登封告成，理叶幽贊。故符瑞異臻，天意也；書軌大同，人事也；菽粟屢登，和平也；刑罰不用，至理也。今陛下稽天意以固辭，違人事以久讓，是和平而不崇昭報，至理而闕薦祖宗。億兆之情，猶知不可，況上帝臨照，神祇顧諟，其可止乎？願納王公卿士列岳縉紳之望，迴命有司，速定大典，臣等不勝懇切，敢冒死再拜上請以聞。」時儒生墨客獻賦頌者數百計，帝不得已而從之。丁卯，下詔曰：「自古受命而王者，曷嘗不封泰山，禪梁父，答厚德，告成功。三代之前，率由斯義。自魏、晉以降，迄至周、隋，帝典闕而大道隱，王綱弛而舊章闕。千載寂寥，封崇莫嗣。物極而復，天祚我唐。文、武二后，應圖受籙。洎于高宗，重光累盛，承至理，登介丘，懷百神，震六合，紹殷、周之統，接虞、夏之風。中宗弘懿鑠之休，睿宗穆粹清之道，巍巍蕩蕩，無得而稱者也。朕昔戡多難，稟略先朝，虔奉慈旨，嗣膺丕業。是用創九廟以申孝敬，禮二郊以展嚴禋；寶菽粟于水火，捐珠玉于山谷。兢兢業業，非敢追美前王；日慎一日，實以遵奉遺訓。至于巡狩大典，封禪鴻名，顧惟寡薄，未遑時邁，十四載于兹矣。今百穀有年，五材無眚，刑罰不用，禮義興行，和氣氤氲，淳風淡泊。蠻夷戎狄，殊方異類，重譯而至者，日月于闕庭；奇獸神禽，甘露醴泉，窮祥極瑞者，朝夕于林籞。王公卿士，罄迺誠于中；鴻生碩儒，獻其書于外。莫不以神祇合契，億兆同心。斯皆烈祖聖考，垂裕餘慶，故朕得荷皇天之景祐，賴祖宗之介福，敢以眇身，而顓其讓。是以敬承群議，弘此大猷，以光我高祖之丕圖，以紹我太宗之鴻業。永言陟配，祗感載深，可以開元十三年十一月十日，式遵故實，有事泰山，所司與公卿諸儒，詳擇典禮，預爲備具，勿廣勞人，務存節約，以稱朕意。所縁封禪儀注，兵馬陪集，並皆條奏，布告遐邇。」

唐書禮樂志：開元十二年，四方治定，歲屢豐稔，群臣多言封禪，中書令張説又固請，乃下制以十三年有事泰山。於是説與右散騎常侍徐堅、太常少卿韋縚、秘書少監康子元、國子博士侯行果刊定儀注。立圓臺於山上，廣五丈，高九尺，土色各依其方。又於圓臺上起方壇，廣一丈二尺，高九尺，其壇臺四面爲一階。又積柴爲燎壇於圓臺之東南，量地之宜，柴高一丈二尺，方一丈，開上，南出户，六尺。又爲圓壇於山下，三成，十二階，如圜丘之制。又積柴於壇南爲燎壇，如山上。又爲玉册、玉匱、石𥔲皆如高宗之制。玄宗初以謂升中於崇山，精享也，不可諠譁。欲使亞獻已下皆行禮山下壇，召禮官講議。學士賀知章等言：「昊天上帝，君也。五方精帝，臣也。陛下享君於上，群臣祀臣於下，可謂變禮之中。然禮成于三，亞、終之獻，不可異也。」於是三獻皆升山，而五方帝及諸神皆祭山下壇。玄宗問：「前世何爲秘玉牒？」知章曰：「玉牒以通意於天，前代或祈長年，希神仙，旨尚微密，故外莫知。」帝曰：「朕今爲民祈福，無以秘爲，即出玉牒以示百寮。」乃祀昊天上帝於山上壇，以高祖配。祀五帝以下諸神於山下，其祀禮皆如圜丘。而卜日、告天及廟、社、大駕所經及告至、問百年、朝覲，皆如巡狩之禮。其登山也，爲大次于中道，止休三刻而後升。其已祭燔燎，侍中前跪稱：「具官臣某言，請封玉册。」皇帝升自南陛，北向立。太尉進昊天上帝神座前，跪取玉冊，置于案以進。皇帝受玉冊，跪，内之玉匱，纏以金繩，封以金泥。侍中取受命寶跪以進。皇帝取寶以印玉匱，侍中受寶，以授符寶郎〔一〕。太尉進，皇帝跪捧玉匱授太尉。太尉退，復位。太常卿前奏：「請再拜。」皇帝再拜，退入于次。太尉奉玉匱之案于石䃭南，北向立。執事者發石蓋，太尉奉玉匱，跪藏于石䃭内。執事者覆石蓋，檢以石檢，纏以金繩，封以石泥，以玉寶遍印，引降復位。帥執事者以石距封固，又以五色土圓封。其配座玉牒封于金匱，皆如封玉匱。太尉奉金匱從降，俱復位。以金匱内太廟，藏于高祖神堯皇帝之石室。其禪于社首，皆如方丘之禮。

舊唐書禮儀志：上詔中書令張説、右散騎常侍徐堅、太常少卿韋縚、秘書少監康子元、國子博士侯行果等與禮官于集賢書院刊撰儀注。

○玄宗初以靈山好靜，不欲喧繁，與宰臣及侍講學士對議，用山下封祀之儀。于是張説謂徐堅、韋縚等曰：「乾封舊儀，禪社首，享皇地祇，先后配享。王者父天而母地，當今皇母位，亦當往帝之母也。子配母享，亦有何嫌？而以皇后配地祇，非古之

〔一〕「寶」，原作「印」，據光緒本、新唐書禮樂志四改。

制也。天鑒孔明，福善如響。乾封之禮，文德皇后配皇地祇，天后爲亞獻，越國太妃爲終獻，宮闈接神，有乖舊典。上玄不祐，遂有天授易姓之事，宗社中圮，公族誅滅，皆由此也。景龍之季，有事圜丘，韋氏爲亞獻，皆以婦人升壇執籩豆，渫黷穹蒼，享祀不潔。未及踰年，國有内難，終獻皆受其咎。掌座齋郎及女人執祭者，多亦夭卒。今主上尊天敬神，事須革正。斯禮以睿宗大聖貞皇帝配皇地祇，侑神作主。」乃定議奏聞。上從之。

○舊禮：郊祀既畢，收取玉帛牲體，置于柴上，然後燔于燎壇之上，其壇于神壇之左。顯慶中，禮部尚書許敬宗等因修改舊禮，乃奏曰：「謹案祭祀之禮，周人尚臭，祭天則燔柴，祭地則瘞血，宗廟則焫蕭灌鬯，皆貴氣臭，同以降神。禮經明白，義釋甚詳。委柴在祭物之初，理無所惑。是以三禮義宗等並云：『祭天以燔柴爲始，然後行正祭。祭地以瘞血爲先，然後行正祭。』又禮論說太常賀循上言：『積柴舊在壇南，燎祭天之牲，用犢左胖，漢儀用頭，今郊用脅之九个。太宰令奉牲脅，太祝令奉圭璧，俱奠燎薪之上。』此即晉氏故事，亦無祭天之文。既云漢儀用牲頭，頭非神俎之物，且祭末俎皆升右胖之脅，惟有三禮。賀循既云『用祭天之牲左胖』，復云『今儀用脅九个』，足明燔柴所用，與升俎不同。是知自在祭初，别燔牲體，非于祭末，燒神餘饌。此則晉氏以前，仍遵古禮。唯周、魏以降，妄爲損益。納告廟之幣，事畢瘞埋，因改燔柴，將爲祭末。事無典實，禮闕降神。又燔柴、正祭，牲、玉皆别。蒼璧蒼犢之流，柴之所用；四圭騂犢之屬，祀之所須。故郊天之有四圭，猶祀廟之有圭瓚。是以周官典瑞，文勢相因，並事畢收藏，不在燔例。而今新禮引用蒼璧，不顧圭瓚，遂亦俱燔。義既有乖，理難因襲。又燔柴作樂，俱以降神，則處置之宜，須相依準。柴燔在左，作樂在南，求之禮情，實爲不類。且禮論説積柴之處在神壇之南，新禮以爲壇左，文無典故。請改燔爲祭始，位樂懸之南，外壝之内。其禋祀瘞埋，亦請準此。」制可之。

○自是郊丘諸祀，並先焚而後祭。及玄宗將作封禪之禮，張説等參定儀注，臣徐堅、康子元等建議曰：「臣等謹案：顯慶年修禮官長孫無忌等奏改燔柴在祭前，狀稱『祭祀之禮，必先降神。周人尚臭，祭天則燔柴』者。臣等案禮，迎神之義，樂六變則天神降，八變則地祇出，九變則鬼神可得而禮矣。則降神以樂，周禮正文，非謂燔柴以降神也。案尚臭之義，不爲燔之先後。假如周人尚臭，祭天則燔柴，容或燔臭先以迎神。然則殷人尚聲，祭天亦燔柴，何聲可燔先迎神乎？又案顯慶中無忌等奏稱『晉氏之前，猶遵古禮。周、魏以降，妄爲損益』者。今案郭璞晉南郊賦及注爾雅『祭後方燔』，又案宋志所論亦祭後方燔，又檢南齊、北齊及梁郊祀，亦飲福酒後方燔，又檢後周及隋郊祀亦先祭後燔，據此即周遵後燔，晉不先燔。無忌之言，義乃相乖。又案周禮大宗伯職：『以玉作六器，以禮天地四方。』注云：『禮謂始告神時薦于神座也。』下文云：『以蒼璧禮天，以黄琮禮地，皆有牲幣，各如其器之色。』又禮器云：『有以少爲貴者，祭天特牲。』是知蒼璧之與蒼牲，俱各奠之神座，理節不惑。又云：『四圭有邸，以祀天、旅上帝。』即明祀昊天上帝之時，以旅五方天帝明矣。其青圭、赤璋、白琥、玄璜，自是立春、立夏、立秋、立冬之日，各于其方迎氣所用，自分别矣。今案顯慶所改新禮，以蒼璧與蒼牲、蒼幣，俱用先燔。蒼璧既已燔矣，所以遂加四圭有邸，奠之神座。蒼牲既已燔矣，所以更加騂牲，充其實俎。混昊天于五帝，同用四圭；失特牲之明文，加爲二犢。深乖禮意，事乃無憑。」

○考功員外郎趙冬曦、太學博士侯行果曰：「先焚者本以降神，行之已久。若從祭義，後焚爲定。」中書令張説執奏曰：「徐堅等所議燔柴前後，議有不同。據祭義及貞觀，顯慶以後，既先燔，若欲正失禮，求祭義，請從貞觀禮。如且因循不改，更請從顯慶禮。凡祭者，本以心爲主，心至則通于天地，達于神祇。既有先燔後燎，自可斷于聖意，所至則通于神明〔一〕。燔之先後，臣等不敢裁定。」玄宗令依後燔及先奠之儀。是後太常卿寧王憲奏請郊壇時祭，並依此先奠璧而後燎柴、瘞埋。制從之。

○時又有四門助教施敬本駁奏舊封禪禮八條，其略曰：「舊禮，侍中跪取匜沃盥，非禮也。夫盥手洗爵，人君將致潔而尊神，故使小臣爲之。今侍中，大臣也，而沃盥于人君；太祝，小臣也，乃詔祝于天神。是接天神以小臣，奉人君以大臣，故非禮。案周禮大宗伯曰：『鬱人，下士二人，贊祼事。』則沃盥此職也。漢承秦制，無鬱人之職，故使近臣爲之。魏、晉至今，因而不改。然則漢禮，侍中行之則可矣。今以侍中爲之，則非也。漢侍中，其始也微。高帝時籍孺爲之，惠帝時閎孺爲之，留侯子辟彊年十五爲之。至後漢樓堅以議郎拜侍中，邵闔自侍中遷步兵校尉，其秩千石，少府卿之屬也。少府卿秩中二千石，丞秩千石，侍中與少府丞班同。魏代蘇則爲之。舊侍中親省起居，故謂之『執獸子』。吉茂見謂之曰：『仕進不止執獸子。』是言其爲褻臣也。

〔一〕「通」，原作「神」，據光緒本、舊唐書禮儀志三改。

今侍中，名則古宧，人非昔任，掌同變理，寄實鹽梅，非復漢、魏執獸子之班，異乎周禮鬱人之職。行舟不息，墜劍方遥，驗刻而求，可謂謬矣。夫祝以傳命，通主人之意以薦于神明，非賤職也。故兩君相見，則卿爲上儐。況天人之際，其肅恭之禮，以兩君爲喻，不亦大乎！今太祝，下士也，非所以重命而尊神之義也。然則周、漢太祝，是禮矣。何者？案周禮大宗伯曰：『太祝，下大夫二人，上士四人，掌六祝之辭。』大宗伯爲上卿，今禮部尚書、太常卿比也；小宗伯中大夫，今侍郎、少卿比也；太祝下大夫，今郎中、太常丞比也；上士四人，今員外郎、太常博士比也。故可以處天人之際，致尊極之辭矣。又漢太祝令，秩六百石，與太常博士同班。梁太祝令，與南臺御史同班。今太祝下士之卑，而居下大夫之職，斯又刻舟之論，不異于前矣。」

〇又曰：「舊禮，謁者引太尉升壇亞獻，非禮也。謁者已賤，升壇已重，是微者用之于古，而大體實變于今也。案漢官儀：尚書御史臺官屬有謁者僕射一人，秩六百石，銅印青綬；謁者三十五人，以郎中滿歲稱給事，未滿歲稱權謁者。又案漢書百官公卿表，光禄勳官屬有郎中、員外，秩比二千石；有謁者，掌賓贊受事，員七十人，秩比六百石。古之謁者，秩異等，今謁者班微，以之從事，可謂疏矣。」

○又曰：「舊禮，尚書令奉玉牒，今無其官，請以中書令從事。案漢武帝時，張安世爲尚書令，遊宴後宫，以宦者一人出入帝命，改爲中書謁者令。至成帝，罷宦者，用士人。魏黄初改祕書，署中書監令。舊尚書并掌制誥，既置中書官，而制誥樞密皆掌焉。則自魏以來，中書是漢朝尚書之職。今尚書令奉玉牒〔一〕，是用漢禮，其官既闕，故可以中書令主之。」

○議奏，玄宗令張説、徐堅召敬本與之對議詳定。説等奏曰：「敬本所議，其中四條，先已改定。有不同者，望臨時量事改攝。」制從之。

○十三年十一月丙戌〔二〕，至泰山，去山趾五里，西去社首山三里。丁亥，帝服衮冕于行宫，致齋于供帳前殿。己丑，日南至，大備法駕，至山下。玄宗御馬而登，侍臣從。先是玄宗以靈山清潔，不欲多人上，欲初獻于山上壇行事，亞獻、終獻于山下壇行事，召禮官學士賀知章等入講儀注，因問之，知章等奏曰：「昊天上帝，君位；五方

〔一〕「令奉」，諸本脱，據册府元龜卷三六補。
〔二〕「十三年」，諸本作「十二年」，據舊唐書禮儀志三改。

精帝，臣位。帝號雖同，而君臣異位。陛下享君位于山上，群臣祀臣位于山下，誠足以垂範來葉，爲變禮之大者也。禮成于三，初獻、亞、終合于一處。」玄宗曰：「朕正欲如是，故問卿耳。」于是敕三獻于山上行事，其五方帝及諸神座于山下壇行事。玄宗因問：「玉牒之文，前代帝王何故秘之？」知章對曰：「玉牒本是通于神明之意。前代帝王，所求各異，或禱年算，或思神仙，其事微密，是故莫知之。」玄宗曰：「朕今此行，皆爲蒼生祈福，更無秘事。宜將玉牒出示百僚，使知朕意。」其詞曰：「有唐嗣天子臣某，敢昭告于昊天上帝；天啓李氏，運興土德。高祖、太宗，受命立極。高宗升中，六合殷盛。中宗紹復，繼體不定。上帝眷祐，錫臣忠武。底綏内難，推戴聖父。恭承大寶，十有三年。敬若天意，四海晏然。封祀岱宗，謝成于天。子孫百禄，蒼生受福。」

○庚寅，祀昊天上帝于山上封臺之前壇，高祖神堯皇帝配享焉。邠王守禮亞獻，寧王憲終獻。皇帝飲福酒。癸巳，中書令張説進稱：「天賜皇帝太一神策，周而復始，永綏兆人。」帝拜稽首。山上作圓臺四階，謂之封壇。臺上有方石再累，謂之石𥕢。玉牒、玉册，刻玉填金爲字，各盛以玉匱，束以金繩，封以金泥，皇帝以受命寶印之。

納二玉匱于𥓓中，金泥𥓓際，以「天下同文」之印封之。壇東南爲燎壇〔一〕，積柴其上。皇帝就望燎位，火發，群臣稱萬歲，傳呼至山下，聲動天地。山下祀壇，群臣行事已畢，皇帝未離位，命中書門下曰：「朕以薄德，恭膺大寶。今封祀初建，雲物休祐，皆是卿等輔弼之力。君臣相保，勉副天心，長如今日，不敢矜怠。」中書令張説跪言：「聖心誠懇，宿齋山上。昨夜則息風收雨，今朝則天清日暖，復有祥風助樂，青雲引燎，靈迹盛事，千古未聞。陛下又思慎終如初，長福萬姓，天下幸甚。」

○先是車駕至岳西來蘇頓，有大風從東北來，自午至夕，裂幕折柱，衆恐。張説倡言曰：「此必是海神來迎也。」及至岳下，天地清晏。玄宗登太山，日氣和煦。至齋次日入後，勁風偃人，寒氣切骨。玄宗因不食，次前露立，至夜半，仰天稱：「某身有過，請即降罰。若萬人無福，亦請某爲當罪。兵馬辛苦，乞停風寒。」應時風止，山氣温暖。時從山上布兵至于山壇，傳呼辰刻及詔命來往，斯須而達。夜中燃火相屬，山下望之，有如連星自地屬天。其日平明，山上清迥，下望山下，休氣四塞，登歌奏樂，

〔一〕「燎壇」，原脱「壇」字，據光緒本、舊唐書禮儀志三補。

有祥雲自南而至，絲竹之聲，飄若天外。及行事，日揚火光，慶雲紛郁，遍滿天際。群臣並集於社首山帷宮之次，以候鑾駕，遥望紫煙憧憧上達，内外歡譟。玄宗自山上便赴社首齋次，辰巳間至，日色明朗，慶雲不散。百辟及蕃夷爭前迎賀。

○辛卯，享皇地祇于社首之太折壇，睿宗大聖真皇帝配祀。五色雲見，日重輪。藏玉策于石𥖁，如封壇之儀。

○壬辰，玄宗御朝覲之帳殿，大備陳布。文武百僚，二王後，孔子後，諸方朝集使，岳牧舉賢良及儒生、文士上賦頌者，戎狄蠻夷羌胡朝獻之國，突厥頡利發，契丹、奚等王，大食、謝颶、五天十姓，崑崙、日本、新羅、靺鞨之侍子及使，内臣之番，高麗朝鮮王，伯濟帶方王，十姓摩阿史那興昔可汗，三十姓左右賢王，日南、西竺〔一〕、鑿齒、雕題、牂牁、烏滸之酋長，咸在位。制曰：「朕聞天監惟后，后克奉天，既合德以受命，亦推功而復始。厥初作者七十二君，道洽迹著，時至符出，皆用事于介丘，升中于上帝。人神之望，蓋有以塞之，皇王之序，可得而言。朕接統千歲，承光五葉，惟祖宗之德在

〔一〕「西竺」，諸本作「西二」，據舊唐書禮儀志三校勘記改。

人，惟天地之靈作主。往者内難，幽贊而集大勳；間無外虞，守成而纘舊服。未嘗不乾乾終日，思與公卿大夫上下協心，聿求至理，以弘我烈聖，其庶乎馨香。今九有大寧，群氓樂業，時必敬授而不奪，物亦順成而無夭。懋建皇極，幸致太和。洎乃幽遐，率由感被。戎狄不至，唯文告而來庭；麟鳳已臻，將覺情而在藪。以故凡百執事，亟言大封。顧惟不德，切欲勿議。伏以先聖儲祉，與天同功，荷傳符以在今，敢侑神而無報。大篇斯在，朕何讓焉。遂奉遵高宗之舊章，憲乾封之令典，時邁東土，柴告岱岳。精意上達，肹蠁來應，信宿行事，雲物呈祥。登降之禮斯畢，嚴配之誠獲展。百神群望，莫不懷柔；四方諸侯，莫不來慶。斯是天下之介福，邦家之耿光也。無窮之休祉，豈獨在予；非常之惠澤，亦宜逮下。可大赦天下。封泰山神爲天齊王，禮秩加三公一等。仍令所管崇飾祠廟，環山十里，禁其樵採。給近山二十户復[一]，以奉祠神。」

○玄宗製紀泰山銘，御書勒于山頂石壁之上。其詞曰：「朕宅帝位[二]，十有四載，

[一]「復」，諸本脱，據舊唐書禮儀志三補。

[二]「帝」，諸本脱，據全唐文卷四一補。

顧惟不德，懵于至道，任夫難任，安夫難安。兹朕未知獲戾于上下，心之浩蕩，若涉于大川。賴上帝垂休，先后儲慶，宰衡庶尹，交修皇極，四海會同，五典敷暢，歲云嘉熟，人用大和。百辟僉謀，唱余封禪，謂孝莫大于嚴父，謂禮莫尊于告天。天符既至，人望既積，固請不已，固辭不獲。肆余與夫二三臣，稽虞典，繹漢制，張皇六師，震讋九寓。旌旗有列，士馬無譁，肅肅邕邕，翼翼溶溶，以至于岱宗，順也。爾雅曰：『泰山爲東岳。』周官曰：『兖州之鎮山。』實萬物之始〔一〕，故稱岱焉；其位居五岳之伯，故稱宗焉。自昔王者受命易姓，于是乎啓天地，薦成功，序圖録，紀氏號。朕統承先王，兹率厥典，實欲報玄天之眷命，爲蒼生之祈福，豈敢高視千古，自比九皇哉！故設壇場于山下，受群方之助祭；躬封燎于山上，冀一獻之通神。斯亦因高崇天，就廣增地之義也。乃仲冬庚寅，有事東岳，類于上帝，配我高祖。在天之神，罔不畢降。粤翌日，禪于社首，佑我聖考，祀于皇祇。在地之神，罔不咸舉。暨壬辰，覲群后，上公進曰：『天子膺天符，納介福。』群臣拜稽首，呼萬歲。慶合歡同，乃陳誡以德。大渾協度，

〔一〕「實」下，册府元龜卷三六、全唐文卷四一紀泰山銘有「惟天帝之孫群靈之府其方處」十二字。

彝倫攸叙，三事百揆，時乃之功。萬物由庚，兆人允植，列牧衆宰，時乃之功。一二兄弟，篤行孝友，錫類萬國，時惟休哉！我儒制禮，我史作樂，天地擾順，時唯休哉！蠻夷戎狄，重譯來貢，累聖之化，朕何慕焉。五靈百寶，日來月集，會昌之運，朕何惑焉。凡今而後，儆乃在位，一王度，齊象法，權舊章，補缺政，存易簡，去煩苛。思立人極，乃見天則。於戲！天生蒸人，惟后時乂〔一〕，能以美利利天下，事天明矣；地德載物，惟后時相，能以厚生生萬人，事地察矣。天地明察，鬼神著矣。惟我藝祖文考，精爽在天，其曰：『懿爾幼孫，克享上帝。惟帝時若，馨香其下。』丕乃曰：『有唐氏文武之曾孫隆基，誕錫新命，纘我舊業，永保天禄，子孫其承之。』余小子敢對揚上帝之休命，則亦與百執事尚綏兆人，將多于前功，而毖彼後患。一夫不獲，萬方其罪余。一心有終，上天其知我。朕惟寶行三德，曰慈、儉、謙。慈者，覆無疆之言；儉者，崇將來之訓。自滿者人損，自謙者天益。苟如是〔二〕，則軌迹易循，基搆易守。磨石壁，刻

〔一〕「乂」，原脱，據光緒本、舊唐書禮儀志三紀泰山銘補。
〔二〕「苟」，諸本脱，據舊唐書禮儀志三紀泰山銘補。

金石，冀後之人聽辭而見心，觀末而知本。」銘曰：「惟天生人，立君以理，維君受命，奉天爲子。代去不留，人來無已，德涼者滅，道高斯起。赫赫高祖，明明太宗，爰革隋政，奄有萬邦。罄天張宇，盡地開封，武稱有截，文表時邕。高祖稽古，德施周溥，茫茫九夷，削平一鼓。禮備封禪，功齊舜、禹，巍巍岱宗，衛我神主。中宗紹運，舊邦惟新。睿宗繼明，天下歸仁〔一〕。恭己南面，氤氳化醇，告成之禮，留諸後人。緬余小子，重基五聖，匪功伐高，匪德矜盛。欽若祀典〔二〕，丕承永命，至誠動天，福我萬姓。古封泰山，七十二君，或禪亭亭，或禪云云。其迹不見，其名可聞，祇遹文祖，光昭舊勳。方士虛誕，儒書不足，佚后求仙，誣神檢玉。秦災風雨，漢汙編録，德未合天，或承之辱。道在觀政，名非從欲，銘之絶巖，播告群岳。」于是中書令張説撰封祀壇頌，侍中源乾曜撰社首壇頌，禮部尚書蘇頲撰朝覲壇頌，以紀聖德。

册府元龜：開元十三年四月乙丑，撫州三脊茅生，有上封事者言曰：「昔齊桓公

〔一〕「睿宗繼明天下歸仁」八字，諸本脱，據舊唐書禮儀志三紀泰山銘校勘記補。
〔二〕「欽」，原作「叙」，據光緒本、舊唐書禮儀志三紀泰山銘改。

九合諸侯，一正天下，將欲封禪，問于夷吾。夷吾對曰：『江淮間三脊茅生，用以縮酒，乃可封禪。』其時無茅〔一〕，桓公大慙而罷。自歷千古，今始一生。昔昭王南征，責楚包茅不入，王祭不供，則是其地其茅，今高一尺，至八月長足，方堪縮酒，特望聖恩，至時令采，用祭泰山，并掘根于苑内植之。」時宰臣已遣使于岳州，採沅江茅，乃奏曰：「管夷吾爲桓公是諸侯，不合封禪，故稱茅以拒之。及伐楚之日，尊周室，行伯道，乃責楚云『包茅不入，王祭不供』，若以茅爲瑞，是不知經義。臣等歷任荆楚，博訪貢茅，沅江最勝。臣已牒岳州取訖，今稱撫州有茅，請移根入苑。且貉不踰汶，橘不過江，移根苑中，信是虚語，望敕撫州且進六束，與沅江相比用之。」帝曰：「可。」癸酉，詔朝集使各舉所部孝悌文武集於泰山之下。敕曰：「封祀告成，爲萬姓祈福，必資清潔，以副朕心。其行事官及齋郎應致齋者，宜令御史行齋，切勿容疏怠。」有雄野雞飛入齋宫，馴而不去。久之，飛入仗衛，忽不見。邠王守禮等賀曰：「臣謹案舊典，雌來者伯，雄來者王；又聖誕酉年，雞主于酉，斯蓋王道遐被，天命休禎。臣請宣付史官，以彰

〔一〕「時」，原作「將」，據光緒本、册府元龜卷三六改。

靈貺。」

唐書列傳：張説爲中書令，倡封禪議，受詔與諸儒草儀。及登封還，詔説撰登封壇頌，刻之泰山。

唐張説封禪壇頌：皇唐六葉，開元神武皇帝，再受命致太平，乃封岱宗，禪社首，鑿石紀號，天文焕發，儒臣志美，立碣祠壇。曰：「厥初生人，俶有君臣。其道茫昧，其氣樸略。因時欻起，與運而紛落，泯泯没没，而無聞焉。爾後聖人，取法象，立名位，衣裳以等之，甲兵以定之，於是禮樂出而書記存矣。究其源，致敬乎天地；報其本，致美乎鬼神。則封禪者，帝王受天命、告成功之爲也。閱曩聖之奥訓，考列辟之通術，疇若天而不成，曷背道而靡失？由是推之，封禪之義有三，帝王之略有七。七者何？傳不云乎，道、德、仁、義、禮、智、信，順之稱聖哲，逆之號狂悖。三者何？一位當五行圖録之序，二時會四海昇平之運，三德具欽明文思之美。是謂與天合符，名不死矣。有一不足，而云封禪，人且未許，其如天何？言舊史者，君莫道於陶唐、舜、禹，臣莫德於皋陶、稷、卨，三臣備德，皆有天下。仲尼叙帝王之書，繫魯、秦之誓，明魯祀周公用王禮，秦承伯益接周統。孔聖微旨，不其效歟？然秦定天下之功高，享天禄之日淺。天而未忘庭堅之德也，故大命復集於皇家。天之贊唐，不惟舊矣。其興之也，元靈啓迪，黄祇顧懷。應歸運以義舉，撫來蘇以利見。濩也無放夏之慙，武也無伐殷之戰。高祖創業，四宗重光，有德格天漏泉。蒸雲濡露，菌蠢滋育，氤氳涵煦，若天地之覆載，日月之照臨。溥有形而希景，罄無外而宅心，百有八年於兹矣。皇帝攘内難而啓新命，戴睿宗而纘舊服，宇宙更闢，朝廷始位，蓋羲、軒氏之造皇圖也。九族敦序，百姓昭明，萬邦咸和，黎民於變，立土圭以步曆，革銅渾以正天，蓋唐、虞氏之張帝道也。天地四時，六官著禮，井田三壤，五圻成賦，廣九廟以尊祖，定六律以和神，蓋三代之設王制也。武緯之，文經之，聖謨之，神化之，然猶戰戰兢兢，日慎一日，約規誨以進德，遂忠良以代工。講習乎無爲之書，討論乎集賢之殿。寵勇爵，貴經門，翼乎鵷鸞之列在庭，毅乎貔貅之師居鄙，人和傍感，神寶沓至，乾符坤珍，千品萬類，超圖軼牒，未始聞記。我后以人瑞爲心，不以物瑞爲意。王公卿士，儼然進曰：『休哉陛下，孝至于天，故合于道。前年祈后土，人獲大穰。間歲祀圜丘，日不掩朔。感祥以祚聖，因事以觀天。天人交合，其則不遠。』意者喬岳埽路，望翠華之來，上帝儲恩，俟蒼璧之禮久矣，焉可專讓而廢舊勛。群臣固言，勸帝知罪，至於再，至於三，帝乃揖之曰：『欽崇天道，俯率嘉話，恐德不類，敢憚于勤？』其撰巡狩之儀，求封禪之故。』既而禮官不誡而備〔一〕，軍政不謀而輯。天老練日，雨師灑道，六甲案隊，八神警蹕。孟冬仲旬，乘輿乃出。千旗雲列，萬戟林行。霍濩燐爛，飛焰揚精。原野爲之震動，草木爲之風生。歷郡縣，省謡俗，問耆年，舉百祀，興墜典，葺闕政。攸徂之人，室家相慶。萬方縱觀，千里如堵。城邑連歡，丘陵聚舞。其中垂白之老，樂過以泣，不圖蒿里之魂，復見乾封之事。堯雲往，舜日還，神華靈鬱，爛熳乎穹壤之間。是月來至於岱宗，祇祓齋宫，滌濯靜室，凝神玄覽，將款太一。議夫泰山者，聖帝受天官之宫，天孫揔人靈之府。自昔立國，莫知萬類。克升中而建號，惟七十而有五，我高宗六之，而今七矣。非夫等位盛時，明德曠代，遼闊難并之甚哉！先時將臻夫大封也，累封壇於高岡，築太壇於陽阯。夫其天壇三襲，辰陛十二，咸秩衆靈，列座有次。崇牙樹羽，管磬鏞鼓，宫懸於重壝之内；干戚鈠殳，鉤戟戣戵，周衛於四門之外。伐國重器，傳代絶

〔一〕「禮官」，原誤倒，據味經窩本、乾隆本、光緒本、張説集校注卷十二乙正。

瑞，旅之於中庭；玉輦金轂，翠冒黄屋，夾之於端路。庶官百辟，羌夷蠻貊，褒成之後，讓王之客，叙立於禮神之場；髦頭弩牙，鐵馬金鏃，介胄如雪，旗幟如火，遠匝於清禁之野。於是乎以天正上元，法駕徐進，屯千乘於平路，留群臣於谷口。皇帝御六龍，陟萬仞，獨與一二元老執事之人，出天門，臨日觀，次沆壑，宿巉巖，赤霄可接，白雲在下。庚寅，祀高祖於上封，以配上帝；命衆官於下位，以享衆神。皇帝冕裘登壇，奠獻俯僂。金奏作，佾羽舞，撞黄鍾，歌大吕，開閶闔，與天語。請將信公，奉斗布度，懋建皇極，勤恤蒼生，招嘏乎未兆，禳災乎未萌。上下傳節，而禮成樂遍；福壽同歸，而帝賜神策。乃檢玉牒於中頂，揚柴燎於高天，庶衷誠而上達，若憑焰而駕烟。日轡方旋，神心餘眷，五色雲起，拂馬而隨人，萬歲山呼，從天而至地。越翌日，尊睿宗，侑地祇，而禮社首。遂張大樂，覲東后。國風惟舊，無黜幽削爵之誅；王澤惟新，有眚災大賚之慶。不浹日，至化洽於人心；不崇朝，景福遍於天下。然後藏金櫃於祏室，迴玉鑾於上都。煌煌乎真聖朝之能事，而高代之盛節者也。於斯之時，華戎殊俗，異音同歎。曰：岳合多雨，山峻多雲。豈有大舉百萬之師，尅期千里之外，乃行事之日，則天無點翳，地無纖塵，嚴冬變爲韶景，寒谷鬱爲和氣，非至德，孰能動天如此其順者乎？昔人云：『自西自東，自南自北，無思不服。』今信知『聖人作而萬物覩，其心服之謂矣』。或曰：『祭泰折，主先后，非禮歟？』曰：『是禮也，非宜也。王者父事天，母事地，侑神崇孝，無嫌可也。且夫柴瘞外事，帝王主之；蒸嘗内事，后妃助之。』是開元正人倫，革弊禮，起百王之法也。故令千載承末光，聆絶韻，咀甘實，漱芳潤，爍玄妙之至精，流不已之淑聲。臣説作頌，告於神明。四皇墳而六帝典，雖吉甫亦莫能名。徒採彼輿人之詩曰『大矣哉！惟天爲大，維皇則之。率我萬國，受天之祺。子孫百代，人神共保綏之云爾』而已矣。」

徐堅傳：玄宗時，堅充集賢學士，從上泰山，以參定儀典，加光禄大夫。

裴光庭傳：玄宗有事岱宗，中書令張説以天子東巡，京師空虛，恐突厥乘間竊發，議欲加兵守邊。召光庭與謀，對曰：「封禪，所以告成功也。成功者，德無不被，人無不安，萬國無不懷。今將告成，而懼突厥，非昭德也。大興力役，用備不虞，非安人也。方謀會同，而阻戎心，非懷遠也。此三者，名實乖矣。且諸蕃，突厥爲大，贄幣往來，願修和好有年矣，若遣一使，召大臣使赴行在，必欣然應命。突厥受詔，則諸蕃君長必相率而來，我偃旗息鼓，不復事矣。」説曰：「善，吾所不及。」因奏用其策，突厥果遣使來朝。契丹酋長與諸蕃長皆從行在。東封還，遷兵部侍郎。

康子元傳：子元，越州會稽人。仕歷獻陵令。開元初，詔中書令張説舉能治易、老、莊者，集賢直學士侯行果薦子元及平陽敬會真于説，説藉以聞，並賜衣幣，得侍讀。子元擢累祕書少監，會真四門博士，俄皆兼集賢侍講學士。玄宗將東之泰山，説引子元、行果、徐堅、韋縚商裁封禪儀。初，高宗之封，中書令許敬宗議：「周人尚臭，故前祭而燔柴。」説、堅、子元白奏：「周官：『樂六變，天神降。』是降神以樂，非緣燔也。宋、齊以來，皆先嚌福酒，乃燎。請先祭後燔，如貞觀禮便。」行果與趙冬曦議，以爲「先燎降神，尚矣。若祭已而燔，神無由降」。子元議挺不徙。説曰：「康子獨出蒙輪，以當一隊耶？」議未判，説請決于帝，帝詔後燔。

酉陽雜俎：明皇封禪泰山，張説爲封禪使。説壻鄭鎰本九品官，舊例封禪後自三公以下，皆遷轉一級，惟鄭鎰因説驟遷五品，兼賜緋服。因大酺次，玄宗見鎰官位騰躍，怪而問之，鎰無詞以對。黄旛綽曰：「此泰山之力也。」

右唐玄宗封禪

五禮通考卷五十二

吉禮五十二

四望山川附封禪

唐玄宗封禪

舊唐書玄宗本紀：開元十八年，百寮及華州父老累表請上尊號，并封西嶽，不允。

開元禮封禪儀：鑾駕進發：禪儀無此篇。皇帝將有事于太山，有司卜日，如別儀。告昊天上帝、太廟、太社，皆如巡狩之禮。告太廟高祖祝文，加封祀配神作主之意。告睿宗祝文，加禪祭配神作主之意。皇帝出宮，備大駕鹵簿，軷于國門，祭所過山川、古先帝王、名臣、列士，皆如巡狩之禮。通事舍人承制問百年。所經州縣刺史、縣令先待于境。至太山下，柴告昊天上帝于圜丘壇，如巡狩告至之禮。有司攝事。前期所司以太牢祭于太山神廟，如常式。

○齋戒：前七日，太尉戒誓百官，封云封于太山，禪云禪于社首山，齋儀同封祀。皇帝散齋于行宫後殿四日，致齋于前殿三日，服衮冕結佩等，並如圜丘儀。百官如别儀。

○制度：將作大匠先領徒于太山上立圜臺，廣五丈，高九尺，土色各依其方。又于圜臺上起方壇，廣一丈二尺，高九尺。其臺壇四面各爲一陛。玉版長一尺三寸，廣五寸，厚五寸。刻牒爲字，以金填之，用金匱盛。其玉牒文，中書、門下進取進止，所由承旨請内鐫。其石檢等〔一〕，並如後制。郊社令積柴爲燎壇于山上圜臺之東南，量地之宜。柴高一丈二尺，方一丈，開上，南出户，方六尺。又爲圜壇于山下，三成，十二陛，如圜丘之制，隨地之宜。壇上飾以玄，四面依方色。壇外爲三壝。郊社令又積柴于壇南燎，如山上之儀。又爲玉册，皆以金繩連編玉牒爲之。每牒長一尺二寸，廣一寸二分，厚三

〔一〕「石」，諸本作「名」，據通典卷一一九、開元禮卷六三改。

分，刻玉填金爲字。少府監量文多少爲之。又爲玉匱一，長一尺三寸，并檢方五寸。當纏繩處，刻爲五道。當封寶處，刻深二分，方取容受命寶印，以藏正座玉册。又爲金匱二，以藏配座玉册〔一〕，制度如玉櫃。又爲黄金繩以纏玉匱、金匱。又爲石䃭以藏玉匱，用方石再累，各方五尺，厚一尺，縱鑿石中，廣深令容玉匱。䃭旁施檢處，皆刻深三寸三分，闊一尺，南北各二，東西各三，去隅皆七寸。纏繩處皆刻深三分，闊一寸五分。爲石檢十枚，檢石䃭皆長三尺〔二〕，闊一尺，厚七寸，皆刻爲三道，廣一寸五分，深四寸。當封處大小取容寶印，深二寸七分，皆有小石蓋，制與封刻處相應，以檢擫封印，其檢立于䃭旁當刻處。又爲金繩三，以纏石䃭各五周，徑三分。爲石泥以封石䃭，以石末和方色土爲之〔三〕，其封玉匱、金匱、石䃭同用受命寶，並所司量時先奏，請出之。爲距石十二枚，皆闊二尺，厚一尺，長一丈，斜刻其首，令與䃭隅相應，分距䃭四隅，皆再累。爲五色土圓封，以封石䃭，上徑一丈二尺，下徑三丈九尺。禪禮制度：將祭，將作先于社首山禪

〔一〕「又爲金匱二以藏配座玉册」十一字，諸本脱，據通典卷一一九、開元禮卷六三補。
〔二〕「三尺」，原作「三寸」，據光緒本、通典卷一一九、開元禮卷六三改。
〔三〕「之」，諸本脱，據通典卷一一九、開元禮卷六三補。

所爲禪祭壇，如方丘之制，八角，三成，每等高四尺，上闊十六步，設八陛。上等陛廣八尺，中等陛廣一丈，下等陛廣一丈二尺，爲三重壝，量地之宜。四面開門，玉册、石𥓓、玉匱、金匱、金泥、檢距、圓封、立碑等，並如封祀之儀。

○陳設：前祀三日，衛尉設文武侍臣次于山下封祀壇外壝東門之内道北，皆文官在左，武官在右，俱南向。設諸祭官次于東壝之外道南，北向，西上，三師南壝之外道東。諸王于三師之南，俱西向，北上。文官從一品以下、九品以上于祀官之東。皇親五等以上、諸親三等以上于文官之東。東方諸州刺史、縣令又于文官之東，俱北向，西上。介公、酅公于南壝之外道西，東向。諸州使人于介公、酅公之西，東向。諸方之客，東方、南方於諸王東南，西向；西方、北方于介公、酅公西南，東向，皆以北爲上。武官三品以下、九品以上於西壝之外道南，北向，東上。設諸饌幔各於内壝東門、西門之外道北，南向；北門之外道東，西向。壇上及東方之饌陳于東門外，南方及西方之饌陳于西門外，北方之饌陳于北門外。

○前祀二日，太樂令設宫懸之樂于山下封祀壇之南、内壝之外，如圜丘儀。右校掃除壇之内外。禪儀：祭前三日，尚舍壇長施大次于外壝東門内道北。尚舍鋪御座，守宫設文武官次于大次前，東西相向。諸祭官于東壝外，文官九品以上于祭官東，皇親諸親又于其東，蕃官又于其東。介公、酅公于西壝外道南，武官九品于介公、酅公西，蕃客又于其西。褒聖侯于三品文官下。有諸州使，分于文武官後。設陳饌幔于内壝東西門外道北，南向。其壇上及東方饌陳于東門之外，南方、西方、北方饌陳于西門外。其陳樂懸則樹靈鼓，右校掃除，又爲瘞埳于壇壬地。

〇前祀一日，奉禮郎設祀官公卿位于山下封祀壇内壝東門之外道南，分獻之官于公卿之南，執事者位于其後。每等異位，重行，西向，北上。設御史位于壇上，一位于東陛之南，西向；一位于西陛之南，東向。設奉禮位于樂懸東北。贊者二人在南，差退，俱西向。設協律郎位于壇上南陛之西，東向。設太樂令位于北懸之間，當壇北向。

〇設從祀之官位：三師位于懸南道東，諸王位于三師之東，俱北面，西上。介公、酅公位于道西，北面，東上。文官從一品以下、九品以上于執事之南，東方諸州刺史、縣令又于文官之南。每等異位，重行，西向，俱以北爲上。武官三品以下、九品以上位于西方，值文官。皇親五等以上、諸親三等以上于武官之南。每等異位，重行，東向。諸州使人位于内壝南門之外道西，重行，東面，皆以北爲上。設諸國客使位于内壝南門之外〔一〕，東方、南方于諸王東南〔二〕，每國異位，重行，北向，以西爲上。西方、北方于介公、酅公西南，每國異位，重行，北面，以東爲上。其褒聖侯文官三品之下、諸州使人各于文武官後。禪儀：奉禮設御位于壇東南，設祭官位于内壝東門外道南，分獻官于祭官南，執事者位于後。設御史位二于壇下，一位於東南，西向，一位於西南，東向〔三〕，令史陪後。設奉禮位于懸東北，贊者二人在南，差退。協律郎于壇上，太樂令于北懸間，並如常。設望瘞位于壇東北，從祭官于執事南，皇親又于南，諸州刺史、縣令又于南，蕃客又于南。介公、酅公于内壝西門外道南，武官于後，蕃客于武官南。設門外位于東西壝門外道南，皆如設次之式。

○設牲牓于山下封祀壇之外，當門西向。蒼牲一，居前。正座。又蒼牲一，配座。青牲一，在北少退，南上。次赤牲一，次黄牲一，次白牲一，次玄牲一，以上五方帝座。又青牲一，大明。又白牲一〔四〕。夜明。禪禮：設牲牓于東壝外如式。正座，黄牲一，居前。配座，黄牲

〔一〕「國」，原作「位」，據光緒本、通典卷一一九、開元禮卷六三改；「南門」，諸本作「東門」，據通典卷一一九、開元禮卷六三改。

〔二〕「南方」，原脱，據光緒本、通典卷一一九、開元禮卷六三補。

〔三〕「壇」下，諸本脱「下一位於」四字；「西向」下，諸本脱「一位於西南東向」七字，據通典卷一一九、開元禮卷六三補。

〔四〕「白」，諸本脱，據通典卷一一九、開元禮卷六三補。

一，在北少退。神州黝牲一，在南少退。設廩犧令位於牲西南，史陪其後，俱北向。設太祝位於牲東，各當牲後，祝史陪其後，俱西向。設太常卿省牲位於牲前，近北，又設御史位於太常卿之西，俱南向。

○設昊天上帝酒罇於圓臺之上下，太罇二、著罇二、犧罇二、山罍二在壇上，於東南隅，北向，象罇二、壺罇二、山罍四在壇下，於南陛之東，北面，西上。設配帝著罇二、犧罇二、象罇二、山罍二在壇上，皆於昊天上帝酒罇之東，北向，西上。其山下封祀壇設五帝日月，俱太罇二，在神座之左。其內官每陛間各象罇二在第二等，中官每陛間各壺罇二在第三等，外官每陛間各概罇二於內壝之內，衆星每道間各散罇二於內壝之外。凡罇各設於神座之左而右向。五帝日月以上之罇置于坫，內官以下罇俱藉以席，皆加勺冪，設爵于罇下。禪儀：設皇地祇太罇二、著罇二、犧罇二、山罍二在壇上東南隅，北向，象罇二、壺罇二、山罍四在壇下南陛之東，北向，俱西上。設配帝著罇二、犧罇二、象罇二、山罍二在壇上正座罇東，北向，西上。神州太罇二在第一等，每方嶽鎮海瀆俱山罇二，山川林澤各蜃罇二，丘陵以下各散罇二，皆于壇下，皆加勺冪。

○設罍洗各于壇南陛東南，亞獻之洗又于壇東南，俱北向。罍水在洗東，篚在洗西，南肆。篚實以巾爵。設分獻罍洗篚冪各於其方陛道之左，俱西向。執罇罍篚冪者各於罇罍篚冪之後。各設玉幣之篚于壇之上下罇坫之所。

○祀日未明五刻，太史令、郊社令各服其服，升設昊天上帝神座于山圓臺之上北方，南向，以三脊茅爲神藉。設高祖神堯皇帝神座于東方，西向，席以莞。神座皆於座首。又太史令、郊社令設五天帝日月神座于山下封祀壇之上，青帝于東陛之北，赤帝于南陛之東，黄帝于南陛之西，白帝于西陛之南，黑帝于北陛之西，大明于東陛之南，夜明于西陛之北，席皆以藁秸。設五星、十二辰、河漢及内官之座于第二等十有二陛之間，各依方面，凡席皆内向。其内官中有北斗、北辰位南陛之内，差在行位前。設二十八宿及中官之座于第三等，亦如之。布外官席位于内壝之内，衆星席位于内壝之外，各依方次。席皆以莞。設神位各于座首。禪禮：神位，皇地祇神座于壇上北方，南向，席以藁秸。睿宗大聖真皇帝座于東方，西向，席以莞。神州于第一等東南方，席以藁秸〔一〕。嶽鎮以下于内壝内，各于其方，嵩嶽以下于壇西南，俱内向，席皆以莞。所司陳其異寶及嘉瑞等于樂懸之東西廂。禪禮無瑞物。

〔一〕「東南方」三字，諸本在「席以藁秸」下，據通典卷一一九、開元禮卷六三乙正。

○省牲器：省牲之日午後十刻，去壇二百步所，諸衛之屬禁斷行人。晡後二刻，郊社令、丞帥府史三人及齋郎以罇坫罍洗篚冪入設于位。凡升壇者各由其陛。贊引引御史、諸太祝詣壇東陛，御史二人升，行掃除于上〔一〕，太祝七人與祝史行掃除于下。其五星以下羊豕，所司各依令先備如常儀，並如別儀。禪禮無五星以下羊豕，餘同。

○鑾駕上山。禪無上山儀。前祀三日，本司宣攝内外，各供其職。衛尉設祀官、從祀群官五品以上便次於行宫朝堂，如常儀。前祀二日，尚舍直長施大次于圓臺東門外道北，又于山中道設止息大次，俱南向。尚舍奉御鋪御座，衛尉設從駕文武群官及諸方使應從升者於圓臺南門之外，文東武西，並如常儀。郊社令設御洗於圓臺南陛之東，北向。罍水在洗東，篚在洗西，南肆。設巾冪。其日奉禮設御位於圓臺南，當壇北向。設群官五品以上版位於御位之南，文東武西，重行，北向，相對爲首。設東方諸州刺史、縣令位於文官之東，諸州使人位于武官之西〔二〕。設國客位：東方、南方於

〔一〕「太祝詣壇東陛御史二人升行掃除于上」十六字，諸本脱，據通典卷一一九、開元禮卷六三補。
〔二〕「西」，諸本作「後」，據通典卷一一九、開元禮卷六三改。

文官東南，每國異位，北面，西上；西方、北方於武官西南，每國異位，北面，東上。設御史位於圓臺東西，如祀禮。設奉禮贊者位於群官東北，西面，設執事位於東門之内道南，西面，皆北上。前祀一日，未明七刻，搥一鼓爲一嚴，三嚴時節，祀前二日侍中奏裁。未明五刻，搥二鼓爲再嚴，侍中版奏「請中嚴」。從祀官五品以上俱就次各服其服，所司陳大駕鹵簿。未明二刻，搥三鼓爲三嚴，諸衛之屬各督其隊與鈒戟以次陳於行宫門外。謁者、贊引引祀官，通事舍人分引從祀群官，諸侍臣結佩，俱詣行宫門外奉迎。侍中負寶如式。乘黄令進輦於行宫門外，南向。侍中版奏「請登山」。皇帝服衮冕，乘輦以出，稱警蹕，如常儀。黄門侍郎進當輦前，跪奏稱「黄門侍郎臣某言，請鑾輿進發」。俛伏，興，退，復位。鑾輿動，又稱警蹕。黄門侍郎、侍中、中書令以下夾引以出，千牛將軍夾輿而趨。駕至，侍臣上馬所，黄門侍郎奏「請鑾輿權停，敕侍臣上馬」。侍中前承制，退，稱「制曰可」。黄門侍郎退，稱「侍臣上馬」。贊者承傳，文武侍臣皆上馬。諸侍衛之官各督其屬，左右翊鑾輿在黄麾内。符寶郎奉六寶，與殿中監後部從在黄鉞内。侍臣上馬畢，黄門侍郎奏「請鑾輿進發」。退，復位。鑾駕動，稱警蹕如常。鼓吹不鳴，不得諠譁。從祀官在玄武隊後如常。若復先置，則聽臨時節度。車輅鼓吹皆待于山下，御史大夫、刺史、縣令前導如式。至中道，止息大次前，迴輦，南向。侍中奏「請降輦」，如常。皇帝降輦，之大次。群臣皆隨便而舍。停大次三刻頃，侍中奏請皇帝出次，升輦，進發如初。駕至臺東門外大次前，迴輦，南向。侍中進，當駕前跪奏稱「侍中臣某言，請降輅」。俛伏，興。皇帝降輦，之大次，如常儀。通事舍人承旨，敕從祀群官退就門外位。禪儀：鑾駕出行宫，如封太山之儀。

○薦玉幣：祀日未明三刻，諸祀官各服其服。郊社令率其屬以玉幣及玉册置于山上圓臺壇上坫所。禮神之玉蒼璧，幣以蒼，配座之幣亦如之。又以玉匱、金匱、金繩、金泥盛于篚，置于石䃭之側。良醖令帥其屬各入實罇罍玉幣。凡六罇之次，太罇爲上，實以汎齊；著罇次之，實以醴齊；犧罇次之，實以盎齊；象罇次之，實以醍齊；壺罇次之，實以沈齊；山罍爲下，實以三酒。配帝，著罇爲上，實以沈齊；犧罇次之，實以醴齊；象罇次之，實以盎齊；山罍爲下，實以清酒。其玄酒各實于五齊之上罇。禮神之玉，昊天上帝以蒼璧，昊天上帝及配帝之幣以蒼。禪，祭日未明三刻以下實罇至饌幔内，與夏至北郊同也。太官令帥進饌者實諸籩豆簠簋，各設於饌幔内。未明二刻，奉禮帥贊者先入就位。贊引引御史以下行掃除，如常儀。禪禮：自未明二刻下至掃除訖，就位，與夏至方丘同。駕將至，謁者、贊引各引祀官[一]，通事舍人分引從祀群官、諸方客使俱就門外位。自鑾輿至大次以下至進熟，與方丘同。未明一刻，謁者、贊引各引文武五品以上從祀之官皆就圓臺南立。謁者引司空入行掃除訖，出，復位。侍中版奏「外辦」。皇帝服大裘而冕，出次，華蓋、侍衛如常儀。侍中負寶陪從如式。博士引太常卿，太常卿引皇帝，凡太常卿前導，皆博士先引。入自東門。殿中監進大珪，尚衣奉御又以鎮珪授殿中監。殿中監受進皇帝[二]，皇帝搢大珪，執鎮珪、繅藉。華蓋、仗衛停於門外，近侍者從入如常。謁者引禮部尚書、太常少卿陪從如常。大珪如搢不便，請先定近侍承奉之。皇帝至版位，北面立。每立定，太常卿與博士退立于左。謁者、贊引各引祀官次入，就位。立定，太常卿前奏「請再拜」。退，復位。皇帝再拜，奉禮曰「衆官再拜」，在位者皆再拜。太常卿前奏「有司謹具，請行事」。退，復位。正座、配座太祝取玉幣於篚，各立於罇所。太常卿引皇帝詣壇，升自南陛。侍中、中書令以下及左右侍衛量人從升。以下皆如之。

[一]「祀」，原作「祭」，據光緒本、通典卷一一九、開元禮卷六三改，下同改。
[二]「皇帝」，原脱，據光緒本、通典卷一一九、開元禮卷六三補。

皇帝升壇，北向立。太祝加玉於幣以授侍中。侍中奉玉幣，東向進皇帝〔一〕。皇帝搢鎮珪，受玉幣。凡受物皆搢鎮珪。奠訖，執鎮珪，俛伏，興。登歌作肅和之樂，以大吕之均。太常卿引皇帝進，北面跪奠於昊天上帝神座，禪則皇地祇神座。俛伏，興。太常卿引皇帝立於西方，東向。又太祝以幣授侍中，侍中奉幣，北向進。皇帝受幣。太常卿引皇帝進，東面跪奠於高祖神堯皇帝神座，俛伏，興。太常卿引皇帝少退，東向，再拜訖，登歌止，太常卿引皇帝，樂作。皇帝降自南陛，還版位，西向立，樂止。太祝還鐏所。

〇山下封祀壇。其日，自山下五步立一人〔二〕，直至下壇，遞呼萬歲，以爲節候。祀日未明三刻，諸祀官各服其服。郊社令率其屬以五帝及中官外官以下之玉幣各置於坫所。五帝之玉以四珪有邸，日月以珪璧，幣各依方色。良醖令帥其屬各入實鐏罍玉幣。五帝俱以太鐏，皆實以汎齊；日月之鐏，實以醴齊；其内官之象鐏，實以醍齊；中官之壺鐏，實以沈齊；外官之概鐏，實以清酒；衆星之散鐏，實以昔酒〔三〕。其玄酒各實于五齊之上鐏。禮神之玉，青帝以青珪，赤帝以赤璋，黄帝

〔一〕「皇帝」，原脱，據光緒本、通典卷一一九、開元禮卷六三補。
〔二〕「一」，諸本脱，據通典卷一一九、開元禮卷六三補。
〔三〕「昔酒」，諸本作「旨酒」，據通典卷一一九、開元禮卷六三改。

以黃琮，白帝以騶虞，黑帝以玄璜，日月珪邸。五帝日月以下幣皆從方色。太官令帥進饌者實諸籩豆簠簋，各設於饌幔内。未明二刻，奉禮帥贊者先入就位。贊引引御史以下入行掃除，如常儀。未明一刻，謁者、贊引各引祀官皆就位。太樂令帥工人、二舞次入就位。文舞入陳於懸内，武舞立於懸南道西。謁者引司空入行掃除訖，出，復位。於皇帝奠玉幣也，封祀壇謁者、贊者各引祀官入就位，立定。奉禮曰「衆官再拜」，在位者皆再拜。其先拜者不拜。協律郎跪，俛伏，興。舉麾，鼓柷，奏元和之樂，乃以圜鍾之宮，黃鍾爲角，太蔟爲徵，姑洗爲羽。圜鍾三奏，黃鍾、太蔟、姑洗各一奏之。舞文舞之舞，樂舞六成，偃麾，戛敔，樂止。奉禮曰「衆官再拜」，在位者皆再拜。謁者七人，各引獻官及諸太祝奉玉幣各進奠於神座，如常儀。將進奠，登歌作肅和之樂，以大吕之均，餘星座幣亦如之。進奠訖，各還本位。初，群官拜訖，夜明以上祝史各奉毛血之豆立於門外。登歌止，祝史奉毛血各由其陛升壇，以毛血各致其座，諸太祝俱迎受，各奠於神座前，諸太祝與祝史退立於罇所。

○進熟：皇帝既升奠玉幣，太官令出，帥進饌者奉饌各陳於内壝門外。謁者引司徒出詣饌所，司徒奉昊天上帝之俎。初，皇帝既至位，樂止，太官令引饌入。俎初入門，雍和之樂作，以黄鍾之均。自後接神之樂皆用雍和。饌至陛，樂止。祝史俱進，跪徹毛血之豆，降自東陛以出。昊天上帝之饌升自午陛，配帝之饌升自卯陛。諸太祝迎引，各設於神座前。設訖，謁者引司徒，太官令帥饌者降自東陛以出，司徒復位，諸太祝各還罇所。太常卿引皇帝詣罍洗，盥洗爵等並如圜丘儀。太常卿引皇帝，樂作，皇帝詣壇，升自南陛，訖，樂止。謁者引司徒升自東陛，立於罇所。齋郎奉俎，從升，立於司徒之後。太常卿引皇帝詣昊天上帝酒罇所，執罇者舉冪，侍中贊酌汎齊訖，壽和之樂作。皇帝每酌飲福，皆作壽和之樂。太常卿引皇帝進昊天上帝神座前，北向跪，奠爵，俛伏，興。太常卿引皇帝少退，北向立，樂止。太祝二人持玉册進於神座之右，東面跪；又太祝一人跪讀册文訖，俯伏，興。册文並中書、門下撰進，少府監刻文。皇帝再拜，初讀册文訖，樂作。太祝進奠册於神座，還罇所。皇帝再拜，樂止。太常卿引皇帝詣配座，以下至終獻、光禄卿降、復位，並如圜丘儀。皇帝將升獻，太官令引饌入，其山下封祀壇五帝日月以下之饌亦相次而入。俎初入門，雍和之樂作，以黄鍾之均。饌至陛，樂止。祝史俱進，跪徹毛血之豆，降自東陛以出。木帝之饌升自寅陛，火帝之饌升自巳陛，土帝之饌升自未陛，金帝之饌升自酉陛，水帝之饌升自子陛，大明之饌升自辰陛，夜明之饌升自戌陛。其内官中官衆星之饌，所由師長皆先陳布。諸太祝迎引於壇上，各設於神座。設訖，謁者引司徒，太官令帥進饌者俱降自東陛以出，司徒復位。諸太祝各還鐏所。於山上太尉之亞獻也，封祀壇謁者七人分引五方帝及大明、夜明等獻官詣罍洗，盥手洗匏爵訖，各由其陛升，俱酌汎齊訖，各進跪奠於神座前，興〔一〕，引降還本位。初第一等獻官將升，謁者五人次引獻官各詣罍洗，盥洗訖〔二〕，各由其陛升，詣第二等内官酒鐏所，俱酌醴齊，各進跪奠爵於内官首座，興。餘座皆祝史齋郎助奠，相次而畢。謁者四人次引獻官俱詣罍洗盥洗，各由其陛升壇，詣第三等中官酒鐏所，俱酌盎齊以獻。贊引四人次引獻官詣罍洗，盥洗訖，詣外官酒鐏所，俱酌醍齊以獻。贊引四人次引獻官詣罍洗盥洗，詣衆星酒鐏所，俱酌沈齊以獻。其祝史齋郎酌酒助奠，皆如内官之儀。訖，謁者、贊引各引獻官還本位，武舞六成，樂止。舞獻俱畢，上下諸祝各進，跪徹豆，興，還鐏所。奉禮曰「賜胙」，贊者唱「衆官再拜」，在位者皆再拜。元和之樂作，奉禮曰「衆官再拜」，在位者俱

〔一〕「進跪奠於神座前興」八字，諸本脱，據通典卷一一九、開元禮卷六三補。

〔二〕「盥洗」，諸本脱，據通典卷一一九、開元禮卷六三補。

再拜。樂作，一成止。

○燔燎：終獻將畢，侍中前跪奏曰「請就望燎位」，太常卿引皇帝就望燎位。太祝奉玉幣等就柴壇，置於柴上户内訖，奉禮曰「可燎」，東西面各六人以炬燎火，半柴，侍中前跪奏「禮畢」。太常卿引皇帝出，贊引引祀官以下皆出。其山下封祀壇獻官獻畢，奉禮曰「請就望燎位」，諸獻官俱就望燎位。諸太祝各取玉幣等就柴壇，自南陛升〔一〕，置於柴上户内訖，奉禮曰「可燎」，東西面各六人以炬燎火，半柴訖，奉禮曰「禮畢」。獻官以下皆出。禪儀：皇帝既升奠玉幣，下至跪奠爵、俛伏、興，與方丘同。太常卿引皇帝少退，北向立，樂止。太祝二人持玉册進于神座之右，東向跪。又太祝一人跪讀册文訖，俛伏，興。皇帝再拜。祝文並中書、門下進，少府監刻。初讀祝文訖，至配座讀册，皆亦如之，其拜奠並同方丘。配座初讀册訖，至寘土半埳，太常卿引皇帝還版位，與方丘同。

○封玉册：封檢附。燔燎畢，禪儀：皇帝既就望瘞位。侍中跪奏稱「具官臣某言，請封玉册」。太常卿引皇帝自南陛升壇，北向立。近侍者從升如式。少府監具金繩、金泥等並所用

〔一〕「升」，諸本作「下」，據通典卷一一九、開元禮卷六三改。

物立于御側，符寶郎奉受命寶立于侍中之側。謁者引太尉進昊天上帝神座前，禪儀：進皇地祇神座前。跪取玉册，置於案，進。皇帝受玉册，跪疊之，内於玉匱中，纏以金繩，封以金泥。侍中取受命寶，跪以進。皇帝取寶，以印玉匱訖，興。侍中受寶，以授符寶郎。通事舍人引太尉進，皇帝跪捧玉匱，授太尉。太尉跪受，皇帝興，太尉退，復位，側身奉玉匱。太常卿前奏「請再拜」，皇帝再拜，訖，入次，如常儀。太尉奉玉匱之案於石䃭南，北向立。執事者發石蓋，太尉奉玉匱，跪藏于石䃭内，執事者覆石蓋，檢以石檢，纏以金繩，封以石泥，訖，太尉以玉寶徧印，訖，引降，復位。將作帥執事者以石距封固，又以五色土圜封後，續令畢其功。禪儀同。配座玉牒，禪儀：太尉又進睿宗大聖真皇帝座，跪取玉册内金匱。封于金匱，皆如封玉匱之儀。訖，太尉奉金匱從降，俱復位。封禪還，以金匱内太廟，藏于高祖神堯皇帝之石室[一]，如别儀。太常卿前奏「禮畢」。若有祥瑞，則太史監跪奏訖，侍臣奉賀再拜，三稱萬歲，内外皆稱萬歲，訖，又再拜。太常卿引皇帝還大次，樂作。皇帝出東門，禪儀：皇帝出中壝門。殿中監前受鎮珪以授尚衣奉御，殿中監又前受大珪，華蓋、侍

[一]「石」，原作「左」，據通典卷一一九、開元禮卷六三改。

衛如常儀。皇帝入次，樂止。謁者、贊引各引祀官，通事舍人分引從祀群官以次出，復位，立定。奉禮曰「再拜」，衆官在位者皆再拜，訖，贊引引出，工人、二舞以次出。禪禮：祭訖，以奇禽異獸合瑞典者，皆縱之神祀所〔一〕。

○鑾駕還行宮：皇帝既還大次，侍中版奏「請解嚴」。將士不得輒離部伍〔二〕。轉仗衛於還途，如來儀。二刻頃，侍中版奏「請中嚴」，皇帝服通天冠、絳紗袍，諸祀官服朝服。皇帝出次，升輦，降山，下至圓壇所，權停。乘黄令進玉輅，太僕升執轡，以下入宮，並如圜丘儀。禪儀同。

○朝覲群臣：禪祭訖，行此禮。禪之明日，朝覲群臣及岳牧以下於朝覲壇，如巡狩儀。皇帝服衮冕，乘輿以出，曲直、華蓋、警蹕、侍衛入自北壝門，由北陛升壇，即御座。符寶郎奉寶置於座，扇開，樂止。通事舍人引三品以上及岳牧以下入就位，如常儀。通事舍人引上公一人，舒和之樂作。公至西陛，就解劍席，樂止。脱舄，跪解劍，

〔一〕「祀」，原作「祝」，據通典卷一一九、開元禮卷六三改。
〔二〕「伍」，原作「位」，據光緒本、通典卷一一九、開元禮卷六三改。

置於席，興。相禮者與通事舍人引進，當御座前北面跪稱「具官臣名等言，天封肇建，景福惟新。伏惟開元神武皇帝陛下萬壽無疆」。俛伏，興。通事舍人引上公降壇，詣解劍席，跪，帶劍納舄。樂作，通事舍人引復位，立定。樂止，典儀曰「再拜」，贊者承傳，上公以下皆再拜。侍中前承制，降詣上公之東北，西向，稱「有制」。上公及群官皆再拜，訖，宣云「封禪之慶，與公等同之」。上公及群官又再拜，舞蹈，三稱萬歲，訖，又再拜，引退。

○考制度：如巡狩儀。

册府元龜：開元二十三年九月丁卯，文武百官、尚書左丞相蕭嵩等累表請封嵩、華二嶽。表曰：「臣聞封巒之運，王者告成。當休明而闕典，乃臣子之深過。伏惟神武皇帝陛下受命繼天，應期光宅，垂慶雲而覆露，暢和氣以生成，物荷深仁，時惟天道，文明之化洽矣，穆清之風被矣。淳源既泳，福應咸臻，盈于天壤，昭于方策。蓋非愚下所能頌美。且天之在上，日監在兹，嘉大聖之神功，降玄符以表德。恭伸昭報，祗事升中。古昔大猷，孰先兹道？臣等覩休徵以上請，陛下崇謙讓以固辭，事恐勞人，抑其勤願，德音所逮，自古未聞。昔虞巡四岳，周在一歲，書稱其美，不以爲煩。

寧彼華、嵩，皆列近甸，復兹豐稔，又倍他年。歲熟則餘糧，地近則易給，況費務蓋寡，咸有司存，儲峙無多，豈煩黎庶？吏當首路，以望屬車。陛下往封泰山，不祕玉牒。嚴禋上帝，本爲蒼生，今其如何，而闕斯禮？伏願發揮盛事，差擇元辰。先檢玉于嵩山，次泥金于華岳。天休既荅，人望見從。上下交歡，生靈幸甚。臣等昧死，敢此竭誠，理在至公，祈于俯遂，無任悃款之至，謹詣朝堂，陳請以聞。」帝固讓不從，手詔報曰：「升中于天，帝王盛禮。蓋謂臻兹淳化，告厥成功。今兆庶雖安，尚竭豐年之慶；邊疆則靜，猶有踐更之勞。況自愧于隆周，敢追迹于大舜。頃年迫于萬方之請，難違多士之心。東封泰山，于今惕厲，豈可更議嵩、華，自貽慙恧。雖藉公卿，共康庶政，永惟菲薄，何以克堪。朕意必誠，宜斷來表也。」

唐書玄宗本紀：天寶九年正月丁巳，詔以十一月封華嶽。三月辛亥，華嶽廟災，關内旱，乃停封。

册府元龜：天寶九載正月，文武百寮、禮部尚書崔翹等累上表，請封西嶽，刻石紀榮號。帝固拒不許，翹等又奉表懇請曰：「自今月辛亥至于癸丑，累表誠祈，請紀榮號，聖心恭默，沖讓再三。臣等伏讀綸言，退增祇慄，敢重瀝愚懇，期諸必遂。臣聞聖人之言，與春秋而同信；上天之宰，將影響而合符。昭報不可以久稽，成命不可以固拒。今靈山警蹕，望玉鑾之升中；儒林展儀，思金匱之盛禮。發祥儲祉，喻以封山，人事天時，不可失也。伏惟開元天地大寶聖文神武應道皇帝陛下，祖武宗文，重熙累洽，霑風化而砥礪，在動植而昭蘇。外户不扃，餘糧栖畝。其神功至道，廣瑞殊祥。前表縷陳，安敢浮説。夫修德以俟命，勒功以告成。將欲竭款神祇，雍熙帝載，未爲過越也。伏惟覽公卿之議，考封禪之禮，陟華蓋于翠微，轉鉤陳于雲路，泥金于菡萏之上，刻玉于明星之前。使三五六經，復再聞于唐典；七十二姓，不獨紀于夷吾。敷景福以浸黎元，錫大慶而報天地，蒼生之望也，朝廷之幸也。無任誠懇悃款之至，謹詣朝堂，奉表陳請以聞。」帝手詔不許，曰：「輕修大典，所不願爲。」時或傳中旨，請紀榮號，何如空云，請封西嶽。乙卯，群臣又奉表請封西嶽，曰：「臣翹等伏稽古訓，上請增封，再奉明旨，未蒙允諾。臣等承詔，惶駭失圖。臣聞省方展義，君人之大典；登封告成，王者之丕業。是以古先哲后，道洽則封，所以答神祇之功，增兆庶之福，無私于己。故行之者不思，必順于天；故言之者難奪，敢昧萬責，竭誠終請。伏惟開元天地大寶聖文神武應道皇帝陛下，紹文武之丕烈，合君臣于昌運。均雨露，和陰陽，四海無波而靜默，群生自樂而仁壽。繇是德懷蠻貊，澤洎昆蟲；宗廟祀典，罔不祇肅；要荒殊俗，亦莫不庭。自皇王以來，載籍所記，未有混區宇，窮禎祥，地平天成，德茂道洽若今日之盛者也。固可告太平之功，展封崇之禮，故臣與王公侯伯，黎老緇黄，累陳白奏，備竭丹懇。豈謂聖恩猶阻，皇鑒未迴。伏奉癸丑詔書曰：『輕修大典，所不願爲。』臣等戰慄，匪遑寧處。實以陛下功成道洽，理實升中。且夫龜龍咸格，天意也；夷夏大同，人事也；時和年豐，太平也；無爲清淨，至理也。允應大典，豈謂輕修乎？奉若靈命，安可不爲乎？臣等敢冒宸極，重明其義，竊以西嶽華山實鎮京國，皇虞之所循省，靈仙之所依憑，固可封也。況金方正位，合陛下本命之符；白帝臨壇，告陛下長生之籙。發祥作聖，抑有明徵，又可封也。昔周成王以剪桐爲戲，唐叔因而定封。蓋人君之言，動有成憲。斯事至細，猶不忽也。況陛下眷言封祀，宿著神明，道已洽于升平，事未符于琬琰，豈可抑至公于私讓，棄誠信于神明乎？固不可得而辭也。日者封章累奏，嘉應必臻，一獻而甘雨流，再陳而瑞雪降，則知人天之意，影響合符。若然者，陛下安得稽天命以固辭，違人事以久讓，太平不告，其若休祥何？至理不答，其若神祇何？伏願仰答天心，允祇靈貺，上以揚祖宗之盛烈，下以副億兆之懇誠。克崇上報，永光大典。臣等幸甚。」宗子又上表曰：「臣徹等伏見禎祥委積，河海澄清，長瞻北極之尊，屢獻西封之疏。誠懇不達，天鑒未從，徘徊闕庭，隕越無地。陛下再造區寓，肇康生人，與天合符，與道合契，故得靈芝表瑞，玉版呈文，九穀歲衍于京坻，百蠻盡習其冠帶，能事備于典策，盛德光于祖宗，升中告成，是屬今日。惟夫太華，高冠群山，當其少陰，鎮此西土。自有虞巡守，歷祀三千，夏殷以還，罕能肆覲。陛下雖加進寵號，增崇廟宇，而大禮未施，精意空潔。又陛下頃歲建碑曰：『嘗勤報德之願，未暇封崇之禮。萬姓瞻予，言可復也。』臣以爲天地之主，豈徒言哉！神祇候望，故已久矣。伏願俯順百辟兆人之請，明徵刻石銘山之記。蹔還萬乘，降被三峰。奠珪璧于中壇，奏笙鏞于上帝。使普天蒙福，重賜無疆。頻冒宸嚴，並期必遂，無任懇切屏營之至，謹詣朝堂，奉表陳請以聞。」凡三上表，上乃許之。丁巳詔曰：「以今載十一月，有事華山，中書門下及禮官詳儀注奏聞，務從省便。」是載三月，西嶽祠廟災，時關中久旱，詔曰：「自春以來，久愆時雨，登封告禪，情所未遑，所封西嶽宜停。」

范氏祖禹曰：「封禪實自秦始，古無有也。且三代不封禪而王，秦封禪而亡。人主不法三代而法秦，以爲太平盛事，亦已謬矣。太宗初年，朝多賢臣，而佞者尤倡其議，獨魏徵以爲時未可，而亦不以其事爲非也。其後使顔師古議其事，房喬裁定之，徵亦預焉。貞觀之末，屢欲東封，以事而止。高宗、明皇遂徑行之。終唐之世，惟柳宗元以封禪爲非。雖韓愈之賢，猶勸憲宗，則其餘無足怪也。嗚呼！禮之失也久矣，世俗之惑，可勝救哉！」

右唐玄宗封禪

宋真宗封禪

宋史太宗本紀：太平興國八年六月己酉，兗州泰山父老及瑕丘等七縣民詣闕請封禪。

雍熙元年夏四月乙酉，泰山父老詣闕請封禪。戊子，群臣表請凡三，上許之。五月丁丑，乾元、文明二殿災。六月壬寅，詔罷封泰山。

扈蒙傳：太宗將東封，蒙定議曰：「嚴父莫大于配天，請以宣祖配天。」自雍熙元年罷封禪爲郊祀，遂行其禮，議者非之。

真宗本紀：大中祥符元年春正月乙丑，有黄帛曳左承天門南鴟尾上，守門卒塗榮告，有司以聞。上詔群臣拜迎于朝元殿啓封，號稱天書。丁卯，紫雲見，如龍鳳覆宫殿。戊辰，大赦，改元。群臣加恩，賜京師酺。三月甲戌，兖州父老千二百人詣闕請封禪。丁卯，兖州并諸路進士等八百四十人詣闕請封禪。壬午，文武官、將校、蠻夷、耆壽、僧道二萬四千三百七十餘人詣闕請封禪，不允。自是表凡五上。夏四月甲午，詔以十月有事于泰山，遣官告天地、宗廟、嶽瀆諸祠。乙未，以知樞密院事王欽若、參知政事趙安仁爲泰山封禪經度制置使。丙申，以王旦爲封禪大禮使，馮拯、陳堯叟分掌禮儀使。曹濟州、廣濟軍耆老二千二百人詣闕請臨幸。五月壬戌，王欽若言泰山醴泉出，錫山蒼龍見。壬午，詔緣路行宫舊屋止加塗塈，毋别創。癸未，置天書儀衛使副、扶侍使都監、夾侍，凡有大禮即命之。詔離京至封禪以前不舉樂，所經州縣勿以聲伎來迓。六月乙未，天書再降于泰山醴泉北。壬寅，迎泰山天書于含芳園，雲五色見，俄黄氣如鳳駐殿上。庚戌，曲赦兖州繫囚流罪以下。九月戊寅，西京諸州民以車駕東巡貢獻，召對勞賜之。己卯，以馬知節爲行營都部署。庚辰，趙安仁獻五色金玉丹、紫芝八千七百餘本。乙酉，親習封禪儀于崇德殿。冬十月戊子，上御蔬食。庚寅，以巡幸置考制度使副，凡巡幸則命之。是夕，五星順行同色。辛卯，車駕發京師，扶侍使奉天書先道。丙申，次澶州，宴周瑩于行宫。戊戌，許、鄆、齊等州長吏赴泰山陪位。辛丑，駐蹕鄆州，神光起昊天玉册上。甲辰，詔扈從人毋壞民舍、什器、樹木。丁未，法駕入乾封縣奉高宫〔一〕。戊申，王欽若等獻泰山芝草三萬八千餘本。己酉，五色雲起嶽頂。庚戌，法駕臨山門，黄雲覆輦，道經險峻，降輦步進。先夕大風，至是頓息。辛亥，享昊天上帝于圜臺，陳天書于左，以太祖、太宗配。帝衮冕奠獻，慶雲繞壇，月有黄光；命群臣享五方帝諸神于山下封祀壇，上下傳呼萬歲，振動山谷。降谷口，日有冠戴，黄氣紛郁。壬子，禪社首，如封祀儀。紫氣下覆，黄光如星繞天書匣。縱四方所獻珍禽奇獸。還奉高宫，日重輪，五色雲見。作會真宫。癸丑，御朝覲壇之壽昌殿，受群臣朝賀。大赦天下。十一月丁丑，帝至自泰山。

禮志：大中祥符元年，兖州父老吕良等千二百八十七人及諸道貢舉之士八百四十六人詣闕陳請，而宰臣王旦等又率百官、諸軍將校、州縣官吏、蕃夷、僧道、父老二萬四千三百七十人五上表請，始詔今年十月有事于泰山。遣官告天地、宗廟、社稷、

〔一〕「乾封縣」，諸本作「乾符縣」，據宋史真宗本紀校勘記改。

太一宫及在京祠廟、嶽瀆，命翰林、太常禮院詳定儀注，知樞密院王欽若、參知政事趙安仁爲封禪經度制置使並判兗州，三司使丁謂計度糧草，引進使曹利用、宣政使李神福修行宫道路，皇城使劉承珪等計度發運。詔禁緣路採捕及車騎蹂踐田稼，以行宫側官舍、佛寺爲百官宿頓之所，調兗、鄆兵充山下丁役。行宫除前後殿外，並張幕爲屋，覆以油帊。仍增自京至泰山驛馬，令三司沿汴、蔡、御河入廣濟河運儀仗什物赴兗州，發上供木，由黄河浮筏至鄆州，給置頓費用，省輦送之役。以王旦爲大禮使，王欽若爲禮儀使，參知政事馮拯爲儀仗使，知樞密院陳堯叟爲鹵簿使，趙安仁爲橋道頓遞使，仍鑄五使印及經度制置使印給之。遣使詣岳州，採三脊茅三十束，有老人黄皓識之，補州助教，賜以粟帛。初，太平興國中，有得唐玄宗社首玉册、蒼璧，至是令瘞于舊所。其前代封禪壇址摧圮者，命修完之。山上置圜臺，徑五丈，高九尺，四陛，上飾以青，四面如其方色；一壝，廣一丈，圍以青繩三周。燎壇在其東南，高丈二尺，方一丈，開上，南出户，方六尺。山下封祀壇，四成，十二陛，如圜丘制，上飾以玄，四面如方色；外爲三壝，燎壇如山上壇制。社首壇，八角，三成，每等高四尺，上闊十六步；八陛，上等廣八尺，中等廣一丈，下等廣一丈二尺；三壝四門：如方丘制。又爲瘞埳于壬地外壝之内。以玉爲五牒，牒各長尺二寸，廣五寸，厚一寸，刻字而填以金，聯以金繩，緘以玉匱，置石𥕢中。金脆難用，以金塗繩成之。正座、配座，用玉册六副，每簡長一尺二寸，廣一寸二分，厚三分，簡數量文多少。匱長一尺三寸。檢長如匱，厚二寸，闊五寸，纏金繩五周，當纏繩處，刻爲五道，而封以金泥，泥和金粉、乳香爲之。印以受命寶。封匱當寶處，刻深二分，用石𥕢藏之。其𥕢用石再累，各方五尺，厚一尺，鑿中，廣深令容玉匱。𥕢旁施檢處，皆刻深七寸，闊一尺，南北各三，東西各二，去隅皆七寸，纏繩處皆刻三道，廣一寸五分，深三分。爲石檢十以擫𥕢，皆長三尺，闊一尺，厚七寸，刻三道，廣深如纏繩。其當封處，刻深二寸，取足容寶，皆有小石蓋，與封刻相應。其檢立𥕢旁，當刻處又爲金繩三以纏𥕢，皆五周，徑三分，爲石泥封𥕢。泥用石末和方色土爲之。用金鑄寶，曰「天下同文」，如御前寶，以封𥕢際。距石十二分，距四隅皆闊二尺，厚一尺，長一丈，斜刻其道，與𥕢隅相應，皆再累，爲五色土圜封𥕢，上徑一丈二尺，下徑三丈九尺。命直史館劉鍇、内侍張承素領徒封圜臺石𥕢，直集賢院宋皋、内侍郝昭信封社首石𥕢，並先往規度之。詳定所言：「朝覲壇在行宫南，方九丈六尺，高九尺，四陛。陛，南面兩陛，餘三面各一陛。一壝，二分在南，一分在北。又案唐封禪，備法駕。準故事，乘輿出京，並用法駕，所過州縣不備儀仗。其圜臺上設登歌、鐘、磬各一具，封祀壇宮架二十虡，四隅立建鼓、二舞。社首壇設登歌如圜臺，壇下宮架、二舞如封祀壇。朝覲壇宮架二十虡，不用熊羆十二案。又案六典，南郊合祀天地，服衮冕，垂白珠十有二，黝衣纁裳十二章。欲望封禪日依南郊例。洎禮畢，御朝覲壇。諸州所貢方物，陳列如元正儀。令尚書户部告示，並先集泰山下。」仍詔出京日，具小駕儀仗：太常寺三百二十五人，兵部五百六十六人，殿中省九十一人，太僕寺二百九十九人，六軍諸衛四百六十八人，左右金吾仗各一百七十六人，司天監三十七人。有司言：「南郊惟昊天、皇地祇、配帝、日月、五方、神州各用幣，内官而下别設六十六段分充。案開寶通禮，嶽鎮、海瀆幣從方色。即明皆有制幣。今請封祀壇内官至外官三百一十八位，社首壇嶽鎮以下一十八位，並用方色幣。又南郊牲，正坐、配坐用犢，五方帝、日月、神州共用羊豕二十二，從祀七百三十七位，仍以前數分充。今請神州而上十二位用犢，其舊供羊豕，改充從祀牲。又景德中，升天皇、北極在第一等，今請亦于從祀牲内體薦。」舊制，郊祀正坐、配坐褥以黄，皇帝拜褥以緋。至是，詔配坐以緋，拜褥以紫。又以靈山清潔，命祀官差減其數，或令兼攝，有期喪未滿、餘服未卒哭者，不得預祭。内侍諸司官，除掌事宿衛外，從升者裁二十四人，諸司職掌九十三人。其文武官升山者，皆公服。詳定所言：「漢書八神與歷代封禪帝王及所禪山，並于前祀七日遣官致祭，以太牢祀泰山，少牢祀社首。」九月，詔審刑院、開封府毋奏大辟案。帝習儀于崇德殿。初，禮官言無帝王親習之文，帝曰：「朕以達寅恭之意，豈憚勞也。」禮畢，帝見禮文有未便，諭宰臣與禮官再議。于是詳定所言：「案開寶禮，則燔燎畢封册；開元故事，則封祕後燔燎。今如不對神封册，則未稱寅恭。或封祕後送神，則并爲諠瀆。欲望俟終獻畢，皇帝升壇，封玉匱，置祕中，泥印訖，復位，飲福，送神，樂止，舉燎火。次天書降，次金匱降。禮儀使奏『禮畢』，皇帝還大次，俟封祕畢，皇帝再升壇省視。緣祀禮已畢，便不舉樂。省訖，降壇。」仍詔山上亞獻、終獻，登歌作樂。十月戊子朔，禁天下屠殺一月。帝自告廟，即屏葷蔬食，自進發至行禮前，並禁音樂。有司請登封日圜臺立黄麾仗，至山下壇設爟火。將行禮，然炬相屬，又出朱字漆牌，遣執仗者傳付山下。牌至，公卿就位，皇帝就望燎位，山上傳呼萬歲，下即舉燎。皇帝還大次，解嚴，又傳呼而下，祀官始退。社首瘞坎，亦設爟火三爲準。遣司天設漏壺山之上下，命中官覆校日景，復于壇側擊板相應。自太平頂、天門、黄峴嶺、岱岳觀各竪長竿，揭籠燈下照，以相參候。辛卯，發京師，以玉輅載天書先行。次日如之，至鄆州，令從官、衛士蔬食。丁未，次奉高宫。戊申，齋于穆清殿，諸升山者官給衣，令祀日沐浴服之。庚戌，帝服通天冠、絳紗袍，乘金輅，備法駕至山門幄次，改服鞾袍，乘步輦登山，鹵簿、儀衛列山下，天書仗不上山，與法駕仗間立。知制誥朱巽奉玉册牒及圜臺行事官先升，且以回馬嶺至天門路峻絶，人給横板二，長三尺許，繫綵兩端，施于背，膺選從卒，推引而上。衛士皆給釘鞵，供奉馬止于中路。自山趾盤道至太平頂，凡兩步一人，綵繒相間，樹當道者不伐，止縈以繒。帝每經阨險，必降輦徒步。亞獻寧王元偓、終獻舒王元偁、鹵簿使陳堯叟從，祀官、點饌習儀于圜壇。是夕，山下罷警場。辛亥，設昊天上帝位于圜臺，奉天書于坐左，太祖、太宗並配西北側向，帝服衮冕，升臺奠獻，悉去侍衛，拂擢止于壝門，籠燭前導亦徹之。玉册文曰：「嗣天子臣某，敢昭告于昊天上帝：臣嗣膺景命，昭事上穹。昔太祖揖讓開基，太宗憂勤致治，廓清寰宇，混一車書，固抑升中，以延積慶。元符錫祚，衆寶效祥，異域咸懷，豐年屢應。虔修封祀，祈福黎元。謹以玉帛犧牲，粢盛庶品，備兹禋燎，式薦至誠。皇伯考太祖皇帝、皇考太宗皇帝配神作主。尚享。」玉牒文曰：「有宋嗣天子臣某，敢昭告于昊天上帝：啓運大同，惟宋受命，太祖肇基，功成治定；太宗膺圖，重熙累盛。粤惟沖人，丕承列聖，寅恭奉天，憂勤聽政。一紀于兹，四陝來暨，丕貺殊尤，元符章示，儲慶發祥，清淨可致，時和年豐，群生咸遂。仰荷顧懷，敢忘繼志，僉議大封，聿申昭事。躬陟喬嶽，對越上天，率禮祇肅，備物吉蠲，以仁守位，以孝奉先。祈福逮下，佑神昭德，惠綏黎元，懋建皇極，天禄無疆，靈休允迪，萬葉其昌，永保純錫。」命群官享五方帝及諸神于山下封祀壇。上飲福酒，攝中書令王旦跪稱曰：「天賜皇帝太一神策，周而復始，永綏兆人。」三獻畢，封金、玉匱。王旦奉玉匱，置于石𥖁，攝太尉馮拯奉金匱以降，將作監領徒封𥖁。帝登圜臺閲視訖，還御幄。宰臣率從官稱賀，山下傳呼萬歲，聲動山谷。即日仗還奉高宫，百官奉迎于谷口。帝復齋于穆清殿。壬子，禪祭皇地祇于社首山，奉天書升壇，以祖宗配。玉册文曰：「嗣天子臣某，敢昭告于皇地祇：無私垂佑，有宋肇基，命惟天啓，慶賴坤儀。太祖神武，威鎮萬寓；太宗聖文，德綏九土。臣恭膺寶命，纂承丕緒，穹昊降祥，靈符下付，景祚延鴻，祕文昭著。八表以寧，五兵不試，九穀豐穰，百姓親比，方輿所資，涼德是愧。溥率同詞，縉紳協議，因以時巡，亦既肆類。躬承典禮，祇事厚載，致孝祖宗，潔誠嚴配。以申大報，聿修明祀，本支百世，黎元受祉。謹以玉帛犧牲，粢盛庶品，備茲禋瘞，式薦至誠。皇伯考太祖皇帝、皇考太宗皇帝配神作主。尚饗。」帝至山下，服鞾袍，步出大次。癸丑，有司設仗衛、宮懸于壇下，帝服衮冕，御封禪壇上之壽昌殿受朝賀，大赦天下，文武遞進官勳，減免賦税、工役各有差，改乾封縣曰奉符縣，宴百官卿監以下于穆清殿、泰山父老于殿門。甲寅，發奉符，始進常膳。帝之巡祭也，往還四十七日，未嘗遇雨雪，嚴冬之候，景氣恬和，祥應紛委。前祀之夕，陰雺風勁，不可以燭，及行事，風頓止，天宇澄霽，燭焰凝然，封禋訖，紫氣蒙壇，黄光如帛，繞天書匣。悉縱四方所獻珍鳥異獸山下。法駕還奉高宮，日重輪，五色雲見。鼓吹振作，觀者塞路，歡呼動天地。改奉高宮曰會真宮。九天司命上卿加號保生天尊，青帝加號廣生帝君，天齊王加號神聖，各遣使祭告。詔王旦撰封祀壇頌，欽若撰社首壇頌，陳堯叟撰朝覲壇頌。圜臺奉祀官並于山上刻名，封祀、九宮、社首壇奉祀官並于社首頌碑陰刻名，扈從升朝官及内殿崇班、軍校領刺史以上與番夷酋長並于朝覲頌碑陰刻名。

樂志：大中祥符封禪十首：餘同南北郊。

山上圜臺降神，高安　巖巖泰山，配德于天。奉符展采〔一〕，翼翼乾乾。滌濯靜嘉，罔有弗蠲。上帝顧諟，泠風肅然。

昊天上帝坐酌獻，奉安　皇天上帝，陰騭下民。道崇廣覆，化洽鴻鈞。靈文誕錫，寶命惟新。增高欽事，式奉嚴禋。

太祖配坐酌獻，封安　於穆聖祖，肇開鴻業。我武惟揚，皇威有曄。四隩混同，百靈震疊。陟配高穹，明靈是接。

太宗配坐酌獻，封安　祇若封祀，神宗配天。禮樂明備，奠獻精虔。景靈來格，休祥藹然。於昭垂慶，億萬斯年。

亞獻，恭安　因高定位，禮修物備。薦鬯卜牲，虔恭寅畏。八音克諧，天神咸暨。降福穰穰，永錫爾類。

終獻，順安　浩浩元精，無臭無聲。臨下有赫，得一以清。備物致享，薦兹至誠。泰尊奠獻，夙夜齊明。

〔一〕「采」，諸本作「粟」，據宋史樂志十改。

社首壇降神，靖安　至哉坤元，資生伊始。博厚稱德，沈潛柔止。降禪方位，聿修明祀。寅恭吉蠲，永錫蕃祉。

皇地祇坐酌獻，禪安　坤德直方，博厚無疆。乘陰得一，靜而有常。寶藏以發，乃育百昌。肅兹禪祭，錫祉穰穰。

太祖配坐酌獻，禪安　皇矣聖祖，丕赫神武。秉運宅中，威加九土。德厚功崇，頌聲載路。陟配方祇，對天之祜。

太宗配坐酌獻，禪安　毖祀柔祇，報功厚載。思文太宗，侑神嚴配。鐘石斯和，籩豆咸在。永錫坤珍，資生爲大。

又封禪四首：

導引　民康俗阜，萬國樂升平，慶海晏河清。唐堯、虞舜垂衣化，詎比我皇明。九天寶命垂丕貺，雲物效祥英。星羅羽衛登喬嶽，親告禪云、亭。汾陰云：「星羅羽衛臨汾曲，親享答資生。」我皇垂拱，惠化洽文明，盛禮慶重行。登封、降禪燔柴畢，汾陰云：「告虔脽上皇儀畢。」天仗入神京。雲雷布澤徧寰瀛，遐邇振歡聲。巍巍聖壽南山固，千載賀承平。

六州　良夜永，玉漏正遲遲。丹禁肅，周廬列，羽衛繞皇闈。嚴鼓動，畫角聲齊。金管飄雅韻，遠逐輕颸。薦嘉玉，躬祀神祇，祈動爲黔黎。升中盛禮，增高益厚，登豐檢玉，時邁合周詩。汾陰云：「方丘盛禮，精嚴越古。陳牲檢玉，時邁展鴻儀。」玄文錫，慶雲五色相隨。甘露降，醴泉涌，汾陰云：「嘉禾合。」三秀發靈芝。皇猷播，史册光耀。受鴻禧，萬年永固丕基。吾君德，蕩蕩巍巍，邁堯舜文思。從今寰宇，休牛歸馬，耕田鑿井，鼓腹樂昌期。

文獻通考：先是殿中侍御史趙湘請封禪，上拱揖不答。王旦等曰：「封禪之禮，曠廢已久，若非盛世承平，豈能振舉？」初，王欽若既以城下之盟毁寇準，上自是常怏怏。他日，問欽若曰：「今將奈何？」欽若度上厭兵，即謬曰：「陛下以兵取幽、薊，乃可刷此恥也。」上令思其次，欽若因請封禪，以鎮服四海，誇示契丹。又言封禪當得天瑞，又言：「天瑞蓋有以人力爲之。陛下謂河圖、洛書果有之乎？聖人以神道設教耳。」上曰：「王旦得無不可？」欽若遂以上意諭旦，旦黽勉而從。

丁晉公談録：真宗欲東封泰山，問兩地大臣可否。大臣曰：「聖駕行幸，豈無甲兵隨駕？只恐糧草不備。」時晉公爲三司使，真宗遂問曰：「朕東封，糧草得備否？」晉公曰：「有備。」真宗又曰：「如何是備？」晉公曰：「隨駕兵士大約不過十萬人，每日請口食米二升半，一日只支計米二千五百石。或遇駐蹕處所，不過三日，只支得米七千五百石。何處州縣無七千五百石斛斗？往回之間，俱可有備。」真宗甚喜，又問：「只與二升半米，亦須與他些麫食。」晉公曰：「今來所經州郡，只可借路而過，使逐程百姓榮觀國家大禮，固不可科率。臣欲省司行文字告示沿路所經州軍，必恐有公用錢州軍及應文武臣僚、州縣官僚、僧道百姓有進蒸餬者，仰先具州縣、官位、姓名、蒸餬數目申來，待憑進呈，若係省錢，支與一倍價錢回賜。仍大駕往東封日進蒸餬，回日並許進酒肉。緣有公使節帥防團刺史，有人可以勾當，仰于經過縣鎮草市處排當，經過者是州縣官員、僧道百姓，可于經過本州縣處進。」真宗聞之，又甚喜。又問曰：「或遇泥雨，非次支賜鞋轎錢，動要五七萬貫，如何有備？」晉公對曰：「臣亦已有擘畫。伏緣隨駕軍士，各是披帶稍重，到處若遇有支賜錢物，如何將行？臣欲先令殿前指揮使曹璨問諸六軍，或遇路中有非次支賜，置隨駕便錢一司，仍各與頭子支，便于軍士住營處，或指定州軍，便支與各人骨肉請領。一則便于軍士請令，二則軍士隨駕，骨肉在營，得便倒支錢物，因兹甚安人心。」尋曹燦問諸六軍，皆曰：「隨駕請得何用，兼難以將行。若聖恩如此，皆感戴官家。」真宗聞之，又甚喜。于是以此告諸兩地臣僚，遂定東封。聖駕往回，路無闕誤。真宗于是因晉公奏事次，密謂晉公曰：「今來封禪禮畢，大駕往回，凡百事須俱總辦集，感卿用心。」晉公曰：「臣菲才，遭逢陛下，過有委任，臣寔無所能。今大禮已畢，輒有二事，上告陛下。朝廷每有除改，外面多謗議云：『某乙甚人主張，某乙是甚人親戚。』此後每有除改，外面多謗，望聖聰不聽。」上曰：「朕深知。不聽，其如臣僚何？」晉公又曰：「只如每遇南郊大禮，外面多竊議中書、密院臣僚別有動靜。今來禮畢，望陛下兩地臣僚並令依舊，免動人心。」真宗聞之甚喜，彌加眷遇。首台、掌武聞之，益多其奏議。

右宋真宗封禪

宋史真宗本紀：大中祥符二年春正月癸亥，以封禪慶成，賜宗室、輔臣襲衣、金帶、器幣。十二月辛丑，丁謂上封禪朝覲祥瑞圖，劉承珪上天書儀仗圖。三年九月，華州言父老二千餘人請幸西嶽。冬十月庚申，丁謂等上大中祥符封禪記。

宋徽宗封禪未行

禮志：徽宗政和三年，兖、鄆耆壽、道釋等及知開德府張爲等五十二人表請東封，優詔不允。六年，知兖州宋康年請下祕閣檢尋祥符東封典故付臣經畫。時蔡京當國，將講封禪以文太平，預具金繩、玉檢及他物甚備，造舟四千艘，雨具亦千萬計，迄不能行。

右宋徽宗封禪未行

明成祖論封禪

明典彙：永樂七年三月朔，車駕巡狩北京，駐蹕東平州，望祭泰山畢，顧侍臣曰：「昔舜巡狩至泰山，舉祀禮，覲諸侯，一正朔，考制度而已，蓋欲使天下同風。後來秦皇、漢武皆有侈心，登封泰山，薦道德功，以誇示後世，終不免後世之非議。太祖一天下，立法制，五六十年，國不異政，家不殊俗。朕謹遵成憲，此行亦惟欲親巡撫，使軍民各得其所耳。」

十四年夏，祠祭。郎中周訥請封禪，尚書呂震請如訥言，上曰：「今天下雖無事，然水旱疾疫，亦間有之。朕每聞郡縣上奏，未嘗不惕然于心，豈敢自謂太平之世。且聖經未嘗言封禪，唐太宗亦不爲封禪。魏徵每以堯、舜之聖望太宗，爾欲處朕于太宗之下，亦異乎徵之愛君矣。爾嘗以古人自勉，庶幾不忝宗伯之任。」

蕙田案：封禪之事，自宋以後無有踵而行者，未必非成祖之言之力也。且云聖經不言封禪，唐太宗亦不爲封禪，可知雄才大略之主，舉動非可偶然。成祖蓋以自況，彼庸庸者固無足議耳。前謂唐太宗之用心深遠，至是果驗。

右明成祖論封禪

五禮通考卷五十三

吉禮五十三

五祀

蕙田案：五祀之祭，見於經傳多矣。曲禮天子、諸侯、大夫祭五祀，歲徧，士喪禮禱於五祀，是天子至士皆得祭五祀也。月令五祀分祭五時，孟冬臘五祀，此祭之時也。周禮大宗伯「以血祭祭五祀」，司服「祭五祀則希冕」，此祭之秩也。獨祭法著七祀、五祀、三祀、二祀、一祀之法，有五疑焉。曲禮天子祭五祀，不云七祀，儀禮士禱五祀，不云二祀，一也。五祀與社稷同爲地示之屬，司命則屬天神，泰厲則屬人鬼，合爲七祀，恐非其類，二也。諸侯不祭户、竈，大夫以下不祭中霤，恐非推報之義，三也。既爲群姓立七祀，又自爲立七祀，是天子有十四祀，諸侯有十祀矣，四也。五祀祭於宫中而以厲參之，五也。祭法之説，本不足信，康成反以爲周制，而以天子祭五祀爲商制，惑矣。周禮五祀，難指爲商制，遂以爲五官之神，抑又惑矣。兹輯「五祀」門，先經後史，以諸儒辨論附於經後，覽者詳焉。

通論五祀

周禮春官大宗伯：以血祭祭五祀。注：故書「祀」作「禩」。鄭司農云：「禩當爲祀，書亦或作祀。五祀，五色之帝於王者宫中曰五祀。」玄謂此五祀者，五官之神在四郊，四時迎五行之氣於四郊，而祭五德之帝，亦食此神焉。少昊氏之子曰重，爲勾芒，食於木；該爲蓐收，食於金；修及熙爲玄冥，食於水；顓頊氏之子曰黎，爲祝融、后土，食於火、土。疏：先鄭云「五祀，五色之帝於王者宫中曰五祀」者，先鄭意，此五祀即掌次云「祀五帝」，一也，故云五色之帝。後鄭不從者，案司服云祀昊天與五帝皆用大裘，當在圜丘與四郊上，今退在社稷之下，於王者宫中，失之遠矣。且五帝天神，當在上經陽祀之中，退在陰祀之内，一何陋也！「玄謂此五祀者，五官之神在四郊」者，生時爲五官，死乃爲神，配五帝在四郊。知在四郊者，鄭即引月令四時四立之日，迎氣在四郊，并季夏迎土氣，是五迎氣，故鄭云四時迎五行之氣于四郊也。云「而祭五德之帝，亦食此神焉」者，但迎氣迎五方天帝，雖不言祭人帝，案月令四時皆陳五德之帝，太昊、炎帝、黄帝、少昊、顓頊等五德之帝，并五人神於上，明知五人神爲十二月聽朔及四時迎氣而陳，故鄭此注及下青圭赤璋之下注，皆云迎氣時并祭五人帝、五人神也。

鄭氏鍔曰：中霤，土也，季夏祀之。井，水也，冬祀之。門，金也，秋祀之。户，木也，春祀之。竈，火也，夏祀之。皆五行之小神在地者，故其祭亦自血始。或謂天子七祀，此祭其五，何也？予以爲司中、泰厲以槱燎祀之矣。

黄氏度曰：祭法七祀，宗伯五祀，司命、泰厲非地類，血祭者惟五耳。

蕙田案：鄭注以五祀爲祭五官神，非也。血祭、埋沈、疈辜皆祭地祇。左傳五官皆當從祀天神，不在地祇内，剛中謂五行之小神在地者，信矣。詳見後辨説。

禮記曲禮：天子祭天地，祭四方，祭山川，祭五祀，歲徧。諸侯方祀，祭山川，祭五祀，歲徧。大夫祭五祀，歲徧。注：五祀，户、竈、中霤、門、行也。此蓋殷時制也。祭法曰天子立七祀，諸侯立五祀，大夫立三祀，士立二祀，謂周制也。疏：祭五祀者，春祭户，夏祭竈，季夏祭中霤，秋祭門，冬祭行也。「歲徧」者，謂五方之帝迎氣、雩祀、明堂及郊，雖有重者，諸神總徧，故云歲徧。「大夫祭五祀」者，大夫不得方祀及山川，直祭五祀而已。又曰：云「五祀，户、竈、中霤、門、行」者，此月令文。大宗伯五祀以爲五官者，以其在五嶽之上。此五祀在山川之下，又與大夫同祭，故知是户、竈等。云「此蓋殷時制也」者，以天子、諸侯、大夫同云祭五祀，既無等差，故疑殷時制也。案王制云「大夫祭五祀」，文與此同，而鄭云五祀謂司命也、中霤也、門也、行也、厲也，與此不同者，王制之文上云「天子祭天地，諸侯祭社稷，大夫祭五祀」，既有尊卑等級，疑是周禮，故引祭法五祀以解之，與此不同。

蕙田案：鄭注此五祀與月令合，是已。乃又以爲殷禮，蓋惑於祭法七祀、五祀、三祀、二祀之説而不能强同，故彼爲周禮而以此爲殷制。不知周禮但有五祀，並無七祀。七祀者，禮記之言，漢儒之附會耳，烏足據依？疏謂疑是殷制、疑是周禮，夫説經必有徵信，豈可以己之疑而亂聖人之經哉！故周禮、曲禮、王制一人之注而三遷其説，與郊祀之釋天帝同一病矣。

宗元案：五祀通乎上下，乃五行之神之最切於民生日用者。然井即水神，人尤利賴，何以冬祭行而不祭井？程子謂古者八家同井，蓋五祀皆門内之神，井則非一家之所獨也。然行亦非門内之神，古人出門時，原有軷祭，以祭行道之神，冬則役車其休矣，何又祭行而反不及井哉？考之淮南子、白虎通諸書，皆云冬祭井，疑彼爲是。月令特采吕氏春秋之文，未足據也。然大雅后稷肇祀而云「取羝以軷」、「以興嗣歲」，正在烝祭之時，則似冬之祭行，古禮原是如此。後得楊用修說，謂「行即井也，八家同井，由家至井，井開八道，乃八家所行」。月令、時訓特互言之，而非有異」。雖亦曲解，然實爲妙悟也。但鄙意，北方之神本有二，則冬之祭行可兼井，直當並祀之，亦無害於義爾。至王平仲說以五祀爲祭之小者，而大宗伯之五祀乃在五嶽之上，則非門、户等可知。欲從鄭氏五官之神在四郊之說，則謬已。五祀近而五嶽遠，由近以至遠，故先五祀而後五嶽，其序當然，何必復生一解乎？且五官之神，乃天神之屬，宜從實柴槱燎之例，而不當血祭，則鄭氏益與經文爲不合耳。

王制：大夫祭五祀。注：五祀，謂司命也、中霤也、門也、行也、厲也。此祭謂大夫有地者，其無地祭三耳。

蕙田案：鄭注大宗伯、曲禮既不同矣，王制所言，又與祭法相牴牾，乃鄭復用祭法之說以爲解。既分殷、周兩制，更於周制中分有地、無地之說，支離甚矣。且果如祭法所云，諸侯、大夫降殺以兩，未聞大夫有地，遂得上同諸侯也。

通典：說曰：天子諸侯必立五祀。五祀者，爲其有居處出入飲食之用，祭之所以報德也。歷代同，或五或七。周禮天子祭七，諸侯祭五，降殺之差也。殷天子、諸侯、大夫皆五。鄭注云殷禮者，以祭法差降殊異，故言之。鄭又云：「祭竈〔一〕，祀老婦人，古之始炊者也。」以此推之，七祀皆應古之始造者焉。馬融以七祀中之五，門、户、竈、行、中霤，即勾芒等五官之神配食者。勾芒食于木，祝融食于火，該食于金，修及玄冥食于水，勾龍食于土。月令五時祭祀，只是金、木、水、火、土五官之祭也。許慎云：「月令孟夏祀竈。王者所祭古之有功德于人，非老婦也。」鄭玄云：「爲祭五祀。竈在廟門外之東，祀竈禮，設主于竈陘。」祝融乃古火官之長，猶后稷爲堯司馬，上公也。今但就竈陘而祭之，屈上公之神，何其陋也！又月令云「其帝炎帝，其神祝融」，文列在上，與祀竈絶遠，而推合之，文義不次，焉得爲義也。又左傳云：「五官之神，生爲上公，死爲貴神。」若祭之竈陘，豈得爲貴神乎？特牲饋食禮云「尸謖而祭饎爨」，以謝先炊者之功。知竈神是祭老婦，報先炊之義也。臧文仲燔柴於竈，夫子譏之云「盛于盆，尊于瓶」，若是祝融之神，豈可以盆瓶之器實于陘

〔一〕「祭」，諸本脱，據通典卷五一補。

而祭之乎？鄭沖云：「五祀雖出天地之間，陰陽之氣，實非四時五行陰陽之正者也。月令春祀户，祭先脾；秋祀門，祭先肝。此順氣所宜，蔵所值耳。又司命則司命星下食人間，司譴過小神矣。」袁準正論以爲：「五行之官，祭于門、户、行、竈、中霤。中霤，土神也。火正祀竈而水正不祀井，非其類也，且社奚爲于人家之屋棟間哉！禮記王七祀，諸侯五，大夫三。冬其祀行，是記之誤也。井不輕于竈，行不唯冬。白虎通云月令其祀井是也。」秦靜云：「今月令謂行爲井，是以時俗或廢行而祀井。」魏武興復舊祀而祭門、户、井、竈、中霤，凡五祀焉。案漢諸儒戴聖、聞人通漢等白虎通議五祀則有井之説，蓋當時以行，中間廢缺，至魏武重修舊典而祭井焉。高堂生：「月令中冬，祀四海井泉，祭井自從小類，不列五祀。儒家誤以井于五祀，宜除井而祀行。」傅玄曰：「七祀、五祀，月令皆云祀行而無井。月令先儒有直作井者，既祭竈而不祭井，于事則有缺，于情則不類，謂之井者近是也。」又案白虎通曰：「共工之子曰脩，好遠遊，舟車所至，足迹所達，靡不窮覽，故祀以爲祖神。」祖者，徂也。徂即行之義也。

蕙田案：通典殷制、周禮，尚沿鄭注之誤，又謂七祀皆應古之始造者，亦非也。周禮以血祭祭社稷、五祀，緣社稷、五祀同是地示之屬，陰祀自血始，故皆血祭。若古之始造者，則是人鬼，非地示矣。云祝融上公，祭之竈陘爲已褻，以駁馬、鄭五官之神之説，甚善。至云「竈神是祭老婦，爲報先炊之義」，則非。禮器老婦之祭，嚴陵方氏以爲祀竈，配以先炊，極是。古人祭必有配，門、户、中霤、行配祭不見于經，大約以古之始造者爲配耳。

辨諸書五祀不同：

禮記月令：户、竈、中霤、門、行。祭法：司命、中霤、國門、國行、公厲。春秋左氏傳：勾芒、祝融、蓐收、玄冥、后土。白虎通：門、井、户、竈、中霤。世本：湯五祀，户、井、竈、中霤、行。荀子注：周禮宗伯「以血祭祭社稷、五祀」。鄭云：「五祀，四時迎五行之氣于四郊而祭五德之帝也。」或曰：「此五祀謂礿、祠、烝、嘗及大祫也。」或曰：「國語展禽曰：『禘、郊、祖、宗、報，此五者，國之祀典也。』皆王者所親臨之祭，非户、竈、中霤、門、行之五祀也。」

陳氏禮書：五祀見於周禮、禮記、儀禮，雜出於史傳多矣，特祭法以司命、泰厲爲七祀，而左傳昭二十五年、家語五帝篇則以五祀爲重、該、修、熙、黎，勾龍之五官，月令以五祀爲門、行、户、竈、中霤，白虎通、劉昭、范曄、高堂隆之徒以五祀爲門、井、户、竈、中霤。鄭氏釋大宗伯之五祀則用左傳、家語之説，釋小祝之五祀用月令之説，釋王制之五祀則用祭法之説。而荀卿謂「五祀執薦者百人，侍西房」，侍西房則五祀固非四方之五官，侍必百人則五祀固非門、户之類。然則所謂五祀者，其名雖同，其祭各有所主。七祀之制，不見他經，鄭氏以七祀爲周制，五祀爲商制，然周官雖天子亦止於五祀，儀禮雖士亦禱五祀，無尊卑隆殺之數矣。祭法自七祀推而下之，至於適士二祀、庶人一祀，非周禮也。然禮所言五祀蓋皆門、户之類而已。門、户，人所資以出入者也；中霤，人所資以居者也；竈、井，人所資以養者也。先王之于五者，不特所資如此，而又事有所本，制度有所興，此所以祀而報之也。中霤，土之所用事，故祀於中央；竈，火之所用事，故祀於夏；井，水之所用事，故祀於冬；户在内而奇，陽也，故祀於春；門在外而偶，陰也，故祀于秋。兩漢、魏、晉之立五祀，井皆與焉。特隋、唐參用月令、祭法之説，五祀祭行，及李林甫之徒，復修月令，冬亦祀井，而不祀行。然則行神，亦特載於始行而已，非先王冬日之常祀也。考之於禮，五祀之牲，牛牲；小司徒：小祭祀供牛牲。凡祭五祀於廟，有主，有尸。觀月令臘先祖、五祀同時，則五祀祭於廟可知也。曾子問既殯而祭五祀，尸及三飯，則五祀有尸可知也。既殯而祭，不酳不酢，則凡祭五祀，固有侑酳與酢矣。老婦之祭，先儒以爲竈配，則五祀固有配矣。先儒又謂卿以上宗廟有主，五祀亦有主矣；大夫以下宗廟無主，五祀亦如之。然大夫之廟，未嘗無主，五祀有主與否，不可考也。

蕙田案：聖人之制祀典也，報功爲重。五祀者，上棟下宇，修水火之利而奠民居、厚民生者也。門與户，人所由以出入；井、竈，人所由以飲食；中霤，人所資以覆庇。是故户奇而陽，陽出祀之，門偶而陰，陰長祀之，順時令也；夏屬火而祀竈，冬屬水而祀井，從其類也；中霤爲土，於季夏祀之，時之中也：所謂「義之修而禮之藏也」。若夫祭之神，則五者之靈爲主，而以有功於五祀者配之。如竈祀火神而以先炊配，類而求之，門、户諸神亦可知矣。乃禮文散失，儒者妄援經傳，凡祀之有五者，比而同之，不知人神之有勾芒等五官也，宗廟之有禘、祫與四時祭也，五時之有迎氣也，周禮之有司命、司中也，此皆王者之祭，不可以通乎下，所謂「有天下者祭百神」，寧可舉之以爲五祀之證歟？故言禘祫，是以内而紊外；舉五官，是舍近而求遠；首司命，是以神而亂祇；及大厲，是舉異以瀆常。陳氏謂諸經各有所指，是也。而祭法則漢儒祖述國語之言，尤不可信。鄭氏昧其義，乃于大宗伯曰五官，于小子職引月令，於王制言祭法，夫先自惑也已。況王制爲大夫之祭，豈容有司命而反遺户、竈？而周禮五祀上有禋祀祀上帝、槱燎祀司命，下有祼饋祀禴嘗烝享先王諸大典，若五祀已賅而存之，其文不已贅乎！雖然，大夫以下不得祭五祀，何也？交神視其分，行禮有其地，致享備其物，奔走賴於人，士以貧且賤而爲之，何以克盡其制，以致神明之感格乎？士喪禮「行禱五祀」，先儒謂禱於平常所祭祀者，意必有降殺於大夫之禮，平日行之，有事則告之，猶宗廟之祭，士以上有廟，庶人則祭於寢焉耳。若夫祀行廢井，是秦吕氏之謬也。行者，將出告祭，舉無定時，非常行之典。且井以祀水，故配于冬，行而以冬，又何所取義乎？至于門之有磔攘也，井之有祈祀也，非正祭也。大水之用牲于門也，魯之燔柴于爨也，失之誣也。而五祀之正祭，則固親于人而不可去，垂諸典而不可紊，考祀典者所當詳辨也。

右通論五祀

五祀之義

禮記禮運：降於五祀之謂制度。注：謂教令由五祀下者。五祀有中霤、門、户、竈、行之神，此始爲宫室制度。疏：「降於五祀」者，所施政令降於民者，從五祀而來，謂法此五祀之神以施政令也。「之謂制度」者，初造五祀之神，既立中霤、門、户、竈、行，大小形制，各有法度，後王所以取爲制度等級也。

王氏安石曰：出命而降於五祀，居則中霤、門、户，食則有竈，往來則有行，自天子至於卿大夫士均祀之。位有尊卑，禮有隆殺，有一定之法焉，是以謂之制度也。

蔣氏君實曰：降於五祀之謂制度，蓋言門、行有守，内外有職，而宫室以居也。

五祀所以本事也。疏：五祀是制度，故云「本事」也。

方氏慤曰：五祀出於五行，而五行各因時以用事焉，故曰所以本事也。

馬氏晞孟曰：五祀者，中霤、户、竈、門、行，制度所出，亦治天下之事也。

禮行於五祀而正法則焉。疏：祭五祀以禮，而天下法則各得其正。

陳氏祥道曰：「禮行於五祀而正法則焉」者，以其有制以正法、有度以正則也。

右五祀之義

祀户

禮記月令：春祀户，祭先脾。注：春陽氣出，祀之于户，内陽也。祀之先祭脾者，春爲陽中，于藏直脾，脾爲尊。凡祭五祀于廟，用特牲，有主有尸，皆先設席于奥。祀户之禮，南面，設主于户内之西，乃制脾及腎爲俎，奠于主北。又設盛于俎西，祭黍稷、祭肉、祭醴，皆三。祭肉，脾一，腎再。既祭，徹之，更陳鼎俎，設饌于筵前，迎尸，略如祭宗廟之儀。疏：「春陽氣出，祀之于户」者，户在内，從外向内，户又在内，故云「内陽也」。户是人之出入，户則有神，故祭法注「七祀」云：「小神居人之間，司察小過，作譴告者爾。」此户神，則陽氣在户内之神，故云「祀之于户，内陽也」，由位在户内。又「秋其祀門」注云「秋陰氣出，祀之於門」者，門在外，從内向外，門又在外，故云「外陰也」。則門神陰氣之神，是陰陽别氣在門户者，與人作神也。「凡祭五祀于廟，用特牲」之下，皆中霤禮文。云「祭五祀于廟」者，設祭户、祭中霤，在於廟室之中，先設席于廟堂之奥。若祀竈、祀門、祀行，皆在廟門外，先設席于廟門之奥。雖廟室、廟門有别，總而言之，皆謂之廟，故云「凡祭五祀於廟」。此謂殷禮也，若周則七祀，加司命與厲也。不審祀之處所，亦當與竈、門、行等俱在廟門之外祀也。若周總在宫内，故宫正注云「祭社稷七祀于宫中」。此特牲謂特牛，故小司徒云：「小祭祀，奉牛牲。」注云：「小祭祀，王玄冕所祭。」若諸侯，或亦當然。其大夫所祭，或特羊也。云「有主有尸」者，謂天子、諸侯。若卿、大夫廟無主，則五祀無主也。云「祀之禮設主于户内西」者，先設席于奥，乃更設席于廟户西夾，北嚮置主位，設主之人南面，設主于户西位上，使主北面。云「乃制脾及腎爲俎，奠于主北」者，謂設主之後，以割制之脾與腎爲俎實，奠于主北，主既北面，奠于主前。云「又設盛于俎西」者，盛謂黍稷，俎在主前稍東，故黍稷之簋在主前稍西。云「祭黍稷、祭肉、祭醴，皆三」者，當時惟始設主，未有迎尸，則是祝官祭簋中黍稷，祭俎中脾腎之肉，祭薦之禮，皆三度祭之，黍亦三祭，醴亦三祭，肉亦三祭，故云「皆三」。云「祭肉，脾一，腎再」者，申明祭肉三度之事，其祭肉三者，脾尊故一祭，腎卑故再祭。云「既祭，徹之，更陳鼎俎，設饌于筵前」者，謂既祭黍稷、祭肉、醴之後，徹去俎之與盛，更陳列鼎俎，設其饌食于初設奧之筵前，其時主已移於筵上，主人出户迎尸，尸入即筵而坐，但宗廟之祭，尸入之後，始祭籩豆及黍稷、醴。其祭户之時，已於西祭黍稷、祭肉、祭醴。今迎尸而入，則應坐而饌食，不更祭黍稷、祭肉、祭醴，故云「略如祭宗廟之儀」。祭户所以先設席於奧，及設饌筵，迎尸皆在奧者，就尊之處也。中間設主，祭黍稷、祭肉、祭醴户西者，就户處也。其餘五祀所祭，設主皆就其處也。

蔡邕獨斷：户，春爲少陽，其氣始出生養，祀之於户。祀户之禮，南面設主於門內之西。

白虎通：春祭户。户者，人所出入，亦春萬物始觸户而出也。

右祀户

祀竈

禮記月令：夏祀竈，祭先肺。注：夏陽氣盛，熱于外，祀之於竈，從熱類也。祀之先祭肺者，陽位在上，肺亦在上，肺爲尊也。竈在廟門外之東，祀竈之禮，先席于門之奥，東面，設主於竈陘，乃制肺及心肝爲俎，奠于主西。又設盛于俎南，亦祭黍三，祭肺、心、肝各一，祭醴三。亦既祭徹之，更陳鼎俎，設饌于筵前。迎尸如祀户之禮。疏：云「竈在廟門外之東」者，案少牢及特牲禮，皆竈在廟門外之東，西面，北上。云「祀竈之禮」以下，皆逸中霤禮文。云「先席于門之奥」，謂廟門外西室之奥，以神位在西，故知在西室之奥，以祀户在户内，故祭在廟室之奥，祀竈在門外，故設主在門室之奥，各從其義。云「東面，設主于竈陘」者，謂設主人東面也，竈陘謂竈邊盛器之物，以土爲之。云配竈神而祭者，是先炊之人。禮器云：「竈者，是老婦之祭。」

蔡邕獨斷：竈，夏爲太陽，其氣長養，祀之於竈。祀竈之禮，在廟門外之東，先席於門奥西，東設主於竈陘也。

白虎通：夏祭竈。竈者，火之主，人所以自養也。夏亦火王，長養萬物。

論語：王孫賈問曰：「與其媚於奥，寧媚於竈，何謂也？」子曰：「不然。獲罪於天，無所禱也。」朱注：室西南隅爲奥。竈者，五祀之一，夏所祭也。凡祭五祀，皆先設主，而祭于其所，然後迎尸而祭于奥，略如祭宗廟之儀。如祀竈，則設主于竈陘，祭畢而更設饌于奥，以迎尸也。

朱子語録：陘是竈門外平正可頓柴處。陘非可做好安排，故又祭于奥以成禮，五祀皆然。問：五祀皆有尸，以誰爲之？曰：今無可考。但墓祭以冢人爲尸，以此推之，祀竈之尸，恐膳夫之類；祀門之尸，恐閽人之類；祀山川，則虞衡之類。儀禮周公祭泰山，召公爲尸。又問：主與尸，其别如何？既設主祭于其所，又迎尸祭于其奥，本是一神，以奥爲尊，以主爲卑，何也？曰：不是尊奥而卑主，但祭五祀皆設主于其處，則隨四時更易，皆迎尸于奥，則四時皆然，而其尊有常處耳。

饒氏雙峯曰：五祀先設主席而祭于其所，親之也；後迎尸而祭于奥，尊之也。祭于其所，近于褻，止祭于奥，又非神所栖，故兩祭之，以盡求神之道也。

唐陸龜蒙祀竈解：竈壞，煬者請新之。既成，又請擇吉日以祀。告之曰：竈在祀典，聞之舊矣。祭法曰王爲群姓立七祀，其一曰竈，達於庶人、庶士，立一祀，或立户，或立竈。飲食之事，先自火化以來，生民賴之，祀之可也。説者曰：「其神居人間，伺察小過，作譴告者。」又曰：「竈鬼以時録人功過，上白于天，當祀之以祈福祥。」此近出漢武帝時方士之言耳。苟行君子之道，以謹養老，以慈撫幼，寒同而飽均，喪有哀，祭有敬，不忘禮以約己，不忘樂以和心，室閭不欺，屋漏不愧，雖歲不一祀，竈其誣我乎！苟爲小人之道，盡反君子之行，父子、兄弟、夫婦，人執一爨，以自糊口，專利以飾詐，崇奸而樹非，雖一歲百祀，竈其私我乎！天至高，竈至下，帝至尊嚴，鬼至幽仄。果能欺而告之，是不忠也；聽而受之，是不明也。下不忠，上不明，又果可以爲天帝乎？

禮記禮器：孔子曰：「臧文仲安知禮！夏父弗綦逆祀而弗止也。燔柴於奥。夫奥者，老婦之祭也。盛於盆，尊於瓶。」注：「奥」當爲「爨」，字之誤也，或作「竈」。禮，尸卒食而祭饎爨、饔爨也。時人以爲祭火神，乃燔柴。老婦，先炊者也。盆、瓶，炊器也。明此祭先炊〔一〕，非祭火神，

〔一〕「炊」，諸本作「爨」，據禮記正義卷二三改。

燔柴似失之。疏：禮，祭爨神言其有功於人，人得飲食，故祭報之。弗綦謂是火神，燔柴祭之，文仲又不能諫止，又爲不知禮。爨者是老婦之祭，其祭卑，唯盛食於盆，盛酒於瓶，卑賤若此，何得燔柴祭之？故鄭注謂「奧」當爲「爨」也。祝融并奧及爨，三者不同。祝融乃古火官之長，五祀之神，祀於郊；奧者，正是竈之神，常祀在夏，以老婦配之，有俎及籩豆，設於竈陘，又延尸入奧；爨者，宗廟祭後直祭先炊老婦之神，在於爨竈。三者所以不同也。

朱子曰：有問：竈可祭否？答曰：飲食所係，亦可祭。又問竈尸，答曰：想是以庖人爲之。

方氏慤曰：奧者，西南隅，致養之地，故祀竈於奧，以竈能化飲食以養人故也。配以先炊，故謂之老婦之祭，猶以后稷配天而謂之郊祀后稷也。

應氏鏞曰：奧者，西南隅之地，而燔柴以焚牲也。文仲不知正其順祀之爲禮，徒以昵於所親之爲孝。時僖公之死未久，既升其祀於上，又即其所居之奧而焚牲以爲祭，夫子謂此特老婦之祭耳。蓋五祀設主，而迎祭於奧，皆室人親薦，而婦人之老者主其祀，物則盛於盆，酒則尊於瓶，是其所以爲媚事之能耳，而何益於孝乎？或曰：奧即廟中之奧，蓋是。既逆祀，故加此於二廟以爲媚也。

蕙田案：應説非是，當以方氏配祭之説爲長。

右祀竈

祀中霤

禮記月令：中央祀中霤，祭先心。注：中霤，猶中室也。土主中央而神在室。古者複穴，是以名室爲霤云。祀之先祭心者，五藏之次，心次肺，至此心爲尊也。祀中霤之禮，設主於牖下，乃制心及肝肺爲俎，其祭肉，心、肺、肝各一，他皆如祀户之禮。疏：鄭意言「中霤猶中室」，乃是開牖象中霤之取明，則其地不當棟，而在室之中央，故喪禮云「浴於中霤，飯於牖下」，明中霤不關牖下也。「主中央而神在室」者，所以必在室中，祭土神之義也。土，五行之主，故其神在室之中央也。是明中霤所祭即土神也。故杜注春秋云「在家則祀中霤，在野則爲社」也。又郊特牲云「家主中霤而國主社」，社神亦中霤神也。云「古者複穴，是以名室爲霤云」者，解所以謂室中爲中霤之由也。古者，謂未有宫室之時也。複穴者，謂窟居也。古者窟居，隨地而造。若平地則不鑿，但累土爲之，謂之爲複，言于地上重複爲之也；若高地則鑿爲坎，謂之爲穴。其形皆如陶竈，故詩云「陶復陶穴」是也。故毛云「陶其土而復之，陶其壤而穴之」，鄭云「復者復於土上，鑿地曰穴，皆如陶然」。庾蔚云：「複謂地上累土，謂之穴則穿地也。複穴皆開其上取明，故雨霤之，是以後因名室爲中霤也。」云「祀之先祭心」者，五藏之次，心次肺，至此心爲尊也。云「祀中霤之禮，設主於牖下」者，開牖象霤，故設主於牖下也。五祀皆先席於室之奥，此不言者，前祀户注已備言也。此别設主，當廟室牖内之下而北向也。云「乃制心及肺肝爲俎，其祭肉，心、肺、肝各一，它皆如祀户之禮」者，亦祭竟徹之，更陳鼎俎，迎尸如祭户也。

蔡邕獨斷：中霤，季夏之月，土氣始盛，其祀中霤。霤神在室，祀中霤，設主於牖下也。

白虎通：六月祭中霤。中霤者，象土石中央也，六月亦土旺也。

郊特牲：家主中霤而國主社，示本也。注：中霤亦土神也。疏：卿大夫之家，主祭土神於中霤；天子諸侯之國，祭土神於社。以土神生財，以養官與民，故皆祭土神，示其生養之本也。

張子曰：家主中霤，家非止卿大夫之家也。祭中霤者，祭其明也，亦報天之義，以不敢祭天，故祭此明而已。

周氏諝曰：周官以血祭祭社稷、五祀。中霤，五祀之一而社稷之次，故有國者以社爲主，而有家者則中霤而已。

論注疏中霤不同：

郊特牲：家主中霤。鄭注：中霤，土神也。月令：祀中霤。鄭注：中霤，猶中室也。祭法七祀，孔疏：中霤者，主堂室神。檀弓：掘中霤而浴。孔疏：中霤，室中也。

蕙田案：中霤之説，鄭氏解不同。今合而考之。月令注：「中霤，猶中室也，土主中央而神在室。古者複穴，是以名室爲霤。」疏：「複穴謂窟居。古者窟居，隨地而造。平地累土，謂之爲複；高地鑿坎，謂之爲穴。其形皆如陶竈，詩云『陶復陶穴」是也。復穴皆開其上取明，故雨霤之，是以後因名室爲中霤也。」許慎曰：「霤，屋水流也。」孔穎達謂霤，屋檐水流之處。夫古者複穴，開上取明，本在室之中央，而雨從此霤入，故謂之中霤。後世易複穴爲宫室，則殿屋四注，四面皆檐溜；夏屋兩注，兩面皆檐霤。是檐霤與中霤之霤不同，中霤在室中，而檐霤在屋外，特因其爲雨之所霤，故亦名之曰霤，而非古者中霤之霤也。中霤之霤本在室中，古人之祀，原起于「陶復陶穴」之時，霤既在中，而中央之土神遂祀於此，禮以義起也。後世既有檐霤，則霤不在室中，而土神終當祀於中央，故雖無復穴之中霤，而仍以室中爲中霤也。鄭注郊特牲曰土神，是對社言之，而以神爲尊也；注祭法曰堂室居處之神，是對户、竈、門、井言之，而以宫室爲重也；注月令、檀弓曰室中，曰中室，則專以居中之位言，以合於中央土神之義也。語雖各殊，其意有在。至檀弓「掘中霤而浴」，疏「掘室中之地作坎以浴」，蓋殷道，與周人士喪禮掘坎於階間不同，不得以此而議其矛盾也。其餘經傳所載，鄉飲酒禮「磬階間縮霤」，燕禮「設洗篚當東霤」，又曰「賓所執脯以賜鐘人於門内霤」，雜記「襚者受爵於門内霤」，檀弓曾子弔於季孫涉内霤，又曰「池視重霤」，左傳「三進及溜」，雖其地不同，皆指後世屋簷之霤言，與中霤之霤無涉。陳氏禮書曰：「坊記：『喪禮每加以遠，浴於中霤，飯於牖下，小斂於户内，大斂於阼。』阼遠於户内，户内遠於牖下，牖下遠於中霤，則中霤爲中室可知。昔齊諸大夫之陳乞之家，乞使力士舉巨囊至於中霤，亦中室也。」其論確矣，乃程大昌、郝仲輿謂中霤今人家堂檐天井中，是不知檐霤特同霤之名，而非古之中霤也。

右祀中霤

祀門

禮記月令：秋祀門，祭先肝。注：秋陰氣出，祀之於門，外陰也。祀之先祭肝者，秋爲陰中，於藏直肝，肝爲尊也。祀門之禮，北面設主於門左樞，乃制肝及肺心爲俎，奠於主南。又設盛於俎東，其他皆如祭竈之禮。疏：云「北面設主於門左樞」者，謂廟門外左樞，北面，以在門外，故主得南向而北面設之。云「乃制肝及肺心爲俎，奠於主南，設盛於俎東」者，皆約中霤禮文也。「其他皆如祭竈之禮」者，謂祭心、肺、肝各一，及祭醴三，并設席於奥，迎尸之屬也。

蔡邕獨斷：門，秋爲少陰，其氣收藏，祀之於門。祀門之禮，北面設主於門左樞。

白虎通：秋祭門，門以閉藏自固也。秋亦萬物成熟，内備自守。

右祀門

祀行

禮記月令：冬祀行，祭先腎。注：冬陰盛，寒於水，祀之於行，從辟除之類也。祀之先祭腎者，陰位在下，腎亦在下，腎爲尊也。行在廟門外之西，爲軷壤，厚二寸，廣五尺，輪四尺。祀行之禮，北面設主於軷上，乃制腎及脾爲俎，奠於主南。又設盛於俎東，祭肉，腎一，脾再，其他皆如祀門之禮。疏：知「行在廟門外西」者，約檀弓云「毀宗躐行」。自此以下，皆中霤禮文。「廣五尺，輪四尺」者，謂軷壇，東西爲廣，南北爲輪，常祀行神之壇則然。若於國外祖道軷祭，其壇隨路所向，而爲廣輪尺數同也。案鄭注聘禮云：「禮畢，乘車轢而遂行。」惟車之一輪轢耳，所以然者，以兩輪相去八尺，今軷惟廣五尺，故知不兩輪俱轢。云「北面設主軷上」者，以主須南嚮，故人北面設之。其主，則鄭注大馭云「蓋以菩芻棘柏爲神主」也。

蔡邕獨斷：行，冬爲太陰，盛寒爲水，祀之於行，在廟門外之西。拔壤，厚二尺，廣五尺，輪四尺，北面設主於拔上。一作「軷壤」。

右祀行

臘祭五祀

禮記月令：孟冬之月，臘五祀。注：臘，謂以田獵所得禽祭也。五祀，門、户、中霤、竈、行也。疏：「臘五祀」者，臘，獵也。謂獵取禽獸，以祭五祀也。其臘先祖、五祀，謂之息民之祭，其服則黄衣黄冠。又曰「臘謂田獵所得禽祭」者，以欲臘祭之時，暫出田獵以取禽，非仲冬大閲之獵也。左傳云：「唯君用鮮。」則天子、諸侯祭用鮮獸。皇氏云「仲冬獵得禽獸，以爲乾豆，至臘用之」，其義非也。

方氏慤曰：五祀衆而不一，在自盡以饗之，故曰臘。

右臘祭五祀

祀五祀之儀

周禮春官大宗伯：以血祭祭五祀。注：陰祀自血起，貴氣臭也。

司服：祭五祀則希冕。注：希讀爲絺，或作「黹」，字之誤也。希，刺粉米，無畫也。其衣一章，裳二章，凡三也。疏：「希讀爲絺，或作『黹』，字之誤也」者，本有此二文不同，故云誤，當從絺爲正也。云「希，刺粉米，無畫也」者，衣是陽，應畫，今希冕三章，在裳者自然刺繡，但粉米不可畫之物，今雖在衣，亦刺之不變，故得希名。故鄭特言粉米也，然則毳冕之粉米亦刺之也。

禮記禮器：三獻文。注：謂祭社稷、五祀。三獻爓。注：三獻，祭社稷、五祀。疏：皇氏曰：三獻之祭，血腥與爓一時同薦。凡薦爓之時，皆在薦腥之後，但社稷、五祀，初祭降神之時已埋血，宗伯之文是也。至正祭薦爓之時又祭血，此文是也。

白虎通：祭五祀，天子、諸侯以牛，卿大夫以羊。一説户以羊，竈以雞，中霤以豚，門以犬，井以豕。或曰：中霤用牛，餘不得用牛者，用豕。井以魚。

荀子禮論：天子祭五祀，執薦者百人，侍西房。注：周禮宗伯以血祭祭社稷、五祀，鄭云：五祀，四時迎五行之氣於四郊，而祭五德之帝也。或曰：此五祀，謂禴、祠、烝、嘗及大祫也。或曰：國語展禽曰：「禘、郊、祖、宗、報，此五者，國之祀典也。」皆王者所親臨之祭。非若户、竈、中霤、門、行之五祀也。薦謂薦陳之物，籩豆之屬也。西房，西廂也。侍或爲「待」。

文獻通考：馬氏曰：古者雖有五祀、七祀，而不言其所祭之地，然以七者觀之，獨司命與厲當有祭之之所，而若中霤、若門、若户、若行、若竈，則所祭之神即其地也。祭法言王及諸侯立門、行二祀，則曰國門、國行，大夫、士則曰門、曰行而已。竊謂有國者祀此二神，則當於國門祭之，而大夫以下，則當在其家之門首。至若中霤、户、竈，則凡居室皆有之，皆可祀於其地，義或然也。而隋、唐乃祀之於太廟，以時享祖宗之時并祭之，蓋本鄭康成之説。然康成注禮記月令「其祀户」條下，則言凡祭五祀於廟；注周禮宫正「凡邦之事蹕」條下，則言邦之祭社稷、七祀於宫中。而正義則謂於廟者殷禮，於宫者周禮。蓋康成解經，於制度之不脗合處，則以爲或殷禮，或周禮。今鄭注自爲異同，而正義所以釋之者，亦復如是，皆臆説也。然二説之中，宫中之義爲優。蓋此五祀者，皆人生日用起居之所係，故當即宫居而祭之；若廟則所以崇奉祖宗，不當雜祭它鬼神於其地。如門、中霤，廟亦有之，因時享而并祀於其地，猶云可也。至於若司命、若竈、若行，則於廟何關？又王之所祀泰厲，乃帝王之無後者，蓋非我族類也。今即太廟之中爲位而祭之，得毋有相奪予享之患乎？

王氏份曰：月令以春祀户、夏祀竈、季夏祀中霤、秋祀門、冬祀行爲五祀，而祭法則益以司命、泰厲，謂爲七祀爲周制，五祀爲商制。禮書云：「周官雖天子止五祀，儀禮雖士亦祀五祀，五祀無尊卑隆殺之數。」則祭法所云非也。但白虎通解五祀則以井易行，論者謂井不輕於竈、行，不唯冬祀井爲是。程子亦謂行，宇廊也，其功幾何？井，人所重，奈何遺其重者？然朱子則主月令説，且從之可也。至所祭之地，經無明文。鄭氏則謂皆祀於廟，蓋户及中霤則先設席廟堂中廟室之奧，竈、門、行則先設席廟門外門室之奧，既各祭於其處，乃迎尸於奧而祭之；蓋以其奧之或在廟室中，或在廟門外也，故曰皆祭於廟。然鄭氏注周禮宮正又言祭社稷七祀於宮中，與前説不合。馬貴與謂廟所以奉祖宗，不當雜祭他鬼神，則所謂奧者，不在于廟而在其所居之室矣。

右祀五祀之儀

因事祭五祀

周禮春官小祝：設道齎之奠，分禱五祀。注：杜子春云：「齎當爲粢，道中祭也。漢儀，每街路輒祭。」玄謂：齎猶送也。送道之奠，謂遣奠也。分其牲體，以祭五祀。告王去此宮中，不復反，故興祭祀也。王七祀，五者，司命、大厲，平生出入不以告。疏：齎，送也。「送道之奠」，謂將葬，於祖廟之庭設大遣奠，遣送死者，故謂之送道之奠，因分此奠以告五祀，言王去此宮中也。子春云，讀「齎」爲「粢」，粢謂黍稷，以爲道中祭也者，引漢法爲證。後鄭不從者，案既夕禮，祖廟之庭，禮道中無祭法。「玄謂齎猶送也，送道之奠，謂遣奠也」者，案既夕禮，祖廟之庭，厥明，設大遣奠，包牲取下體是也。云「分其牲體，以祭五祀。告王去此宮中，不復反」者，言分牲體者，包牲而取其下體，下體之外，分之爲五處祭也。云「王七祀」者，祭法文。云「司命、大厲，平生出入不以告」者，案月令，春祀户，夏祀竈，季夏祀中霤，秋則祀門，冬則祀行，此並是人之以所由從之處，非直四時合祭，所以出入亦宜告之。案祭法，王七祀之中有司命、大厲，此經五祀與月令同，月令不祭司命及大厲之等，此不祭則可知。既夕，士禮，亦云「分禱五祀」者，鄭注云「博求之」。依祭法，士二祀。

禮記曾子問：天子崩，未殯，五祀之祭不行。既殯而祭。其祭也，尸入，三飯不侑，酳不酢而已矣。自啓至於反哭，五祀之祭不行。已葬而祭，祝畢獻而已。注：既葬彌吉，畢獻祝而後止。郊社亦然，唯嘗禘宗廟俟吉也。疏：天子諸侯祭禮既亡，今儀禮唯有大夫士祭禮以言之。案特牲饋食禮：「祝延尸於奧，迎尸而入，即延坐，三飯告飽，祝侑尸，尸又飯，至於九飯畢。」若大夫依少牢饋食，尸食十一飯而畢，鄭注少牢云：「士九飯，大夫十一飯也。」則其餘有十三飯、十五飯也。案此說，則諸侯十三飯，天子十五飯。又案特牲禮，尸九飯畢，主人酌酒酳尸，尸飲卒爵，酢主人，主人受酢飲畢，酌獻祝，祝飲畢，主人又酌獻佐食。此是士之祭禮也。今約此而説天子五祀之祭也。「天子崩，未殯，五祀之祭不行」者，以初崩哀戚，未遑祭祀。雖當五祀，祭時不得行。既殯而祭者，但五祀外神，不可以己私喪久廢其祭，故既殯，哀情稍殺而後祭也。「其祭也，尸入，三飯不侑，酳不酢而已矣」者，今喪既殯，不得純如吉禮，理須宜降殺。侑，勸也。故迎尸入奧之後，尸三飯告飽則止，祝更不勸侑其食，使滿常數也。又熊氏云：「『三飯不侑，酳不酢而已矣』，謂迎尸入奧之後，尸三飯即止，祝不勸侑至十五飯，於時冢宰攝主酌酒酳尸，尸受卒爵，不酢攝主，故云『三飯不侑』。『酳不酢而已』者，謂唯行此而已，不爲在後餘事也。」「自啓至於反哭，五祀之祭不行」者，謂欲葬之時，從啓殯以後，葬畢反哭以前，靈柩既見，哀摧更甚，故云「五祀之祭不行」。已葬而祭，祝畢獻而已。「已葬而祭」者，謂已葬，反哭殯宫畢而行其祭，但既葬彌吉，尸入三飯之後，祝乃侑尸，尸食十五飯，攝主酳尸，尸飲卒爵而酢攝主，攝主飲畢酌而獻祝，祝受飲畢即止，無獻佐食以下之事。所以然者，以葬後未甚吉，唯行此禮而已。

周禮夏官小子：掌祈於五祀。注：故書「祀」作「禩」。鄭司農云：「禩讀爲祀，書亦或爲『祀』。」玄謂：祈或爲刏，用毛牲曰刏，刏，釁禮之事也。刏五祀，謂始成其宫兆時也。春官肆師職「祈」或作「幾」。秋官士師職曰「凡刏則奉犬牲」。賈疏：知「刏是五祀始成其宫兆時也」者，凡物須釁者，皆謂始成時，是以雜記云「廟成則釁之」。

王氏與之曰：祈如小祝所謂祈福祥，非釁事也。

蕙田案：五祀各有處所，未必另有宫兆，東岩王氏之説恐是。

禮記曾子問：君薨而世子生，太宰命祝史以名徧告於五祀。

儀禮既夕禮記：乃行禱於五祀。注：盡孝子之情。

敖氏繼公曰：謂此禱於平常所祭者也。士之得祭五祀，於此可見。

吕氏大臨曰：士不祭五祀，而喪禮言禱於五祀者，蓋有不得祭而得禱者歟？

特牲饋食禮記：尸卒食，而祭饎爨、雍爨。注：以尸享祭，竈有功也。舊説云：宗婦祭饎爨，享者祭雍爨，用黍肉而已，無籩豆俎。

周禮春官鬯人：凡祭祀，禜門，用瓢齎。注：禜，營酇。所祭門，國門也。杜子春讀齎爲粢。瓢，謂瓠蠡也。粢，盛也。玄謂：齎讀爲齊，取甘瓠，割去柢，以齊爲尊。疏：鄭知禜爲營酇者，欲見祭神非一，取營酇而祭之義也。鄭知門是國門者，禮記云天子祭七祀，有國門故也。

地官司門：凡歲時之門，受其餘。注：鄭司農云：「受祭門之餘。」疏：「凡歲時之門」者，歲之四時，祭門非一，故云「凡」以總之。若月令「秋祭門」者，是祭廟門。此門亦謂國門十二者，除四時祭外，仍有爲水祈禱，故左氏莊公二十五年秋，大水，有用牲于門之事。

易氏祓曰：祭門不敢用散祭祀之牲，特受其共牲之餘者而用之。

蕙田案：歲時之門，謂以歲時而祭門。如每歲春祭門，九門磔攘，與夫禜門祈報之祭也。受其餘，謂受祭門之胙肉。謂之餘者，胙肉本祭餘也。

禮記月令：季春之月，九門磔攘，以畢春氣。注：磔牲以攘於四方之神，所以畢止其災也。

春秋：莊公二十有五年秋，大水，鼓，用牲於社、於門。左氏傳：亦非常也。凡天災，有幣無牲，非日月之眚，不鼓。杜注：門，國門也。

儀禮聘禮：釋幣於行。注：告將行也。行者之先，其古人之名未聞。天子諸侯有常祀，在冬。大夫三祀：曰門、曰行、曰厲。喪禮有「毁宗躐行，出於大門」，則行神之位在廟門外西方。不言埋幣，可知也。今時民春秋祭祀有行神，古之遺禮乎？疏：「行者之先」，謂古始教行路之人。「天子諸侯有常祀，在冬」者，月令祀行是也。大夫雖言行，無常祀，因行使始出有告禮而已。然此謂平地道路之神，至於出城，又有軷祭祭山川之神，喻無險難也。祭山川之神有軷壇，此祭行神亦當有軷壤。月令注云「行在廟門外之西爲軷壇，厚三寸，廣五尺，輪四尺」是也。

記：出祖，釋軷，祭酒脯，乃飲酒於其側。注：祖，始也。既受聘享之禮，行出國門，止陳車馬，釋酒脯之奠於軷，爲行始也。詩傳曰：「軷，道祭也。」謂祭道路之神。

敖氏繼公曰：道祭謂之軷者，爲既祭而以車軷之，因以爲名也。釋軷者，釋其所軷之物，謂酒脯也。既釋，則人爲神祭之，如士虞禮佐食爲神祭黍稷、膚，祝祭酒之爲。既祭，乃與同行者飲酒於其側。禮畢，乘車軷之而過。

周禮夏官大馭：掌馭玉路以祀。及犯軷，王自左馭，馭下祝，登，受轡，犯軷，遂驅之。及祭，酌僕，僕左執轡，右祭兩軹，祭軌，乃飲。注：行山曰軷。犯之者，封土爲山象，以菩芻棘柏爲神主。既祭之，以車轢之而去，喻無險難也。春秋傳曰「跋履山川」。自，由也。王由左馭，禁制馬，使不得行也。軷讀爲別異之別，謂祖道、轢軷、磔犬也。詩云：「載謀載維，取蕭祭脂，取羝以軷。」詩家說云：「將出祖道，犯軷之祭也。」聘禮曰：「乃舍軷，飲酒於其側。」禮家説亦謂道祭。軹謂兩轊也。軌當作軋，車前軾也。疏：此據祭天之時，故有犯軷之事。祭天在近郊，雖無險難，審慎故也。此云「及祭，酌僕」者，即上文將犯軷之時，當祭左右轂末及軾前，乃犯軷而去。酌僕者，使人酌酒與僕，僕即大馭也。大馭則左執轡，右手祭兩軹，并祭軌之軾前三處訖，乃飲。飲者，若祭末飲福酒，乃始轢軷而去。

詩國風：飲餞于禰。毛傳：祖而舍軷，飲酒於其側曰餞，重始有事於道也。禰，地名。孔疏：言「祖而舍軷，飲酒於其側」者，謂爲祖道之祭，當釋酒脯於軷，舍軷即釋軷也，於時送者遂飲酒于祖側曰餞。餞，送也。所以爲祖祭者，重己方始有事於道，故祭道之神也。聘禮記曰：「出祖釋軷，祭酒脯，乃飲酒于其側。」注云：「祖，始也。既受聘享之禮，行出國門，止陳車騎，釋酒脯之奠於軷，爲行始。詩傳曰『軷，道祭』，謂祭道路之神。春秋傳曰『軷涉山川』，然則軷，山行之名也。道路以阻險爲難，是以委土爲山，或伏牲其上，使者爲軷祭酒脯祈告卿大夫處者，於是餞之，飲酒於其側。禮畢，乘車轢之而遂行，舍於近郊矣。其牲犬羊可也。」大馭：「掌馭玉輅，及犯軷，遂驅之。」注云：「封土爲山象，以菩芻棘柏爲神主。既祭之，以車轢之而去，喻無險難也。」以此言之，軷者，本山行之名，以祭道路之神，求無險難，故取名焉。知出國而爲之者，以聘禮、烝民、韓奕皆言出祖，則不在國内；以祖爲行道之始，則不得至郊，故知在國門外也。以軷者，軷壤之名，與中霤行神之位同，知「委土爲山，言或伏牲其上」者，據天子諸侯有牲，卿大夫用酒脯而已。犬人云「伏瘞亦如之」，明天子以犬伏於軷上。羊人無伏祭之事，則天子不用羊。詩云「取羝以軷」，謂諸侯也，故云「其有牲，則犬羊耳」。謂天子以犬，諸侯以羊，尊卑異禮也。以大馭云「犯軷」，即云「遂驅之」，故知禮畢，乘車轢之也。以聘禮上文「既受聘享之禮」，云「遂行，舍於郊」，故知轢之而遂行，舍於郊也。卿大夫之聘，出國則釋軷，聘禮於家，又釋幣於行，注云：「告將行也，行者之先，其古人之名未聞。天子諸侯有常祀在冬。大夫三祀：曰門、曰行、曰厲。士喪禮有『毁宗躐行』。出於大門，則行神之位在廟門外西方。今時民春秋祭祀有行神，古之遺禮。」是在家釋幣，告將行，出國門用酒脯以祈告，故二處不同也。月令：「冬其祀行。」注依中霤之禮云：「行在廟門外之西，爲軷壤，厚二寸，廣五尺，輪四尺。有主有尸，用特牲。」是天子諸侯常祀在冬，與軷異也。軷祭，則天子諸侯卿大夫皆於國外爲之。大馭云「犯軷」，詩云「取羝以軷」，聘禮云「釋軷」是也。又名祖，聘禮及詩云「出祖」是也。又名道，曾子問云「道而出」是也。以其爲犯軷，祭道路之神，爲行道之始，故一祭而三名也。

大雅生民：取蕭祭脂。取羝以軷，載燔載烈。傳：取蕭合黍稷，臭達牆屋。先奠而後爇蕭，合馨香也。羝羊，牡羊也。軷，道祭也。傅火曰燔，貫之加於火曰烈。鄭箋：烈之言爛也。后稷即爲郊祀之酒及其米，則諏謀其日，思念其禮。至其時，取蕭草與祭牲之脂，爇之於行神之位。馨香既聞，取羝羊之體以祭神。又燔烈其肉，爲尸羞焉。自此而往郊。疏：至祭之日，乃取蕭之香蒿與祭牲之脂膏，而爇燒之於行神之位，使其馨香遠聞。又取羝羊之體，以爲祀軷之祭。其祭軷也，取所祭之肉，則傅火而燔之，則加火而烈之，以爲尸之羞。既祭神道，乃自此而往於郊以祭天也。「取蕭草與祭祀之脂」，還是羝之脂也。以牲爲軷祭而設羝，宜與軷同文，脂則配蕭而用，故先言之。「爇之於行神之位」，正謂祭軷之位，以軷之所祭，即是七祀行神，故言行神之位。「馨香既聞，取羝羊之體以祭神」者，謂取牲體以祭，伏於軷上。秋官犬人云：「凡祭祀共犬牲，伏瘞亦如之。」鄭司農云：「伏謂伏犬，以王車轢之。」明此用瓶，亦伏體軷上，故言體也。犬人伏用犬牲，此用瓶者，蓋天子諸侯異禮。彼天子用犬，此諸侯用羊，禮相變也。「又燔烈其肉，爲尸羞」，言「又」者，亦用此瓶之肉爲之也。以七祀之祭皆有尸，明軷祭亦有尸。其燔炙者，祀尸之羞，故云「爲尸羞」也。此后稷爲諸侯，得有尸，則天子軷祭亦有尸。依聘禮卿大夫軷祭用酒脯，則無尸矣。郊之位在國外，故云「自此而往郊」也。

右因事祭五祀

祀井

禮記月令：仲冬之月，天子命有司祈祀四海、大川、名源、淵澤、井泉。

衛氏集説講義：井泉者，汲取之無窮者也。仲冬之月，水歸於宅而復其本原矣，故命有司祈祀之。

白虎通：冬祭井。井者，水之生藏在地中。冬亦水王，萬物伏藏。

張子曰：井不在五祀，恐水土之神已屬之社。以報功而言，則門行豈大於井，反不祭井？

語録：或問五祀，伊川疑不祭井，古人恐是同井。朱子曰：然。

羅泌路史：漢志：一户、二中霤、三竈、四門、五井。白虎通義、范曄、高堂隆、劉昭之説皆然，後漢、魏、晉亦皆從之。湯五祀，户、井、竈、中霤、行，有行無門，而月令書乃有行而無井，康成放之，以故隋、唐以行代井。開元禮祀户、司命以春，竈以夏，門、厲以秋，行以冬，中霤以季夏。迨林甫詔修月令，始復井而絀行，以行神特軷於始行，非冬祀也。必欲祀行，則湯之法去門爲允。唯户即兼門而井，非家國可得廢者。

右祀井

祭法立祀

禮記祭法：王爲群姓立七祀，曰司命，曰中霤，曰國門，曰國行，曰泰厲，曰户，曰竈；王自爲立七祀。諸侯爲國立五祀，曰司命，曰中霤，曰國門，曰國行，曰公厲；諸侯自爲立五祀。大夫立三祀，曰族厲，曰門，曰行。適士立二祀，曰門，曰行。庶士、庶人立一祀，或立户，或立竈。注：此非大神所祈報大事者也。小神居人之間，司察小過，作譴告者爾。樂記曰：「明則有禮樂，幽則有鬼神。」鬼神謂此與？司命，主督察三命。中霤，主堂室居處。門、户，主出入。行，主道路行作。厲，主殺罰。竈，主飲食之事。明堂月令：「春曰其祀户，祭先脾。夏曰其祀竈，祭先肺。中央曰其祀中霤，祭先心。秋曰其祀門，祭先肝。冬曰其祀行，祭先腎。」聘禮曰：「使者出，釋幣於行；歸，釋幣於門。」士喪禮曰：「疾病，禱於五祀。」司命與厲，其時不著。今時民家，或春秋祀司命、行神、山神，門、户、竈在旁，是必春祀司命，秋祀厲也。或者合而祀之。山即厲也，民惡言厲，巫祝以厲山爲之，謬乎！春秋傳曰：「鬼有所歸，乃不爲厲。」疏：此一經明天子以下立七祀、五祀之義。「曰司命」者，宫中小神。熊氏云：「非天之司命，故祭於宫中。」皇氏云「司命者，文昌宫星」，其義非也。「曰中霤」者，主堂室神。「曰國門」者，謂城門也。「曰國行」者，謂行神在國外之西。「曰泰厲」者，謂古帝王無後者也。此鬼無所依歸，好爲民作禍，故祀之也。「王自爲立七祀」者，前是爲民所立，與衆共之，四時常祀，及爲群姓禱祀，其自爲立者，王自禱祭，不知其當同是一神，爲是别更立七祀也。「諸侯爲國立五祀」者，減天子户、竈二祀，故爲立五祀也。「曰公厲」者，謂古諸侯無後者，諸侯稱公，其鬼爲厲，故曰「公厲」。「諸侯自爲立五祀」者，義與天子同。「大夫立三祀」者，減諸侯司命、中霤，故爲三祀也。「曰族厲」者，謂古大夫無後者鬼也。族，衆也。大夫衆多，其鬼無後者衆，故言「族厲」。「曰門，曰行」者，其大夫無民、國，故不言「國門、國行」也。然鄭注曲禮「大夫五祀，爲夏、殷法」，注王制「大夫五祀，是有采地者」，鄭何以知然？曲禮文連於「大夫五祀」，故知非周，而王制立七廟，故知是周禮。以彼推此，大夫三祀，則周諸侯之大夫無地者也。又曰「小神居人之間，司察小過，作譴告」者，以其非郊廟社稷大神，故云「小神」。以其門、户、竈等，故知居人間也。以小神所祈，故知司察小過。作譴告，謂作譴責以告人。云「幽則有鬼神，鬼神謂此與」者，以禮天神、人鬼、地祇，皆列其名，而樂記直云「幽則有鬼神」，是幽闇之處有細小之鬼神，謂此小祀者與？「與」是疑辭也。云「司命，主督察三命」者，案援神契云：「命有三科，有受命以保慶，有遭命以謫暴，有隨命以督行。」受命謂年壽也，遭命謂行善而遇凶也，隨命謂隨其善惡而報之。云「聘禮曰使者出，釋幣於行；歸，釋幣於門」者，證大夫有門、行。云「士喪禮曰疾病，禱於五祀」者，證士亦有五祀。云「司命與厲，其時不著」者，以其餘五祀，月令所祀，皆著其時，唯司命與厲，祀時不顯著。云「今時民家，或春秋祀司命、行神、山神，門、户、竈在旁」者，鄭以無文，故引今漢時民家或有春秋兩時祀司命、行神、山神也。民或然，故云「或」也。其祀此司命、行神、山神之時，門、户、竈三神在諸神之旁，列位而祭也。云「是必春祀司命，秋祀厲也」者，漢時既春秋俱祀司命與山神，則是周時必應春祀司命，司命主長養，故祀在春，厲主殺害，故祠在秋。云「或者合而祠之」者，鄭又疑之，以見漢時司命與山神春秋合祭，故云「或者合而祠之」。云「山即厲也」者，以漢時祭司命、行神、山神、門、户、竈等，此經亦有司命、門、行、户、竈等，漢時有山而無厲，此有厲而無山，故云「山即厲也」。云「民惡言厲，巫祝以厲山爲之」者，鄭解厲稱山之意。漢時人民嫌惡厲，漢時巫祝之人，意以厲神是厲山氏之鬼爲之，故云「厲山」。云「謬乎」者，謂巫祝以厲爲厲山之鬼，於理謬乎。所以爲謬者，鬼之無後，於是爲厲。厲山氏有子曰柱，世祀厲山之神，何得其鬼爲厲？故云謬也。

方氏慤曰：司命，周官以槱燎祀司命者是矣。厲即春秋傳所謂鬼有所歸乃不爲厲是也。以司人之命，祀之求有所延，慮其爲厲，故祀之，使有所歸也。門、行曰國而户、竈不言者，以其在内故也。大夫而下，雖門、行亦不言者，以其所立者皆非爲國故也。是以亦不別言自爲與爲國焉。諸侯曰公厲，以有國言之。大夫曰族厲，以有家言之。司命，天神，故首言之。中霤，土神也，故次言之。門在外也，故又次於中霤。行在道也，故又次於國門。厲之施毒，不特在道而已，故又次於國行。户雖在内，特用於房户之門而已，故又次於泰厲。竈則化飲食以養人，非人之養也，故以是終焉。獨族厲先於門、行者，以厲之爲鬼，在天道則爲卑，在人道則爲尊。有國者有天道，有家者有人道，故或先或後，以尊卑之辨。七者之降殺，諸侯則下去户、竈而立五祀，大夫非特下去户、竈而已，又上去司命、中霤而立三祀。適士有家者所尊之，族厲又去之而立二祀。至於庶士、庶人則卑矣，故取七祀之最卑者，或户或竈而立一祀焉。不使庶士祀户、庶人祀竈，而或立之者，以其人與祀皆卑，不足以辨其隆殺故也。大宗伯言以血祭祭社稷、五祀，則七祀之説非周制可知。曲禮、王制止言大夫祭五祀，蓋以周制言之，上得以兼下，而五祀主於家故也。

陸氏佃曰：凡立五祀，曰司命，曰中霤，曰國門，曰國行，曰公厲，以是爲正。曰户曰竈，則天子有加焉爾。大夫與諸侯殺其上，曰族厲、曰門、曰行是也。士於大夫殺其上，曰門、曰行是也。庶人或立户，或立竈，取其親者立之而已。户，所由也。竈，所養也。户近而門遠，奥尊而竈卑。大夫有家，謂之族厲以此，謂之置社亦以此。又新説曰：五祀，所以本事也。故先王於四時祭焉，加司命、泰厲爲七祀。蓋司命者，萬物之命係焉，春官司命是也。泰厲者，萬物之性係焉，春官司中是也。萬物受順以生者，命也。受中以生者，性也。正則中，過則厲，故泰厲一名司中。司中以正言之也，泰厲以反言之也。

司命、泰厲本乎上者也，其成象在天，故以陽祀祭之自禋始，春官所謂「以槱燎祠司中、司命」。小宗伯注云「兆司中、司命於南郊」是也。户、竈、門、行、中霤，本乎下者也，其成形在地，故以陰祀祭之自血始，春官所謂「以血祭祭五祀」是也。自司命至竈其序之如此，何也？蓋中霤處内，而其外爲門，又其外爲行。以司命總之者，司命主生，尊大之也。户，小處也。竈，卑處也。以泰厲總之者，泰厲主殺，卑小之也。諸侯有君道，故立五祀而去天子七祀之下者二；大夫有臣道，故立三祀而去諸侯五祀之上者二；士貶於大夫，故去其一；庶人則民而已，不取於士而取於天子一祀者，庶人卑無嫌也。王爲群姓立七祀，所謂祀於廟中是也。自爲立七祀，所謂祭於宫中是也。曲禮曰「天子祭五祀」，即春官五祀以司命、泰厲，天類不與也。分禱五祀即大喪之祭，於司命、泰厲無所禱也。禮運、月令、小子職皆云五祀不及司命、泰厲，亦以天類異之也。此云大夫三祀，曲禮、王制皆云五祀，何也？蓋此經言其立，曲禮、王制言其祭。若官師一廟曰考廟，此以所立言之也；又曰王考無廟而祭之，此以所祭言之也。若士既夕禮行禱於五祀，則言其禱而已。禱與祭異，祭與立異，故不同也。

張子曰：五祀，户、竈、門、行、中霤而已。一畝之宫，五者皆具，故曰天子至於士皆立五祀之祭。天子之立五祀，見於經者不一。周禮大宗伯、司服、小子，曲禮、月令、曾子問、禮運。士之立五祀，見於士喪禮。祭法有七祀、五祀、三祀、二祀、一祀之法，加以司命及厲。而諸侯不祭户、竈，大夫以下皆不祭中霤，殆非推報之義，又未嘗參見諸書，及廟祧壇墠之法，亦與經多不合，恐别是一法，非世之達禮。

吕氏大臨曰：大夫有家，不與山川之祀。所得祭者，五祀而已。祭法天子立七祀，加以司命、泰厲；諸侯五祀，有司命、公厲而無户、竈；大夫三祀，有族厲而無中霤、户、竈；士二祀則門、行而已。是法也，考之於經則不合。曾子問天子未殯，五祀之祭不行，士喪禮禱於五祀，則自天子至於士皆祭五祀，蓋一宫之中雖有大小之差，而五者無不具。祭法加以司命、厲，與户、竈、門、行、中霤謂之七祀，而言涉怪妄不經，至於廟制所稱，亦不與諸經合。竊意三代之末，嘗議是法，著之書而未行也。士不祭五祀，而喪禮言禱於五祀者，蓋有不得祭而得禱者歟？

羅泌路史：五祀，門、户、中霤、井、竈，見於儀禮，自天子至士無隆殺。司服、曲禮、禮運、禮器，天子、諸侯、大夫同之，唯五者，家國之所皆有，誰能去之？自黄帝立五祀，歷代守之，無敢或廢。世本言湯五祀，故曲禮謂天子五祀歲徧，康成以爲商制。若天子之七祀，乃有泰厲、司命，宫正、舞師七祀，自與五祀不相統也。且以五祀、四祀、三祀、二祀、一祀，其説尤乖。祭法諸侯五祀，乃有厲、命而去户、竈；大夫三祀，族厲、門、行；適士二祀，門、行；庶士、庶人一祀，或户或竈。是則家無井、竈而士庶無門、井矣，果合已乎？鄭於祭法大夫與王有别，故以周禮解之。至於王制大夫五祀，乃又以爲有采地者，無地則祭三，而遽以曲禮爲商禮，祭法爲周制，其不達乃如此。祭法王爲群姓立七祀，又自爲立七祀，是二七祀矣。夫王不過爲群姓祀，爲群姓祀即自爲矣，烏有二哉？記爲群姓立社，又自爲立社，故説以爲天子、諸侯皆有私社以爲私禱，其有是乎？

蕙田案：祭法立祀與諸經不合，先儒辨之，極是。

右祭法立祀

五官之神

春秋昭公二十九年左氏傳：蔡墨曰：「五行之官，是謂五官。實列受姓氏，封爲上公，祀爲貴神。社稷五祀，是尊是奉。木正曰勾芒，火正曰祝融，金正曰蓐收，水正曰玄冥，土正曰后土。」獻子曰：「社稷五祀，誰氏之五官也？」對曰：「少皞氏有四叔，曰重、曰該、曰修、曰熙，實能金、木及水。使重爲勾芒，該爲蓐收，修及熙爲玄冥，世不失職，遂濟窮桑，此其三祀也。顓頊氏有子曰犂〔二〕，爲祝融，共工氏有子曰勾龍，爲后土，此其二祀也。后土爲社。稷，田正也。有烈山氏之子曰柱，爲稷，自夏以上祀之。周棄亦爲稷，自商以來祀之。

右五官之神

蕙田案：五官之神，乃從五帝而食者。左傳亦謂之五祀，此與禮記、周禮、儀禮五祀不同，特以鄭氏釋周禮往往引之，故附著於此。

歷代祭五祀

通典：漢立五祀。白虎通云：户一祀，竈二祀，門三祀，井四祀，中霤五祀，歲一徧。有司行事，禮頗輕於社稷。祀户以羊，竈以雞，中霤以牛，門以犬，井以豕。

岳氏曰：古有七祀，於前代帝王、諸侯、卿大夫之無後者皆致祭焉，謂之泰厲、公厲、族厲，今絶無舉行者。故此等無依之厲，勢或出於依附淫祠，殆無足怪。禮

〔二〕「曰」，原脱，據光緒本、春秋左傳正義卷五三補。

記祭法鄭氏注漢時民家皆秋祠厲，蓋此祀又達於民也，於古加嚴矣。

文獻通考：馬氏曰：月令五祀，祭法王爲群姓立七祀，皆典祀之正者也。至漢，則其制已廢。而郊祀志所載不經，淫祀甚衆。然武帝時，李少君言祠竈則可致物。物謂鬼物。致物則丹砂可化爲黄金，黄金成以爲飲食器則益壽，益壽則海中蓬萊仙可見，於是天子始親祠竈。又高帝時，南山巫祠南山秦中。秦中者，二世皇帝也。與注疏所言泰厲者，謂古帝王無後者，其鬼無所依歸，好爲民作禍，故祀之之意略同，然其所以立祀之意則皆淫諂，非禮之正也。

武帝太初二年，令天下大酺五日，祠門、户，比臘。

後漢建武初有五祀，有司掌之。人家祀山神、門、户。山即厲也。鬼有所歸，乃不爲厲。

魏武帝始定天下，興復舊祀，而造祭五祀，門、户、井、竈、中霤也。

晉武帝時，傅玄云：帝之都城，宜祭一門，正宫亦祭一門，正室祭一户，井、竈及中霤各擇其正者祭之。以後諸祀無聞，唯司命配享於南郊壇。

蕙田案：後魏之制，祭門、户、井、竈、中霤於明堂，見太和十五年詔。

陳文帝天嘉中，太常卿許亨奏曰：「昔梁武帝云：『天數五，地數五，五行之氣天地俱有。』故南北郊内並祭五祀。臣案：周禮以血祭社稷五祀，鄭玄云：『陰祀自血起，貴氣臭也。五祀，五官之神也。』五神主五行，隸於地，故與埋沈、疈辜同爲陰祀，既非禋柴，無關陽祭。故何休云周爵五等者，法地有五行也。五神位在北郊圜丘，不宜重設。」制曰：「可。」

隋定祀典，五祀爲中祀，户以春，竈以夏，門以秋，行以冬，各於享廟日。中霤則以季夏祀黄郊日。夏季，土德王。各命有司祭於廟西門道南，牲以少牢。

唐初廢七祀，唯季夏祭中霤。開元中制禮，祭七祀，各因時享祭之於廟庭，司命、户以春，竈以夏，門、厲以秋，行以冬，中霤以季夏。

開元禮祭七祀儀：各因時享祭之，唯中霤季夏别祭。祫禘之日，徧祭之，如臘享。祭日，未明一刻，太廟令率其屬入布神席於廟庭西門之内道南，東向，以北爲上，席皆以莞。設神位各於座首。設酒罇於神座東南，設洗於酒罇東南，俱北向。罍水在洗東，篚在洗西，南肆。篚實以巾、爵。太廟令與良醖令屬入實罇、罍如常。其執罇、罍、篚者，各位於罇、罍、篚之後。初太祝以下入，祝史與執罇、罍、篚者次入就位。遂於堂上設饌，訖，太官丞引饌入，祝史迎引於座首，各設於神座前。於光禄卿將升獻，贊引引獻官詣罍盥洗；詣酒罇所，執罇者舉冪。獻官酌酒，贊引引獻官進，西面跪奠於司命神座，少退，西向立。祝史持版進神座之右，北向，跪讀祝文曰：「維某年歲次月朔日，子開元神武皇帝遣具位姓名，昭告於司命：三陽照物，四序唯始，式遵常禮，謹以犧齊、粢盛庶品，明薦於司命，尚享。」户云：「時唯歲首，升陽贊滯。」竈云：「唯時夏始，盛陽作統。」門云：「時唯孟秋，升陰紀物。」厲云：「時屬實沈，氣序清肅。」行云：「時唯冬首，盛陰作紀。」讀祝文訖，興。獻官再拜，祝史進奠版於神座，還罇所。其七祀祝版，祝史一人讀之[一]。獻官再拜訖，贊引引獻官詣酒罇所，酌獻並如上儀。訖，贊引引還本位，於堂上徹豆，祝史進徹豆，還罇所。臘享祭七祀文：「維某年歲次月朔日，子開元神武皇帝遣具位姓名，昭告於司命、户、竈、中霤、門、厲、行：今時和年豐，式遵常禮，謹以犧齊、粢盛庶品，明薦於司命、户、竈、中霤、門、厲、行，尚享。」獻官唯獻司命，餘座齋郎助奠，餘如上儀。

祭中霤儀：

[一]「一人」，諸本作「入」，據通典卷一一四改。

季夏土王日，祭中霤於太廟之庭。前祭三日，諸祭官散齋三日於正寢〔一〕，致齋一日於廟所，如別儀。前一日，衛尉陳設如常。祭日未明十刻，太官丞具特牲之饌。未明一刻，太常令帥其屬入布神座於廟庭西門之内道南，東向，席以莞。設神座於座首。設酒罇於神座東南，設洗於酒罇東南，俱北向。罍水在洗東，篚在洗西，南肆。篚實以巾、爵。奉禮設太廟令位於神座東南，執事者位於其後，俱北向，西上。設門外位皆於東門之外道南，重行，北向，以西爲上。質明，諸行事之官各服其服，良醖之屬入實罇、罍，太官丞監實籩豆、簠簋，贊引引太廟令，又贊引引執事者俱就門外位。太祝與執罇、罍、篚、冪者先入，詣神座前，西向再拜訖，各就位，立定。贊引引太廟令，又贊引引執事者入就位，贊引贊拜，太廟令以下皆再拜。太官丞出詣饌所，贊引進太廟令之左，白「有司謹具，請行事」。退，復位。太官丞引饌入，太祝迎引於座首，設於神座前，訖，太官丞以下還本位，太祝還罇所。贊引引太廟令詣罍洗，盥手，洗爵；詣酒罇所，執罇者舉冪。太廟令酌酒，贊引引太廟令進神座前，西向跪，奠爵，俛伏，興；少

〔一〕「諸」，諸本作「請」，據文獻通考卷八六改。

退，西向立。太祝持版進於神座之右，北向，跪讀祝文曰：「維某年歲次月朔日，子開元神武皇帝謹遣具位姓名，敢昭告於中霤：賴兹保養，甿庶以安，式荷神功，祇率常禮，爰以特牲、薌合、薌萁、嘉蔬、嘉薦、醴酒明祀於神，尚享。」訖，興。太廟令再拜。太祝進奠版於神座，俛伏，興；還罇所，太祝以爵酌福酒進太廟令之左，北面立。太廟令再拜受爵，跪祭酒，遂飲，卒爵。太祝進受爵，還罇所。太廟令俛伏，興，再拜，贊引引還本位。太祝進，跪徹豆，俛伏，興，還罇所。太祝與執罇、罍、篚者俱復位，立定。贊引贊拜，太廟令以下皆再拜。贊引進太廟令之左，白「禮畢」，遂引太廟令以下出。其祝版燔於齋所。

文獻通考：宋制七祀：春祀司命及户，夏祀竈，季夏祀中霤，秋祀門及厲，冬祀行。爲小祀，用羊一、豕一，不行飲福。神宗熙寧八年，詔寘太廟司命、户、竈、中霤、門、厲、行七祀版位。

宋史禮志：元豐三年太常禮院請禘享徧祭七祀，詔從之。

詳定所言：「周禮天子六服，自鷩冕而下，各隨所祭而服。今既不親祀，則諸臣攝事，自當從王所祭之服。其攝事之臣不繫其官。」

四年，詳定郊廟奉祀所言：「案禮記祭法曰：『王自爲立七祀，曰司命，曰中霤，曰國門，曰國行，曰泰厲，曰户，曰竈。』孟春其祀户，祭先脾；孟夏其祀竈，祭先肺；中央土，其祀中霤，祭先心；孟秋其祀門，祭先肝；孟冬其祀行，祭先腎。又傳曰：『春祀司命，秋祀厲。』此所祀之位、所祀之時、所用之俎也。周禮司服『掌王之吉服，祭群小祀則服玄冕』，注謂『宮中七祀之屬』。禮記曰『一獻熟』，注謂『宮中群小神七祀之等』。周禮大宗伯『若王不與祭祀則攝位』，此所祀之服、所獻之禮、所攝之官也。近世因禘祫則徧祭七祀，其四時則隨時享分祭，攝事以卿行禮而服七旒之冕，分太廟牲以爲俎，一獻而不薦熟，皆非禮制。請立春祭户於廟室户外之西，祭司命於廟門之西，制脾於俎；立夏祭竈於廟門之東，制肺於俎；季夏土王日祭中霤於廟庭之中，制心於俎；立秋祭門及厲於廟門外之西，制肝於俎；立冬祭行於廟門外之西，制腎於俎。皆用特牲，更不隨時享分祭。有司攝事，以太廟令攝禮官，服必玄冕，獻必薦熟，親祀及臘享，即依舊禮徧祭。」從之。

政和時議禮局上五禮新儀：太廟七祀，四時分祭，如元豐儀。臘享、祫享則徧祭。設位於殿下，横街之北道東，西向，北上。議禮局言：「周禮小司徒『小祭祀奉牛牲』，所謂小祭祀，即宫中七祀之類是也。後世以有司攝事，難於純用太牢，猶宜下同大夫禮，用羊豕可也。」又言：「社稷五祀，先薦爓，次薦熟。至於群小祀，薦熟而已。請宫中七祀止薦熟。」從之。

王圻續通考：金宣宗承安四年六月祭中霤。

蕙田案：續通考王圻稱元無五祀之祀。今考明集禮載元制，附祭七祀神位於廟庭中街之東，西向；其分爲四時之祭，並與宋同。惟中霤則附於七月之祭，特祭則徧設之。每位籩豆各二，簠簋各一，尊二，俎二。

明集禮：國朝用周制，唯祭五祀於歲終臘享，通祭於廟門外。其籩豆各四，簠簋各一，尊二，共羊一，豕一。

明史禮志：五祀，洪武二年定制，歲終臘享通祭於廟門外。

續文獻通考：二年，尚書崔亮奏：「周官天子五祀，曰門，曰户，人之所出；中霤，人之所居；曰竈，曰井，人之所養。故杜佑曰：天子諸侯必立五祀，所以報德也。今擬周官五祀，止於歲終臘享通祀於廟門外。」從之。

八年，禮部奏：「五祀之禮，周、漢、唐、宋不一。今擬孟春祀户，設壇皇宫門左，司門主之。孟夏祀竈，設壇御厨，光禄寺官主之。季夏祀中霤，設壇乾清宫丹墀，内官主之。孟秋祀門，設壇午門左，司門主之。孟冬祀井，設壇宫内大庖井前，光禄寺官主之。四孟於有事太廟之日，季夏於土旺之日，牲用少牢。」制「可」。後定中霤於奉天殿外文樓前。又歲暮合祭五祀於太廟西廡下，太常寺官行禮。

王圻續通考：成祖永樂以後，五祀於四孟及季夏。已而立春祀户宫門外道左，西向；立夏祀竈大庖前中道，南向；季夏土王後戊日祀中霤文樓前，西向；立秋祀門午門外西角樓，東向；立冬祀井大庖前，南向。以時皆遣内臣祭，各少牢一。歲暮，太常少卿合祀於太廟丹墀西，東向，用少牢五。案：餘冬録云：「古者祭必屏刑人，今制：『陪祭官刑喪等項有禁，大祀地，内臣避之。』以其人經刑形體不全故也。而四孟及季夏五祀之祭，乃用内臣行事，國家每有興作，俱命内官監、内臣致祭，不知刀鋸之餘，何以交神明？兵刑官尚嫌，不使與祭，而親經刑者主祭焉，又非不可之大者乎！」

于慎行穀山筆麈曰：唐制，中官服色，即中尉、樞密皆䙝衿侍從。僖宗之世，始具襴笏。至昭宗即位，又命以冕服劍佩侍祠。蓋楊復恭恃援立之功，威稜震主，故以是假之也。本朝中官，貴極於四品，其後多賜蟒玉，爲一品之服，而朝服則不以服，此亦褖衫之遺也。惟司禮之長遣祭中霤則有祭服，其徒多圖之畫像，以爲榮觀，可見冠冕法服不施暬御，自昔然矣。

五祀儀：四孟及季夏分祭，各羊一，豕一。禮神，制帛一。歲暮合祭，共羊五、豕五、制帛五。

司户之神。宫内祭，内官行禮。　司竈之神。光禄寺祭，内官行禮。　中霤之神。奉天殿外文樓前，西向，司禮監官行禮。季夏土王後戊日祭。　司門之神。午門前祭，守門内官行禮。　司井之神。宫内祭，内官行禮。　歲暮合祭五祀。太廟西廡下，東向，太常寺官行禮。

大學衍義補：丘氏濬曰：周禮、儀禮雖有五祀之名，而無其目。月令所謂門、行、户、竈、中霤，白虎通則無行而有井。漢及魏、晉以來，皆祭井不祭行。自鄭玄有凡祭五祀於廟之文，隋、唐以來，皆以時享祖宗時並祭之。本朝於四孟享太廟，各祭其一，於春祭户，夏祭竈，秋祭門，冬祭井，季夏土旺日祭中霤，又於歲暮享廟，命官兼祭五祀，蓋本月令臘享五祀也。又每遇親王來朝之國，皆設祭於承天門外，雖曰門祭，然即古人軷行之祀也。是則本朝五祀蓋兼用月令、白虎通之文歟？

右歷代祭五祀〔一〕

〔一〕「右歷代祭五祀」六字，原脱，據味經窩本、乾隆本、光緒本補。

五禮通考卷五十四

吉禮五十四

六宗

蕙田案：陽祀自煙始，曰禋祀。陰祀自血始，曰血祭。六宗稱禋，則陽祀天神之屬也。但不知何神，自漢諸儒已經聚訟，立一説即有一難，迄今未定。今檢諸儒解説不同凡十六條，每條先列本説，次列論難之説，案而不斷，俟明者擇焉。

禋六宗

虞書舜典：禋于六宗。

孔叢子：宰我問禋于六宗，孔子曰：「所宗者六：埋少牢于泰昭，祭時也；祖迎于坎壇，祭寒暑也；至于王宫，祭日也；夜明，祭月也；幽禜，祭星也；雩禜，祭水旱也。禋于六宗，此之謂也。」

孔傳：精意以享謂之禋。宗，尊也。所尊祭者，其祀有六，謂四時也，寒暑也，日也，月也，星也，水旱也。祭亦以攝告。

孔疏：國語云：「精意以享，禋也。」釋詁云：「禋，祭也。」孫炎曰：「禋，絜敬之祭也。」周禮大宗伯云：「以禋祀祀昊天上帝，以實柴祀日月星辰，以槱燎祀司中、司命、風師、雨師。」鄭云：「禋之言煙，周人尚臭，煙氣之臭聞者也。」鄭以禋祀之文在燎柴之上，故以禋爲此解耳。而洛誥云：「秬、鬯二卣曰明禋。」又曰：「禋于文王、武王。」又曰：「王賓殺禋咸格。」經傳之文，此類多矣，非燔柴祭之也，知禋是精誠絜敬之名耳。宗之爲尊，常訓也。名曰六宗，明是所尊祭者有六，但不知六者爲何神耳。祭法云：「埋少牢於太昭，祭時；相近於坎壇，祭寒暑；王宫，祭日；夜明，祭月；幽禜，祭星；雩禜，祭水旱也。」據此言六宗，彼祭六神，故傳以彼六神謂此六宗。必謂彼之所祭是此六宗者，彼文上有祭天祭地，下有山谷丘陵，此六宗之文在上帝之下、山川之上，二者次第相類，故知是此六宗。王肅亦引彼文，乃云禋于六宗，此之謂矣。鄭玄注彼云：「四時謂陰陽之神也。」然則陰陽寒暑水旱各自有神，此言禋于六宗，則六宗常禮也。禮無此文，不知以何時祀之。鄭以彼皆爲祈禱之祭，則不可用鄭玄注以解此傳也。漢世以來，説六宗者多矣，歐陽及大小夏侯説尚書皆云所祭者六，上不謂天，下不謂地，旁不及四方，在六者之間，助陰陽變化，實一而名六宗矣。孔光、劉歆以六宗謂乾坤六子：水、火、雷、風、山、澤也。賈逵以爲六宗者，天宗三，日、月、星辰，地宗三，河、海、岱也。馬融云：萬物非天不覆，非地不載，非春不生，非夏不長，非秋不收，非冬不藏，此其謂六也。鄭玄以「六宗言禋，與祭天同名，則六者皆是天之神祇，謂星、辰、司中、司命、風師、雨師。星謂五緯也，辰謂日月所會十二次也，司中、司命，文昌第五、第四星也，風師，箕也，雨師，畢也」。晉初幽州秀才張髦上表云：「臣謂禋于六宗，祀祖考所尊者六，三昭三穆是也。」司馬彪又上表云歷難諸家及自言己意：「天宗者，日、月、星、辰、寒、暑之屬也。地宗，社稷、五祀之屬也。四方之宗，四時、五帝之屬。」惟王肅據家語六宗與孔同。各言其志，未知孰是。司馬彪續漢書云：「安帝元初六年，立六宗祠於洛陽城西北亥地，祀比大社。魏亦因之。晉初荀顗定新祀，以六宗之神，諸説不同，廢之。摯虞駁之，謂宜依舊。近代以來，皆不立六宗之祠也。」

蔡傳：禋，精意以享之謂。宗，尊也。所尊祭者，其祀有六。祭法曰：「埋少牢於泰昭，祭時也；相近於坎壇，祭寒暑也；王宫，祭日也；夜明，祭月也；幽宗，祭星也；雩宗，祭水旱也。」

朱子語録：問六宗。曰：古注説得自好。鄭氏宗讀爲禜，即祭法中所謂祭時、祭寒暑、祭日、祭月、祭星、祭水旱者。如此説，則先祭上帝，次禋六宗，次望山川，然後徧群神，次序皆順。

蘇氏軾曰：此之禋六宗、望山川、徧群神，蓋與類上帝爲一禮爾。考之祭法，其泰壇祭天，即此類上帝也。祭時、寒暑、日、月、星、水旱，即此禋六宗也。四坎壇，祭四方，與山林、川谷、丘陵能出雲，爲風雨，見怪物，皆曰神。有天下者祭百神，即此望山川、徧群神也。祭法所叙，舜典之章句義疏也。

楊氏復曰：六宗之義，其最有據而得其正者，孔安國之説是也。其傳曰所尊祭者，其祀有六，謂四時也、寒暑也、日也、月也、星辰也、水旱也，可謂善也。而司馬彪亦曲說以駁之。王肅所解本諸家語，與安國同，而肅對魏明，又以爲乾坤六子，則自叛其説矣。據孔傳唯引祭法，殊不知安國所據不獨祭法也。謹案孔叢子書載宰我問於孔子曰：「禋于六宗，何謂也？」孔子曰：「所宗者六，皆潔祭之也。埋少牢於泰昭，所以祭時也；祖迎於坎壇，所以祭寒暑也；主於郊宫，所以祭日也；夜明，所以祭月也；幽禜，所以祭星也；雩禜，所以祭水旱也。禋于六宗，此之謂也。」安國之傳端本於此，諸儒之説，紛紛不已，皆不見孔子之言故也。

劉氏昭曰：孔叢子之言，若果是夫子所説，則後儒無復紛然，正謂未必然耳。

續漢志注：司馬氏彪駁曰：安國案祭法爲宗，而除其天地於上，遺其四方於下，取其中以爲六宗。四時、寒、暑、日、月、衆星并水、旱，所宗者八，非但六也。傳曰：「山川之神，則水旱癘疫之災，於是乎禜之。日月星辰之神，則雪霜風雨之不時，於是乎禜之。」又曰：「龍見而雩。」如此，禜者，祀日月星辰、山川之名；雩者，周人四月祭天求雨之稱也。雪霜之災，非夫禜之所禳。雩祭之禮，非正月之所祈。周人之後，説有虞之典故，於學者未盡喻也。

羅氏泌路史：郊之祭也，大報天而主日，配以月，則日月在郊而不在宗矣；冬享司寒而四立各自迎氣，則四時、寒暑不在宗矣。此孔之失也。安國之説出於祭法，而附於孔叢子，家語因之。蓋孔氏之家世有是説，故王充、蘇軾一皆從之，亦未敢以爲安也。

楊氏復曰：孔注禋於六宗，取祭法之説，王肅亦同。朱子書説非苟從者，亦取祭法爲宗，必有深意。但鄭玄注祭法改「相近」爲「祈禳」，又以六者皆爲祈禱之祭。夫舜乃攝位告祭，安得有祈禳之禮哉？

稗編：唐氏順之曰：六宗出於虞書，周禮則無明文，惟孔叢子以祭法祭時、祭寒暑、祭日、祭月、祭星、祭水旱爲六宗，孔安國因之，王肅之説亦同，朱子書説亦取焉。三山楊信齋之説足以破之，若以此祭爲常祀則非也。夫舜類于上帝，望于山川，徧于群神，所以告攝位也。告攝位於天地山川群神足矣，何必告於四時、寒暑、水旱哉！先儒以家語爲漢儒附會，觀於此類，信矣。孔安國、王子雍祖述其説，亦不足怪，朱子取之，何也？楊信齋述祭禮一書，足以爲不刊之典，既疑之，復以爲朱子取之必有深意，又何也？

王氏樵尚書日記：孔安國據祭法，王肅據家語，以四時、寒暑、日、月、星、水旱六者之祭當之，此視家語，差爲有據。然鄭玄以彼皆爲祈禱之祭，因事而行，今告攝須有六宗常禮，何爲祭及水旱哉！是亦未得爲定論也。

蔡氏德晉曰：漢孔氏書傳云：謂四時也、寒暑也、日也、月也、星也、水旱也。魏王子雍亦同，九峰先生書傳因之。此本於祭法及孔叢子二書，皆漢人所作。孔叢子非真孔子語，祭法非古先聖王之典，不足據也。且祭法原文上有祭天祭地，下有祭四方，祭百神，而截取中間六者以爲六宗，亦屬牽强；況司暑無過赤帝、炎帝、祝融，司寒無過黑帝、顓頊、玄冥，此即四時耳。水旱乃雩禜之祭，靡神不舉，非有專司。舜自以攝位告祭，何關水旱也！

蕙田案：以上孔安國用祭法之説。

馬氏融曰：萬物非天不覆，非地不載，非春不生，非夏不長，非秋不收，非冬不藏，禋于六宗，此之謂也。尚書大傳同。

梁博士崔氏靈恩三禮義宗：伏生、馬融謂六宗者，天地四方。所以用天地四方爲六宗者，萬物非天不覆，非地不載，非春不生，非夏不長，非秋不收，非冬不藏，皆有功於民，故尊而祭之，謂之六宗。而或有非之者，以前文有「類于上帝」，今復謂天爲類，六宗無天地，意謂其在天地四方，生成道廣，濟物既洪，故報亦非一，或類或宗，尤未盡其功，豈有嫌前已祀而謂後爲非也！然迎春既祭蒼帝靈威仰之神而復郊祭，豈可復以迎春祭天而嫌郊爲非天也！

通典：杜氏曰：馬融以天地四時爲六宗，禮無禋地與四時之義。

司馬氏彪駁曰：帝在于類，則禋者非天，伏失其義。

蔡氏德晉曰：古者祀帝于郊，祭社于國，社稷、宗廟同在王宫中門之内。舜格文祖，則告宗廟必告社稷，而類上帝則已告天，不宜復數天地也。

蕙田案：以上馬融天地四時之説。

歐陽氏和伯、夏侯氏建曰：六宗上不謂天，下不謂地，旁不謂四方，在六者之間，助陰陽變化，實一而名六宗矣。

李氏郃曰：六宗者，上不及天，下不及地，旁不及四方，在六合之中，助陰陽化成萬物。

唐氏順之稗編：許謹非之曰：處六合之間，謂之六宗，其實爲一而名六宗，虚實相互，何以爲義？意謂本義以六宗之中，合共尊祭，故謂之六者，明其在六之中間，爲人所宗，非名宗爲六，不可責其稱。六者，非實是一之名也。司馬氏彪駁曰：六合之間，非制典所及；六宗之數，非一位之名；陰陽之說，又非義也。

蔡氏德晉曰：於天地四方之間，懸空立一祭，正恐無是神而近於誣。

蕙田案：以上歐陽、夏侯天地四方之間之說。

劉氏歆曰：六宗謂乾坤六子：水、火、雷、風、山、澤。晁錯、孔光、王莽、顏師古同。

唐氏順之稗編：孔光、劉歆謂六宗者，乾坤之六子，取水、火、雷、風、山、澤能生萬物，故禋祀以報之，謂之六宗。馬昭難云：凡八卦者，所以生育萬物。若祭卦，便應祭八卦，豈但祭六，明非六卦也。意謂劉、孔之意，所以但祭六者，以爲非子不能成父之業，故生物之功，由于六子，合據成功而報，故舍乾坤而不祭也。

通典：杜氏曰：漢以王莽等奏日、月、星、辰、山川、海澤六子之卦爲六宗者，案周禮「以實柴祀日、月、星、辰」，則星、辰非六宗矣。卦是物象，不應祭之。

蕙田案：以上劉歆乾坤六子之說。

賈氏逵曰：六宗謂天宗三，日、月、星；地宗三，河、海、岱。許慎同。

五經典義曰：古尚書説，六宗者，天地屬神之尊者，謂天宗三、地宗三。天宗，日、月、北辰也。地宗，岱山、河、海也。日、月爲陰陽宗，北辰爲星宗，岱爲山宗，河爲水宗，海爲澤宗也。祀天則天文從，祀地則地理從也。

賈疏：鄭駁之云：書云：「類于上帝，禋于六宗，望于山川。」既六宗云禋，山川言望，則六宗無山川明矣。

司馬氏彪駁曰：山川屬望，則海岱非宗。宗猶包山，則望何秩焉？歆、逵失其義也。

黄氏鎮成曰：謂是山澤河海之類，則望于山川，又在六宗之外，皆不可據。

蕙田案：以上賈逵天宗三、地宗三之説。

鄭氏康成曰：六宗言禋，與祭天同名。則六者皆是天之神祇，謂星、辰、司中、司命、風師、雨師。星，五緯也。辰，十二次也。司中、司命，文昌第五、第四星也。風師，箕也。雨師，畢也。

唐氏順之稗編：鄭云：「宗者，星、辰、司中、司命、風師、雨師，此謂六宗也。」王肅難云：「星則五緯之星，合爲一位，辰則十二月之會次，又合爲一位，名實不相副也。司中、司命，文昌第五、第四星而別爲兩位，文昌之星獨分爲二。五緯之星所主各異，合而爲一，義則不安。」尋鄭本意，以五星十二次各共成功，故各合爲一。司中、司命所司有一，不共成功，故分爲二。王肅六宗，亦以四時共成歲功，得合爲一宗。鄭以十二次五星各共成歲，則何以不得各合爲一？王此難無通義也。

司馬氏彪駁曰：并五緯以爲一，分文昌以爲二，箕、畢既屬於辰，風師、雨師復特爲位，玄之失也。

范氏甯曰：考觀衆議，各有説難，鄭氏證據最詳，是以附之。

通典：杜氏曰：鄭玄以司中、司命、風師、雨師爲六宗者，並是星質，不應更立風師、雨師之位。

羅氏泌路史：宗之爲言總也。司中、司命實係文昌，而好風、好雨乃是箕、畢，以總而言，是特一宗耳。豈得有實柴復曰槱燎哉！此鄭之失也。

蔡氏德晉曰：鄭康成本大宗伯之文，俱以天神釋之，是矣。然以爲星、辰、司中、司命、風師、雨師，而不數日、月，於理未安。

蕙田案：以上鄭康成星、辰、司中、司命、風師、雨師之説。

幽州秀才張氏髦上疏曰：禋于六宗，正謂祀祖考宗廟也。文祖之廟六宗，即三昭三穆也。若但類于上帝，不禋祖禰而行，去時不告，歸何以格？以此推之，較然可知也。

書集傳：孫氏曰：類上帝，祀天神也。禋六宗，享人鬼也。望山川，祭地祇也。王氏曰：天子事七廟，于地不言大示，于人不言太祖，于天不言日月星辰，以地示人鬼之及六宗山川，則天神之及日月星辰可知也。以天帝之及上帝，則人鬼地示之及太祖大示亦可知也。於天則舉尊以見卑，於人於地則舉卑以見尊。程子、吕東萊同。

朱子語録：問：五峰取張髦之説如何？先生曰：非唯用改易經文，兼之古者昭穆不盡稱宗，唯祖有功，宗有德，故曰祖文王而宗武王。且如西漢之廟，惟文帝稱太宗，武帝稱世宗，至唐朝乃盡稱宗，此不可以爲據。

林氏之奇曰：三昭三穆，然愚亦知其不然者。蓋七世之廟，自太祖而下謂之六宗則不可。古者祖有功，宗有德，必有德者而宗之，如云周之六宗是也。若以三昭三穆爲六宗，則七世之廟皆宗，古無是理也。而蘇氏謂受終之初，既有事於文祖，其勢必及餘廟，豈有獨祭文祖於齊七政之前，而祭餘廟于類上帝之後者乎？以此觀之，則張髦之説雖近，似不可從也。

羅氏泌路史：三昭三穆，前人如程顥、王安石輩多取以爲祭人鬼，然昭穆非宗也。夫祭，有其舉之，莫敢廢也。三昭三穆，世何嘗廢祀，此固不必議者。且七政既齊之後，則唯及天神，又曷有文祖有事於在璣衡之前而後於餘廟哉？

王氏樵曰：晉張髦以六宗爲三昭三穆，受終之初，既有事於文祖，勢必及餘廟，然古者昭穆不盡稱宗，惟祖有功，宗有德，故商有三宗，周人祖文王而宗武王，下至漢世，猶止文帝稱太宗，武帝稱世宗，至唐乃盡稱宗，此豈可以爲據哉？

蕙田案：以上張髦三昭三穆之説。

虞氏喜别論曰：地有五色，大社象之。總五爲一則成六，六爲地數，推案經句，缺無地祭，則祭地。

劉氏昭曰：虞喜以祭地近得其實，而分彼五色，合五爲六，又不通禋，更成疑昧。

稗編唐氏順之曰：舜攝位告祭，類于上帝及望于山川，徧于群神矣。惟不告祭于地祇，意六宗爲地祇也。蓋六爲地數，宗，尊也，且序其次，地祇正當在上帝之後、山川群神之上，斯説豈不正大耶？周禮大宗伯「王大封則先告后土」，大封猶且告后土，攝位爲天子，安得不告地也？晉虞喜别論蓋謂此也。但喜謂地有五色，大社象之，其總五爲一，成六爲地數，涉於鑿耳。劉昭亦以爲喜説近得其實。予亦云昭以虞書所稱「肆類于上帝」，是祭天不言天而曰上帝，帝是天神之極，舉帝則天帝斯盡，日月星辰從可知也。禋于六宗是祭地，不言地而言六宗，六是地數之中，舉中以該社稷等配從可知也。其説似好，謂帝能該日月星辰，則可；謂舉地數之中以該社稷等配，則不可。望于山川，豈非地乎？即如其説，若重複矣。但以地數六爲六宗自明，何必穿鑿如是！

蕙田案：以上虞喜六爲地數之説。

司馬氏彪曰：春官大宗伯之職，掌玉，作六器以禮天地四方，以蒼璧禮天，以黄琮禮地，以青圭禮東方，以赤璋禮南方，以白琥禮西方，以玄璜禮北方。天宗，日月、星辰、寒暑之屬也。地宗，社稷、五祀之屬也。四方之宗，四時、五帝之屬也。如此則群神咸秩而無廢，百禮徧修而不瀆，於理爲通。

王氏樵曰：司馬彪言：天宗者，日月、星辰、寒暑之屬也；地宗者，社稷、五祀之屬也；四方之宗，四時、五帝之屬也。案月令孟春祈穀於上帝，孟冬祈來年於天宗，是天宗明有其文，但所稱數者之屬則未見的有所據耳。

蔡氏德晉曰：司馬彪以天地四方之神皆統於六宗，更浮游而無當。

蕙田案：以上司馬彪天宗地宗四方宗之説。

孟氏康曰：六宗，天地間遊神也。

羅氏泌路史：太玄曰：「神遊乎六宗。」蓋指六合，非主於祭而言。孟康蓋因此，曾何取哉？

蕙田案：以上孟康遊神之説。

摯氏虞新禮儀曰：萬物負陰抱陽，本於太極。六宗者，太極中和之氣，六氣之宗也。劉邵同。

通典：杜氏曰：魏劉邵以沖和之氣六氣之宗者，氣先於天，不合禋天之下。氣從天有，則屬陰陽，若無所受，何以宗之？

蕙田案：以上摯虞六氣之宗之説。

魏孝文帝曰：書言上帝六宗，其文相屬。上帝稱肆而不禋，六宗言禋而不別其名，理是一事，六宗非别祭之名，肆類非獨祭之目〔一〕，且禋非祀地之用，是祭帝之事，故稱禋以别之。蓋六宗一祭也，而今圜丘五帝在焉。乃詔祭天皇大帝及五帝於郊壇，總爲一位。

通典：杜氏曰：後魏孝文帝以天皇大帝、五帝爲六宗，於義爲當。何者？案周禮以禋祀祀昊天上帝，則禋祀在祀天，不屬别神。又司服云祀昊天上帝，大裘而冕，祀五帝亦如之。昊天、五帝乃百神之尊，宗之義也。或難曰：書既云類上帝，何更言祀者？此叙巡守祀禮之次矣。將出征，肆類也。禋宗，偏祀六天也。何以肆類之文而迷郊祀之禮乎？

羅氏泌路史：六天之説，本出漢世，源於緯候，而成於康成。然魏氏以昊天上帝爲首，則又非矣。佑之所以取之，蓋以昊天上帝，周用禋祀，而祀昊天上帝，大裘而冕，五帝如之，則禋不屬於别祀。不知先王禮典，莫有重舉，上帝既已肆類，豈復禋乎？佑抑不知漢之所祀自是泰乙，故曰泰乙者，天神之最貴，其佐爲五帝，是則

〔一〕「目」，原作「見」，據光緒本改。

非昊天矣。

蕙田案：以上通典六天之説。

張氏迪曰：六宗，六代帝王也。

通典：杜氏曰：張迪以六代帝王爲六宗，並不堪録。

羅氏泌路史：張迪、虞喜一無所據，曾何取哉？

蕙田案：以上張迪六代帝王之説。

羅氏泌路史：宗亦祀之尊也。伯夷典天地人之三禮，而曰秩宗。周官主祀大神祇而曰宗伯。大宗、小宗，族之尊也。老子曰「萬物之宗」，言萬物莫不尊也。莊周曰「天地爲宗」，故禮有天宗，則亦有地宗矣。天宗者，萬象之宗。雲漢、虹霓、雷電、雪霜、風雨、氛祲之屬，非必日、月、星、辰。而地宗者，萬類之宗也。土石、金穀、草木、毛羽、鱗介之屬，非必主於山川。求之於傳，又有河、岱之宗。河宗則萬水之宗，謂淵泉、溪沼、藪岸、灘濤之屬，非主於山川四瀆。而岱宗則萬山之宗也。謂岡巒、陵谷、阿隴、原隰之屬，非主於五嶽、九山也。凡此皆微小族類，祀所不該，故以大爲宗而總祭之，如夷蠻戎狄之總名曰人爾。王者事天明，事地察，故於地而加詳。是四宗者，所以及乎其不及而已矣。然則幽宗、雩宗其不在六宗乎？日、月既主於郊，四時、寒暑復各屬於歲，惟星一類實繁，猶之在地之山，而水旱者，陰陽之極數，民事之尤切，故二者自爲宗。或曰：「六宗云禋，山川云望，則山川在望不在禋矣。是故禮無禋地之文。」是不然。禋者，蠲精之名爾。大傳作煙，則事止燔燎，然劉昭曰「堙則及於瘞埋矣」。且古書曰六宗者，天地屬神之尊也，奚爲而不併地？如曰不然，則安國之説庶乎其次矣，他不足稽也。且將從孔説，則必上自類帝至於群神合以爲一，而又升五帝於肆類而不禋于六宗，禋日月於六宗而不與於郊類，斯可矣，何則？郊祀而及於天地間之神，古蓋有矣。燔太壇、瘞太圻，此則似乎類帝而合食矣。泰昭祭時，坎壇祭寒暑，王宮祭日，夜明祭月，幽宗祭星，雩宗祭水旱，此則似乎六宗矣。四時、寒暑雖別有祭於此，又合而享之，未大害。郊既主日，則日月決不可下齊乎六宗，星爲幽宗，水旱爲雩宗，此自二類，鄭改宗爲禜，疏矣。坎壇以祭四方，而又偏祭於百神，山林、川谷、丘陵能出雲、爲風雨、見怪物者，此則合乎山川與群神矣。四方非山川、林谷、丘陵，又未盡於百神，此漢儒以意求之。是以漢世泰壇其中，而五帝環其下，以求當乎六宗，而復壇設群神，以求合乎書之文，是則禋類百神合之以爲一也。山川惟不望，知偏走其地矣。望者，遥祭爾。以山高可望而祭之，川曰望者，本山而言之。漢嶽、瀆各祠其處，然不望則非也。王肅治家語而輒自異之，必有其説矣。噫！多言奚爲？後世必有堯、舜、文王、周、孔者出，不由群惑一斷以義，則六宗之秩正矣。於予與何有？

蕙田案：此雜取莊周、尚書、祭法湊成六宗，恐亦臆説。

又案：以上羅泌天宗、地宗、河宗、岱宗、幽宗、雩宗之説。

黄氏度曰：鄭康成據周禮實柴祀日、月、星、辰，槱燎祀司中、司命、風師、雨師也。是皆天神故稱宗，月令祈年於天宗是也。然去日、月，恐不可。或曰日一，月二，星三，辰四，司中、司命五，風師、雨師六，此恐當是。

蕙田案：此用鄭氏之説而小變之。據鄭氏，司中、司命爲文昌第五、第四星，風師、雨師爲箕、畢二星，則已統在星宗内，未見其的。

又案：以上黄氏日月星辰四宗，司中司命、風師雨師二宗之説。

蔡氏德晉曰：虞書「禋於六宗」，在「格文祖類上帝」之後，「望山川徧群神」之前，所謂六宗者，何也？月令「季冬乃祈來年於天宗」，周官大宗伯「以禋祀祀昊天上帝」，則知宗爲天神，禋爲祀天神矣。蓋天神之祀，不外乎大宗伯「以禋祀祀昊天上帝，以燔柴祀日月星辰，以槱燎祀司中、司命、風師、雨師」之三言，言司中、司命以該司民、司禄諸星，言風師、雨師以該軒轅、雷電、霹靂諸星，皆於經星中抽出言之。是三言者，實二言已該也。故虞之類上帝，即祀昊天上帝也。禋六宗，即祀日月星辰也。日月星辰謂之六宗者，日一、月二、緯星三、經星四、五辰五、十二辰六也。緯星即五星，經星則二十八宿衆星之屬也。辰者，天之壤。五辰，即五方之帝。十二辰，則日月所會十二次也。此不必附會傳記之文，而以理揆之，庶乎其不遠者矣。

蕙田案：此以星辰各分爲二，實止四宗耳，亦未安。

又案：以上蔡氏日月二宗、星辰四宗之説。

周官大宗伯：以實柴祀日月星辰，以槱燎祀司中、司命、風師、雨師。賈疏：此經星辰與司中、司命、風師、雨師，鄭君以爲六宗。案：尚書堯典「禋于六宗」，但六宗之義，有其數無其名，故先儒各以意説，鄭君則以此星也、辰也、司中也、司命也、風師也、雨師也六者爲六宗。案異義，今歐陽、夏侯説六宗者，上不及天，下不及人，傍不及四時，居中央恍惚，無有神助，陰陽變化，有益於人，故郊祭之。古尚書説，六宗，天地神之尊者，謂天宗三、地宗三。天宗，日、月、星辰；地宗，岱山、河、海。日月屬陰陽宗，北辰爲星宗，岱爲山宗，河爲水宗，海爲澤宗。祀天則天文從祀，祀地則地理從祀。謹案夏侯、歐陽説，云宗實一而有六名，實不相應。春秋魯郊祭三望，言郊天日、月、星、河、海、岱凡六宗。魯下天子，不祭日月星，但祭其分野星、其中山川，故言三望。六宗與古尚書説同。玄之聞也，書曰：「肆類于上帝，禋于六宗，望于山川，徧于群神。」此四物之類也，禋也，望也，徧也，所祭之神各異。六宗言禋，山川言望，則六宗無山川明矣。周禮大宗伯曰：「以禋祀祀昊天上帝，以實柴祀日月星辰，以槱燎祀司中、司命、風師、雨師。」凡此所祭皆天神也。禮記郊特牲曰：「郊之祭也，迎長日之至也，大報天而主日也。兆於南郊，就陽位也。埽地而祭，于其質也。」祭義曰：「郊之祭也，大報天而主日，配以月。」則郊祭并祭日月可知。其餘星也、辰也、司中、司命、風師、雨師，此之謂六宗，亦自明矣。禮論：王莽時，劉歆、孔光以爲易震、巽等六子之卦爲六宗。漢武即位，依虞書「禋于六宗」，禮用大社。至魏明帝時，詔令王肅議六宗，取家語宰我問六宗，孔子曰「所宗者六：埋少牢於泰昭，祭時；相近於坎壇，祭寒暑；王宮，祭日；夜明，祭月；幽禜，祭星；雩禜，祭水旱」，孔安國注尚書與此同。張融許從鄭君〔一〕，於義爲允。案月令孟冬云「祈來年於天宗」，鄭云天宗，日月星辰。若然，星辰入天宗，又入六宗，其日月入天宗，即不入六宗之數也。以其祭天主日，配以月。日月既尊如是，故不得入宗也。

楊氏復曰：諸儒説六宗，異同如此。愚案：舜典「類于上帝，禋于六宗，望于山川」，六宗在上帝之後、山川之前，其禮甚重，因諸家之説不同而遂廢，惜哉！

先君泉南先生曰：虞書六宗之説，自漢以來，紛然不一矣。其説似屬近理而未有的據者，皆不具論。惟孔氏據祭法以四時、寒暑、日、月、星、水旱當之，較爲有據。故蔡氏解經，全用其説，至今遵之。而鄭康成以爲彼皆祈禱之祭，因事而行告攝，宜有常禮，何爲祭及水旱，殊不知三代以前，初無非禮之祭，所得禱祈者，莫非常所當祭之神，非若秦、漢以後，有荒唐不經之祀也。告攝之時，既祀上帝以及群神，靡所不祭，豈獨舍其祈禱之所祭乎！況水旱尚可專屬祈禱，四時、日、月、星則何祈禱之有？是鄭氏所駁，亦未爲至當也。惟是安國所據者祭法也。案祭法自天

〔一〕「許」，據周禮注疏卷一八阮元校勘記應作「評」。

地而下，則云泰昭祭四時，相近於坎壇祭寒暑，王宫祭日，夜明祭月，幽宗祭星，雩宗祭水旱也。四坎壇祭四方，有山林川谷風雨百神之語。今以天地屬之肆類，山川而下屬之山川群神是矣。而自四時以至四方，其類尚有七，今存其六，以配六宗，微不能無疑。然自漢及今，其説之有據而當於理，要無過於孔氏者。雖有毫髮之疑，亦當存之，以俟論定而不敢以意爲附會也。

觀承案：六宗之説，自漢以下最著者十有二家，要以孔安國所據爲不刊。司馬彪謂周禮無六宗之兆，禮記無六宗之文，而直欲廢之，此固大謬也。若夫伏生以天地四時爲六宗，而馬融從之，然舉首及天，已上複類帝。孔光、劉歆以水、火、雷、風、山、澤爲六宗，而魏、晉間多從之。然六子皆象，既虚而無質，而山澤之下侵，又無論也。賈逵以天宗三、地宗三爲六，而許謹從之，然地宗之三則全逼山川矣。晉虞喜謂地有五色，大社象之，總五爲一則成六，而劉昭從之，然地示當祭而曰禋，其非大社可知。後魏文帝更以天皇大帝及五帝爲六宗，而通典從之。然除大帝則是五宗，連大帝則是類帝，何别云禋宗哉？此五説者，以本文上下核之，而皆拂戾者也。乃張迪之説，則以六代帝王爲六宗，夫禋宗皆天神之屬，忽移而之人，與張髦以宗廟三昭三穆爲六宗者略同。此二説者，就文斷之，而已知其非也。歐陽和伯、大小夏侯則謂上不及天，下不及地，旁不及四方，在六者之間，助陰陽變化萬物者爲六宗，此即孟康天地間游神之説也，固已荒誕而不經。劉邵謂太極沖和之氣，六氣宗之，此即摯虞六氣之宗之説也，益復幽渺而無據矣。此二説直如一説而不足道也。乃彪既歷難諸家及自言己意，仍用賈氏天宗地宗而益以四方宗爲六，亦即歐陽、夏侯六者之間之意而小變之，顧彼意其内而此揣其外，爲更劣耳。鄭康成則以星、辰、司中、司命、風師、雨師爲六宗，雖孔穎達是之，然必推配日月以包于類帝，而後割截星辰以合爲六，終屬牽勉而已，是皆曲爲之説而不免得此失彼者耳。惟安國之説本於家語，宰我問六宗，而孔子以祭時、祭寒暑、祭日、祭月、祭星、祭水旱六者告之，則顯有證據。或謂此説亦見孔叢，然禮記祭法正與此合。先以祭天地明類上帝之義，下以四方山川百神明望山川徧群神之義，中間恰好詳陳此六者，直是虞書禋六宗之義疏也。四方即四望，其復何所疑議哉！至如盧植舊説以「祈來年於天宗」爲六宗，及羅泌等更以天宗、地宗、岱宗、海宗，讀幽宗、雩宗爲本字而成六宗者，其亦不攻而自破矣。

蕙田案：以上總論。

右禋六宗

歷代禋六宗

文獻通考：漢興，於甘泉、汾陰立壇禋六宗。平帝時，王莽奏：「祀典，功施於民則祀之。天文日、月、星辰，所昭仰也；地理山川、海澤，所生殖也。易有八卦，乾坤六子，水火相逮〔一〕，雷風不相悖，山澤通氣，然後能變化，既成萬物也。日、月、雷、風、山、澤，易卦六子之尊氣，所謂六宗也。星、辰、水、火、溝、瀆，皆六宗之屬也。今或未特祀，或無兆居〔二〕。謹與太師光等議：易曰：『方以類聚，物以群分。』群神以類相從爲五部兆。天墬之别神，中央帝黄靈后土畤及日廟、北辰、北斗、鎮星、中宿中宫于長

〔一〕「火」下，文獻通考卷八一補「不」字。

〔二〕「居」，原脱，據光緒本、文獻通考卷八一校勘記補。

安城之未墬兆，東方帝太昊青靈勾芒畤及雷公、風伯廟、歲星、東宿東宮於東郊兆，南方炎帝赤靈祝融畤及熒惑星、南宿南宮於南郊兆，西方帝少皞白靈蓐收畤及太白星、西宿西宮於西郊兆，北方顓頊黑靈玄冥畤及月廟、雨師廟、辰星、北宿北宮於北郊兆〔一〕。」奏可。於是長安旁諸廟兆畤甚盛矣〔二〕。

馬氏曰：王莽既以六子爲六宗矣，然所謂「群神以類相從爲五部兆」，則日月雷風皆祠之而不及山澤，何也？

後漢書祭祀志：安帝即位，元初六年，以尚書歐陽家説，謂六宗者，在天地四方之中，爲上下四方之宗。以元始中故事，謂六宗易六子之氣日、月、雷公、風伯、山、澤者爲非是。三月庚辰，初更立六宗，祀於雒陽西北戌亥之地，禮比太社也。

注：月令：「孟冬祈來年於天宗。」盧植注曰：「天宗，六宗之神。」李氏家書曰：「司空李郃侍祠南郊，不見六宗祠，奏曰：『案尚書「肆類于上帝，禋于六宗」。六宗

〔一〕「兆」，原脱，據光緒本、文獻通考卷八一校勘記補。
〔二〕「兆」，原脱，據光緒本、文獻通考卷八一校勘記補。

者，上不及天，下不及地，傍不及四方，在六合之中，助陰陽化成萬物。漢初甘泉、汾陰祀天地亦禋六宗。孝成之時，匡衡奏立南北郊祀，復祀六宗，及王莽謂六宗，易六子也。建武都雒陽，制祀不道祭六宗，由是廢不血食。今宜復舊制度。』制曰：『下公卿議。』五官將行弘等三十一人議可祭，大鴻臚龐雄等二十四人議不當祭。上從郃議，由是遂祭六宗。六宗之議，自伏生及乎後代，各有不同，今並抄集，以證其論云。虞書曰：「肆類於上帝，禋于六宗，望于山川。」伏生、馬融曰：「萬物非天不覆，非地不載，非春不生，非夏不長，非秋不收，非冬不藏。禋于六宗，此之謂也。」歐陽和伯、夏侯建曰：「六宗上不謂天，下不謂地，傍不謂四方，在六者之間，助陰陽變化者也。」孔安國曰：「精意以享謂之禋。宗，尊也。所尊祭其祀有六：埋少牢於太昭，祭時也；相近於坎壇，祭寒暑也；王宮，祭日也；夜明，祭月也；幽禜，祭星也；雩禜，祭水旱也。禋于六宗，此之謂也。」孔叢曰宰我問六宗於夫子，夫子答如安國之説。臣昭以此解若果是夫子所説，則後儒無復紛然。文秉案劉歆曰：「六宗謂水、火、雷、風、山、澤也。」賈逵曰：「六宗謂日宗、月宗、星宗、岱宗、海宗、河宗也。」鄭玄曰：「六宗，星、辰、司中、司命、風師、雨師也。星，五緯也。辰，謂日月所會十二次也。司中、司命，文昌第五、第四星也。風師，箕也。雨師，畢也。」晉武帝時，司馬紹統表駁之：「并五緯以爲一，分文昌以爲二，箕、畢既屬於辰，風師、雨師復特爲位，玄之失也。案周禮云昊天上帝、日月、星辰、司中、司命、風師、雨師、社稷、五祀、五嶽、山林、川澤、四方百物。又曰：『兆五帝于四郊，四類、四望亦如之。』無六宗之兆。祭法云祭天，祭地，祭時，祭寒暑日月星，祭水旱，祭四方及山林川谷丘陵能出雲、爲風雨、見怪物，皆是。有天下者祭百神，非此族也，不在祀典，復無六宗之文。明六宗所禋，即祭法之所及，周禮之所祀，即虞書之所宗，不宜特復立六宗之祀也。」幽州秀才張髦又上疏曰：「禋于六宗，禮，祖考所尊者六也。何以考之？周禮及禮記王制，天子將出，類于上帝，宜于社，造于禰。巡狩四方，覲諸侯，歸格于祖禰，用特。舜典亦曰：『肆類于上帝，禋于六宗，望于山川，徧于群神，班瑞于群后，肆覲東后。協時月正日，同律度量衡。』巡狩一歲以周，爾乃『歸格于藝祖，用特』。臣以尚書與禮王制，同事一義，符契相合。禋于六宗，正謂祀祖考宗廟也。文祖之廟六宗，即三昭三穆也。若如十家之說，既各異義，上下違背，且没乎祖之禮。考之禮，考之祀典，尊卑失序。若但類于上帝，不禋祖禰而行，去時不告，歸何以格？以此推之，較然可知也。禮記曰：『夫政必本於天，殽以降命。命降於社之謂殽地，降於祖廟之謂仁義，降於山川之謂興作，降於五祀之謂制度。』又曰：『祭天於郊，所以定天位也；祀社於國，所以列地利也；祭祖於廟，所以本仁也；山川，所以儐鬼神也；五祀，所以本事也。』又曰：『禮行於郊，而百神受職焉；禮行於社，而百貨可極焉；禮行於祖廟，而孝慈服焉；禮行於五祀，而正法則焉。故自郊社、祖廟、山川〔一〕、五祀，義之修而禮之藏也。』凡此皆孔子所以祖述堯舜，紀三代之教，著在祀典。首尾相證，皆先天地，次祖宗，而後山川群神耳。故禮祭法曰：『七代之所更變者，禘、郊、宗、祖〔二〕。』明舜受終文祖之廟，察璇璣，考七政，審己天命之定，遂上郊廟，當義合堯典，則周公其人也。郊祀后稷以配天，宗祀文王於明堂以配上帝，是以四海之内各以其職來祭者也。居其位，攝其事，郊天地，供群神之禮，巡狩天下而遺其祖宗，恐非有虞之志也。五岳視三公，四瀆視諸

〔一〕「山川」，諸本脱，據禮記正義卷二二補。
〔二〕「宗祖」，諸本誤倒，據禮記正義卷二二乙正。

侯，皆以案先儒之説，而以水旱風雨先五岳四瀆，從祖考而次上帝，錯於肆類而亂祀典，臣以十一家皆非也。」太學博士吴商以爲：「禋之言煙也。三祭皆積柴而實牲體焉，以升煙而報陽，非祭宗廟之名也。鄭所以不從諸儒之説者，將欲據周禮禋祀皆天神也。日、月、星、辰、司中、司命、風師、雨師凡八，而日、月並從郊，故其餘爲六宗也。以書『禋於六宗』，與周禮事相符，故據以爲説也。且文昌雖有大體，而星名異，其目不同，故隨事祭之。而言文昌七星，不得偏祭其第四第五，此爲周禮。復不知文昌之體，而又妄引爲司中、司命。箕、畢二星，既不係於辰，且同是隨事而祭之例，又無嫌於所係者。」范甯注虞書曰：「考觀衆議，各有説難。鄭氏證據最詳，是以附之。案六宗衆議，未知孰是。」虞喜别論云：「地有五色，太社象之。總五爲一則成六，六爲地數。推案經句，缺無地祭，則祭地。」臣昭曰：「六宗紛紜，衆釋互起，竟無全通，亦難偏折。歷辨碩儒，終未挺證。康成見宗，是多附焉。盍各爾志，宣尼所許，顯其一説，亦何傷乎！竊以爲祭祀之敬，莫大天地，虞典首載，彌久彌盛，此宜學者各盡所求。臣昭謂虞喜以祭地，近得其實。而分彼五色，合五爲六，又不通禋，更成疑昧。尋虞書所稱『肆類於上帝』，是祭天。天不言天而曰上帝，帝是天神之極，舉帝則天神斯盡，日月星辰從可知也。『禋于六宗』，是實祭地。地不言地而曰六宗，六是地數之中，舉中足以該數，社稷等配從可知也。天神稱上，地表數中，仰觀俯察，所以爲異。宗者，崇尊之稱，斯亦盡敬之謂也。禋也者，埋祭之言也，實瘞埋之異稱，非周煙之祭也。夫製字涉神，必以今之示，今之示即古之神，所以社稷諸字，莫不以神爲體。虞書不同，祀名斯隔。周禮改煙，音形兩異。虞書改土，正元祭義。此焉非疑，以爲可了，豈六置宗便爲傍祭乎？風俗通曰：『周禮以爲槱燎，祀司中、司命，文昌上六星也。槱者，積薪燔柴也。今民猶祠司命耳，刻木長尺二寸爲人像，行者置篋中，居者別作小居。齊地大尊重之，汝南諸郡亦多有者，皆祠以猪，率以春秋之月。』」

文獻通考：魏明帝立六宗，祀六子之卦，帝疑其事，以問王肅。肅以爲六宗之卦，故不廢。

景初二年，改祀太極中和之氣。時散騎常侍劉劭言：「萬物負陰而抱陽，沖氣以爲和。六宗者，太極沖和之氣，爲六氣之宗也。」時從其議。

晉初，罷其祀，後復立六宗，因魏舊事。

晉書禮志：尚書「禋于六宗」，諸儒互説，往往不同。王莽以易六子，遂立六宗祠。魏明帝時疑其事，以問王肅，亦以爲易六子，故不廢。及晉受命，司馬彪等表六宗之祀，不應特立新禮〔一〕，於是遂罷其祀。其後，摯虞奏之，又以爲：「案舜受終，『類於上帝，禋於六宗，望于山川』，則六宗非上帝之神，又非山川之靈也。周禮肆師職曰：『用牲於社宗。』黨正職曰：『春秋祭禜亦如之。』肆師之宗，與社並列，則班與社同也。黨正之宗，文不繫社，則神與社異也。周之命祀，莫重郊社，宗同於社，則貴神明矣。又，月令孟冬祈於天宗，則周禮祭禜〔二〕、月令天宗，六宗之神也。漢光武即位高邑，依虞書禋于六宗。安帝元初中，立祀乾位，禮同太社，魏氏因之。至景初二年，大議其神。朝士紛紜，各有所執。唯散騎常侍劉邵以爲：『萬物負陰而抱陽，沖氣以爲和。六宗者，太極沖和之氣，爲六氣之宗者也。虞書謂之六宗，周書謂之天宗。』是時考論異同而從其議。漢、魏相仍，著爲貴祀。凡崇祀百神，放而不致，有其興之，則莫敢

〔一〕「立」，原脱，據光緒本、晉書禮志上補。
〔二〕「禜」，諸本脱，據晉書禮志上補。

廢之。宜定新禮，祀六宗如舊。」詔從之。

文獻通考：後魏明元帝太常三年，立六宗祀，皆有別兆，祭有常日，牲用少牢。

孝文太和十三年，詔祀天皇大帝及五帝之神於郊天壇。

時大議禋祀之禮，高閭曰：「書稱『肆類于上帝，禋于六宗』，六宗之祀，禮無明文，名位壇兆，歷代所疑。漢、魏及晉諸儒異説，或稱天地四時，或稱六者之間，或稱易之六子，或稱風雷之類，或稱星辰之屬，或曰世代所宗，或云宗廟所尚，或曰社稷五祀，凡十有一家。自晉以來，逮於聖世，以爲論者雖多，皆有所缺，莫能詳究，遂相因承，别立六宗之兆，總爲一位而祭之。」帝曰：「尚書稱『肆類上帝，禋于六宗』，文相接屬，理似一事。上帝稱肆而無禋，六宗言禋而不别其名。以此推之，上帝六宗當是一時之祀，非别祭之名。肆類非獨祭之目，禋非地祀之用。六宗者，必是天皇大帝及五帝之神。是祭帝之事，故稱禋；以缺其地，故稱一宗一祭也。互舉以成之，今祭圜丘，五帝在焉，其牲幣一也，故稱『肆類上帝，禋于六宗』，一祭而祀備焉。六祭俱備，無煩别立。」

右歷代禋六宗

五禮通考卷五十五

吉禮五十五

四方

蕙田案：四方之祭，見於經傳者不一。祭法四坎壇祭四方，此祭之壇也。曲禮天子祭四方，諸侯方祀，有兼祭、專祭之不同，此祭之等也。大司馬仲秋祀祊，則治兵有祭；月令季秋祭禽，則田獵有祭；雲漢方社不莫，甫田以社以方，則祈年有祭；大田來方禋祀，則報賽有祭；占夢舍萌四方，則因祓禳有祭；八蜡記四方，則蜡有祭。此祭之類也。其玉青圭、赤璋、白琥、玄璜，其幣因方色，其牲騂宰，其尊蜃散，其舞羽舞，此祭之物也。四方之祭重矣，然乃不知其爲何神。鄭注大宗伯，于六器則以爲五帝，於䟽辜則以爲蜡，注舞師則以爲四望，注曲禮則以爲五官之神，注祭法則以爲山林、川谷、丘陵之神，即鄭氏一家已參錯如此。案大宗伯「血祭祭五岳，䟽辜祭四方」，是四方與四望不同也。曲禮祭四方之下，即曰祭山川，而貍沈與䟽辜亦異，兵舞與羽舞又異，是四方與山川不同也。周禮祀五帝，「三月繫牲，十日誓戒」，其義與祀天相等。四方則與百物連言，是四方與五帝不同也。唯五官之神之説，應爲近之。五官之神，生有功烈於民，死則祀之，各主一方，佐天成物。但從食五人帝，以配五帝，尚非正祀，此祭四方，或其正祀耳。然經傳雖詳，而漢以後無其祀，亦以諸儒之説未定故與？

四方坎壇

禮記祭法：四坎壇，祭四方也。注：四方即謂山林、川谷、丘陵之神也。祭山林、丘陵於壇，川谷於坎，每方各爲坎爲壇。　疏：山林、川谷、丘陵之神，有益於人民者也。四方各爲一坎一壇，壇以祭山林、丘陵，坎以祭川谷、泉澤，故言坎壇祭四方也。

方氏慤曰：四方者，四方萬物之神也。方有四，而位則有八。若乾位西方，艮位東方，坎位正北，震位正東，皆陽也；坤位西南，巽位東南，離位正南，兑位正西，皆陰也。故有坎有壇，而合以四焉。周氏諝曰：四坎壇祭四方，豈蜡之祭四方百物之神？若先嗇之類則祭於壇，若水庸之類則祭於坎歟？

蕙田案：鄭以爲山林、川谷、丘陵之神，是以四方即山川。然據曲禮歲徧及周禮大宗伯貍沉疈辜，舞師兵舞羽舞，則四方與山川異祭，難於合一。方氏泛指萬物之神，無所依據。周氏移鄭氏疈辜祭四方之解以解祭法，恐亦未是。

右四方坎壇

四方正祭

曲禮：天子祭四方，歲徧；諸侯方祀，歲徧。注：祭四方，謂祭五官之神於四郊也。勾芒在東，祝融、后土在南，蓐收在西，玄冥在北。詩云：「來方禋祀。」「來方」者，各祭其方之官而已。疏：此經直言「祭四方」，知非祭五天帝於四方者，以上云「祭天地」則五帝在其中矣，故知非天帝也。案宗伯云「疈辜祭四方百物」，知此方祀非四方百物者，以此文在山川、五祀之上，與大宗伯「血祭社稷、五祀、五嶽」，五祀在五嶽之上，此四方亦在山川之上，故知是五官之神。云「祝融、后土在南」者，鄭意以爲黎兼爲后土，土位在南方，故知「祝融、后土在南」。引詩云「來方禋祀」者，是小雅大田之詩，以刺幽王之無道，追論成王之太平時和年豐，至秋報祭，招來四方之神，禋潔祭祀。引之者，證四方之義也。「諸侯方祀」者，諸侯既不得祭天地，又不得總祭五方之神，唯祀當方，故云「方祀」。

楊氏復曰：四方，注疏此一條謂五官之神，祭法一條謂山林、川谷、丘陵之神，舞師一條謂四望之神，大宗伯一條謂蜡祭四方百物之神，月令一條謂四方五行之神，大司馬一條謂祭四方之神。詳考諸說，唯舞師「帥而舞四方之祭祀」謂四望也，其說爲近。蓋四方即四望，而又有不同。四望者，郊之屬是也。四方者，四時山川之祀而望祭之，如左氏曰「望，郊之屬」是也。四方者，四時各望祭於其方，如「天子祭四方，歲徧」是也。通而言之，則同時合祭四方謂之望，四時各祭於其方亦謂之望，如舜即位，同時告祭曰「望于山川」，歲二月東巡守亦曰「望秩于山川」是也。諸侯方祀亦云歲徧，何也？諸侯之國，雖居一方，然國内又各有東西南北，亦隨四時而望祭於其方也。望祭之方，則五官之神、五行之神及山林川澤之神皆在其中矣，固不可又分而爲四也。大宗伯「以疈辜祭四方百物」，亦謂之四方，何耶？案：以血祭祭五嶽，以疈辜祭四方百物，禮固不同。所謂祭四方百物，言祭四方之内百物之神耳。鼓人「鼓兵舞、帗舞」，疏云「百神之小神」是也，非祭四方也。

蕙田案：鄭氏數解，以此曲禮注爲是。楊氏亦主四望之說，然五岳用血祭，四方用疈辜，詎可合而一之與？

方氏慤曰：天子言祭四方，則知諸侯之方祀爲一方。

呂氏大臨曰：天子四時各祭其方以迎氣。諸侯有國，國必有方祭，其所居之方而已，非所居之方，皆不得祭，故曰方祀。

周禮春官大宗伯：以疈辜祭四方。注：鄭司農云：「罷辜，披磔牲以祭，若今時磔狗祭以止風。」玄謂：疈，疈牲胸也。疈而磔之，謂磔禳及蜡祭。郊特牲曰：「八蜡以祀四方。」疏：云「罷辜，披磔牲以祭」者，此先鄭從古書，罷於義未可，故後鄭不從罷，從經疈爲正，其云「披磔牲以祭」，仍從之矣。云「若今時磔狗祭以止風」者，此舉漢法以況疈辜爲磔之義。必磔狗止風者，狗屬西方金，金制東方木之風，故用狗止風也。云「疈，疈牲胸也」者，無正文，蓋據當時疈磔牲體者，皆從胸臆解析之，故以胸言之。云「謂磔禳及蜡祭」者，案禮記月令云「九門磔禳」，又十二月大儺時亦磔禳，是磔牲禳去惡氣之禮也。云「及蜡祭」者，案彼云：「蜡也者，索也。」歲十二月，聚萬物而索享之，謂天子於周之十二月建亥之月，於郊而爲蜡法，此所引郊特牲曰「八蜡」已下，彼據諸侯行蜡法。彼云「八蜡以記四方」，不作祀，作祀者誤。云「八蜡以記四方」者，謂八蜡之禮，以記四方諸侯，知順成不順成。若年不順成，則八蜡不通者。若四方諸侯年穀有不順四時成熟者，其八蜡不得與四方成熟之處通祭八蜡也。

王氏昭禹曰：疈者，肆而磔之。辜者，制而磔之。四方異體，肆而不全，故祭以疈。百物異用，制而不變，故祭以辜。亦各以其物宜。

蕙田案：四方，謂各主其方之神，詩所謂「以社以方」者，鄭氏磔禳及蜡祭之

說非是。

詩小雅甫田：以社以方。傳：方，迎四方氣於郊也。疏：言迎四方之神於郊者，下曲禮云「天子祭四方，歲徧」，注云「祭四方，謂祭五官之神於四郊也。勾芒在東，祝融、后土在南，蓐收在西，玄冥在北」是也。實五官而云四郊者，火、土俱在南，其火、土俱祀黎。又大宗伯注云：「五祀者，五官之神在四郊，四時迎五行之氣於郊，而祭五德之帝，亦食此神焉。少昊氏之子曰重，爲勾芒，食於木。該爲蓐收，食於金。修及熙爲玄冥，食於水。顓頊氏之子曰黎，爲祝融、后土，食於火、土，是黎兼二祀也。曲禮言歲徧，此祀在秋而并言四方，蓋常祀歲徧，此秋成報功則總祭，故并言四方也。知此社與四方皆爲秋祭報功者，以上言黍稷之盛，而此言齊羊之祭，明是物成而祭也。下言「農夫之慶」，當孟冬休息，「以御田祖」，是來春祈穀，故知此祭在秋爲時次也。故大司馬仲秋云「遂以獮田，羅弊，致禽以祀祊」，注云：「祊當爲方，聲之誤也。獮田主祭四方，報成萬物。」即引此詩云：「以社以方。」是報祭四方在仲秋也。

朱子集傳：方，秋祭四方，報成萬物，周禮所謂「羅弊，致禽以祀祊」是也。

何氏世本古義曰：方謂四方之神。曲禮云：「天子祭四方，歲徧。諸侯方祀，歲徧。」注云：「祭四方，謂祭五方之神於四郊也。勾芒在東，祝融、后土在南，蓐收在西，玄冥在北。」疏云：「諸侯不得總祭四方之神，唯祀當方，故云方祀。」愚案：詩每以方、社對舉，以后土乃中央之神，既立爲社，自不當在五祀之列，故禮止言四方。注增謂五方，而疏又增置后土於南，皆臆說也。然四方之解，又自不一。周禮大宗伯「以疈辜祭四方百物」，舊説謂磔禳及蜡祭也，舞師「教羽舞，帥而舞四方之祭祀」，舊以爲四望，又祭法云「四坎壇祭四方」，舊以爲山林、川谷、丘陵之神也。今案：周禮鼓人職云「凡祭祀百物之神，鼓兵舞帗舞」者，則與四方之祭用羽舞異。可知四方與百物不同，必非磔禳、蜡祭之類也。大司樂祀四望在天神地祇之下、山川之上，而鬯人「掌供秬鬯，凡山川四方用蜃」，則又列四方於山川之下，可知四方別是一祭。既不同於山川，亦斷非祭日月星海之四望也。參互衆説，唯以祭勾芒等神爲允。此祭社方，及下文御田祖，皆孟夏雩祭祈雨之禮，詳已見小引下。又證於雲漢之詩曰「祈年孔夙，方社不莫」，明前此冬春既行祈年之禮，及巳月又行雩祭方社之禮，而卒過時不雨，故閔之也。舊説皆以此爲秋報，誤矣。

蕙田案：何氏之説當是。

右四方正祭

因事祭四方

禮記月令：季秋之月，天子乃厲飾，執弓挾矢以獵，命主祠祭禽於四方。注：以所獲禽祀四方之神也。司馬職曰：「羅弊，致禽以祀祊。」疏：謂獵竟也。主祠，謂典祭祀者也。禽者，獸之通名也。四方，四方有功於方之神也。四時田獵皆祭宗廟，而分時各以爲主也。春時土方施生，獵則祭社爲主也。夏時陰氣始起，象神之在内，獵則祭宗廟爲主也。秋時萬物以成，獵則以報祭社及四方爲主也。冬時萬物衆多，獵則主用衆物，以祭宗廟，而亦報於物有功之神於四方也。此天子獵既畢，因命典祀之官，取田獵所獲之禽，還祭於郊，以報四方之神也。冬獵亦何以知然？案鄭注「秋獮祀方」云：「秋田主祭四方，報成萬物。詩曰：以社以方。」下云：「方，迎四方氣於郊也。」鄭又云：「秋祭社與四方，爲五穀成熟，報其功也。」又司馬冬狩云：「致禽饁獸於郊，入獻禽以享烝。」鄭云：「冬田，主用衆物多，衆得取也。致禽饁獸於郊，聚所獲禽，因以祭四方神於郊也。」月令季秋，天子既田，『命主祠祭禽四方』是也。入又以禽祭宗廟。」案于經注，更相引證，如可見矣。其祭四方，但用此禽，又用别牲，故甫田云「與我犧羊，以社以方」是也。此祀四方者，謂四方五行之神也。

方氏慤曰：祭禽則以報成功於百神，且示非專爲一人之奉也。是月也，豺獵祭獸戮禽，則田獵而祭四方，固亦宜矣。

周禮夏官大司馬：中秋教治兵，遂以獮田，羅弊，致禽以祀祊。注：秋田，爲獮之殺也。羅弊，罔止也。秋田主用罔，中殺者多也。皆殺而罔止。祊當爲方，聲之誤也。秋田主祭四方，報成萬物。詩曰「以社以方」。疏：「羅弊，致禽以祀祊」者，秋田主用羅。羅止田畢，入國過郊之神位，乃致禽以祀四方之神。又曰：云「祊當爲方，聲之誤也」者，以祊乃是廟門之外内，惟因祭宗廟及明日繹祭，乃爲祊祭。今既因秋田而祭，當是祭四方之神，故云誤也。云「秋田主祭四方，報成萬物」者，以秋物成，四方神之功，故報祭之。云「詩曰『以社以方』」者，詩大雅，引之證方是四方之神也。

詩大雅雲漢：祈年孔夙，方社不莫。 箋：我祈豐年甚早，祭四方與社又不晚。 疏：祭社與四方，即「以社以方」是也。

世本古義曰：方社，指雩祭四方之神及后土，言詳見倬彼甫田篇。前此冬春既行祈年之禮，及巳月，萬物始盛待雨，而大復行雩祭請雨之禮，謹遵其時，不爲晚矣。又案秋報亦祭方，春祈秋報皆祭社，解者或誤以此句兼祈報言，又或謂專指秋報言，皆於詩意未合。詩爲閔此時不雨而言，何遠及前歲報賽之事乎！

小雅大田：來方禋祀。 箋：云成王之來，則又禋祀四方之神，祈報焉。 疏：此以田事爲主。成王出觀民事，因即祭祀，故云「成王之來，則又禋祀四方之神，祈報焉」。對出觀爲文也。此出觀之祭，則祭當在秋。祈報並言者，言其報禮成而祈後年也。

朱子集傳：精意以享謂之禋。曾孫之來，又禋祀四方之神而賽禱焉。

周禮春官占夢：乃舍萌於四方，以贈惡夢。 注：杜子春讀「萌」爲「明」。或曰：「其字當爲明。明謂敺疫也。謂竟歲逐疫，置四方。書亦或爲明。」玄謂舍讀爲釋，舍萌猶釋菜也。古時釋菜、釋奠多作「舍」字。萌，菜始生也。贈，送也。欲以新善去故惡。 疏：子春之説，舍萌爲敺疫，案下文自有敺疫，於此以舍萌爲之，其義不同，故後鄭不從。玄謂「舍萌猶釋菜也」者，案王制有釋菜、奠幣之事，故從之。云「萌，菜始生也」者，案樂記「區萌達」，鄭注云：「屈生曰區，芒而直出曰萌。」故知萌，菜始生者。云「欲以新善去故惡」者，舊歲將盡，新年方至，故於此時贈去惡夢。

鄭氏鍔曰：舍萌謂取菜之始萌者而祭也。夢者，禍福之萌。用菜萌以祭，示去其萌芽之義。

禮記郊特牲：八蜡以記四方。注：四方，方有祭也。

右因事祭四方

祭四方禮物樂舞

周禮春官大宗伯：以玉作六器，以禮天地四方。注：禮，謂始告神時薦於神坐。書曰「周公植璧秉圭」是也。疏：言「作六器」者，此據禮神則曰器，上文人執則曰瑞，對此文義爾。若通而言之，禮神雖不得言瑞，人執者亦曰器，故聘禮云：「圭璋璧琮，凡四器者，唯其所寶，以聘可也。」尚書亦以五瑞爲五器，卒乃復，是其人執亦曰器也。云「禮，謂始告神時薦於神坐」者，此以玉禮神，在作樂下神後，故鄭注大司樂云：「先奏是樂，以致其神，禮之以玉而祼焉。」是其以玉禮神，與宗廟祼同節。若然，祭天當實柴之節也。「書曰『周公植璧秉圭』是也」者，此金縢文。彼以周公請天，代武王死之説，爲三壇同墠，又爲壇於南方，周公於前立焉，告太王、王季、文王，故植璧於三王之坐，手秉桓圭。引之者，證植璧於神坐之側事也。以青圭禮東方，以赤璋禮南方，以白琥禮西方，以玄璜禮北方。注：禮東方以立春，謂蒼精之帝，而太昊、勾芒食焉。禮南方以立夏，謂赤精之帝，而炎帝、祝融食焉。禮西方以立秋，謂白精之帝，而少昊、蓐收食焉。禮北方以立冬，謂黑精之帝，而顓頊、玄冥食焉。禮神者必象其類：圭鋭，象春物初生；半圭曰璋，象夏物半死；琥猛象秋嚴；半璧曰璜，象冬閉藏，地上無物，唯天半見。

疏：云「禮東方以立春，謂蒼精之帝」者，此已下皆據月令，四時迎氣，皆在四立之日，故以立春、立夏、立秋、立冬言之也。知皆配以人帝、人神者，亦據月令四時十二月皆陳人帝人神。彼止爲告朔於明堂及四時迎氣配天帝而言。告朔於明堂，告五人帝，告五人神，配以文王、武王。必知迎氣亦有五人帝、五人神者，以其告朔入明堂，至秋總享五帝於明堂，皆以五人帝、五人神配天。若然，迎氣在四郊，還是迎五天帝，明知五人帝、五人神亦配祭可知。以其自外至者，無主不止，故皆以人帝、人神爲配也。言蒼精、赤精、白精、黑精者，皆據春秋緯運斗樞云太微宫有五帝坐星，文耀鉤亦云靈威仰之等而説也。云「禮神者必象其類」者，即「圭鋭」已下，是象其類也。云「圭鋭，象春物初生」者，雜記：「贊大行云：圭剡上，左右各半寸。」是圭鋭也。云「半圭曰璋」者，案典瑞云：「四圭有邸以祀天，兩圭有邸以祀地。」是兩圭半四圭。又云「圭璧以祀日月」，是一圭半兩圭。又云「璋邸射，以祀山川」，是璋又半一圭，故云半圭曰璋。公羊傳亦云「寶者何，璋判白」，亦半圭曰璋。云「象夏物半死」者，夏時薺麥死，是半死。云「琥猛象秋嚴」者，謂以玉爲琥形，猛屬西方，是象秋嚴也。云「半璧曰璜」者，逸禮記文，似半圭曰璋也。云「冬閉藏，地上無物，唯天半見」者，列宿爲天文，草木爲地文。冬時草木枯落，唯天上列宿仍在，故云唯天半見，故用半璧曰璜也。此六玉所用，則上璧下琮。案覲禮祀方明，東方圭，南方璋，西方琥，北方璜，與此同。唯上圭下璧與此違者，鄭彼注云「上宜以蒼璧，下宜以黄琮，而不以者，則上下之神非天地之至貴者」也。彼上下之神是日月，故陳玉與此不同也。此經神不見中央含樞紐者，此四時迎氣，皆在四郊，小宗伯云「兆五帝於四郊」，鄭注云「黄帝亦於南郊」是也。

易氏祓曰：圭鋭而首出，其色以青，象帝出乎震，而物色東方之義也。璋，明也，其色以赤，象物之相見乎離，南方之義也。琥，威也，其色以白，象秋之肅物，西方之義也。璜者用藏也，其色以玄，象乎物之歸藏，北方之義也。

詩小雅甫田：以我齊明，與我犧羊，以社以方。箋：云以潔齊豐盛，與我純色之羊，秋祭社與四方，爲五穀成熟，報其功也。

大田：來方禋祀，以其騂黑，與其黍稷。以享以祀，以介景福。傳：騂，牛也。黑，羊、豕也。箋：陽祀用騂牲，陰祀用黝牲。疏：毛以諸言騂者皆牛，故云「騂，赤牛也」。定本、集注「騂」下無「赤」字，是也。上篇云「以社以方」，而方社連文，則方與社稷同用太牢，故以黑爲羊、豕，通牛爲三牲也。且上章言「犧羊」，是方有羊，明不特牛，故爲太牢。牢中色而色不同者，毛意蓋以此四方既非望祀，又非五方之帝，故用是牲，所以無方色之别。箋「陽祀用騂牲，陰祀用黝牲」，地官牧人文也。彼注云：「陽祀南郊及宗廟，陰祀北郊及社稷。」非四方之神，而引以解此者，以毛分騂、黑爲三牲，鄭以騂、黑爲二色，故引牧人騂、黝以明騂、黑爲别方之牲耳，非謂四方之祭在陽祀、陰祀之中也。知方祀各以其色牲者，大宗伯云：「青圭禮東方，赤璋禮南方，白琥禮西方，玄璜禮北方，皆有牲幣，各放其器之色。」注云：「以爲禮五天帝、人帝而勾芒等食焉。」是五官之神，其牲各從其方色，則宜五色。獨言騂、黑者，略舉二方以韻句耳。故周禮大宗伯職祀天乃稱禋。五祀在血祭之中而言禋者，此五官之神有配天之時，配天則禋祀。此祭雖不配天，以其嘗爲禋祀，故亦以禋言之。五祀在血祭之中，則用太牢矣，故上篇云「與我犧羊，以社以方」，是方祭有羊。孫毓以爲方用特牲，非禮意也。

朱子集傳：四方各用其方色之牲，此言騂、黑，舉南北以見其餘也。

周禮春官大宗伯：皆有牲幣，各放其器之色。 注：幣以從爵，若人飲酒有酬幣。 疏：言「皆」，則上六玉所禮者皆有牲與幣也。言「各放其器之色」，則上蒼璧等六器，所有牲幣各放此器之色。又曰：知幣是從爵非禮神者，若是禮神，當在牲上，以其禮神，幣與玉俱設。若肆師云：「立大祀，用玉幣牲牷。」是帛在牲上。今在下，明非禮神者也。云「若人飲酒有酬幣」者，獻尸從爵之幣無文，故以生人飲酒之禮況之。案聘禮享時有酬幣，明此幣既非禮神之幣，則獻尸後酬尸時，亦有幣之從爵也。

春官鬯人：掌共秬鬯而飾之。凡四方用蜃，凡疈事用散。 注：故書「蜃」或爲「謨」。杜子春云：「謨當爲蜃，書亦或爲蜃。蜃，水中蜃也。」鄭司農云：「修、謨、概、散，皆器名。」玄謂：修、蜃、概、散皆漆尊也。蜃，畫爲蜃形。蚌曰含漿，尊之象。概，尊以朱帶者。無飾曰散。 疏：「司農云修、謨、概、散皆器名」者，先鄭從古云謨，後鄭亦不從之矣。鄭知「修、蜃、概、散皆漆尊也」者，以稱散，凡物無飾曰散，直有漆，明概、散、蜃之等，漆外别有飾，故知皆尊也。云「蜃，畫爲蜃形」者，亦謂漆畫之。云「蚌曰含漿，尊之象」者，蚌蛤一名含漿，含漿則是容酒之類，故畫爲蜃而尊名也。云「無飾曰散」者，以對概、蜃獻象之等有異物之飾，此無，故曰散。云「疈事」者，即大宗伯云「疈辜祭四方百物」者也。

王氏昭禹曰：疈辜以祭四方百物，言疈則辜可知。

鄭氏鍔曰：祭四方百物則疈磔牲體，其尊用散，取其散在四方，各以群分之意。上文所謂四方山川者，五岳、四瀆。下文所謂埋，則山林、川澤。小宗伯「兆四望」之下，又有「兆山林、川澤、丘陵」之文，則知山林、川澤與四方不同。

地官舞師：教羽舞，帥而舞四方之祭祀。 注：羽，析白羽爲之，形如帗也。四方之祭祀，謂四望也。疏：云「掌教兵舞」，謂教野人使知之。國有祭山川，則舞師還帥領往舞山川之祀，已下皆然。案春官樂師有六舞，并有旄舞，施於辟雍，人舞施於宗廟。此無此二者，但卑者之子不得舞宗廟之酬，祭祀之舞亦不得用卑者之子。彼樂師教國子，故有二者。此教野人，故無旄舞、人舞。又曰：但羽舞用白羽，帗舞用五色繒，用物雖異，皆有柄，其制相類，故云「形如帗」也。「四方之祭祀謂四望也」，知者，若以四方連百物，則四望不止四方。今單云四方四望，五岳、四瀆亦布在四方，故知四方即四望也。

王氏昭禹曰：四方爲國翼蔽，故以羽舞之，羽有翼蔽也。

黄氏度曰：山川之在四郊者，蜡則其民得祭之四方。鄭康成以爲四望，四望非州黨所得祭。記曰順成之方，其蜡乃通，詩曰以社以方，是則四郊之民各祭其方，王則通祭之。王制山川社稷四方則國子舞，此州黨之祭，故使舞徒舞，謂之野舞。野舞，舞師教之。舞師所以列於鄉官者，以此。

右祭四方禮物樂舞

六沴祀四方

尚書大傳：六沴之禮，散齋七日，致齋。新器絜祀，用赤黍。三日之朝，于中庭祀四方，從東方始，卒于北方。注：禮，致齋三日，周禮凡祭祀，前期一日，宗伯帥執事卜日，是爲齊一旬乃祀也。今此致齊即祀者，欲得容三祀也。蓋八日爲致齊，明九日朝而初祀者，一旬有一日事乃畢也。新器、赤黍，改過之宜也。中庭，明堂之庭也，或曰朝庭之庭也。此祀五精之神，其牲器粢盛有常，禮記其異者也。不祀天，非正月，亦以此禮祀此神也。其祀禮曰格祀，曰某也方祀，曰播國率相行祀。注：篇中太祝贊主人辭也。某也，天子名也。方祀，祀四方也。播讀曰藩。藩國，謂諸侯相助也。言諸侯率其常事來，即助行祭之禮也。其祀也，注：大祝告神以君悔過之辭也。周禮大祝掌六祀之辭，以事鬼神祇，祈福祥，求永貞也。曰若尒神靈，洪祀六沴是合。注：神靈謂木精靈威仰，火精赤熛怒，土精含樞紐，金精白招拒，水精汁光紀，及木帝大皞、火帝炎帝、土帝黄帝、金帝少皞、水帝顓頊，木官勾芒、火官祝融、土官后土、金官蓐收、水官玄冥皆是也。古者生能其事，死在祀典，配其神而食。合猶爲也，六沴是神靈所爲也。**無差無傾，無有不正。**注：言神靈正直無類，所謂皆是也。**若民有不敬事，則會批之六沴。**注：言民廣及天下有道者也。事，六事也。會，合也。批，推也。言天下有道，神靈亦合推内於六沴。天子，以天下爲任者也。**六事之機，以縣示我。**注：六事：貌、言、視、聽、思心、王極也。機，天文也。天文運轉，以縣見六事之變異示我。我謂天子。**我民人無敢不敬事上下王祀。**注：我與民人無敢不敬畏六事，上下君祀之所縣示變異者，言皆悔過也。上君祀靈威仰，下君祀大皞之屬也。

右六沴祀四方

四類

蕙田案：四類之兆，見於周禮小宗伯，與五帝、四望並言，則非小祀，但不知所祀何神。疏解家亦不同，今姑存其説，以備參考。

四類兆

周禮春官小宗伯：兆五帝於四郊，四類亦如之。

鄭注：兆爲壇之營域。鄭司農云：「四類，三皇、五帝、九皇、六十四民咸祀之。」賈疏：先鄭云「四類，三皇、五帝、九皇、六十四民咸祀之」者，案史記云：「九皇氏没，六十四民興；六十四民没，三皇興。」彼雖無三王、五帝之文，先鄭意三皇已祀之，明并祭五帝、三王可知。後鄭不從者，以其兆五帝已下，皆據外神，太昊、勾芒等配祭而已。今輒特祭人帝於其中，非所宜，故不從，是以易之也。

蕙田案：以上先鄭三皇、五帝、九皇、六十四民爲四類之説。

鄭康成曰：四類，日、月、星、辰，運行無常，以氣類爲之位。兆日於東郊，兆月與風師於西郊，兆司中、司命於南郊，兆雨師於北郊。賈疏：後鄭注云「四類，日、月、星、辰」者，以其言類，明以氣類而爲位以祭之，故知是日月之等。知「兆日於東郊」者，案祭義云「大明生於東」，故覲禮亦云「拜日於東郊」，玉藻又云「朝日於東門之外」也。又知「兆月於西郊」者，月生於西。知「風師亦於西郊」者，以其五行金爲暘，土爲風，風雖屬土，秋氣之時，萬物燥落由風，故風亦於西郊也。云「兆司中、司命於南郊」者，以其南方盛陽之大，司中、司命又是陽，故司中、司命在南郊也。云「兆雨師於北郊」者，以其雨是水，宜在水位，故知雨師在北郊也。

鄭氏鍔曰：先儒以四類爲日、月、星、辰，考之書云「類于上帝」，惟天神則類而祭之，以其神非一故也。日出於東，月始乎西，其類宜於東、西。司中、司命，陽也，其類宜於南。雨師，水也，其類宜於北。先儒以風師亦在西郊，恐不然也。五行箕星好風，箕，東方之宿也，西則違其方位，豈理哉！

蔡氏德晉曰：四望之兆，本有定方。其四類之兆，則日出於東，故兆於東郊，月生於西，故兆於西郊。其北斗、五星、二十八宿、北辰、十二辰，則歲星及析木、大火、壽星三辰，東方蒼龍七宿，兆於東郊。熒惑、鎮星及鶉尾、鶉火、鶉首三辰，南方朱鳥七宿，兆於南郊。太白及實沈、大梁、降婁三辰，西方白虎七宿，兆於西郊。北辰、北斗、辰星及娵訾、玄枵、星紀三辰，北方玄武七宿，兆於北郊也。

蕙田案：以上後鄭日月星辰爲四類之説。

華氏鳴翁曰：四類即大宗伯以疈辜祭四方百物者。

蕙田案：以上華氏四方百物爲四類之説。

蔡氏德晉曰：小宗伯四郊之兆有四類者，何也？類如倫類之類，易云：「方以類聚，物以群分。」有若曰：「聖人之於民亦類也。」故物與物爲類，人與人爲類。四類者，四郊各爲一壇，以祀一方之人鬼物彪也。鄭司農云：「四類，三皇、五帝、九皇、六十四民咸祀之。」此專以人鬼言也。華鳴翁云：「四類即大宗伯以疈辜祭四方百物者。」此專以物彪言也。合考之，而四類之義明矣。類祭之神有四。一曰報祀。古昔君臣聖賢有功德於民者，所謂盛德必百世祀也。二曰厲祀。古昔王侯之無後者，祭法王祀泰厲，諸侯祀公厲，王制天子諸侯祭因國之在其地而無主後者是也。三曰酺祭。族師春秋祭酺，康成注：「酺者，民物災害之神，若人鬼之步，蝝螟之步也。」四曰蜡祭。郊特牲：「蜡也者，索也，歲十二月合聚萬物而索饗之也。」天子大蜡八：主先嗇而祭司嗇、享農及郵表畷、祭坊與水庸、迎貓、迎虎是也。四類之壇，準四望壇之例，去王城十里，當季辰之位，辰戌丑未是也。垣之外垣，方九十步，内爲方壝。壝之内相並爲方壇四，皆一成，廣五步，崇四尺，四階，階二等，壇上無木，主祭時以帛爲位，而書神之名號，祭畢則焚之也。鄭康成以四類爲日、月、星、辰，運行無常，以氣類爲之位，則不宜在四望之下。蓋兆五帝則天神也，四望則地示也，四類則人鬼物彪也，此皆壇兆之在四郊者也。上文「左宗廟，右社稷」，此廟壇在國中王宫之内者，下文「兆山川、丘陵、墳衍各因其方」，則壇兆之在四方者，以自近而遠爲序也。

蕙田案：以上蔡氏報祀、厲祀、酺祭、蜡祭爲四類之説。

右四類兆

高禖

蕙田案：月令：「仲春之月，玄鳥至，以太牢祀高禖。乃禮天子所御，帶以弓韣，授以弓矢於高禖之前。」説者謂祀高禖以祈子，弓韣弓矢，男子之祥也。詩大雅：「克禋克祀，以弗無子。」商頌：「天命玄鳥，降而生商。」二詩推本稷、契之生，由於祈祀高禖而得。其日以玄鳥至，故云「天命玄鳥，降而生商」。説者以爲稷母履大人迹而有身，契母吞鳦卵而有身，非也。然則高禖之禮，上古有之，秦漢以後無常祀，每因皇嗣艱難，則立高禖以祈嗣焉。

經傳祀高禖

禮記月令：仲春之月，玄鳥至。至之日，以太牢祀於高禖，天子親往。注：玄鳥，燕也。燕以施生時來，巢人堂宇而孚乳，嫁娶之象也。媒氏之官以爲候。高辛氏之世，玄鳥遺卵，娀簡吞之而生契〔一〕，後王以爲媒官嘉祥，而立其祠焉。變媒言禖，神之也。疏：案蔡邕以爲禖神是高辛已前舊有，高者，尊也，謂尊高之禖，不由高辛氏而始有高禖。又生民及玄鳥毛詩傳云：「姜嫄從帝而祀於郊禖。」又云：「簡狄從帝而祈於高禖。」則是姜嫄、簡狄之前先有禖神矣。而此注立高辛氏爲禖神，是高辛氏以前未有禖神，參差不同也。

蕙田案：注疏不同，疏爲較長。

后妃帥九嬪御，乃禮天子所御，帶以弓韣，授以弓矢於高禖之前。注：御，謂從往侍祠。周禮：天子有夫人，有嬪，有世婦，有女御。獨云帥九嬪，舉中云也。天子所御，謂令有娠者。於祠，太祝酌酒，飲於高禖之庭，以神惠顯之也。帶以弓韣，授以弓矢，求男之祥也。王居明堂禮曰：「帶以弓韣，禮之禖下，其子必得天材。」疏：祭高禖既畢，祝官乃禮接天子所御幸有娠之人，謂酌酒以飲之。飲酒既畢，乃屬帶此所御之人以弓韣，又授之以弓矢，於高禖之前而北面也。禮此所御之人於禖神之前，禖在壇上，御者在下，故云「禖下」。以祭神必降福，故云「其子必得天材」。

方氏慤曰：后妃與關雎所稱同義。九嬪御者，九嬪與九御也。御即女御也。女御八十一人，每

〔一〕「娀」，原作「娥」，據光緒本、禮記正義卷一五改。

九人則屬一嬪，故謂之九御。言九嬪，則包夫人；言九御，則包世婦矣。以周官内宰考之，故知其如此。天子所御，謂御而幸之者，亦見曲禮「琴瑟不御」解。禮，謂酌之以酒也。射者，男子之事。弓矢者，男子之祥也。男子生而懸弧者以此。韣則弓衣也，帶以弓韣者，示其有能受之資也。授以弓矢者，予之以所求之祥也。

詩商頌玄鳥：天命玄鳥，降而生商。傳：玄鳥，鳦也。春分，玄鳥降。湯之先祖有娀氏女簡狄配高辛氏帝，帝率與之祈于郊禖而生契，故本其爲天所命，以玄鳥至而生焉。疏：毛以爲契母簡狄於春分玄鳥至日，祈於高禖而生契，封商，後世有此殷國。今以高宗有國，本而美之。釋鳥云：「燕〔一〕，鳦也。」色玄，故又名爲玄鳥。毛氏不信讖緯，以天無命鳥生人之理。而月令仲春云：「是月也，玄鳥至之日，以太牢祀於高禖。天子親往，后妃率九嬪御。」玄鳥降之日，有祀郊禖之禮也。大戴禮帝系篇說：「帝嚳卜其四妃之子，皆有天下。」云「有娀氏女簡狄」，則契爲高辛之子；簡狄，高辛之妃。而云玄鳥至生商，則是以玄鳥至日祈而得之也，故以爲「春分，玄鳥降。湯之先祖簡狄祈郊禖而生契」也。玄鳥以春分而至，氣候之常，非天命之使生契。但天之生契，將令王有天下，故本其欲爲天所命，以玄鳥至而生焉。記其祈福之時，美其得天之命，故言天命玄鳥使下生商也。玄鳥之來，非從天至，而謂之降者，重之，若自天

〔一〕「燕」，諸本重，據爾雅注疏卷一〇删。

來然。月令「季春，戴勝降於桑」，注云：「是時，指在桑。言降者，若始自天來，重之，故稱降也。」

朱子集傳：玄鳥，鳦也。春分，玄鳥降。高辛氏之妃有娀氏女簡狄祈於高禖，鳦遺卵，簡狄吞之而生契，其後世遂爲有商氏，以有天下。事見史記。

歐陽氏修曰：天命玄鳥，降而生商。毛氏之説，以今人情物理推之，事不爲怪，宜其有之。而鄭謂吞鳦卵而生契者，怪妄之説也。秦漢之間，學者喜爲異説，鄭學博而不知統，又特喜讖緯諸書，故於怪説尤篤信。由是言之，義當從毛。

嚴氏粲曰：契母簡狄於春分玄鳥至之日祈於高禖而生契，故推本言之。

何氏楷世本古義曰：玄鳥生商，其語近奇而事甚無怪，毛氏之説正矣。乃詩緯含神霧則云契母有娀浴於玄丘之水，睇玄鳥銜卵，過而墜之，契母得而吞之，遂生契。中候契握則云玄鳥翔水遺卵流，娀簡吞之生契。封禮緯則云契姓子氏，以其母吞鳦子而生。紛紛語怪，遞相祖述，總不外吞卵一説。而甚且以契爲無父，娀非嚳妃，如劉向列女傳曰：「契母簡狄者，有娀氏之長女也。當堯之時，與其妹娣浴於玄丘之水，有玄鳥銜卵，過而墜之，五色甚好。簡狄與其妹娣競往取之，簡狄得而含之，誤而吞之，遂生契焉。」王嘉拾遺記曰：「商之始也，有神女簡狄遊於桑野，見黑鳥遺卵於地，有五色文，作『八百』字。簡狄拾之，貯以玉筐，覆以朱紱，夜夢神母謂之曰：『爾懷此卵，即生聖子，以繼金德。』狄乃懷一年而有娠，經十四月而生契，祚以八百，叶卵之文也。雖遭旱厄，後嗣興焉。」譙周則謂契生堯代，舜始舉之，必非嚳子，以其父微，故不著名。羅泌闢之云：「世本、大戴之書言，昔帝嚳卜四妃之子皆有天下，而稷之後爲周。周人既上推后稷爲嚳子矣，何所疑耶？昔有娀氏有二女，長曰柬逖，次曰建庇，柬逖爲嚳次妃，是爲簡翟，故屈原云：『簡翟在臺，嚳何宜？乙鳥致貽，女何喜？』又曰：『高辛之靈盛兮，遭乙鳥而致貽。』夫古書之存者，其言簡翟，未嘗不及於嚳也。」若司馬遷、王逸亦既以簡狄爲嚳妃矣。而一則曰三人行浴，因吞墜卵，一則曰侍帝嚳臺上，嘉墜卵而吞之，總無以異於讖緯之説。乃呂氏春秋更有異焉，謂：「有娀氏有二佚女，爲之九成之臺，飲食必以鼓。帝令燕往視之，鳴若謚隘，二女愛而爭持之，覆以玉筐，少選發而視之，燕遺二卵，北飛，遂不反。」善乎蘇洵之言，曰：「史載簡狄吞卵生契，爲商始祖，神奇怪濫，不亦甚乎！使聖人而有異於衆庶也，天地必將儲陰陽之和，積元氣之英以生，又安用此微禽之卵哉？燕墜卵於前，取而吞之，簡狄其喪心乎！」歐陽修亦云：「東漢之間，學者喜爲異説，謂高辛氏之妃，陳鋒氏女，感赤龍精而生堯，簡狄吞鳦卵而生契，姜嫄履大人迹而生后稷，高辛四妃，其三皆以神異而生子。蓋堯有盛德，稷、契後世皆王天下數百年。學者喜爲之稱述，欲神其事，故務爲奇説也。至帝摯無所稱，故獨無説。」又蔡邕月令章句曰：「玄鳥感陽而至，其來主爲孚乳蕃滋，故重其至日，因以用事。契母簡狄，蓋以玄鳥至日有事高禖而生契焉，故詩曰：『天命玄鳥，降而生商。』」其説獨與毛傳合。當漢之世，而有能持正論如兩人者，正不多得，若褚先生謂詩言契生於卵、后稷人迹者，欲見其有天命精誠之意耳。鬼神不能自成，須人而生，奈何無父而生乎！褚雖疑無父之説之非，而未免惑於神怪感通之事，未足稱達識也。雖然，以朱子之素持正論而猶以吞卵爲可信，況其他哉！契爲商開基之祖，故謂生契爲生商。

蕙田案：玄鳥生商之說，毛以爲祀高禖，鄭以爲吞鳦卵，朱子兼用之，歐陽以爲義當從毛，何氏以爲毛、孔說正，是也。

大雅生民：厥初生民，時維姜嫄。生民如何？克禋克祀，以弗無子。履帝武敏歆，攸介攸止。載震載夙，載生載育，時維后稷。傳：生民，本后稷也。姜，姓也。后稷之母配高辛氏帝焉。禋，敬。弗，去也。去無子，求有子。古者必立郊禖焉，玄鳥至之日，以太牢祠於郊禖，天子親往，后妃率九嬪御，乃禮天子所御，帶以弓韣，授以弓矢於郊禖之前。履，踐也。帝，高辛氏之帝也。武，迹。敏，疾也。從於帝而見於天，將事齊敏也。箋：弗之言祓也。姜嫄之生后稷如何乎？乃禋祀上帝於郊禖，以祓除其無子之疾，而得其福也。帝，上帝也。敏，拇也。介，左右也。夙之言肅也。祀郊禖之時，時則有大人之迹，姜嫄履之，足不能滿，履其拇指之處，心體歆歆然，其左右所止住，如有人道感己者也。於是遂有身。疏：禋祀郊禖之時，其夫高辛氏帝率與俱行，姜嫄隨帝之後，踐履帝迹，行事敬而敏疾，故爲神歆享。既享其祭，則愛而佑之，於是爲天神所美大，爲福禄所依止，即得懷娠，則震動而有身。經言禋祀，未知所祀之神，故云「古者必立郊禖焉」。言此祀，祀郊禖也。知者，以婦人無外事，不因求子之祭，無有出國之理。又禋祀以求子，惟禖爲然，故知禋祀是祀禖也。自「玄鳥至之日」以下，皆月令文。所異者，惟彼「郊」作「高」耳。於祀之時，乃以醴酒禮天子所御，謂已被幸有娠者也。使太祝酌酒飲之於郊禖之庭，以神之惠光顯之也。既飲之酒，又帶以弓之韣衣，授以弓矢，使執之於郊禖之前。弓矢者，男子之事，使之帶弓衣，執弓矢，冀其所生爲男也。鄭於月令之注，其意則然，惟「高禖」異耳。故鄭注云：「高辛氏之世，玄鳥遺鳦卵，簡狄吞之而生契。後王以爲禖官嘉祥而立其祀焉。」以爲由高辛有嘉祥，故稱高禖。蔡邕月令章句云：「高禖，祀名。高猶尊也，禖猶媒也。言爭先見之象，謂之人先。」毛於此及玄鳥傳皆依作「郊禖」，則讀高爲郊。下傳云：「從於帝而見於天。」則此祭爲祭天，不祭人先也。於郊故謂之郊，不由高辛，亦不以高爲尊也。郊天用特牲，而此祭天用太牢者，以兼祭先禖之神，異於常郊故也。鄭於此箋亦云「禋祀上帝於郊禖」，則后稷未生之前，已有郊禖之祀矣。而月令注以爲「簡狄吞鳦卵生契，後王以爲嘉祥而立其祀」，又以契之後王始立此祀。二義不同者，鄭記王權有此問，焦喬答云：「先契之時，以自有禖氏祓除之祀，位在南郊，蓋以玄鳥至之日祀之矣。然得禋祀，乃於上帝也。娀簡吞鳦有子之後，後王以爲禖官嘉祥，祀之以配帝，謂之高禖。」毛傳亦云：「郊禖者，以古自有于郊克禋之義。」又據禮之成文耳。祀天而以先禖配之義，如后土祀以爲社。此是鄭沖弟子爲説，以申鄭義。其意言高辛已前，祭天於郊，亦以先禖配之，謂之郊禖。至高辛之世，以有吞鳦之事，以爲禖之嘉祥，又以高辛之世，禖配此祭，故改之而爲高禖。故此箋從傳爲郊祀禮，解其「高」義。後王以爲禖官嘉祥而立其祀，謂立禖以配郊，非謂立郊求子始於後王。鄭意或當然也。如此爲説，可得合詩、禮二注耳。然禮注爲高辛之世者，謂高辛之後世子孫猶號高辛，其時簡狄吞鳦卵生契，如此得與稷同時爲堯臣耳。

朱子集傳：民，人也，謂周人也。時，是也。姜嫄，炎帝後，姜姓，有邰氏女，名嫄，爲高辛之世妃。精意以享謂之禋。祀，祀郊禖也。弗之言祓也。祓無子，求有子也。古者立郊禖，蓋祭天於郊，而以先媒配也。變媒言禖者，神之也。其禮以玄鳥至之日，用太牢祀之，天子親往，后率九嬪御，乃禮天子所御，帶以弓韣，授以弓矢於郊禖之前也。履，踐也。帝，上帝也。武，迹。敏，拇。歆，動也，猶驚異也。介，大也。震，娠也。夙，肅也。生子者，及月辰居側室也。育，養也。姜嫄出祀郊禖，見大人迹而履其拇，遂歆歆然如有人道之感。於是即其所大所止之處而震動有娠，乃周人所由以生之始也。

蕙田案：集傳云祀天于郊而以先媒配，據祀高禖在仲春之月。冬至圜丘，孟春祈穀，皆是郊天，不聞仲春之月，又有郊天一祭，恐不必如此説。

羅氏泌路史：皋禖之神，女媧是享。末世已失其源，謂爲娀簡之所託者，疏矣。昔者，駘姜從嚳郊禖，則郊媒之禮，古先之世有之矣。娀、駘同列，豈得爲娀簡哉？而五經異義乃以爲簡狄吞乙卯而生子，後王以爲禖官嘉祥，從而祠之，故王權爲問。謂舊注以言先商之時，未有高禖，生民禋祀以祓無子，而姜嫄禋祀上帝以生稷〔一〕，則郊禖非立於生契之後。鄭志焦喬答云：「先商之時，自有禖氏祓除之祀，位在南郊，以玄鳥至之日祠之。彼其所禋，乃於上帝。至娀簡吞鳦之後，後王乃復祠之以配帝。」若昔先媒，則廢之矣。斯説爲覈，然乃不知其爲女皇，至商而祀簡狄，迨周而祭姜嫄時，各推其本而配之，亦猶后稷之神，古祠帝柱，逮周而易以棄，事資沿革，隨世而有變易，此蔡邕所以謂禖神高辛以前之所

〔一〕「稷」，原作「契」，路史亦誤，據光緒本、生民詩改。

舊有，不由於高辛也。束晳云：「皋禖者，人之先也。」盧植乃云：「玄鳥至時，陰陽中而萬物生，於是以三牲請於高禖之神，因其明顯，故謂之高，因其求子，故謂之禖。而古有禖氏之官，因以爲之神。」斯得之矣。秦廢典祀，及漢武晚無子，於是始立禖祠城南下。洎北齊，爰以太昊配之青帝壇之南郊旁；隋、唐因之。及皇朝景祐四年，乃以春分之日壇於南郊，祠青帝而配以伏羲與嚳，猶不及女媧云。

嚴氏粲曰：姜嫄爲高辛氏後世子孫之妃，能精意以享，能備禮以祀，祈於高禖之神，以祓除其無子之疾。天帝本無迹，今其來格，若有步武之迹，姜嫄奉祀周旋，若隨天帝之步武，即有所感也。履帝武，言祭神如神在，洋洋乎如在其左右也。敏歆，言感動之速。大意言上帝降格，即有身耳。不必如鄭氏説「歆歆然如有人道感己也」。於是神介助之，依止之，則震動而有身，則夙早而不遲，則生産之，則長育之，是爲后稷也。閟宫言彌月不遲，謂滿十月即生，是早也。

何氏楷世本古義曰：堯既嗣嚳爲帝，則爲嚳後者，當屬堯之子孫，稷不得爲嚳後，此周人所以特立姜嫄之廟，而詠歌亦止及嫄，彼有爲爾也。然祭法言周人禘嚳而郊稷者，所謂禘者，乃推其始祖之所自出，而以始祖配之也。則周人亦何嘗不祀嚳乎？又嫄若非嚳妃，則何得行郊禖之禮？此理甚明，無容曲説。黄子道周云：高禖或曰高辛氏，或曰有儷氏。鄭氏曰：禮於高禖之下，其子必得天材，蓋古云然也。又蔡邕、束晳皆云高禖，人之先也。陳際泰云：祓，祓除之義，所以禱於郊，以祓除不祥，故用弓矢。後世射弧星，即其遺也。殷大白云：敏即膚敏之敏，歆即歆居之歆。孔氏解姜嫄得踐帝迹所由，以高辛之帝親行禋祀，姜嫄行在後，而踐帝之迹，即上傳所云「后妃率九嬪御」是也。踐足者，直謂隨後行耳，非必以足躡其踐地之處也。將事齊敏者，謂行祀天之事，齊敬而速疾也。鬼神食氣謂之歆，謂祭而神享之也。文獻通考載宋高宗十六年，禮部言：「竊詳生民之詩，言『履帝武敏歆』，先儒以『敏』爲『拇』，謂姜嫄履巨迹之拇，以歆郊禖之神，是生后稷，以爲從帝嚳祀禖神之應，其説頗附會玄鳥生契之意。如詩言『繩其祖武』，傳言『夫子步亦步，趨亦趨』，皆繼踵相因循之意。帝嚳引禖祀之禮，姜嫄踵而行之，疾而不遲，故上帝所歆，居然生子，以見視履考祥，其應亦速。而後世弗深考經旨傳注，怪詭禨祥，併爲一談。至北齊妃嬪參享，黷而不蠲，去禮逾遠，歷世非之。」

蕙田案：履帝武敏歆，其説難解。嚴氏、何氏之説，頗爲近理，何氏似較長也。

魯頌：閟宮有侐，實實枚枚。傳：先妣姜嫄之廟在周，常閉而無事。孟仲子曰：是禖宮也。侐，清淨也。實實，廣大也。枚枚，礱密也。疏：孟仲子云是謂禖宮，蓋以姜嫄祈郊禖而生后稷，故名姜嫄之廟曰禖宮。

朱子集傳：閟，深閉也。宮，廟也。時蓋修之，故詩人歌詠其事以爲頌禱之詞。

史記殷本紀曰：契母曰簡狄，爲帝嚳妃，三人行浴，見玄鳥卵取之，因孕生契。

三代世表曰：后稷母爲姜嫄，出，見大人迹而履踐之，知於身則生后稷。

褚少孫曰：稷、契之父，皆黄帝之子也。詩言契生於卵，后稷人迹者，欲見其有天命精誠之意耳，奈何無父而生乎？

路史：女皇氏女媧，太昊氏之女弟，出於承匡，生而神靈，亡景亡韻。少佐太昊，禱於神祇，而爲女婦，正姓氏，職婚姻，通行媒，以重萬民之判，是曰神媒。治百有三十載而落，以其載媒，是以後世有國是祀爲高禖之神，因典祠焉。

五經通義：王者祭天地，仲春后妃郊禖，亦祭天地也。

五經異義：鄭玄曰：玄鳥至之日，以太牢祀於高禖。注曰：高辛氏之世，娀簡狄吞燕子而生契，後王以爲禖官嘉祥，其祀焉。王權問曰：「以注言之，先商之時，未有高禖。生民詩曰：克禋克祀，以弗無子。傳以爲古者必以郊禖焉。姜嫄禋祀上帝而生稷，是則郊媒之祀，非以生契之後立也。」焦喬答曰：「先商之時，自必有禖氏祓除之祀，位在南郊，蓋亦以玄鳥至之日祀之矣。然其所禋，乃於上帝。娀簡狄吞鳳子之後，後王以爲禖官嘉祥，祀之以配帝，謂之高禖。」

月令廣義：祀高禖以請子，請子必以乙至之日者，春分來，秋分去，開生之候鳥，帝少昊司命之官也。

蕙田案：注疏言祀天而以高禖配，後世遂有壇祀於南郊者，非也。南郊乃祭昊天上帝之所，豈可雜以他神？且因祀高禖而及上帝，尤爲倒置。考晉以後，俱祀青帝，庶或近之。

右經傳祀高禖

歷代祀高禖

隋書禮儀志：漢武帝年二十九，乃得太子，甚喜，爲立禖祀於城南，祀以特牲，因有其祀。

漢書戾太子傳：初，上年二十九，始得太子，甚喜，爲立禖祀，使東方朔、枚皋作禖祝。

東方朔傳：朔之文詞有皇太子生禖賦。

枚乘傳：乘孽子皋。武帝春秋二十九迺得皇子，群臣喜，故皋與東方朔作皇太子生賦及立皇子禖祝，受詔所爲，皆不從故事，重皇子也。

通典：晉博士束皙云：漢武帝晚得太子，始爲立高禖之祠。高禖者，人之先也。故立石以爲主，而祀之以太牢也。

蕙田案：武帝元朔元年皇太子生，爲立禖。師古曰：求子之神也。令皋作祭祀之文，見戾太子傳及枚皋傳，高禖之見於漢書者止此。

後漢書禮儀志：仲春之月，立高禖祠於城南，祀以特牲。

通典：魏禖壇有石，青龍中造。許慎云：山陽人以石爲主。

隋書禮儀志：禮，仲春以玄鳥至之日，用太牢祀於高禖。晉惠帝元康六年，高禖壇上石中破爲二。詔問：「石毁，今應復不？」博士議：「禮無高禖置石之文，未知造設所由，既已毁破，可無改造。」更下西府博議，而束皙議：「以石在壇上，蓋主道也。祭器敝則埋而置新，今宜埋而更造，不宜遂廢。」此議不用。後得高堂隆故事。魏青龍中造立此石，詔更鐫石，令如舊，置高禖壇上，埋破石，入地一丈。

晉束晳高禖壇石議：元康六年，高禖壇上石破爲二段。詔書問：「置此石幾時？出何經典？今應復否？」博士議：「禮無高禖置石之文，未知設造所由，既已毁破，無可改造。說高辛氏有簡狄吞卵之祥，今此石有吞卵之象，蓋俗說所爲，而史籍無記，可但收聚，復於舊處而已。」太常以爲吞卵之言，蓋是逸俗之失義。因令毁破，便宜廢除。下四府博士議，賊曹屬束晳議，後得高堂隆故事，詔更置石如舊。

「夫未詳其置之故，而欲必其可除之理，不可然。案郊祀志秦、漢不祀郊禖，漢武帝五子傳武帝晚得太子，始爲立禖，其事未之能審。許慎五經異説云：山陽民祭，皆以石爲主。然則石之爲主，繇來尚矣。祭禮，龜策、祭器敝則埋之而改置新。石今破，則宜埋而更造，不宜遂廢。收集破石，積之故處，於禮無依，於事不肅，愚所未安也。」

通志：宋元嘉中，得晉郊禖之石，或曰：百姓祀其傍，或謂之落星也。

隋書禮儀志：梁太廟北門内道西有石，文如竹葉，小屋覆之，宋元嘉中修廟所得，陸澄以爲孝武時郊禖之石，然則江左亦有此禮矣。

後齊高禖，爲壇於南郊傍，廣輪二十六尺，高九尺，四陛，三壝。每歲春分玄鳥至之日，皇帝親帥六宫，祀青帝於壇，以太昊配，而祀高禖之神以祈子。其儀，青帝，北方，南向，配帝，東方，西向，禖神壇下東陛之南，西向。禮用青珪束帛，牲共以一太牢。祀日，皇帝服衮冕，乘玉輅。皇后服褘衣，乘重翟。皇帝初獻，降自東陛，皇后亞獻，降自西陛，並詣便坐。夫人終獻，上嬪獻於媒神訖，帝及后並詣攢位，乃送神。皇帝、皇后及群官皆拜，乃撤，就燎。禮畢而還。

蕙田案：齊以前祀高禖之禮不詳，至是乃祀青帝，似爲得之。

北史劉芳傳：芳轉太常卿，上疏曰：禮儀志云高禖祀於城南，不云里數，故今仍舊。

隋制，亦以玄鳥至之日祀高禖於南郊壇，牲用太牢一。

通典：唐月令亦以玄鳥至之日，以太牢祀於高禖，天子親往。

蕙田案：禖祀用郊壇，不已甚乎！

宋史禮志：唐明皇因舊月令，特存其事。開元定禮，已後不著。

仁宗本紀：景祐四年二月乙丑，置赤帝像於宫中祈嗣。

禮志：初，仁宗未有嗣。景祐四年二月，以殿中侍御史張奎言，詔有司詳定。禮官以爲：「月令雖可據，然周官闕其文。漢志郊祀不及禖祠，獨枚臯傳言『皇子禖祀』而已。後漢至江左，概見其事，而儀典委曲，不可周知。惟高齊禖祀最顯，妃嬪參享，黷而不蠲，恐不足爲後世法。唐明皇因舊月令，特存其事。開元定禮，已後不著。朝廷必欲行之，當築壇於南郊，春分之日祀青帝，本詩『克禋』以祓之義。配以伏羲、帝嚳，以禖神從祀，報古爲禖之先。石爲主，依東漢、晉、隋之舊，牲用太牢，樂以升歌，儀視先蠶，有司攝以乘輿，所御弓矢、弓韣，致禖神前。祀已，與胙酒進内，以禮所御，使齋戒受之。每歲孟春，有司申請以俟上旨，命曰特祀。」即用其年春分，遣官致祭。壇高九尺，周廣二丈六尺，四出陛，陛廣五尺，設三壝，壝別二十五步。青石主，長三尺八寸，用木生成之數，形準廟社主，植壇上稍北，露首三寸。玉、幣青色，牲用牛羊豕各一，如盧植説。樂章、祀儀準青帝，罇器、神座如勾芒，唯有司攝事，受福不飲爲異。祀前一日，内侍請皇后宿齋別寢，宫嬪從。齋庭量地設香案、褥位各二，重行，南向，以望禖壇。又設褥位香案北，重行。皇后服褘衣，褥位以緋。宫嬪服宫中朝賀之服，褥位以紫。祀日，有司以福酒、胙肉、弓矢、弓韣授内臣，奉至齋所，置弓矢、弓韣於箱，在香案東；福酒於坫，胙肉於俎，在香案西。内臣引宫嬪詣褥位，東上，南向立。又詣皇后幄次，跪請皇后行禮，導至褥位，南向立，請再拜，在位者皆再拜。導皇后詣香案褥位，上香，帶弓韣，受弓矢，轉授内臣置於箱，又請再拜。内臣進胙，皇后受訖，轉授内臣。次進福酒，内侍曰：「請飲福。」内臣又奉請再拜。乃解弓韣，内臣跪受置於箱。導皇后歸東向褥位。又引宫嬪最高一人詣香案，上香，帶弓韣，受弓矢，轉授左右置於箱，請再拜。左右授福酒，請飲福，再拜。解弓韣，還位。又引以次宫嬪，悉如上儀。俟俱復，内侍奉請皇后詣南向褥位，皆再拜。内侍跪奏「禮畢」，導皇后歸幄次，宫嬪並退。是歲，宫中又置赤帝像以祈皇嗣。

李絢傳：仁宗未有繼嗣，絢因奉祀高禖，還，奏賦，大指言王者遠嬖寵，近柔良，則神降之福，子孫繁衍。帝嘉納。

仁宗本紀：寶元二年八月甲戌，皇子生。辛巳，命輔臣報祠高禖。

禮志：寶元二年皇子生，遣參知政事王鬷以太牢報祀，準春分儀，惟不設弓矢、弓韣，著爲常祀，遣兩制官攝事。

玉海：仁宗寶元二年八月，皇子生。先是，見赤蛇出於殿墀，神光照庭，至是遣報祀高禖。

宋史仁宗本紀：慶曆元年春正月壬申，詔歲以春分祀高禖。

禮志：慶曆三年，太常博士余靖言皇帝嗣續未廣，不設弓矢、弓韣，非是。詔仍如景祐之制。

玉海：皇祐三年九月四日，詔禖壇徙爽塏之地。

皇祐四年六月十四日，禖壇徙郊壇東南奉先寺，同知禮院張師中言其卑陋，保章正皇甫定等請徙於圜丘之東，鎮安軍文學鄭孝先謂宜在東方長男之位，命禮官司天監詳定。

嘉祐二年五月甲申，徙禖壇於南郊壇東。

宋史禮志：神宗熙寧二年，皇子生，以太牢報祀高禖，惟不設弓矢、弓韣。既又從禮官言：「案祀儀，青帝壇廣四丈，高八尺。今祀高禖既以青帝爲主，其壇高廣，請如青帝之制。又祀天以高禖配，今郊禖壇祀青帝於南郊，以伏羲、高辛配，復於壇下設高禖位，殊爲爽誤。請準古郊禖，改祀上帝，以高禖配，改伏羲、高辛位爲高禖，而徹壇下位。」詔：「高禖典禮仍舊，壇制如所宜，改犢爲角握牛，高禖祝版與配位並進書焉。」又言：「伏羲、高辛配，祝文並云『作主配神』。神無二主，伏羲既爲主，其高辛祀文請改云『配食於神』。」

玉海：熙寧五年閏七月己酉，判太常章衡請遵故事祀禖，飲福受胙，以應求男之祥。上曰：帝王子孫，自有天命。

宋史樂志：熙寧以後，祀高禖六首：

降神，高安六變。　容臺講禮，禖宮立祠。司分届後，帶韣陳儀。嘉祥萃止，靈駇來思。皇支蕃衍，永固邦基。

升降，正安　郊禖之應，肇自生商。誕膺寳命，濬發其祥。天材蕃衍，德稱君王。本支萬世，與天無疆。

奠玉幣，嘉安　昔帝高辛，先禖肇祀。爰揆仲陽，式祈嘉祉。陳之犧牲，授以弓矢。敷祐皇宗，施於孫子。

酌獻，祐安　昭薦精忠，靈承瑞命。青帝顧懷，神禖儲慶。胙以蕃昌，協於熙盛。螽斯衆多，流於雅詠。

亞、終獻，文安　赫赫高禖，萬世所祀。其德不回，錫兹福祉。蕃衍椒聊，和平芣苢。傳類降康，世濟其美。

送神，理安　禮奠躅衷，祭儀竣事。丕擁靈休，蕃衍皇嗣。

文獻通考：元豐四年，天章閣待制羅拯言：「高禖壇在南郊，制不甚廣，上設神位三，皆密列祭器，執事之人殆不容足，祀官奠獻，或側身拜於褥位。乞令修展，以叶禮制。」詔太常、禮院詳定以聞。禮官言：「高禖壇高八尺，廣二十六尺，上以青帝爲主，伏羲、高辛配侑，高禖設位壇下。壇上神位三，陳設祭器樂架，實爲狹隘，酌奠拜跪及執事進退，不可觀禮。案祀儀，青帝壇廣四丈，高八尺，今祀高禖既以青帝爲主，其壇高廣，宜如青帝之制。」從之。尚書禮部言：「先農正座帝神農氏，祝文云『以后稷配神作主』，配座后稷云『作主侑神』。謹案春秋公羊傳曰：『郊則曷爲必祭稷？王者必以其祖配。王者則曷爲必以其祖配？自内出者，無匹不行；自外至者，無主不止。』何休曰：『天道闇昧，故推人道以接之。』然則古者作主配神之意，本施於祖宗，其間有雖非祖宗，而祝辭可以言作主配神者，如五人帝之於五帝，是推人道以接天神。勾龍之於社，后稷之於稷，是推人道以接土穀之祇，其祝辭俱云『作主』可也，若並爲外祭，而正配座又皆人鬼，則以正座爲主，其配座但合食從祭而已。伏請於神農祝文云『以后稷配』，於后稷云『配食於神』，高禖以伏羲、高辛配，祝文並云『作主配神』。神無二主，伏羲既爲主，其高辛祝文改云『配食於神』。」從之。

宋史禮志：元祐三年，太常寺言：「祀儀，高禖壇上正位設青帝席，配位設伏羲、高辛氏席，壇下東南設高禖從祀席，正、配位各六俎，實以羊、豕腥熟，高禖位四俎，實以牛腥熟。祀日，兵部、工部郎中奉羊、豕俎升壇，詣正配位，高禖位俎，則執事人奉焉。竊以青帝爲所祀之主，而牲用羊、豕，禖神因其嘉祥從祀，而牲反用牛，又牛俎執事者陳之，而羊、豕俎皆奉以郎官，輕重失當。請以三牲通行解割〔一〕，正、配、從祀位並用，皆以六曹郎官奉俎。今羊俎以兵部，豕俎以工部，牛俎請以户部郎官。」

文獻通考：徽宗政和二年，詔：「春分祀高禖、青帝，以帝伏羲氏、高辛氏配，簡狄、姜嫄從祀。

宋史徽宗本紀：政和三年四月庚戌，班五禮新儀。

禮志：政和新儀：春分祀高禖，以簡狄、姜嫄從配，皇帝親祀，並如祈穀祀上帝儀。惟配位作承安之樂，而增簡狄、姜嫄位牛羊豕各一。

高宗紹興元年，太常少卿趙子晝言：「自車駕南巡，雖多故之餘，禮文難備，至於祓無子，祝多男，所以係萬方之心，蓋不可闕。」

文獻通考：紹興元年，太常少卿趙子晝言：「祀典，每歲春分日祀高禖，青帝正位，配以伏羲、高辛，從以簡狄、姜嫄。弓矢、弓韣，内出備器。禮畢，收徹三從祀神位前禮料。入禁中行禮，乞自來歲之春，復行高禖之祀。」從之。

〔一〕「三牲」，諸本作「二牲」，據宋史禮志六改。

玉海：紹興二年二月，禮官上春分行禮飲福受胙儀注。

三年正月，博士趙霈請宸翰製祝辭，以代親祠。

十二年十二月，博士劉嶸請講求禖壇方位制度。禮官請建於行宮東南巽地城外。

宋史高宗本紀：紹興十六年八月辛丑，築高禖壇。

文獻通考：紹興十六年，監察御史王鎡言：「禖祀之壇，卑陋弗稱。有司致齋於社亭之上，行事於民居之後；遇雨望祭，徙至江館，去壇既遠，事涉瀆慢，未足以彰禋潔祀，爲帝王求嗣之禮。乞申命攸司考昔制度，一新壇宇。仍命大臣取生民姜嫄從於帝而見於天之義，月令以太牢祀於高禖，天子親往之文，詳加定議。乞法駕臨祀，必獲聖嗣詵詵之福。」詔禮部考詳。先時，禮部、太常寺檢會國朝禮例，高禖壇在國之東南，依儀合差三獻官、監察御史等，各前十日受誓戒，又排設登歌之樂，内行事官就南郊齋宫宿齋，牲用牛、羊、豕，每位籩豆各一十二。昨緣車駕駐蹕臨安府，權於錢湖門外惠照院齋宫設位行禮〔一〕，牲用羊豕，每位籩豆各六。差獻官一員行禮，不受誓

〔一〕「錢湖門」，原作「望湖門」，據味經窩本、乾隆本、文獻通考卷八五改。

戒，亦不設登歌之樂。今來劉嶸所請，欲令臨安府於行宫東南城外踏逐，隨宜修建，及踏逐近便寺觀，權充行事官齋舍。所有設登歌樂，差行事官受誓戒，并合用牲牢禮料籩豆之數，並依見今大祀禮例，差官排辦。從之。又禮部言：「竊詳生民之詩，言『履帝武敏歆』，先儒以敏爲拇，謂姜嫄履巨迹之拇，以歆郊禖之神，是生后稷，以爲從帝嚳祀禖神之應，其説頗附會玄鳥生契之意。如詩言『繩其祖武』，傳言『夫子步亦步，趨亦趨』，皆繼踵相因循之意。『履帝武敏歆』，猶言帝嚳行禖祀之禮，姜嫄踵而行之，疾而不遲，故上帝所歆，居然生子，以見視履考祥，其應亦速，而後世弗深考經旨傳注，怪詭禨祥，併爲一談。至北齊妃嬪參饗，黷而不蠲，去禮逾遠，歷世非之。惟禮記、通典載大唐月令具言仲春玄鳥至之日，以太牢祀於高禖，天子親往；而政和新禮亦有皇帝親享高禖之儀。緣祖宗以來，未嘗舉行親祠，惟兩制官并有司攝事。今欲乞比祖宗故事，增重祀典，依每歲元日祈穀於上帝禮例，命執政官攝事，前期申取指揮施行。又檢國朝會要，每歲春分遣官致祭，牲用牛、羊、豕各一，弓矢、弓韣，以乘輿所御者權降付外有司，奉祠訖，以福胙、弓矢、弓韣授内侍，以進皇后、宫嬪，就宫中受胙飲福。今欲遇祠高禖及徹禮饌進内，依景祐儀制，行飲福受胙之禮，所有牲牢，亦依祖宗故事，用牛羊豕，務從豐備，以盡祈天錫羨之誠。」從之。

宋史高宗本紀：紹興十七年二月乙巳，親祀高禖。

禮志：紹興十七年，車駕親祀高禖，如政和之儀。

文獻通考：紹興十七年，禮部、太常寺言：「案禮經，仲春天子親祀高禖。徽宗皇帝修成親祠之制，具載新儀。未經舉行，望皇帝親祠，以祈多男之祥，副天下之望。」從之。二月，上親祀高禖，以普安郡王爲亞獻，恩平郡王爲終獻。

玉海：紹興十七年二月三日，上親祀。儀注：上服通天冠、絳紗袍，乘輦，詣壇大次。降輦，入次，服衮冕，執大圭，奏儀安、嘉安、景安之樂，帝臨降康之舞。甲辰，以太師檜爲親祀使。乙巳，上親祀青帝於東郊，以伏羲、高辛配，普安郡王亞獻，恩平郡王終獻，祀姜嫄於壇下，牲用太牢，玉用青，幣放其玉之色，樂舞如南郊之制。禮畢，御端誠殿受賀，樂曲十四，降神用高安，升壇用正安，奠玉幣用嘉安，捧俎用豐安，青帝酌獻用祐安，亞、終獻用文安，送神用理安。上祀高禖，禮畢。十七日，有司奏築壇之所有瑞氣之應，修壇之日，有六鶴之祥。

文獻通考：宋高宗駐蹕臨安府，權於錢湖門外惠照院齋宮設位行禮〔一〕。

玉海：紹興二十三年三月己未，校書郎董德元請高禖與青帝分爲二壇，禮官請如舊制。

宋史樂志：紹興祀高禖十首：

降神，高安，圜鍾爲宮　聿分春氣，施生在時。禖宮肇啓，精意以祠。禮儀告備，神其格思。厥靈有赫，錫我繁釐。

黄鍾爲角　眷此尊祀，實惟仲春。青圭束帛，克祀克禋。庶蒙嘉惠，嗣續詵詵。神之降鑒，雲車來臻。

太蔟爲徵　猗歟禖宮，祀典所貴。粤自艱難，禮或弗備。以迄於今，始建壇壝。願戒雲車，歆此誠意。

姑洗爲羽　春氣肇分，萬類滋榮。惟此祀事，皆象發生。求神以類，式昭至誠。庶幾來格，子孫繩繩。

〔一〕「錢湖門」，諸本作「望湖門」，據文獻通考卷八五改。

升壇，正安　有奕禖宫，在國之南。壇壝既設，威儀孔嚴。登祀濟濟，神兮顧瞻。佑我皇祚，宜百斯男。

奠玉幣，嘉安　青律載陽，有訖頡頏。祈我繁祉，立子生商。三牲既薦，玉帛是將。克禋克祀，有嘉其祥。

奉俎，豐安　祇祓禖壇，潔蠲羊豕。博碩肥腯，爰具牲醴。執事駿奔，肅將俎几。神其顧歆，永錫多子。

青帝位酌獻，祐安伏羲、高辛酌獻並同。　瑞訖至止，祀事孔時。酌以清酒，裸獻載祇。神具醉止，介我蕃禧。乃占吉夢，維熊維羆。

亞、終獻，文安　中春涓吉，蒇事禖祠。禮備樂作，籩豆孔時。貳觴畢舉，薦獻無違。庶幾神惠，祥啓熊羆。

送神，理安　嘉薦令芳，有嚴禋祀。神來燕娭，永既醉止。風馭言還，栗然歘起。以祓以除，錫我蕃祉。

金史章宗本紀：明昌六年二月己未，始祭高禖。

禮志：明昌六年，章宗未有子，尚書省臣奏行高禖之祀，乃築壇於景風門外東南端，當闕之卯辰地，與圜丘東西相望，壇如北郊之制。歲以春分日祀青帝、伏羲氏、女媧氏，凡三位，壇上南向，西上。姜嫄、簡狄位於壇之第二層，東向，北上。前一日未明三刻，布神位，省牲器，陳御弓矢、弓韣於上下神位之右，其齋戒、奠玉幣、進熟皆如大祀儀。青帝幣、玉皆用青，餘皆無玉。每位牲用羊一、豕一。有司攝三獻司徒行事。禮畢，進胙，倍於他祀之肉。進胙官佩弓矢、弓韣以進，上命后妃嬪御皆執弓矢東向而射，以次飲福享胙。

章宗本紀：承安元年二月甲子，命有司祠高禖，如新儀。二年五月，皇子生。六月乙巳，命禮部尚書張暐報祀高禖。

明史禮志：嘉靖九年，青州儒生李時颺請祠高禖，以祈聖嗣，禮官覆以聞。帝曰：「高禖雖古禮，今實難行。」遂寢其議，已而定祀高禖禮。

春明夢餘録：高禖臺，明初無此祀，世宗嘉靖中始設木臺於皇城東永安門北震方，壇上皇天上帝南向，騂犢、蒼璧奉〔一〕，獻皇考配，西向，牛一、羊一、豕一。高禖在

〔一〕「蒼」，諸本作「花」，據春明夢餘録卷一九改。

壇下，西向，牛一、羊一、豕一。禮三獻，樂九奏，陳八佾。皇帝位，壇下北向。后妃嬪位，壇南數十丈外，北向，用帷。壇下陳弓矢、弧韣，如后妃嬪之數。祭畢，女官導后妃嬪至高禖前，跪取弓矢，授后妃嬪，受而納於弧韣。張璁言：「頃者，生員李時颺、監生張岑各疏請舉祀郊禖之禮，以祈聖嗣。夫古后稷之生，祈於郊禖；孔子之生，亦禱於尼山。禱之説，古禮有之，然大雅既醉之詩曰『公尸嘉告』，曰『君子萬年，永錫祚胤』，曰『釐爾女士，從以孫子』。夫公尸之告，皆祖考之錫福也。皇上仁孝誠敬，天地神明，日監在兹，況祖考之親者乎！臣願當兹慎選淑女之時，以廣求嗣續之誠，告於太廟，以祈祖考之祐，以慰聖母之心。」上嘉其請，擇十二月二十四日行禮，夏言充祈嗣醮壇監禮使。

世宗實録：十年十一月，復於欽安殿建祈嗣醮，以禮部尚書夏言充監禮使，侍郎湛若水、顧鼎臣充迎嗣導引官，啓醮。及除壇日，帝親詣進香行禮，餘遣大臣五人迭代。

圖書編：高禖，設木臺於震方，皇城東永安門之北。祭品：上帝儀同祈穀，皇考儀同高禖，太羹一，和羹二，簠簋各二，籩豆各六，牛一，羊一，豕一，帛用紅。上拜位設於壇下，北向。后妃位七，設於壇南數十丈外，北向，用帷。待贊行禮行，欽天監擇吉具奏。前三日，太常卿奏齋戒於宫中，上及皇后以下齋三日，執事内外官齋一日。前二日，太常寺卿、光禄卿奏省牲如儀，昊天上帝正位，皇考、獻皇帝配位，西向。高禖設於壇下，西向。陳弓韣、弓矢，如妃嬪之數。質明，上祭服，后禮服，妃嬪各服其服。上率后以下乘輅車至壇所，降。導駕官導上至拜位，女官導后以下各至拜位。典儀唱「執事官各司其事」，内贊奏「就位」，上就位，傳贊同，后以下帷中就位。典儀唱「迎神」，内贊奏「陞壇」，上陞至上帝前，奏「跪」，奏「搢圭」，奏「上香」。司香官捧香跪進於左。上三上香訖，奏「出圭」，導至皇考前，儀同。分獻官詣高禖神位前，上香訖，退立於東，奏「復位」，奏「四拜」，典儀唱「奠帛」，内贊奏「陞壇」，上陞至上帝前，跪，奏「搢圭」，奏「奠帛」。捧帛官以帛跪進於右，上受帛訖，導至皇考前，儀同。奏「復位」，典儀唱「行亞獻禮」。終獻禮儀同。太常卿進立於壇前，東向立。唱「賜福胙」，内贊奏「詣飲福位」，奏「飲福酒」，上飲訖，光禄寺卿捧福胙跪於左，内贊奏「受胙」，上受訖，奏「出圭，俯伏，興，平身」，奏「復位」，奏「四拜，平身」，傳贊同。典儀唱「徹饌」，唱「送神」，内贊奏「四拜，平身」，傳贊同。典儀唱「讀祝」，讀祝官捧祝進，帛官捧帛，掌祭官捧饌，各詣燎位，典儀唱「望燎」，内贊奏「詣望燎位」，上詣望燎位。燎畢，内贊奏「禮畢」，分獻太常寺官俱退。女官導皇后以下至高禖神位前，贊「跪」，皇后以下皆跪；贊「受弓矢」，女官跪詣神位取弓矢，以次授皇后以下，受訖，納韣；贊「俯伏，興，再拜」。禮畢，退，執事捧禖神位帛饌詣燎所，焚之。上率后以下乘輅還宮。

蕙田案：世宗定制郊禖，改祀昊天上帝，因明無五帝祀也，然太褻矣。

大學衍義補：丘氏濬曰：不孝有三，無後爲大。蓋祖宗一氣相傳，自開闢天地有人類以來，至於今日，生生禪續之不已。一旦至我身而閼絶焉，豈非大變事乎！矧有天下之大宗社之重，將以綿千百世之宗支，而爲億兆生民之主宰，尤不可不加之意焉。然是事也，雖若人爲，而實由乎天，是以自古聖王制爲郊禖之祀，以爲祈嗣之禮，必順天時，感物類，精意以禋之，備禮以祀之，庶幾高高在上者，或有所聞，而冀有感格之祥。後世不知出此，乃信方士之惑，而設素饌、投青詞，而求之窈冥茫昧之外，而不知吾聖人自有當行之禮也。臣竊以爲，古者祀高禖於郊壇，郊者，祀天之常所，而使后妃嬪御涉於其間，不無褻瀆，況郊在國都之外，而后妃嬪御之出入，亦或有不便焉者。臣請擇宫中潔淨之地，立爲禖壇，中設帝位，而以高禖配，庶於行禮爲宜。

蕙田案：古者祭祀之事，必備内外之官。後世一切典禮，婦人不預。雖高禖係后妃應行之禮，往往以爲難行而罷。此古今禮數之異也。丘氏之説，或亦有可采者歟？

右歷代祀高禖

五禮通考卷五十六

吉禮五十六

蜡臘

蕙田案：周禮籥章：「國祭蜡，則吹豳頌，擊土鼓，以息老物。」郊特牲：「天子大蜡八，歲十有二月，合聚萬物而索饗之。」蓋當萬寳告成，歲功既畢，教民報本反始，息老送終。小民終歲勤動，至此始得醉飽歡樂，又因以教之禮讓。黨正：「國索鬼神而祭祀，則以禮屬民，而飲於序，以正齒位。」注以爲即鄉飲酒之禮是也。周衰禮廢，一國之人皆若狂，然此飲酒，意在勞農休息，故孔子以爲「百日之蜡，一日之澤」，雖若狂，未足深過。月令曰：「臘先祖、五祀。」左傳曰：「虞不臘矣。」孔疏謂明當時有臘祭，周時臘與大蜡各爲一祭，漢改曰臘，不蜡而爲臘矣。以經傳考之，蜡之祭，自先嗇至水庸、猫、虎，臘則止先祖、五祀而已。蜡之祭廣，故順成之方乃行之。臘之祭專，雖年不順成，不能廢先祖、五祀之禮。此蜡與臘所以不同，而舉蜡者，仍復舉臘也。自漢改蜡爲臘，而蜡禮始不舉矣。自蔡邕合蜡、臘爲一而祖臘之説興，則并臘之正禮亦亡矣。自魏以後，祖臘異名，神位多少異數，亥辰寅戌異日，頗乖古義，並採著之，以考其得失焉。

蜡名義

禮記郊特牲：伊耆氏始爲蜡。注：伊耆氏，古天子號也。疏：明堂云：「土鼓葦籥，伊耆氏之樂。」禮運云：「夫禮之初，始諸飲食，蕢桴土鼓。」俱稱土鼓，則伊耆氏，神農也，以其初爲田事，故爲蜡祭以報天也。下云主先嗇，神農既爲始蜡，豈自祭其身以爲先嗇乎？皇氏云：「神農、伊耆，一代總號。」

陳氏祥道曰：禮記曰：「伊耆氏始爲蜡。」周禮伊耆氏掌共王之杖咸，以老者待杖然後安，猶老物待蜡然後息也。伊耆氏以有功於耆老著矣，故後世以其官爲姓。周文以其姓名官，先儒謂其始制鼓籥，又始爲蜡，於是以爲古王者之號。然古之制法者，隸首造曆，大橈作甲子，蒼頡造書之類，豈皆古王者哉！果伊耆氏實古王者之號，周人固應尊異而神之，不宜列於銜枚氏、壺涿氏，而以下士之官名之也。

蜡也者，索也，歲十二月，合聚萬物而索享之也。注：索，謂求索也。歲十二月，周之正朔，謂建亥之月也。享者，祭其神也，萬物有加功於民者，神使之也，祭之以報焉。造者配之也。疏：萬物非所享，但享其萬物之神。所以享其神者，萬物所以能加功於民，神使爲之。

馬氏晞孟曰：建亥之月，五穀已入。萬物所以成者，神有以相功於其幽，民有以致力於其明。神有功以相其幽則報之，民有力以致其明則勞之，所謂「百日之蜡，一日之澤」是也。

蕙田案：蜡者，索也，合聚萬物而索享之，蓋農功既成，特祭享以報先嗇，而凡物之有功於嗇事者甚多，因非常祀之所及，故必索而祭之。楚詞「吾將上下而求索」，是索字義也。既云索，則細微幽隱無所不到。故天子大蜡，仁之至，義之盡，其非常祀所及之神明矣。自鄭氏解月令以天宗、公社、門閭、先祖、五祀皆謂之蜡，而蜡之名義已失。夫日月、星辰、社稷、宗廟，乃國家之大祀，何待索而祭之耶？且合天宗與猫虎同類，而祭不已褻乎！又以先祖、五祀爲蜡，則混臘爲蜡，而臘之禮亦失，故蜡之名義，不可以不正。名義正，而注疏及後世之沿襲誤謬可一覽而知也。

右蜡名義

八蜡

禮記郊特牲：天子大蜡八。疏：「大蜡八」者，鄭注云：「先嗇一，司嗇二，農三，郵表畷四，猫虎五，坊六，水庸七，昆蟲八。」蜡云大者，是天子之蜡。禮運云「仲尼與蜡賓」，是諸侯有蜡也。

蕙田案：鄭注八蜡有昆蟲，以祝詞誤也，經文實無之。

蜡之祭也，主先嗇而祭司嗇也。注：先嗇，若神農者。司嗇，后稷是也。疏曰：「若」是不定之辭，以神農比擬，故云「若」。司嗇后稷無所疑，故不言「若」，直云「后稷是也」。以先嗇爲主，司嗇從祭。種曰稼，斂曰嗇。不云稼而云嗇者，取其成功收斂，受嗇而祭也。祭百種，以報嗇也。疏：百種，則農及郵表畷、禽獸等，所以祭之者，報其助嗇之功，使盡享焉。享農及郵表畷、禽獸，仁之至，義之盡也。注：農，田畯也。郵表畷，謂田畯所以督約百姓於井間之處也。疏：農，謂古之田畯，有功於民。「郵表畷」者，是田畯於井間所舍之處。郵，若郵亭屋宇處所。表曰畔。畷者，謂田畔相連畷，於此田畔相連畷之所，造此郵舍，田畯處焉。「禽獸」者，即下文云猫虎之屬。

古之君子，使之必報之。迎猫，謂其食田鼠也。迎虎，謂其食田豕也。迎而祭之也。迎其神也。祭坊與水庸，事也。注：水庸，溝也。疏：曰「祭坊與水庸，事也」者，是營爲所須之事，故云事也。坊者，所以畜水，亦以障水。庸者，所以受水，亦以泄水。謂祭此坊與水庸之神。

方氏慤曰：上言祭，下言享，互相備也。百種，百穀之種也。百種，乃嗇之所成，故祭百種以報嗇也。農則致所掌以養人而不失其時者也，郵則田官於此有所識，畷則田官於此有所聯，皆督約農事之處也，故三者合爲八蜡之一焉。鼠之與豕皆足以爲田之害，而猫與虎能食而除之，迎其神而祭之，則所以報之也。於猫虎如此，則六者可知矣。

馬氏晞孟曰：先嗇者，其智足以創物，立於其先。司嗇者，因其成法而謹其職而已，故祭則以先嗇爲主，而以司嗇配之。

張子曰：八蜡以記四方。八者，先嗇一也。是始治稼穡者，據易則是神農也。司嗇是脩此職者，二也。農，三也。郵表畷，四也。猫虎，五也。坊，六也。水庸，七也。百種，八也。百種，百穀之種也。祭之，以民食之重，亦報其嗇所成。舊説以昆蟲爲八，蟲是爲害者，不當祭。百種或致此百種而祭之，或只祭稷而已。

陳澔集説：嗇與穡同。先嗇，神農也。主，言爲八神之主也。司嗇，上古后稷之官。百種，司百穀之種之神也。報嗇，謂報其教民樹藝之功。

陳氏禮書：蜡之爲祭，所以報本反始，息老送終也。其服，王玄冕而有司皮弁、素服，葛帶、榛杖，其牲體疈辜，其樂六樂，而奏六變，吹豳頌，擊土鼓，舞兵舞、帗舞。其所致者，川澤、山林以至土示、天神莫不與焉。則合聚萬物而享之者，非特八神也。而所重者八，以其尤有功於田故也。其神之尊者，非特先嗇也，而主先嗇，以其始有事於田故也。鄭氏曰：「先嗇，若神農者。司嗇，后稷是也。農，田畯也。郵表畷，田畯所以督約百姓於井間之處也。」爾雅：「田畯，農夫也。」然則蜡之八神，則先嗇也，司嗇也，百種也，農也，郵表畷也，禽獸也，坊也，水庸也。古者蜡則飲於學，黨正「屬民飲酒於序」是也。

程氏迥曰〔一〕：八蜡之祭，爲民設教也厚矣。方里而井，八家共焉，吾食其一，仰事俯育資焉而無憾者，可不知所本乎！古有始爲稼穡，以易佃漁，俾吾卒歲無饑〔二〕，不與禽獸爭一旦之命者，繄先嗇是德，故祭先嗇焉。曰司嗇者，謂修明其政而潤色之者也。曰農者，謂傳是業以授之於我者也。曰郵表畷者，畷，井田間道也，郵表也者，謂畫界分理以是爲准者也。昔之人爲是而勞，今我蒙之而逸，蓋不得不報也。曰猫虎者，謂能除鼠豕之害吾稼者也。曰坊者，謂昔爲隄防之人，使吾禦水患者也。曰水庸者，謂昔爲畎澮溝洫，使吾爲旱備者也。曰昆蟲者，先儒謂昆蟲害稼，不當與祭，乃易以百種，是不然，所謂昆蟲者，非祭昆蟲也，祭其除昆蟲而有功於我者也；除昆蟲者，不一而足，如火田之人、捕蝗之子，

〔一〕「程氏迥」，文獻通考卷八五作「沙隨程氏」，是。
〔二〕「俾」，原作「但」，據光緒本、文獻通考卷八五改。

禽鳥或能食之，霜霰或能殺之，以其不一而足，故直曰昆蟲焉耳。夫以表畷、坊庸之賤隸，猫虎、昆蟲之細效，吾不敢忘，皆得以上配先嗇、司嗇之享，其民勸於功利，推而廣之，等而上之，視君親如天地而不敢慢也。觀三代里田蜡祭之時，其民恬寧愉樂，和睦無怨，故鬼神享馨香之薦，交歸其德，不爲妖厲，豈不盛矣乎！

大學衍義補：丘氏濬曰：八蜡之名，鄭玄所叙者，有昆蟲而無百種，張載謂昆蟲不當祀，而以百種足其數，陳祥道則以猫虎爲禽獸，切觀下文所謂主先嗇、祭司嗇、祭百種、祭坊與水庸、享農及郵表畷、禽獸，曰主、曰祭、曰享，其文各不同。蓋主者，以之爲主，司嗇與司穀種及坊與水庸之神則所致祭者焉，然所以主其祭者，則先嗇也。若夫所謂古者田畯之官及郵表畷督耕之處，與夫食鼠食豕之禽獸則有功於稼穡者，故從而索享之也。所謂迎猫，爲其食田鼠，迎虎謂其食田豕，所以釋其享禽獸之故，則陳氏以迎猫虎爲禽獸者良是也。然禽獸不止猫、虎，凡食爲除所以害稼穡者皆在其中矣。所謂昆蟲者，特見祝辭中語昆蟲，祝其毋作者，恐其起而害稼也，其不當祭明矣。八蜡之名，當以陳氏爲正。

蕙田案：八蜡昆蟲之祭，經無明文。張子及禮書、兩陳氏之説爲是，丘氏宗之當矣，沙隨説未的。

蔡氏德晉曰：伊耆氏始爲蜡，皇氏侃及熊安生俱以伊耆爲神農，路史謂神農初國伊，繼國耆，故氏。伊耆生三歲，而知稼穡，般戲必於黍稷，爲能神明於農事，因號神農也。天子大蜡八，則所祭之神有八，一先嗇，二司嗇，三農，四郵，五表畷，六坊，七水庸，八禽獸，即猫虎也。種曰稼，斂曰嗇。天生五穀，雜於庶草，先嗇知粒食利於養生，因收穫之，又從而種植之，而農事以起，是爲田祖。司嗇則守其法以教民稼穡者也。路史燧人氏鑽木取火，以燔黍捭豚。葛天氏之樂八闋，其四曰「奮五穀」，是有先神農而知穡事者也。農，勸農之官，是爲田畯。郵，始造郵舍，俾田畯居之以督耕者。表畷，治疆理田而植樹木以爲標，列阡陌以爲道者。坊，始造隄防以障水者。水庸，始造水溝以注水者。禽獸即猫、虎。猫能食田鼠，虎能食田豕，故迎其神而祭之。八神之位，先嗇爲主，正中，司嗇及農爲配，司嗇居左，次郵，次坊，農居右，次表畷，次水庸，禽獸附祭於下，猫左而虎右。陸農師謂，鼠善害苗，猫能捕鼠，故字從苗，其有功於田尤大也。先儒之言八神者，不知郵與表畷爲二而誤合之，以爲造郵舍於田畔相連綴之處，即不足八神之數。鄭康成、蔡中郎則以祝詞有「昆蟲無作，草木歸其澤」之語，因以昆蟲爲一。夫昆蟲不當祭，若祭除昆蟲者，亦當祭除草木者，而不止於八矣。況詩云「去其螟螣，及其蟊賊，毋害我田穉」。田祖有神，秉畀炎火」，則除昆蟲，亦先嗇司嗇事耳。王子雍分猫、虎爲二，夫猫、虎即禽獸，似亦不宜分也。陳用之又因祭百種以報嗇之文，而以百種爲一。夫此特言祭用百種之穀，以報先嗇司嗇云耳，初非祭百種之穀也。若祭百種之穀，則是祭穀神而爲社稷之祭，非蜡祭也。

蕙田案：蔡氏以郵、表畷爲二，未詳何據。竊謂畷有郵而謂之表，若無郵則何表之與有？舊説爲是。又謂祭用百種之穀以報先嗇，若祭百種之穀，則是祭百神而爲社稷之祭，亦非也。從來祭祀用黍稷，未有用百種爲齍盛者，社稷正祭稷神，乃百穀之長，蜡則兼百種之神而祭之也。

觀承案：八蜡之目，注疏以昆蟲爲第八者，自不合，即謂非祭昆蟲，乃祭禦昆蟲之神，則豳雅「田祖有神，秉畀炎火」，當祭田祖之神，且地官族師有祭酺，是祭捕蝗之神，不當反以昆蟲名其神也。張子獨據經文「祭百種」句，而以百種易昆蟲，始爲穩妥，故二陳氏俱從之；若蔡德晉去昆蟲而析郵、表畷爲二，則割裂不通矣。然司嗇即古稷官，稷爲百穀之長，祭百種以報嗇，是報司嗇之神，而百種乃其祭物耳，不當又分爲二也。王肅舊説則先嗇一、司嗇二、農三、郵表畷四、貓五、虎六、坊七、水庸八，亦只就經文看出，因迎貓迎虎本分爲二，而亦分之，爲文順也。且祭各有尸，昆蟲之尸固難肖，即百種之尸，亦當作何狀貌耶？則不如此説爲當也。

八蜡以記四方。四方年不順成，八蜡不通，以謹民財也。順成之方，其蜡乃通，以移民也。既蜡而收，民息已。故既蜡，君子不興功。注：四方，方有祭也。其方穀不熟，則不通於蜡，使民謹於用財也。移之言羨也。詩頌豐年曰「爲酒爲醴，烝畀祖妣，以洽百禮」，此其羨之與？

收謂收斂積聚也。息民與蜡異，則黄衣黄冠而祭，爲臘必矣。疏：此論天子蜡祭，四方不同，豐荒有異，兼記臘祭宗廟息民之事。四方之内，年穀不得和順成熟，則當方八蜡之神，不得與諸方通祭。所以然者，欲使不熟之方，萬民謹慎財物也。有順成之方，其蜡之八神，乃與諸方通祭。以蜡祭豐饒，皆醉飽酒食，使民歆羡也。前文云「黄衣黄冠而祭」，不云臘之與蜡，似爲一。此文云「既蜡而收，民息已」，先蜡，後息民，是息民爲臘，與蜡異也。前「黄衣黄冠」在蜡祭下，故鄭知是臘也。月令臘在祈天宗之下，但不知臘與蜡祭相去幾日，准隋禮及今禮，皆蜡之後日。不興功，謂不興農功。若土功，則左傳云：「龍見而畢務，戒事也。火見而致用，水昏正而栽，日至而畢。」土功，建亥之月起，日至而畢也。

方氏慤曰：記四方者，記四方之豐凶也。年不順成，八蜡不通，此以蜡而記其凶也。順成之年，其蜡乃通，此以蜡而記其豐也。蜡乃合聚之祭，故因其合聚而收之也。物既收，則民亦息。民息則一歲之事已矣，故曰民息已。前言息田夫，此言民息，互相備也。功者，民力之所致。民息已，故既蜡，君子不興功。但蜡本以息農夫，則此所言功，止謂農功耳。若夫宫功，則執於建亥之月，土功則畢於建子之月，武功則纘於建丑之月，而既蜡，君子未始不興功焉。

柳宗元蜡説：柳子爲御史，主祀事。將蜡，進有司以問蜡之説，則曰：「合百神於南郊，以爲歲報者也。」先有事，必質於户部，户部之詞曰：「旱於某，水於某，蟲蝗於某，癘疫於某，則黜其方守之神，不及以祭。」余嘗學禮，蓋思而得之，則曰：「順成之方，其蜡乃通。」若是，古矣。繼而歎曰：「神之貌乎，吾不可得而見也；祭之享乎，吾不可得而知也。是其誕漫惝怳，冥冥焉不可執取者。夫聖人爲心也，必有道而已矣。非於神也，蓋於人也。以其誕漫惝怳，冥冥焉不可執取而猶誅削若此〔一〕，況其貌言動作之塊然者乎！是設乎彼而戒乎此者也，其旨大矣。」或曰：「若子之言，則旱乎、水乎、蟲蝗乎、癘疫乎，未有黜其吏者而神黜焉。而曰『蓋於人者』，何也？」予曰：「若子之云，旱乎、水乎、蟲蝗乎、癘疫乎，豈人之爲耶？故其黜在神。暴乎、眊乎、沓貪乎、罷弱乎，非神之爲也，故其罰在人。今夫在人之道，則吾不知也。不明斯之道，而存乎古之數，其名則存，其教之實則隱，以爲非聖人之意，故歎而云也。」曰：「然則致雨反風，蝗不爲災，虎負子而趨，是非人之爲則何以？」余曰：「子欲知其以乎？所謂偶然者，信矣。必若人之爲，則十年九澇、八年七旱者，獨何如人哉！其黜之也，苟明乎教之道，雖去古之數，可矣。反是，則誕漫之説勝，而名實之事喪，亦足悲乎！」

右八蜡

臘

禮記月令：孟冬之月，臘先祖、五祀。注：臘，謂以田獵所得禽祭也。

春秋僖公五年左氏傳：宫之奇曰：虞不臘矣。注：臘，歲終祭衆神之名。疏：此言虞

〔一〕「削」，原作「前」，據光緒本、柳宗元集卷一六改。

不臘矣，明當時有臘祭。周時臘與大蜡各爲一祭，漢改曰臘，不蜡而爲臘矣。

朱子曰：史記云：「左丘失明，厥有國語。」左傳是姓左人作。秦始有臘，而左氏謂虞不臘矣，是秦時文字分明。

蕙田案：孔疏，周時臘與大蜡各爲一祭，漢改曰臘，不蜡而爲臘矣。的是蜡、臘正解，既從杜氏，不以妨鄭爲嫌也。

玉燭寶典：臘者，祭先祖，蜡者，報百神，同日異祭也。

辨鄭氏祈年天宗、割祠公社及門閭、臘先祖五祀俱蜡祭：

禮記月令：孟冬之月，天子乃祈來年於天宗，大割祠於公社及門閭，臘先祖、五祀。鄭注：此周禮所謂蜡祭也。天宗，日月星辰也。或言祈年，或言大割，或言臘，互文。疏：「祈來年於天宗」者，謂祭日月星辰也。「大割祠於公社」者，謂大割牲以祀公社。「及門閭」者，先祭社，後祭門閭，故云及。「臘先祖、五祀」者，臘，獵也，謂獵取禽獸以祭先祖、五祀也。此等之祭，總謂之蜡。若細別言之，天宗、公社、門閭謂之蜡，其祭則皮弁素服，葛帶榛杖。其臘先祖、五祀，謂之息民之祭，其服則黄衣黄冠。鄭注郊特牲云：「息民與蜡異也。」知此周禮所謂蜡者〔一〕，以郊特牲「蜡者，索也，索萬物而享之」。案籥

〔一〕「知」，諸本作「如」，據禮記正義卷一七改。

章云：「國祭蜡，吹豳頌，以息老物。」蜡而後息老。此經亦先祭衆神，乃後勞農休息，文與籥章相當，故經廣祭衆神，是周禮籥章所謂蜡祭也。云「或言祈年，或言大割，或言臘，互文」者，天宗、公社、門閭、先祖、五祀等，皆祈年、大割、臘祭之事，故云「互」也。

陳氏禮書：既蜡，則臘先祖、五祀於廟，「仲尼與於蜡賓，事畢，出遊於觀之上」是也，然則臘亦謂之蜡矣。先儒以郊特牲言「皮弁素服而祭」，又言「黄衣黄冠而祭」，則二祭之服不同。月令言「祈來年於天宗，割祠於公社」，又言「臘先祖、五祀」，則祈臘之名不同。於是謂皮弁素服而祭，與祈來年於天宗，蜡也；黄衣黄冠而祭，與臘先祖、五祀，臘也。蜡以息老物，臘以息民，息民固在蜡後矣。此記所以言既蜡而收民息已也，周蜡於十有二月，秦臘於孟冬，皆建亥之月也。晉侯以十二月滅虢，遂襲虞，宫之奇曰：「虞不臘矣。」則臘在蜡月可知矣。古者臘有常月而無常日，祖在始行而無常時。由漢以來，溺於五行之説，以王曰祖，以衰曰臘，其失先王之禮遠矣。後周兼五天帝、五人帝與百神而蜡於五郊，唐不祭五天帝、五人帝，特蜡百神於南郊，而缺其方之不登者，然蜡因其順成之方以報神，因其州之序以樂民，則唐一於南郊，非也。蜡及天宗，則日月星辰之類而已，後唐兼天帝而祭之，亦非也。先儒謂蜡六奏樂而禮畢，東方之祭則用太蔟、姑洗，南方蕤賓，西方夷則、無射，北方則黄鍾爲均，於理或然。

羅泌路史：蜡與臘異。臘也者，獵也，獵取禽獸以祭祖，故禮臘先祖、五祀在蜡後。漢、唐蜡祭徧及五祀，蜡則於郊，臘則於廟。蜡祭宗而不及天，祭社而不著地，以異於郊也。玉燭寶典云：「臘者，祭先祖，蜡者，報百神，同日而異祭。」蓋亦以漢世季冬勞農大享、臘祭宗廟五祀同於一日爾。

蔡氏德晉曰：周禮司服祭群小祀則玄冕，然冕服始於黄帝，而神農時未有，故蜡祭主祭者皮弁素服，助祭者黄衣黄冠。鄭康成以黄衣黄冠爲既蜡臘先祖、五祀者，非也。月令「孟冬天子乃祈來年於天宗，大割祠於公社及門閭，臘先祖、五祀」，言祈、言祠、言臘，三祭皆與蜡無涉。蜡惟祭八神，不及其他，而鄭康成月令注云，此周禮所謂蜡祭者，非也。左傳宫之奇云「虞不臘矣」，即月令之臘先祖、五祀，謂以田獵所得禽祭。周官大司馬「仲冬教大閱。致禽饁獸於郊，入獻禽以享烝」是也。蓋周時蜡祭八神，臘祭先祖、五祀，各爲一祭；至秦、漢間，歲終祭衆神，俱名臘，故説文云「冬至後三戌，臘祭百神」。史記秦惠文王十二年，初臘。始皇三十一年，更名臘曰嘉平，漢復曰臘。秦又有伏。史記秦德公二年，初伏。注：「六月三伏之節，始自秦德公。」伏者，金氣伏藏之日，四氣代謝皆相生，至立秋以金代火，金畏火，故庚日必伏。夏至後三庚爲初伏，四庚爲中伏，立秋後初庚爲末伏也。漢又有祖，旺曰祖，衰曰臘。周以前無所謂伏與祖者。蜡之名，則自神農至周不變，臘則僅爲先祖、五祀之祭，而與蜡同月。乃中郎獨斷載四代臘之别名：夏曰嘉平，殷曰清祀，周曰大蜡，漢曰臘。五祖，臘祖之别名，青帝以未臘卯祖，赤帝以戌臘午祖，白帝以丑臘酉祖，黑帝以辰臘子祖，黄帝以辰臘未祖，均係漢儒附會之説，不足信也。

蕙田案：蜡、臘之祭，是二非一，見於經傳者甚明。蜡祭有八，而八者所統甚多，故有百物、萬物之説。臘則先祖、五祀而已。月令孟冬祈年是祭天宗，割祠是祭社及門閭，臘是祭先祖、五祀，皆與蜡無涉。鄭氏以蜡有索享萬物之語，遂并以爲蜡祭。蔡氏辨之極是，豈知禮文明言萬物、百物，至日月星辰、社稷乃天地神祇中之尊者，而豈以萬物該之乎？自此注一誤，秦、漢遂舉臘而廢蜡，蔡邕遂以蜡、臘爲一事，後世且以天神、地祇爲重，而祭之於南郊、四郊，是并八蜡之本義俱失之，而非主先嗇、祭司嗇之意矣，皆鄭氏誤之也。

楊氏復曰：夏正建寅，殷正建丑，周正建子。三正不同，夫子告顔淵獨以夏時爲正。蓋建寅者，生物之始，亦人事之始，故以爲歲首。建丑者，成物之終，亦人事之終，故以爲歲終，則行蜡、臘之祭宜也。禮記月令孟冬臘先祖、五祀，籥章國祭蜡，黨正國索鬼神而祭祀，鄭氏兩注皆謂建亥之月，亦可疑。原記禮者及注家之意，豈不曰此皆周禮也。周以建子爲歲首，故以建亥之月爲歲終；然夏、殷、周三王示不相沿，特以其月爲大朝會、大政令之始，而天時之始終，則不可易也。建亥孟冬之月謂之歲終，可乎？漢史：臘月，陳勝之御莊賈殺勝以降秦。張晏曰：「秦之臘月，夏之九月也。」其意亦曰秦以建亥爲正，而臘則建戌也。臣瓚曰：「建丑之月也。」師古曰：「史記云胡亥二年十月誅葛嬰，十一月周文死，十二月陳勝死。臣瓚説是也。」夫秦人不師古始，猶知以建丑之月爲臘，孰謂周人以建亥爲臘乎？

蔡氏德晉曰：建亥之月，農事既畢，乃行蜡祭，於夏爲十月，於商爲十一月，於周爲十二月。郊特牲云「蜡也者，索也，歲十二月，合聚萬物而索享之」是也。

蕙田案：豳七月詩躋堂稱兕，疏引「國索鬼神而祭祀，以禮屬民，而飲於序，以正齒位」，則即是蜡也。據詩在「十月滌場」之時，故月令屬之孟冬。蓋農功甫畢，三時勤動，至是乃始休息，是蜡在建亥之月無疑。且春秋用周正，虞滅虢在十二月，明是一大證據。況若在建丑之月，是元正方過，于耜舉趾，又將復始農功，何息之有？楊氏之説非是。

右臘

蜡祭禮物樂舞祝詞

周禮春官大宗伯：以貍辜祭四方百物。注：貍謂磔禳及蜡祭。疏：云「及蜡祭」者，彼云「蜡也者，索也，歲十二月，合聚萬物而索享之」，謂天子於周之十二月，建亥之月，於郊而爲蜡法。

司服：祭群小祀則玄冕。注：群小祀，林澤、墳衍、四方百物之屬。疏：云「群小祀，林澤、墳衍、四方百物」者，此據地之小祀。以血祭社稷爲中祀，貍沈以下爲小祀也。

禮記郊特牲：皮弁素服而祭。素服，以送終也。葛帶榛杖，喪殺也。蜡之祭，仁之至，義之盡也。注：送終、喪殺，所謂息老物也。素服，衣裳皆素。黄衣黄冠而祭，息田夫也。野夫黄冠。黄冠，草服也。注：祭，謂既蜡，臘先祖、五祀也。於是勞農以休息之。論語曰：「黄衣狐裘。」黄冠草服，言祭以息民。服象其時物之色，季秋而草木黄落。疏：上云「蜡」，此云「祭」，故知既蜡，臘先祖、五祀。對文蜡、臘有別，總其義俱名蜡也。田夫，則野夫也。野夫著黄冠。

陳氏祥道曰：皮弁素服而祭者，蜡祭四方百物也。黄衣黄冠而祭者，臘先祖、五祀也。蜡以息老物，故服送終之服，而以皮弁素服、葛帶榛杖；臘以息民，故服田夫之服，而以黄衣黄冠。然周禮司服「王祭群小祀則玄冕」，鄭氏曰：「群小祀，林澤、墳衍、四方百物之屬也。」大宗伯「以疈辜祭四方百物」，鄭氏曰：「四方百物，磔禳及蜡祭也。」王於蜡服玄冕而有素服與黄冠者，蓋執事者之服歟？

方氏慤曰：皮則其色白，素服則衣裳皆素。素者，送終之服，而蜡亦送終之事，故云以送終也。别言之則服止言衣裳，合言之則弁亦服爾，故下止言素服也。帶不以麻而以葛，杖不以竹而以榛，若喪也，而實非喪，故曰喪殺也。既非喪，必欲若喪者，以其有送終之義故也。前言皮弁素服，後言黄衣黄冠而祭，説者謂皮弁素服爲主祭者之服，黄衣黄冠爲助祭者之服，是矣。其言野夫黄冠則爲助祭者之服可知。且皮弁素服則以送終爲義，黄衣黄冠則以息田夫爲義。送終者，祭之道也。田夫者，祭之事也。夫黄者，土之色。百昌生於土而作，終亦反於土而息。冬則反於土之時也，服以是色亦宜矣。土爰稼穡者，田夫之事，取土之義，以息田夫，又宜矣。以土之義如此，故凡野夫皆黄冠。野夫即田夫也，言其所事曰田夫，言其所居曰野夫。草服謂草野之服，故下言草笠以爲野也。上兼言黄衣，而下止言黄冠，則以草服該之故也。然籥章曰息老物，此曰息田夫者，蓋作之於始，息之於終，雖人之情，亦是道也。終則有始，今歲之息，乃所以兆來歲之作。息猶氣之息也，往來未嘗息，乃所以爲息也。

蕙田案：鄭以皮弁素服是蜡祭，黄衣黄冠是臘服。陳氏以爲俱是執事者之服，方氏以爲皮弁素服是主祭者之服，黄衣黄冠是助祭者之服。三説之中，當以方氏爲長。

周禮春官籥章：國祭蜡，則吹豳頌，擊土鼓，以息老物。注：玄謂十二月，建亥之月也。索萬物而祭之者，萬物助天成歲事，至此爲其老而勞，乃祀而老息之，於是國亦養老焉，月令「孟冬，勞農以休息之」是也。豳頌，亦七月也。七月又有「穫稻作酒，躋彼公堂，稱彼兕觥，萬壽無疆」之事，是亦歌其類也。謂之頌者，以其言歲終人功之成。疏：此蜡祭直擊土鼓，案明堂位云「土鼓、葦籥，伊耆氏之樂」，即此，亦各有葦籥可知。言「以息老物」者，謂息田夫、萬物也。云「謂之頌者，以其言歲終人功之成」者〔一〕，凡言頌者，頌美成功之事，故於七月風詩之中，亦有雅、頌也。

李氏景齊曰：豳詩曰豳雅，先儒以爲七月之詩，備風、雅、頌三體，非也。籥章所謂豳籥者，蓋以豳吹爲籥，以豳籥而吹詩與雅、頌，皆以豳名。夫逆暑迎寒而吹豳詩者，此則七月之詩，蓋如授衣、鑿冰之屬，皆先寒暑以戒事故也。祈年而吹豳雅，祭蜡而吹豳頌，蓋雅者，言王政之所由廢興，頌者，以其成功告神明。祈年之禮，王政之所急先，故宜歌雅；而蜡祭之設，所以答鬼神之功，故宜歌頌。詩之小雅甫田之詩曰：「琴瑟擊鼓，以御田祖，以祈甘雨。」所謂祈年而吹豳雅者，毋乃在是詩？周頌豐年之詩

〔一〕「功」，原作「工」，據光緒本、周禮注疏卷二四改。

曰：「爲酒爲醴，烝畀祖妣，以洽百禮。」所謂祭蜡吹豳頌者，毋乃在是乎？

何氏楷世本古義：豐年，孟冬祭八蜡也，是爲豳頌。今案：豐年之詩，舊亦知爲報賽而作，然無有知其專爲蜡祭者。愚蓋即以豐年一語知之。蜡祭惟年豐有之，非若他祭，不問豐凶，其禮不廢。此詩特以年豐降福爲言，非報賽八蜡而何？天子大蜡八，諸侯之蜡未聞，然禮運言「仲尼與於蜡賓」，則可見諸侯之國有蜡矣。所以知此詩爲豳頌者，以其事與周禮合，而詩又在頌中，其爲豳頌明矣。

又曰：良耜，蜡祭報社也，是爲豳頌。蜡之爲言索也，謂合祭萬物之神而索享之也。天子大蜡八，而又有天宗之祈，公社、門閭之祀。周禮黨正亦云「國索鬼神而祭祀」。若然，則凡爲神者，莫不與矣，而獨謂是詩爲報社者，何也？禮，祭陰祀用黝牲。陰祀者，先儒謂祭地北郊，及社稷也。黝也者，黑也。殺時犉牡，固黑脣也。祭地北郊，天子之禮，諸侯惟祭社稷。祭社必及稷也，是以知其爲報社也。社祭，一歲凡有三。月令「仲春，擇元日，命民社」，一也；雩祭「以社以方」，二也；「孟冬，大割祠於公社」，三也。與祈年天宗並舉者，周禮肆師之職所謂「社之日，莅卜來歲之稼」，即此時事也。若門閭之祀，不知何神，如以爲五祀中之門，則既蜡而臘，復又及五祀矣，似不應瀆祭也。且既非陰祀，即不用黝牲，以是知此詩之作專爲報社也。

又曰：載芟，孟冬臘先祖、五祀，以禮屬民，飲酒正其齒位，亦豳頌也。月令「孟冬之月，天子乃祈來年於天宗，大割祠於公社及門閭，臘先祖、五祀」。郊特牲云：「黄衣黄冠而祭，息田夫也。野夫黄冠。黄冠，草服也。」先儒謂此既蜡後臘先祖、五祀之祭也。對文，蜡、臘有別，總其義，俱名蜡也。唐孔氏云：「月令臘在祈天宗之下，但不知臘與蜡祭相去幾日，准隋禮及今禮，皆蜡之後日。」又案臘之義訓有二。徐鍇云：「臘，合也，合祭諸神也。」應劭亦云：「臘者，接也，新故交接，狎臘大祭以報功也。」謂愚謂此義得之。狎臘者，重接之貌。西京賦「披紅葩之狎臘」是也。乃先儒相傳，皆謂臘者，獵也。謂以田獵所得禽祭也，夫郊特牲篇有曰：「大羅氏，天子之掌鳥獸者也，諸侯貢屬焉。草笠而至，尊野服也。羅氏致鹿與女，而詔客告也。曰：『好田好女者，亡其國。』」是則好田之戒，正申飭於臘月來貢之時，而謂其臘禽以祭乎，必不然矣。或有疑周禮羅氏職有「蜡則作羅襦」之語，謂將以羅網圍取禽也。夫野虞教道田獵，實在仲冬，此時作羅襦，亦以備用也，即周禮「中冬狩田，獻禽享烝」，非臘月也。

大司樂：凡六樂者，一變而致羽物及川澤之示，再變而致臝物及山林之示，三變而致鱗物及丘陵之示，四變而致毛物及墳衍之示，五變而致介物及土示，六變而致象物及天神。注：此謂大蜡索鬼神而致百物，六奏樂而禮畢。東方之祭用太蔟、姑洗，南方之祭用蕤賓，西方之祭用夷則、無射，北方之祭用黃鍾爲均。每奏有所感，致和以來之。

鄭氏鍔曰：致者，使之自至。樂作於此，物應於彼，雖聖人亦安能限其必至哉？亦意其來格而已。樂止於六變者，蓋蜡祭之樂，六變而祭畢。

地官鼓人：凡祭祀百物之神，鼓兵舞、帗舞者。注：兵，謂干戚也。帗，列五采繒爲之，有秉。皆舞者所執。疏：此更廣見小神之事，故云「凡祭祀百物之神」也。云「鼓兵舞、帗舞者」，天地之小神，所舞不過此兵舞、帗舞二事。案下舞師，山川用兵舞，社稷用帗舞。今此小神等，若義近山川者舞兵舞，義近社稷者舞帗舞，故六舞之中惟言此二物而已。

禮記郊特牲曰：土反其宅，水歸其壑，昆蟲毋作，草木歸其澤。注：此蜡祝辭也。若辭同，則祭同處可知矣。壑猶坑也。昆蟲，暑生寒死，螟螽之屬爲害者也。疏：此以下皆蜡祭之祝辭。土即坊也。反，歸也。宅，安也。土歸其安〔一〕，則不崩。「水歸其壑」者，水即水庸。壑，坑坎也。水歸其壑，謂不汎濫。「昆蟲毋作」者，昆蟲，螟螽之屬也。得陰而死，得陽而生，故曰昆蟲。毋作，謂不爲災。「草木歸其澤」者，草，苔稗，木，榛梗之屬也，當各歸生藪澤之中，不得生於良田害嘉穀也。蜡祭乃是報功，故亦因祈禱有此辭也。一云祝辭言此神，由有此功，故今得報，非祈禱也。辭有水土、昆蟲、草木者，以其無知，故特有辭也。而先嗇之屬有知，故不假辭也。據此祭草木有辭，則草木當有神。八蜡不數之者，以草木徧地皆是，不如坊與水庸之屬各指其一物，故不數。

周氏諝曰：大蜡祝辭，雖紀歲終之事，蓋亦有順天時、息老物之意也。

馬氏晞孟曰：蜡者，於歲之終報其成功，又以祈來年之始，故祀之辭如此。草木者，萬稗之屬。

〔一〕「安」，原作「宅」，據味經窩本、乾隆本、光緒本、禮記正義卷二六改。

蔡邕獨斷：天子大蜡八神，爲位相對向。祝曰：土反其宅，水歸其壑，昆蟲毋作，豐年若上歲，取千百。

右蜡祭禮物樂舞祝詞

祭蜡飲酒正齒位

周禮地官黨正：國索鬼神而祭祀，則以禮屬民，而飲酒於序，以正齒位。注：國索鬼神而祭祀，謂歲十二月大蜡之時，建亥之月也。正齒位者，鄉飲酒義所謂「六十者坐，五十者立侍。六十者三豆，七十者四豆，八十者五豆，九十者六豆」是也。必正之者，爲民三時務農，將缺於禮，至此農隙而教之尊長養老，見孝悌之道也。黨正飲酒禮亡，以此事屬於鄉飲酒之義，微少失矣。凡射飲酒，此鄉民〔一〕，雖爲卿大夫〔二〕，必來觀禮。鄉飲酒、鄉射記「大夫樂作不入，士既旅不入」是也。疏曰：黨正行正齒位之禮，在十二月建亥之月爲之，非蜡祭之禮。而此云「國索鬼神而祭祀」者，以其正齒位，禮在臘月，故言之以爲節耳。當國索鬼神而祭祀之時，則黨正屬聚其民而飲酒於序學中，以行正齒位之法。當

〔一〕「此」，諸本作「比」，據周禮注疏卷一二改。
〔二〕「卿」，諸本作「鄉」，據周禮注疏卷一二改。

正齒位之時，民内有爲一命以上，必來觀禮，故須言其坐之處。

黄氏度曰：社、禜、酺皆鄉祭，惟蜡爲國祭，蓋亦命祀也。

陸氏佃曰：其屬飲則於鄉學，其主人則以鄉官，其賓介則處士賢者，其謀介則就先生。坐主人於東南，僎於東北，坐賓於西北，坐介於西南，此正位也。一命齒於鄉里，再命齒於父族，三命而不齒。六十者三豆，七十者四豆，八十者五豆，九十者六豆，此正齒也。

王氏詳説曰：鄉大夫三年一行鄉飲酒禮，黨正一年而行鄉飲酒禮。鄉大夫行此禮，以賓興。黨正行此禮，以正齒位。

劉氏彝曰：大司徒之職曰「大荒、大札，則令邦國移民通財、舍禁弛力、薄征緩刑」，然則蜡之通不通，皆聽命於司徒矣。蜡禮既畢，然後息民之祭行焉。然則黨正「國索鬼神而祭祀」者，蜡也，非其所職焉，其所職者，於蜡之後，以禮屬其黨之民，飲酒於序，以正齒位。而謂之息民者，息其田野之勞而入於邑居以習禮義，故正其齒位以爲庠序之先焉。

禮記禮運：昔者仲尼與於蜡賓，事畢，出遊於觀之上，喟然而歎。注：蜡者，索也。歲十二月，合聚萬物而索享之，亦祭宗廟。時孔子仕魯，在助祭之中。觀，闕也。孔子見魯君於祭禮有不備，於此又睹象魏舊章之處，感而歎之。疏：鄭引郊特牲十二月蜡，據周言之，夏則十月，殷則十一月，謂建亥之月也。以萬物功成報之。

方氏慤曰：助祭者，必有飲食以勞之，故謂之賓焉。文王世子於釋菜言退儐者，以此。

雜記：子貢觀於蜡。孔子曰：「賜也，樂乎？」對曰：「一國之人皆若狂。賜未知其樂也。」子曰：「百日之蜡，一日之澤，非爾所知也。張而不弛，文、武弗能也。弛而不張，文、武弗爲也。一張一弛，文、武之道也。」注：國索鬼神而祭祀，則黨正以禮屬民，而飲酒於序，以正齒位。於是時，民無不醉者如狂矣。曰未知其樂，怪之也。蜡之祭，主先嗇。大飲烝，勞農以休息之，言民皆勤稼穡，有百日之勞，喻久也。今一日使之飲酒燕樂，是君之恩澤，非女所知，言其義大也。張、弛，以弓弩喻人也。弓弩久張之，則絶其力，久弛之，則失其體。

呂氏大臨曰：自秋成至于十二月有百日，在百日中索是鬼神以脩蜡禮，故曰百日之蜡。至於十二月乃祭，祭而遂息田夫，故曰一日之澤。

方氏慤曰：蜡者，既勞之而報之也。澤者，欲息之而加之惠也。勞之其來也久，故言百日之蜡。息之其及也均，故言一日之澤。

玉藻：惟饗野人皆酒。疏：饗野人，謂蜡祭時也〔一〕。野人賤，不得比士〔二〕，又無德，又可飽

〔一〕「時」，諸本作「是」，據禮記正義卷二九改。
〔二〕「比士」，原作「本古」，據禮記正義卷二九改。

食，則宜貪味，故惟酒而無水也。

右祭蜡飲酒正齒位

蜡時之事

周禮考工記梓人：張獸侯，則王以息燕。注：獸侯，畫獸之侯也。息者，休農息老物也。燕，謂勞使臣，若與群臣飲酒而射。疏：云「息者，休農息老物也」者，謂十月農功畢，君臣飲酒，以休農止息之，老萬物也。

夏官羅氏：蜡則作羅襦。注：作，猶用也。鄭司農云：「蜡，謂十二月大祭萬物也。」襦，細密之羅〔一〕。襦讀爲『繻有衣袽』之繻。」玄謂：蜡，建亥之月。此時火伏，蟄者畢矣，豺既祭獸，可以羅罔圍取禽也。疏：先鄭所云，其義得矣，後鄭增成之。言「蜡」者，直取當蜡之月，得用細密之網，羅取禽獸，故後鄭云此時火伏。十月之時，火星已伏在戌，將蟄者畢矣。引王制者，證十月蜡祭後得火田，有張羅之事。

〔一〕「羅」下，原衍「襦」字，據光緒本、周禮注疏卷三〇删。

薛氏季宣曰：漢史云[一]：人皆一襦，吾獨五襦。晉史云：先且作襦，後當作袴。帬襦襠，婦人之飾也。郊特牲言：「歲十二月，合聚萬物而索享之，四方諸侯，草笠而至。大羅氏，天子掌鳥獸之官，致鹿與女，戒諸侯曰：『好田好女者，亡其國。』」然以禮屬民而飲酒，存國家之大體，豈可真致鹿與女哉！以鹿不可致，故作羅以示之，女不可致，故作襦以示之耳。

鄭氏鍔曰：致鹿與女，非必用鹿與女也，蓋用取鹿之具與婦人之裙襦而已。用羅襦以示之者，羅以戒其好田也，襦以戒其好女也，然使羅氏作之而已。先儒以羅襦爲一物，殆未之思歟？

禮記郊特牲：大羅氏，天子之掌鳥獸者也，諸侯貢屬焉。草笠而至，尊野服也。

注：諸侯於蜡，使使者戴草笠，貢鳥獸也。詩云：「彼都人士，臺笠緇撮。」又曰：「其餉伊黍，其笠伊糾。」皆言野人之服也。疏：天子掌鳥獸之官，謂大羅氏也。謂爲大羅者，鄭云「能以羅捕鳥獸者」也。周禮羅氏：「掌羅烏鳥，蜡則作羅襦。」鄭司農云：「襦，細密之羅也。」解者云：「順秋冬殺物，故羅氏用細密之羅網以捕禽鳥矣。」然周禮不云掌獸，此云獸者，以其受貢獸故也。「諸侯貢屬焉」者，大羅氏既以羅爲名，能張羅得鳥獸，故四方諸侯有貢獻鳥獸於王者，皆屬大羅氏也。

羅氏致鹿與女，而詔客告也，以戒諸侯曰：「好田好女者，亡其國。」疏：羅氏先受貢，

〔一〕「云」，諸本作「六」，據周禮訂義卷五〇改。

畢，使者臨去，羅氏又以鹿及女子致與使者，而宣天子之詔於使者，令使者反還其國，以告戒其君，故云「詔客告」也〔一〕。令使者還其國，以如此告汝君曰：「不得好田獵及女色，使國亡也。」言鹿是田獵所得之物，女是亡國之女，而王所以獲者也。故與之鹿、女，明以此爲戒也。一云豈每國輒與女、鹿耶？正當羅氏以鹿與女示使者耳。

利也。天子樹瓜華，不斂藏之種也。注：華，果蓏也。又詔以天子樹瓜蓏而已，戒諸侯以畜藏蘊財利也。疏：言天子惟樹瓜與果蓏，所以惟樹植此瓜華者，是供一時之食，不是收斂久藏之種。若其可久藏之物，則不樹之，不務畜藏，與民爭利。

劉氏彝曰：四方諸侯當仲冬而遇於天子者，必助其祭祀也，故其爲蜡而獵，莫不從焉，貢其禽於天子，則大羅氏受之。獻禽者，諸侯之卿大夫也。草笠而至，尊野服者，以明諸侯及其臣皆野服，馳騁從禽，以助王也，其爲忠義，亦可尊矣，即之以爲禮焉。既受草笠之獻，則致鹿與女於庭，而詔獻禽之客，俾還告於其君，以申天子之戒勸也。

周氏諝曰：周官羅氏謂蜡則作羅襦，蓋羅則鹿之所以獲者，而襦則女之所衣者也，故致之以戒於諸侯。然戒之必至於歲終者，戒於終，所以圖其始也。瓜華者，不斂藏之種也，樹其不斂藏之種者，所

〔一〕「客告」，原作「言」，據光緒本、禮記正義卷二六改。

以戒聚斂也。

右蜡時之事

歷代蜡臘

史記秦本紀：惠文君十二年，初臘。注：臘，獵禽獸，以歲終祭先祖。秦是時始效中國爲之。風俗通：夏曰嘉平，殷曰清祀，周曰蜡，漢改曰臘，索群鬼神而祭之。

始皇本紀：三十一年十二月，更名臘曰嘉平。索隱曰：「廣雅曰：『夏曰清祀，殷曰嘉平，周曰大蜡，亦曰臘，秦更曰嘉平，蓋應歌謡之詞而改從殷號也。』」

通典：漢復嘉平曰臘。

玉海：周顯王四十三年，秦初臘。案春秋時已稱「虞不臘」，非始於秦也。始皇更名臘曰嘉平，亦復用夏之舊名也。周蜡於十二月，秦臘於孟冬，皆建亥之月也。蜡以息老物，臘以息民。

後漢書禮儀志：季冬之月，星迴歲終，陰陽以交，勞農大饗臘。正祭宗廟，旁祭五祀，蓋同一日，自此而始非舊典。

東觀漢記：甄宇，北海人。建武中，青州從事徵拜博士。每臘，詔賜博士羊，人一頭，羊有大小肥瘦。時博士祭酒議欲殺羊，稱分其肉，宇曰不可。又欲投鈎，宇復恥之，宇因先自取其最瘦者。

袁山松後漢書：韓卓，字子助，陳留人。臘日，奴竊食祭其先人。卓義其心，即白，免之。

後漢書陳寵傳：寵曾祖父咸，成、哀間以律令爲尚書。及莽篡位，召咸以爲掌寇大夫，謝病不肯應。時三子參、豐、欽皆在位，乃悉令解官，父子相與歸鄉里，閉門不出入，猶用漢家祖臘。人問其故，咸曰：「我先人豈知王氏臘乎？」

鄭玄别傳：玄年十二，隨母還家，正臘，宴會，同列十數人皆美服盛飾，言語閑通，玄漠然，如不及，父母私督數，乃曰：「此非吾志，不在所願。」

蔡邕獨斷：四代臘之别名，夏曰嘉平，殷曰清祀，周曰大蜡，漢曰臘五帝、臘祖之别名。青帝以未臘卯祖，青帝，大昊，木德。赤帝以戌臘午祖，赤帝，炎帝，火行。白帝以丑臘酉祖，白帝，少昊，金行。黑帝以辰臘子祖，黑帝，顓頊，水行。黄帝以辰臘未祖。黄帝，軒轅、后土，土行。

蕙田案：邕之説，當本於讖緯。

通典：魏因漢制，高堂隆議臘用日云：「王者各以其行之盛而祖，以其終而臘。水始於申，盛於子，終於辰，故水行之君以子祖，以辰臘。火始於寅，盛於午，終於戌，故火行之君以午祖，以戌臘。木始於亥，盛於卯，終於未，故木行之君以卯祖，以未臘。金始於巳，盛於酉，終於丑，故金行之君以酉祖，以丑臘。土始於未，盛於戌，終於辰，故土行之君以戌祖，以辰臘。今魏土德而王，宜以戌祖辰臘。」博士秦静議：「古禮，歲終，聚合萬物祭宗廟，謂之蜡。皆有常日，臨時造請而用之。又無正月祖祭之禮。漢氏用午祖戌臘。午者，南方之象，故以午祖。正月爲歲首，故以寅始，用午祖。戌者，歲之終，萬物畢成，故以戌臘。小數之學，因就傳著五行以爲説，皆非典籍經義之文也。尚書、易經説五行水火金木土王，相衍天地陰陽之義。故易曰坤爲土，土位西南〔一〕。黄精之君，盛德在未，故大魏以未祖。戌者，歲終日窮之辰，不宜以爲歲初祖祭之行始也。易曰：『坤利西南得朋，東北喪朋。』丑者，土之終，故以丑臘，終而復

〔一〕「土」，諸本作「王」，據通典卷四四改。

始，乃終有慶。宜如前以未祖丑臘。」奏可之。

魏名臣奏：大司農董遇議曰：「土行之君，故宜以未祖，以丑臘，爲得盛終之節，不可以戌祖辰臘也。」

禮記外傳：漢則臘而不蜡，受命之王皆以王日爲祖，衰日爲臘。又云周水德、漢火德，各以其五行之王日爲祖，其休廢日爲臘也。火王午，木王卯，水王子，金王酉，而臘各用其衰日。如魏，土行，土衰於辰，故魏臘用辰；晉，金行，金衰於丑，故晉臘用丑。五運相承，莫不皆然。秦靜曰：「古禮，出行有祖祭，歲終有蜡祭，無正月必祖之祀。」

蕙田案：秦、漢以後，雖改蜡爲臘，其禮不同於古，然饗祀之意，則無異也。自蔡邕有五帝臘祖之名之説，而高堂隆引伸之，遂爲魏家之令典，而不知其出於讖緯之邪説也。博士秦靜謂非典籍經義之文，可爲有識，惜其不能奪，而終歸於附會耳。

通典：東晉元帝大興二年，未臘前一日，詔「明日當爲范氏從母舉哀，百官戒嚴」。尚書郎張亮議曰：「天子祭宗廟、社稷，鼎俎既陳，不得終事者四。若五服之喪以當降者，不以廢。從母無服之喪，不宜廢事舉哀。又禮，祭之明日，改祭於祊，以燕皇尸。殷謂之肜，周謂之繹。今雖未施肜繹之祭，先王之典，聖人重不忘，但大臘之日，休息黎衆，百日之勤，一日之澤，未可戒嚴。」

宋以水德王，祖以子，臘以辰。

隋書禮儀志：後周以十一月祭神農氏、伊耆氏、后稷氏、田畯、鱗羽嬴毛介、水墉、坊、郵表畷、獸猫之神於五郊。五方上帝、地祇、五星列宿、蒼龍、朱雀、白獸、玄武、五人帝、五官之神、嶽鎮、海瀆、山林、川澤、丘陵、墳衍、原隰，各分其方，合祭之。上帝、地祇、神農、伊耆、人帝於壇上。南郊則以神農，既蜡，無其祀。三辰、七宿則爲小壇於其側，嶽鎮、海瀆、山林、川澤、丘陵、墳衍、原隰則各爲坎，餘則於平地。皇帝初獻上帝、地祇、神農、伊耆及五人帝，冢宰亞獻，宗伯終獻。上大夫獻三辰、五官、后稷、田畯、嶽鎮、海瀆，中大夫獻七宿、山林、川澤以下。自天帝、人帝、田畯、羽、毛之類，牲幣玉帛皆從燎；地祇、郵表畷之類皆從埋。祭畢，皇帝如南郊便殿致齋，明日乃蜡祭於南郊，如東郊儀。祭訖，又如黄郊，又如西郊，又如北郊，祭訖，還宫。

蕙田案：魏、晉祖臘之制，蜡、臘之禮意亡矣。至是又加以天神、地祇、星宿、嶽瀆之位，何其濫而不經耶！厥後，隋、唐、宋相仍，無有起而正之者，宜其不行於後矣。禮教不明，使先王仁至義盡之典，泯然歇絶，皆附會杜撰者階之厲耳，惜哉！

隋初，因周制定令，亦以孟冬下亥蜡百神，臘宗廟，祭社稷。其方不熟，則闕其方之蜡焉。開皇四年十一月詔曰：「前周歲首，今之仲冬，建亥之月，稱蜡可也。後周用夏后之時，行姬氏之蜡，考之前代，於義有違。其十月行蜡者停，可以十二月爲臘。」於是始革前制。前周姬氏，後周宇文氏。

舊唐書禮儀志：太宗貞觀十一年，房玄齡等與禮官述議，以爲月令蜡祭，惟祭天宗，謂日月而下，近代蜡五天帝、五人帝、五地祇，皆非古典，今並除之。季冬寅日，蜡祭百神於南郊。大明、夜明用犢二，籩、豆各四，簠、簋、甄、俎各一。神農及伊耆氏，各用少牢一，籩、豆等與大明同。后稷及五方、十二次、五官、五方田畯、五嶽、四鎮、四海、四瀆以下，方別各用少牢一。其日，祭井泉於川澤之下，用羊一。卯日，祭社稷於社宫。辰日，臘享於太廟，用牲皆准時祭，井泉用羊二。二十八宿，五方之山林、川澤、丘陵、墳衍、原隰、鱗羽嬴毛介、水墉、坊、郵表畷、猫、於菟及龍、麟、朱鳥、白虎、玄武，方別各用少牢一，每座籩、豆各二，簠、簋、甄、俎各一。蜡祭凡一百八十七座。當方年穀不登，則闕其祀。

通典：玄宗開元中制儀：季冬臘日，蜡百神於南郊之壇，若其方不登則闕之。

開元禮：臘日，蜡百神於南郊，都百九十二座。大明、夜明在壇上，每座籩、豆各四〔一〕，簠、簋、甄、俎各一。神農、伊耆、五官、每座籩、豆各四，簠、簋、俎各一。五星、三辰、后稷、五方田畯、嶽鎮、海瀆、二十八宿、五方山林、川澤、丘陵、墳衍、原隰、龍、麟、朱鳥、白獸、玄武、鱗羽毛介、於菟、井泉等八十五座，籩、豆各二，簠、簋、俎各一〔二〕。樂舊用黃鍾之均，三成。新改用天神之樂，圜鍾之均，六成。

皇帝臘日蜡百神於南郊儀：攝事附。

齋戒，如圜丘儀〔三〕。從事官及攝事齋戒，並如別儀。陳設。前蜡三日，尚舍直長施大次於外壝東門之内道北，南向。尚舍奉御鋪御座。攝事，衛尉設祀官公卿以下次於東壝之

〔一〕「四」，諸本作「十」，據文獻通考卷八五改。
〔二〕「一」，諸本作「二」，據文獻通考卷八五、開元禮卷一改。
〔三〕「儀」，諸本脱，據文獻通考卷八五補。

外道南，北向，以西爲上。衛尉設陳饌幔於内壝東門、西門之外道北，南向；北門之外道東〔一〕，西向。東方、南方之饌陳於東門外，西方之饌陳於西門外，北方之饌陳於北門外。設文武侍臣次，又設祀官及從祀群官、諸州使人、蕃客等次。攝則無文武侍臣、蕃客等次。前蜡二日，太樂令設宮懸、歌鐘、歌磬，如圜丘之儀。右校掃除壇之内外。郊社令積柴於燎壇，其壇於神壇之左、内壝之外。方八尺，高一丈，開上，南出户，方三尺〔二〕。右校爲瘞埳於壇之壬地、内壝之外，方深取足容物，南出陛。前蜡一日，奉禮設御座及望燎位，祀官從祀群官、諸州使人、蕃客等於壝門外，皆如圜丘之儀。攝事如圜丘之儀。設日、月酒罇之位。大明，太罇二，著罇二，罍一，在壇上於東南隅，北向。夜明，太罇二，著罇二，罍一，在壇上於西南隅，北向。神農氏、伊耆氏各著罇二，各於其壇上。五星、五官、后稷各象罇二，七宿、田畯、龍、麟、朱鳥〔三〕、騶虞、玄武等各壺罇二，鱗羽羸毛介等散罇二，俱設於神座之左而右向。五方嶽鎮、海瀆俱山罇二，山林、川澤俱蜃罇二，丘

〔一〕「北南向北門之外道」八字，諸本脱，據文獻通考卷八五補。
〔二〕「方」字，諸本脱，據通典卷一一〇、開元禮卷二二補。
〔三〕「朱鳥」，諸本作「牛馬」，據通典卷一一〇改。

陵、墳衍、原隰、井泉、水墉、坊、郵表畷、於菟、猫等俱散罇二，各設於神座之右而左向。伊耆氏已上之罇置於坫，星辰已下之罇籍以席，皆加勺冪，設爵於罇下。設御洗於壇南陛東南，亞獻之洗又於東南，北向。罍水在洗東，篚在洗西〔一〕，南肆。篚實以巾、爵。設分獻罍洗篚冪各於其方陛道之左右〔二〕，俱内向。執罍洗篚冪者，各立於罇罍篚冪之後。各設玉幣之篚於壇之上下罇坫之所。晡後，謁者引光禄卿詣厨視濯溉，又引諸祝官詣厨省饌具，訖，還齋所。蜡日，未明十刻，太官令帥宰人以鸞刀割牲〔三〕，祝史以豆取毛血，置於饌所，遂烹牲。日，青牲一；月，白牲一；其餘方各少牢一。未明五刻，太史令、郊社令升設日月神座於壇上，大明於北方少東，夜明於大明之西，俱南向。席皆以藁秸。神農、伊耆神座各於其壇上，俱内向。設后稷氏神座於壇東，西向。設五官、田畯之座各於其方。設五星、十二次、二十八宿、五方嶽鎮〔四〕、海瀆、山林、川澤、丘陵、

〔一〕「洗」，諸本脱，據通典卷一一〇補。
〔二〕「篚冪」，諸本作「畢」，據通典卷一一〇、開元禮卷二二改。
〔三〕「太官令」，諸本作「太樂令」，據通典卷一一〇、開元禮卷二二改。
〔四〕「五方」，諸本作「五官」，據通典卷一一〇、開元禮卷二二改。

壝衍、原隰、井泉神座各於其方之壇。其五方神獸、鱗羽蠃毛介、水墉、坊、郵表畷、於菟、猫等之座，各於其方壇之後，俱内向，相對爲首。自神農、伊耆已下百九十座，席皆以莞。設神位各於座首。鑾駕出宫，如圜丘儀。奠玉帛。蜡日，未明三刻，諸祀官各服其服，郊社令、良醖令各帥其屬入實罇、罍、玉、幣。凡罇之次，太罇爲上，實以醴齊；著罇次之，實以盎齊。神農、伊耆氏之著罇，實以盎齊；五星、三辰、五官、后稷、田畯之象罇，俱實以醍齊；七宿之壺罇，實以沈齊〔一〕；五方嶽鎮、海瀆之山罇，實以醍齊；山林、川澤之蜃罇，實以沈齊〔二〕；丘陵已下之散罇，實以清酒；玄酒各實於諸座之上罇〔三〕。禮神之玉，大明、夜明以珪璧。大明之幣以青，夜明以白，神農氏幣以赤，伊耆氏幣以玄，五星已下之幣各從方色。太官令帥進饌者實諸籩、豆、簠、簋，各設於内壝之外饌幔内〔四〕。其日未明二刻，奠玉幣、毛血等，如圜丘儀。皇帝服玄冕，出次。壇上神位，大明、夜明。鼓柷，作無射、夷則，奏永和〔五〕，蕤賓、姑洗、太蔟，奏順和，黄鍾，奏元

〔一〕「宿」，諸本作「星」，「沈」，諸本作「汎」，據通典卷一一〇、開元禮卷二二改。
〔二〕「沈」，諸本作「汎」，據通典卷一一〇、開元禮卷二二改。
〔三〕「玄酒」二字，諸本脱，據通典卷一一〇補。
〔四〕「外」，諸本脱，據通典卷一一〇、開元禮卷二二補。
〔五〕「和」，諸本作「樂」，據通典卷一一〇改。

和，凡六均，均一成，俱以文舞。攝事如圜丘之攝事儀。進熟。皇帝既升，奠玉帛，其設饌、盥洗、奠爵，並如圜丘儀。攝事亦同。大祝持版進於神座之左，西面跪，讀祝文曰：「維某年歲次月朔日，子嗣天子臣某，攝則云「謹遣太尉封臣名」，已下改「皇帝」爲「太尉」，皆謁者贊引。敢昭告於大明：惟神晷耀千里，精烜萬物，覺寤黎蒸，化成品彙。今則璇璣齊運，玉燭和平，六府孔修，百禮斯洽，謹以玉帛犧齊、粢盛庶品，致其燔燎，尚享。」訖，興。皇帝再拜。初讀祝文訖，樂作。大祝進，跪奠版於神座，興，還罇所。皇帝再拜訖，樂止。太常卿引皇帝詣夜明罇所。執罇者舉冪，侍中取匏爵於坫，進，皇帝受爵，侍中贊酌醴齊訖，樂作。太常卿引皇帝進夜明神座前，北向跪，奠爵，俛伏，興。太常卿引皇帝少退，北向立，樂止。太祝持版進於神座之右，東面跪，讀祝文曰：「維某年歲次月朔日，子嗣天子臣某，敢昭告於夜明：惟神貞此光華，恒兹盈減，表斯寒暑，節以運行，對時育物，登成是賴。豐年之報，式備恒禮，謹以制幣犧齊、粢盛庶品，致其燔燎，尚享。」訖，興。皇帝再拜。讀祝文訖，樂作。太祝進，跪奠版於神座，興，還罇所。皇帝拜訖，樂止。太常卿引皇帝少退，當兩座前，北向立，樂作。其飲福、受胙，並如圜丘儀。初〔一〕，皇帝獻將畢，謁者引太尉攝則謁者引太常卿，已下倣此。詣罍洗盥手，洗匏爵訖，謁者引太尉自東陛升壇，詣大明著罇所。執罇者舉冪，太尉酌盎齊，武舞作。謁者引太尉進大明神座前，北向跪，奠爵，興。謁者引太尉少退，再拜。謁者引太尉詣夜明罇所，取匏爵於坫。執罇者舉冪，太尉酌盎齊訖，謁者引太尉進夜明神座前，北面跪，奠爵，興。謁者引太尉少退，再拜。謁者引太尉少東，當兩座前，北向立。太尉再拜，受爵，跪祭酒，遂飲，卒爵。太祝進受爵，復於坫。太尉興，再拜。謁者引太尉降，復位。初，太尉獻將畢，謁者引光禄卿攝事同，以光禄卿爲終獻。詣罍盥手〔二〕，洗爵，升，酌盎齊。終獻如亞獻。初，亞獻升壇〔三〕，謁者二人分引獻官詣罍洗盥手，洗爵，酌酒，一獻帝伊耆氏，一獻神農氏，跪奠爵神座前，俛伏，興，向神立。太祝持版進於神座之右，跪讀祝文訖，興。獻官再拜訖，謁者引降，還本位。初，伊耆氏獻官將升，謁

〔一〕「初」，諸本脱，據文獻通考卷八五、開元禮卷二二補。
〔二〕「謁者」、「盥手」四字，諸本脱，據文獻通考卷八五、開元禮卷二二補。
〔三〕「初亞獻」，諸本脱，據通典卷一一〇、開元禮卷二二補。

者五人各引獻官詣分獻罍洗盥手〔一〕，洗爵，詣酒罇所，酌酒，一獻歲星，一獻熒惑，一獻鎮星，一獻太白，一獻辰星，各奠於神座，少退，向神立。於獻官奠訖，三辰、七星皆祝史助奠〔二〕，相次俱畢，太祝各持版進於神座之右，跪讀祝文訖，興。凡讀蜡祝文，每一番獻酒，從東方祝文爲始，讀祝訖，次南方，次西方、北方〔三〕，餘神亦同也。獻官再拜訖，太祝各進奠版於神座前，還罇所。謁者遂引五星等獻官詣罍洗盥手，洗爵，各詣酒罇所酌酒，一獻東嶽，一獻南嶽，一獻中嶽，一獻西嶽，一獻北嶽，俱奠於神座，少退，向神立。嶽鎮、海瀆、山林、川澤、丘陵、墳衍、原隰、井泉皆祝史助奠，相次俱畢，太祝持版進神座之右，跪讀祝文訖，興。獻官再拜訖，太祝奠版於神座，還罇所。謁者各引獻官還本位。初，酌嶽鎮酒，贊引五人各引獻官詣罍洗盥洗，詣酒罇所酌酒，一獻勾芒氏，一獻祝融氏，一獻后土氏，一獻蓐收氏，一獻玄冥氏，后稷、田畯等，各祝史助奠訖，祝史持

〔一〕「分獻」，諸本脱，據通典卷一一〇補。
〔二〕「三辰」，諸本脱，據通典卷一一〇補。
〔三〕「北方」，諸本脱，據通典卷一一〇、開元禮卷二二補。

版進神座之右，跪讀祝文訖，興。餘與東方同，惟無后稷。獻官再拜〔一〕，祝史奠版於神座，贊引遂引五官獻官等詣罍洗盥洗，詣酒罇所酌酒〔二〕，分獻五靈。其鱗羽臝毛介、猫、於菟、坊、水墉、昆蟲等，皆齋郎助奠，相次俱畢，祝史持版跪讀祝文訖，興。獻官拜訖〔三〕，奠版，各引還本位。武舞六成，樂止。舞獻俱畢，上下諸祝各進徹豆，還罇所。徹者籩、豆各一，少移故處。奉禮曰「賜胙」，贊者唱「衆官再拜」，衆官在位皆再拜。已飲福、受胙者不拜。元和之樂作，太常卿前奏稱「請再拜」，退位〔四〕。皇帝再拜，奉禮曰「衆官再拜」，在位者皆再拜。樂一成，止。太常卿前奏「請就望燎位」，攝事，謁者引太尉就望燎位。太常卿引皇帝，樂作，皇帝就望燎位，南向立，樂止。於群官將拜，上下諸祝各執篚進神座前，跪，取玉帛、祝版。齋郎以俎載牲體、黍稷飯、爵酒，各由其陛降壇南行，經懸内，當柴壇南〔五〕，東行，自南陛登柴壇，以玉幣、饌物、祝版置於柴上户内。諸祝以星

〔一〕「官再」，諸本脱，據文獻通考卷八五、開元禮卷二二補。

〔二〕「盥洗詣」三字，諸本脱，據通典卷一一〇、開元禮卷二二補。

〔三〕「獻官」，諸本脱，據通典卷一一〇、開元禮卷二二補。

〔四〕「位」，諸本作「立」，據通典卷一一〇改。

〔五〕「南」，諸本脱，據通典卷一一〇、開元禮卷二二補。

辰七宿已上之禮幣皆從燎。神農、伊耆氏、嶽鎮已下諸祝俱詣瘞埳〔一〕，以玉幣、饌物置於埳，訖，奉禮曰「可燎」，東西面各六人炬燎。初唱「可燎」，埳東西廂各四人寘土，火半柴，太常卿前奏「禮畢」。攝事，謁者白「禮畢」。太常卿引皇帝還大次，樂作，皇帝出中壝門，殿中監前受鎮珪，以授尚衣奉御，殿中監又前受大珪，華蓋、侍衛如常儀。皇帝入次，樂止。謁者、贊引各引祀官，通事舍人分引從祀群官、諸國客使以次出。贊引引御史已下俱復執事位，立定，奉禮曰「再拜」，御史已下皆再拜，贊引引出。工人二舞以次出。其神農已下祝版，燔於齋所。鑾駕還宮，如圜丘之儀。伊耆氏祝文曰：「維某年歲次月朔日，子嗣開元神武皇帝諱，謹遣具位臣姓名〔二〕，敢昭告於帝伊耆氏：惟帝體仁尚義，崇本念功，爰創嘉祀，息農饗物。今九土攸宜，百穀豐稔，備兹八蜡，大旅四方，謹以制幣犧齊、粢盛庶品，明薦於帝，尚享。」神農氏祝文曰：「維某年歲次月朔日，子嗣開元神武皇帝諱，謹遣具位臣姓名〔三〕，敢昭告於帝神農氏：惟帝

〔一〕「諸」，諸本作「之」，據通典卷一一〇、開元禮卷二二改。
〔二〕「臣」，諸本脱，據通典卷一一〇補。
〔三〕「臣」，諸本脱，據通典卷一一〇補。

肇興播植，粒此黎元。今時和歲稔，神功是賴，謹以制幣犧齊、粢盛庶品，明薦於帝，尚享。」東方歲星祝文曰：「維某年歲次月朔日，子嗣天子諱，謹遣具位臣姓名〔一〕，敢昭告於東方歲星七宿：惟神列位垂象，叶贊穹蒼，昭晰群生，蕃阜庶類。今時和歲稔，恒禮是率，謹陳嘉薦，庶神享之。」南方、中央、西方、北方准此。東方嶽鎮、海瀆祝文曰：「維某年歲次月朔云云，惟神宣導坤儀〔二〕，興降雲雨，亭毒庶品，實賴滋液〔三〕，年穀順成，用通大蜡，謹薦嘉祀，溥及一方，山林、川澤、丘陵、墳衍、原隰、井泉，庶神咸享。」南方、西方、北方准此。勾芒氏祝文曰：「維某年歲次月朔日，子嗣開元神武皇帝諱，謹遣具位臣姓名，敢昭告於勾芒氏：惟神贊陽出滯，發生品物，萌者畢達，仁德以宣。用陳明薦，神其臨享。」后稷氏祝文曰：「維某年歲次月朔日，子嗣開元神武皇帝諱〔四〕，謹遣具位臣姓名，敢昭告於后稷氏：惟神誕降嘉種，播茲百穀，蒸庶以粒，乂此萬邦，爰

〔一〕「臣」，諸本脫，據通典卷一一〇補。
〔二〕「儀」，諸本作「興」，據通典卷一一〇改。
〔三〕「液」，諸本作「益」，據通典卷一一〇改。
〔四〕「諱」，諸本作「某」，據通典卷一一〇改。

及田畯，實勸農穡。謹薦明祀，庶神享之。」祝融氏祝文曰：「維某年歲次月朔日，子嗣開元神武皇帝諱，謹遣具位臣姓名，敢昭告於祝融氏：惟神典司火正，淳耀昭明，式贊南訛，厥功以致，豐年之薦，庶神臨享。」后土氏祝文曰：「維某年歲次月朔日，子嗣開元神武皇帝諱，謹遣具位臣姓名，敢昭告於后土氏：惟神式贊黄道，典司土正，居中執信，是興稼穡，年穀既登，庶享嘉薦。」蓐收氏祝文曰：「維某年歲次月朔日，子嗣開元神武皇帝諱，謹遣具位臣姓名，敢昭告於蓐收氏：惟神典司金正，式贊西成，執矩懷莊，尚義趨力〔二〕，豐年之報，饗兹嘉祀。」玄冥氏祝文曰：「維某年歲次月朔日，子嗣開元神武皇帝諱，謹遣具位臣姓名，敢昭告於玄冥氏：維神典司水正，贊序幽都，厥務安寧，積藏斯在，豐年之祀，庶饗明薦。」蒼龍祝文曰：「維某年歲次月朔日，子嗣天子諱，謹遣具位臣姓名，敢昭告於蒼龍之神：維神體備幽明，質兼小大，實爲鱗長，贊明造物，歲稔年登，實資弭患。式陳嘉薦，百靈是屬，爰及東方鱗羽贏毛介衆族、猫、於菟、坊、水墉、昆蟲諸神咸享。」其朱鳥、騶虞、玄武祝文，首尾並與此同，祝文發首亦同

〔二〕「力」，諸本作「方」，據通典卷一一〇改。

也。朱鳥之神：「惟神肇自火精，冠兹羽族，輔時宣化，效祥蹈禮，年和歲稔，有賴厥功。」麟之神：「惟神體信爲質，惟和是歸，作長毛宗，表靈玉牒。年穀豐稔，實兹宣助，式陳嘉薦，庶神臨饗。」騶虞之神：「惟神性履至仁，禀靈金宿，贊育生類，實參利物，爰兹報功，用率恒祀。」玄武之神：「惟神誕禀辰精，長兹介族，先知稱貴，誠行攸底，伊此豐年，有憑宜慶。」

宋史太祖本紀：建隆元年春，三月，定國運以火德王，色尚赤，臘用戌。

禮志：大蜡之禮，自魏以來始定議，王者各隨其行，社以其盛〔一〕，臘以其終。建隆初，以有司言周木德〔二〕，木生火，宜以火德王，色尚赤，遂以戌日爲臘。

文獻通考：建隆三年十二月戊戌，臘。有司畫日，以七日辛卯蜡百神，太常博士和峴奏議曰：「謹案蜡始於伊耆，後歷三代及漢，其名雖改，而臘與蜡其實一也。漢火行，用戌臘。臘者，接也，新故相接，畋獵禽獸，以享百神，報終歲之功也〔三〕。王者因

〔一〕「社」，諸本作「祖」，據宋史禮志六改。
〔二〕「周」，諸本作「用」，據宋史禮志六改。
〔三〕「歲」，諸本作「成」，據文獻通考卷八五改。

蜡祭上享宗廟，旁及五祀，展其孝心，盡物示恭也。魏、晉以降，悉沿其制。唐乘土德，貞觀之祭，以前寅日蜡百神，卯日祭社宫，辰日饗宗廟。開元定禮，三祭皆於臘辰，以應土德。聖朝常以十二月戌日爲臘，而以前七日辛卯先行蜡祭，蓋禮官之失也。」事下有司，請準唐禮，蜡百神，祀社稷，享宗廟，皆同用臘日。從之。蜡百神壇，高四尺，東西七步二尺，南北六步四尺。

仁宗天聖三年，禮官陳詁言：「蜡祭一百九十二位，而祝文所載一百八十二位，無五方田畯、五方郵表畷一十位，蓋開元以來，年祀寖遠，有司失傳。郊祀録、正辭録、司天監神位圖皆以虎爲於菟，乃避唐諱。」詔復爲虎〔二〕。載田畯、郵表畷。慶曆用羊、豕各二。大明、夜明壇增山罍爲二，籩豆十二。三獻終，禮生引司天監、分獻官逐階下罍洗，詣帝神農、伊耆、五星、三辰、七宿、嶽鎮、海瀆、祝融、后土、后稷、蒼龍、朱雀、麒麟、玄武、白虎神座前上香，奠幣爵，並再拜。内從祀神位，不設香幣、祝版，惟奠酒再行。後皇祐定壇高八尺，廣四丈。嘉祐加羊、豕各五。

〔二〕「詔」，諸本作「請」，據文獻通考卷八五改。

神宗元豐六年，詳定郊廟奉祀禮文所言：「記曰：『八蜡以記四方，年不順成，八蜡不通。』歷代蜡祭，獨在南郊爲一壇，惟周、隋有四郊之兆。又禮記月令以蜡與息民爲二祭，故隋、唐息民祭在蜡之後日，請蜡祭、四郊各爲一壇，以祀其方之神，有不順成之方，則不修報，其息民仍在蜡祭之後。」從之。先是太常寺言：「四郊蜡祭，宜依百神制度築壇，其東西有不順成之方，即祭日月。其神農、后稷舊設位於壇下，當移於壇上。其壇下伊耆氏之位宜除之。」禮部復言：「蜡祭四壇皆設神農、后稷，同日祭享，頗爲重複。太常寺以謂蜡祭本以神農爲主，后稷從祭四郊，今設壇自當每方各祭，同日不爲重複。」從之。

宋史徽宗本紀：政和三年四月庚戌，班五禮新儀。

禮志：政和新儀：臘前一日，蜡百神。四方蜡壇廣四丈，高八尺，四出陛，兩壝，每壝二十五步。東方設大明位，西方設夜明位，以神農氏、后稷氏配，配位以北爲上。南北壇設神農氏位，以后稷氏配。五星、二十八宿、十二辰、五官、五嶽、五鎮、四海、四瀆及五方山林、川澤、丘陵、墳衍、原隰、井泉、田畯、蒼龍、朱鳥、麒麟、白虎、玄武、五水墉、五坊、五虎、五鱗、五羽、五介、五毛、五郵表畷、五贏、五猫、五昆蟲從祀，各依其方設位。中方鎮星、后土、田畯設於南方蜡壇酉階之西，中方嶽鎮以下設於南方蜡壇午階之西，伊耆設於北方蜡壇卯階之南，其位次於辰星。

紹興十九年，有司檢會五禮新儀，臘前一日，蜡東方、西方爲大祀，蜡南方、北方爲中祀，並用牲牢。

文獻通考：紹興十九年，臣僚言：「月令『臘先祖、五祀，勞農以休息之』，釋者謂：蜡，祭也，所以報一歲之成功，求嗣歲之福也。今已行臘享，而報農之祀或闕，請並行蜡祭。」有司檢會，以臘前一日蜡祭東西方百神，禮料一視感生帝，内從祀視釋奠文宣王從祀。蜡祭南北方百神，一視鎮嶽、海瀆，内從祀一視釋奠武成王從祀。

玉海：紹興十九年五月乙酉，詔定蜡祭，從户部郎周莊仲之言也。

宋史禮志：孝宗乾道四年，太常少卿王瀹請於四郊各爲一壇，以祀其方之神，東西以日月爲主，各以神農、后稷配；南北方皆以神農爲主，以后稷配。自五帝、星、辰、嶽鎮、海瀆以至猫、虎、昆蟲，各隨其方，分爲從祀。其後南蜡仍於圜壇望祭殿，北蜡於餘杭門外精進寺行禮。

玉海：乾道四年十一月二十七日，禮官王瀹等言：「東西蜡備登歌、三獻，而南北方正配從祀一奠而已，請如中祀儀式。」從之。

大學衍義補：丘氏濬曰：「大蜡之祭，三代已有之。在周之前，夏曰嘉平，殷曰清祀，而在周則曰大蜡焉。秦始謂之臘，尋更曰嘉平，漢復曰臘。季冬之月，星回歲終，陰陽以交，農大享臘。臘者，接也，新故相接，畋獵禽獸，以享百神，報終成之功也。魏、晉以後，皆有其禮。古者所祭者，八神而已，皆有功於農事者也。後世所祀之神，乃至於八十有五座、一百九十有二位，何也？本朝於古祀典所當舉者，未嘗或廢，惟於蜡祭闕焉。蓋此祭也，與籍田相爲始終，當夫東作方興之始。既舉籍田之禮，以祀先農於春，而以帥先農民以興其務本之心，則夫百穀告成之後，載舉大蜡之禮，以報先嗇於冬，而以勞來農民，以報其勤動之苦。是故舉先王莫大之禮，是亦廣聖君莫大之恩也。倘不棄愚言，復行盛禮，則幽明、人鬼皆蒙其休。」

明彭謹八蜡廟記：聖人緣情以起禮，因民而事神，故享祀必本之有功，而報德不遺於其細，此伊耆氏之所以爲蜡。蜡者，索也。時維季冬，百物用成，合山川人物之靈而索享之也。記郊特牲曰先嗇，曰司嗇，曰農，曰郵表畷，曰猫虎，曰坊，曰水墉，曰昆蟲，其教陳矣，而所主者，息老送終，勞勤休力，仁之至，義之盡也。古禮，天子大蜡。今之制，止於府州縣，王國則否，畿甸以降，惟兩河之間則有之，荆、揚而南，莫之行也。豈不以有司於民最親，足食爲政首務，而聖人之流風遺澤，在中土爲獨存與？寶慶舊無廟，有廟蓋自郡守鈞陽郭公始也。剖符南楚，星軺載臨，式崇禮教，以索享之典弗復，非所以重祈報而昭敬事也，乃因郡鐘樓之屢徙將圮，議欲爲新室於公庾之右，以祀八蜡而薦明德，請於當路，咸可之。爰命縣典史陳春董其事，材取諸斧琢之既成者，力取諸輿臺之已役者。始於丙辰冬十月而就功，不待改歲，巋然輪奂炳若，位置秩如矣。彭子曰：仁哉！公之用心，其善於復古矣。凡禮，有其舉之，莫可廢也。無其人焉，莫可强也。夫子修經，譏南門之作，删詩，録史克之頌，蓋以億公賢於魯，閟宫義當復古，春秋之所予也。今二千石之選，孰有踰公者？修美報以答明賜，行典禮而觀會通，人之稱是舉也，其不謂之社稷之役也乎！長人者之於百姓，既盡心力，以圖其明，尤資鬼神，以相其幽，而神有不享、民有不安者，弗信也。繼自今將陰陽調、風雨時、衣食足、禮義興，而公之功爲益大、德爲益溥矣。

陸東蜡祭議：案八蜡神祠制也，相沿以春秋仲月戌日致祭，考之典禮，於義未當。禮曰：「蜡，索也，歲十二月，合聚萬物而索享之。」「子貢觀於蜡，孔子曰：『賜也，樂乎？』子貢曰：『一國之人皆若狂，賜未知其樂也。』子曰：『百日之蜡，一日之澤，非爾所知也。』」蓋終歲勞農，是日飲樂，以享君恩也，亦曰臘也。漢應劭曰：「周曰大蜡，漢改曰臘。漢火行，衰於戌，故此日臘也。」蔡邕獨斷曰：「臘者，歲終大祭。」漢舊儀曰〔一〕：「臘者，報諸鬼神聖賢有功於民者也。」魏臺訪議曰：「帝問：『何用未社丑臘？』王肅對曰：『丑之明日便寅，寅，木也，故以丑臘。』」由是觀之，則蜡之祭，十二月也。漢戌魏丑，日則不一。愚意蔡邕謂歲終，王肅謂明日爲寅，似當以歲除行事，則丑之義爲長。然或立春在十二月，則又除夕屬新歲矣。議立春於除前，則用立春前丑日，立春於來歲，則用下旬丑日，庶報祀事耑興，而舉事協祭義矣。

蕙田案：元、明以來，蜡臘之祭不行，故瓊山丘氏有復行之請。今觀彭、陸二

〔一〕「漢舊儀」，原作「漢舊議」，據光緒本改。

文，一曰今之制於府州縣，一曰相沿以春秋戊日致祭，則其行於民間者，蓋未嘗絕也。聖人制禮，協諸義而和於情，宜其流風餘韻如此。

右歷代蜡臘

五禮通考卷五十七

吉禮五十七

儺

蕙田案：易曰：「精氣爲物，游魂爲變，故知鬼神之情狀、幽明之故。」聖人通之，故有儺禮，以驅疫焉。疫者，四時不正之氣，邪鬼或憑之以爲癘。鬼神之有邪正，亦猶人之有君子、小人也。神之正直者，不畏人鬼之奇衺者。陰氣之慝，以陽剛之氣懾之，則游散而不爲害，亦其理也。周禮所載狂夫之狀，雖近於誕，然豈非所謂知鬼神之情狀者乎！今以周禮、禮記月令之言載於前，後世之事附焉，殆亦聖人神道設教之一端也夫！

經傳儺

周禮夏官方相氏：狂夫四人。

王氏昭禹曰：方相氏者，以其相視而攻疫者，非一方也。月令於季冬命有司大儺，則曰旁磔，亦以方之所在，非一方。

鄭氏鍔曰：或謂，每歲有時儺之事，所謂季春命國儺，仲秋天子乃儺，季冬命有司大儺，見於月令者是也。三時有儺，夏則無之。方相氏乃爲夏官之屬，何耶？蓋方相氏以狂夫爲之。康成謂方相猶放想，可畏怖之貌，義無所考，殆猖狂之意也。因四方而驅疫，必狂夫爲之。蓋陽勝則爲狂，陰慝則爲疫。狂夫，陽之太過者也。夏則陽盛而火王，陽盛而太過，則爲狂矣。使之索陰慝之鬼，亦厭勝之術。

高氏愈曰：方相，能於四方上下相察凶神者也。狂夫不自檢飭者，其職主逐疫，而屬夏官者，陽誅殘賊，陰驅疫癘，其義一也。

掌蒙熊皮，黄金四目，玄衣朱裳，執戈揚盾，帥百隸而時儺，以索室敺疫。疏：案月令惟有三時儺，季春有國者儺，仲秋天子乃儺，季冬乃命有司大儺，言大，則及民庶。此經所儺，據十二月大儺而言，鄉黨「鄉人儺」，郊特牲「鄉人禓」，亦皆據民庶得儺而言也。

李氏嘉會曰：鬼神，陰物。狂夫四目，玄衣朱裳，皆象陽氣，以抑陰氣。

蔡氏德晉曰：蒙冒熊皮，示其猛。黄金四目，示其明。執戈揚盾，示其威。百隸，秋官司隸所掌五隸也。時儺，以季春、仲秋、季冬三時而儺也。索室驅疫，謂入室中搜索疫鬼而驅逐之也。

方氏苞曰：玄衣朱裳，執戈揚盾，以驅疫可也，而蒙熊皮、黄金四目，則怪誕可駭。蓋王莽好厭勝，如遣使負鷟持幢〔一〕，與令武士入高廟，拔劍四面提擊，正與此相類，故劉歆增竄此文，以示聖人之法固如是，其多怪變耳。削去，則職中辭氣相承，完善無疵。

蕙田案：方氏於周禮之文可疑者，輒謂劉歆附王莽竄入，此亦其一。然聖人不語怪，而除怪以怪，蓋爲愚夫婦而設，未足過也。若因誕而削之，則石言神降，豈非怪之尤者乎！謂王莽竊其似以行私則可，竟因此而削之，則不可也。

春官占夢：季冬，遂令始難敺疫。 注：令，令方相氏也。難，謂執兵以有難卻也。故書「難」或爲「儺」。杜子春「儺」當作「難」。疏：難者，以其難去疫癘，故爲此讀。

李氏嘉會曰：季春、仲秋、季冬皆有儺，今日始儺者，蓋在上始行儺禮，則諸侯萬民斯可儺也。

王氏昭禹曰：既舍萌贈惡夢，内無釁，然後自外至者可索而敺也。

易氏祓曰：始儺，所以迎和氣，敺疫所以送戾氣。

男巫：冬堂贈，無方無算。 注：杜子春云：「堂贈，謂逐疫也。無方，四方爲可也。無算，道里

〔一〕「鷟」，諸本作「瞀」，據望溪集卷一改。

無數，遠益善也。」玄謂：冬歲終，以禮送不祥及惡夢皆是也。其行必自堂始。巫與神通言，當東則東，當西則西，可近則近，可遠則遠，無常數。

禮記月令：季春之月，命國難，九門磔攘，以畢春氣。

陳澔集說：難之事，在周官則方相氏掌之。裂牲謂之磔，除禍謂之攘。春者，陰氣之終，故磔攘以終畢厲氣也。舊說，大陵八星在胃北，主死喪。昴中有大陵積尸之氣，氣佚則厲鬼隨之而行。此月初日在胃，從胃歷昴，故敺疫之事當於此時行之也。

仲秋之月，天子乃儺，以達秋氣。注：此儺，儺陽氣也。陽暑至此不衰，害亦將及人。所以及人者，陽氣左行，此月宿值昴、畢，昴、畢亦得大陵積尸之氣，氣佚則厲鬼亦隨而出行，於是亦命方相氏帥百隸而儺之。王居明堂禮曰：「仲秋，九門磔攘，以發陳氣，禦止疾疫。」

陳澔集說：此獨言天子難者，此爲除過時之陽暑。陽者，君象，故諸侯以下不得難也。

季冬之月，命有司大難，旁磔，出土牛，以送寒氣。

陳澔集說：季春惟國家之難，仲秋惟天子之難，此則下及庶人，又以陰氣極盛，故云大難也。旁磔，謂四方之門皆披磔其牲，以攘除陰氣，不但如季春之九門磔攘而已。舊說此日月經虛、危，司命二星在虛北，司禄二星在司命北，司危二星在司禄北，司中二星在司危北。此四司者，鬼官之長，又墳四星在危東南。墳墓四司之氣能爲厲鬼，將來或爲災厲，故儺磔以禳除之，事或然也。出猶作也。月建丑，丑爲牛，土能制水，故特作土牛以畢送寒氣也。

方氏慤曰：儺，所以儺陰慝而敺之。周官方相氏帥百隸而時儺，以狂夫爲之，則狂疾以陽有餘；唯陽有餘，足以勝陰慝故也。攘九門，欲陰慝之出，凡此慮春氣之不得其終也，故曰以畢春氣。此儺陰慝之作於春者也，仲秋、季冬則儺陰慝之作於秋冬者也。獨夏不儺，則以陽盛之時，陰慝不能作故也。季冬，一歲陰慝之盛，故本其積陰之氣而言之，特謂之大。蓋敺者，邪氣也；達之、送之者，正氣也。春曰磔攘，冬曰旁磔者，災難，故旁又磔焉，不特九門故也。秋雖不言，從可知矣。春曰命國，秋曰天子，冬曰命有司，何也？蓋天子之儺，爲國而已，非自爲之也，委之有司而已。故言之序如此，且互相備也。

郊特牲：鄉人裼，孔子朝服立於阼，存室神也。注：裼，强鬼也。謂時儺，索室敺疫，逐强鬼也。裼，或爲獻，或爲儺。朝服立於阼，神依人也。疏：此一節論孔子存神之事〔一〕，鄉人敺逐强鬼，孔子恐廟神有驚恐，身著朝服立於廟之阼階，存安廟室之神。朝服以祭，故用祭服以依神也。

馬氏晞孟曰：儺者，索室以去其不祥，其法見於周方相氏，而其事見於月令之季秋。孔子，聖人，德合於神明矣，非俟於索室以去其不祥，然必從鄉人之儺者，不違衆以立異也。

葉氏夢得曰：儺有二名，儺，猶禳也，以禦陰爲義，故文從儺，猶禬也，以抗陽爲義，故文從昜。此

〔一〕「節」，諸本作「經」，據禮記正義卷二五改。

以存室神也，故以裼爲名，鄭氏以爲强鬼之名，誤也。

論語鄉黨：鄉人儺，朝服而立於阼階。

朱子集注：儺雖古禮而近於戲，亦必朝服而臨之者，無所不用其誠敬也。或曰恐其驚先祖、五祀之神，欲其依己而安也。

雲麓漫抄：世俗，歲將除，鄉人相率爲儺，俚語謂之打野狐。案論語「鄉人儺，朝服立於阼階」，注：「大儺，驅逐疫鬼也。」亦呼爲野雲戲。

禮記外傳：方相氏之官，歲有三時，率領群隸驅索癘疫之氣於宫室之中，亦攘送之義也。天以一氣化萬物，五帝各行其德，餘氣留滯則傷，後時謂之不和，而災疫興焉。大儺者，貴賤至於邑里，皆得驅疫。命國儺者，但於國城中行之耳。

莊子：遊島問雄黄曰：「今逐疫出魅，擊鼓呼譟，何也？」雄黄曰：「黔首多疫，黄帝氏立巫咸，使黔首沐浴齋戒以通九竅，鳴鼓振鐸以動其心，勞形趨步以發陰陽之氣，飲酒茹葱以通五臟。夫擊鼓呼噪，逐疫出魅，黔首不知，以爲魅祟也。」

右經傳儺

漢舊儀：顓頊氏有三子，生而亡去爲疫鬼：一居江水，是爲疫鬼；一居若水，是爲魍魎蜮鬼；一居人宫室樞隅處，善驚人小兒。月令章句曰：日行北方之宿，北方大陰，恐爲所抑，故命有司大儺，所以扶陽抑陰也。方相帥百隸及童女以桃弧、棘矢、土鼓，鼓且射之，以赤丸五穀播灑之。

後漢書禮儀志：先臘一日，大儺，謂之逐疫。其儀：選中黄門弟子年十歲以上、十二以下百二十人爲侲子。侲之言善，善童幼子也。皆赤幘皁製，執大鼗。方相氏黄金四目，蒙熊皮，玄衣朱裳，執戈揚盾。十二獸有衣毛角。中黄門行之，冗從僕射將之，以逐惡鬼於禁中。夜漏上水，朝臣會，侍中、尚書、御史、謁者、虎賁、羽林郎將執事，皆赤幘陛衛。乘輿御前殿。黄門令奏曰：「侲子備，請逐疫。」於是中黄門倡，侲子和，曰：「甲作食殈，胇胃食虎，雄伯食魅，騰簡食不祥，攬諸食咎，伯奇食夢，强梁、祖明共食磔死寄生〔一〕，委隨食觀，錯斷食巨，窮奇、騰根共食蠱。凡使十二

〔一〕「祖明」，諸本作「祖門」，據後漢書禮儀志改。

神追惡凶〔一〕，赫女軀，拉女幹，節解女肉，抽女肺腸。女不急去，後者爲糧。」注：東京賦曰：「捎魑魅，斮獝狂。斬委蛇，腦方良。囚耕父於清泠，溺女魃於神潢。殘夔魖與罔象，殪壄仲而殲游光。」注曰：「魑魅，山澤之神。獝狂，惡鬼。委蛇，大如車轂。方良，草澤神。耕父、女魃皆旱鬼。惡水，故囚溺於水中，使不能爲害。夔魖、罔象，木石之怪。壄仲、游光，兄弟八人，恒在人間作怪害也。」孔子曰：「木石之怪夔蝄蜽，水之怪龍罔象。」臣昭曰：「木石，山怪也。夔一足，越人謂之山獟。蝄蜽，山精，好學人聲而迷惑人。龍，神物也，非所常見，故曰怪。罔象，食人，一名沐腫。」埤蒼曰：「獝狂，無頭鬼。」因作方相與十二獸儛。嚾呼，周徧前後省三過，持炬火，送疫出端門；注：東京賦曰：「煌火馳而星流，逐赤疫於四裔。」注曰：「煌，火光。逐，驚走。煌然火光如星馳。赤疫，疫鬼惡者也。」侲子合三行，從東序上，西序下。門外騶騎傳炬出宮，司馬闕門之外五營騎士傳火棄雒水中。注：東京賦注曰：「衛士千人在端門外，五營千騎在衛士外，爲三部，更送至雒水，凡三輩，逐鬼投雒水中。仍上天池，絶其橋梁，使不度還。」百官官府各以木面獸能爲儺人師訖，設桃梗、鬱儡、葦茭畢，執事陛者罷。注：山海經曰：「東海中有度朔山，上有大桃樹，蟠屈三千里，其卑枝門曰東北鬼門，萬鬼出入也。上有二神人，一曰神荼，一曰鬱儡，主閱領衆鬼之惡害人者，執以葦索而用食虎。」於是黄帝法

〔一〕「追」，諸本作「造」，據後漢書禮儀志改。

而象之。歐除畢，因立桃梗於門户上，畫鬱儡持葦索，以御凶鬼，畫虎於門，當食鬼也。史記曰：「東至於蟠木。」風俗通曰：「黄帝：『上古之時，有神荼與鬱儡兄弟二人，性能執鬼。』桃梗，梗者更也，歲終更始，受介祉也。」

葦戟、桃杖以賜公卿、將軍、特侯、諸侯云。

鄧皇后本紀：永初三年，舊事，歲終當饗衛士，大儺逐疫。太后以陰陽不和，軍旅數興，詔饗會勿設戲作樂，減逐疫侲子之半，悉罷象橐駝之屬。豐年復故。

北魏書高宗本紀：和平三年，十有二月乙卯，因大儺耀兵，有飛龍、騰蛇、魚麗之變，以示威武。

禮志：和平三年十二月，因歲除大儺之禮，遂耀兵示武，更爲制令。

隋書禮儀志：齊制，季冬晦，選樂人子弟十歲以上、十二以下爲侲子，合二百四十人。一百二十人，赤幘、皁褠衣，執鞀。一百二十人，赤布袴褶，執鞞角。方相氏黄金四目，熊皮蒙首，玄衣朱裳，執戈揚盾。又作窮奇、祖明之類，凡十二獸，皆有毛角。鼓吹令率之，中黄門行之，冗從僕射將之，以逐惡鬼於禁中。其日戊夜三唱，開諸里門，儺者各集，被服器仗以待事。戊夜四唱，開諸城門，二衛皆嚴。上水一刻，皇帝常服，即御座。王公執事官第一品已下、從六品已上，陪列預觀。儺者鼓譟，入殿西門，偏於禁内。分出上二閤，作方相與十二獸儛戲，喧呼周徧，前後鼓譟，出殿南門，分爲六道，出於郭外。

隋制，季春晦，儺，磔牲於宫門及城四門，以禳陰氣。秋分前一日，禳陽氣。季冬傍磔，大儺亦如之。其牲，每門各用羝羊及雄雞一。選侲子，如後齊。冬八隊，二時儺則四隊。執事十二人，赤幘褠衣，執皮鞭。工人二十二人。其一人方相氏，黄金四目，蒙熊皮，玄衣朱裳。其一人爲唱師，著皮衣，執棒。鼓角各十。有司預備雄雞、羝羊及酒，於宫門爲坎。未明，鼓譟以入。方相氏執戈揚楯，周呼鼓譟而出，合趣顯陽門，分詣諸城門。將出，諸祝師執事，預副牲匈，磔之於門，酌酒禳祝。舉牲并酒埋之。

唐書禮樂志：大儺之禮，選人年十二以上、十六以下爲侲子，假面，赤布袴褶。二十四人爲一隊，六人爲列。執事十二人，赤幘、赤衣，麻鞭。工人二十二人。其一人方相氏，假面，黄金四目，蒙熊皮，黑衣朱裳，右執楯。其一人爲唱帥，假面，皮衣，執棒。鼓角各十，合爲一隊。隊别鼓吹令一人，太卜令一人，各監所部。巫師二人，以逐惡鬼於禁中。有司預備每門雄雞及酒，擬於宫城正門、皇城諸門磔禳。設祭，太祝一人，齋郎三人，右校爲瘞埳，各於皇城中門外之右。前一日之夕，儺者赴集所，具其器服以待事。其日未明，諸衛依時刻勒所部，屯門列仗，近仗入陳於階。鼓吹令帥儺者各集於宫門外。内侍詣皇帝所御殿前奏「侲子備，請逐疫」。出，命寺伯六人，分引儺者於長樂門、永安門以入。至左右上閤，鼓譟以進。方相氏執戈揚楯唱，侲子和，曰：「甲作食殉，胇胃食虎，雄伯食魅，騰簡食不祥，攬諸食咎，伯奇食夢，彊梁、祖明共食磔死寄生，委隨食觀，錯斷食巨，窮奇、騰根共食蠱。凡使一十二神追惡凶，赫汝軀，拉汝幹，節解汝肉，抽汝肺腸。汝不急去，後者爲糧。」周呼訖，前後鼓譟而出，諸隊各趨順天門以出，分詣諸城門，出郭而止。儺者將出，祝布神席，當中門，南向。出訖，宰手、齋郎疈牲匈，磔之神席之西，藉以席，北首。齋郎酌清酒，太祝受，奠之。祝史持版於座右，跪讀祝文曰：「維某年歲次月朔日，天子遣太祝臣姓名，昭告於太陰之神。」興，奠版於席，乃舉牲并酒瘞埳。

百官志：内寺伯六人，歲儺則莅，出入鼓吹，署令二人，大儺，帥鼓角以助侲子之唱。宫門局、宫門郎二人，歲終行儺，則先一刻而啓皇太子。

舊唐書禮儀志：季冬晦，堂贈儺，磔牲於宫門及城四門，各用雄雞一。

職官志：太卜令掌卜筮之法。歲季冬之晦，帥侲子入宫中，堂贈大儺。

開元禮：諸州縣儺，方相四人，執戈楯。唱率四人。侲子，都督及上州六十人，中下州四十人，縣皆二十人。方相、唱率，縣皆一人，皆以雜職充之。其侲子取人年十五以下、十三以上充之。又雜職八人，四人執鼗鞉，四人執鞭戈。儺前一日之夕，所司帥領宿於州門外，其縣門亦如之。未辨色，所司白刺史、縣令，請引儺者入。將辨色，官者二人出門，各執青麾，引儺者入。無官者，外人引導。於是儺，擊鼗鞉，俱譟呼，鼓鞭、戈、楯而入。官者引之，徧索諸室及門巷訖，官者引出中門，所司接引出，仍鼓譟而出，大門外分爲四部，各趨四城門，出郭而止。初，儺者入，祝五人各帥執事者以酒脯各詣州門及城四門。儺者出，便酌酒，奠脯於門右，禳祝而止，乃舉酒脯埋於西南。酒以爵，脯以籩。其祝文曰：「維某年歲次月朔日，子祝姓名，敢告於太陰之神：寒暑往來，陰陽之常度，惟神以屏殄厲，謹以酒脯之奠，敬祭於神，尚饗。」

乾淳歲時記：禁中臘月三十日，呈女童驅儺，裝六丁、六甲、六神之類。

東京夢華録：除日，禁中呈大儺儀，並用皇城親事官諸班直，戴假面，繡畫色衣，執金鎗、龍旗。教坊使孟景初身亦魁偉，貫全副金鍍銅甲裝將軍，用鎮殿將軍二人，亦介冑，裝門神。教坊南河炭醜惡魁肥，裝判官，又裝鍾馗小妹、土地、竈神之類，共千餘人，自禁中驅祟，出南熏門外，轉龍彎，謂之埋祟而罷。

荊州歲時記：十二月八日爲臘日，諺語：「臘鼓鳴，春草生。」村人並擊細腰鼓，戴狐頭，及作金剛力士以逐疫。注：案禮記云：「儺所以逐癘鬼也。」吕氏春秋季冬紀注云：「今人臘前一日，擊鼓驅疫，謂之逐除。」晉陽秋：「王平子在荊州，以軍圍除，以鬭故也。」玄中記：「顓頊氏三子俱亡，處人宫室，善驚小兒。漢世以五營千騎自端門傳炬送疫，棄洛水中。」故東京賦云：「卒歲大儺，驅除群癘。方相秉鉞，巫覡操茢，侲子萬童，丹首玄製，桃弧、棘矢，所發無臬。」宣城記云：「洪矩，吴時作廬陵郡，載土船頭，逐除人就矩乞〔一〕。矩指船頭云：無取所載，土耳。」小説：「孫興公常著戲頭，與逐除人共至桓宣武家，宣武覺，興，應對不凡，推問乃驗也。」金剛力士，世謂佛家之神。案河圖玉版云：「天立四極，有金剛力士，長三十丈。」此則其義。

〔一〕「乞」，光緒本、荊楚歲時記作「乞」。

蕙田案：自唐以後，儺之禮不見於正史，以上三條，雖出於小説，而語稍近實，附載之。

大學衍義補：丘氏濬曰：「儺者，索室以去其不祥。其法始於周禮方相氏，而其事見於月令之三時：季春行於國中，仲秋行於宫禁，惟季冬謂之大儺，則通上下行之也。雖以孔子之聖，亦從鄉人之所行，蓋有此禮也。若無此禮，聖人豈苟於同俗者哉？漢、唐以來，其法猶存。漢以中黄門爲之，蓋以其出入禁掖爲便。今世，此法不傳，然宫中邃密，陰氣偏盛，不能無影響之疑，於是乎假外道以驅除之。臣請斟酌漢、唐之制，俾内臣依古制，以爲索室逐疫之法。是亦闢異端、嚴宫禁之一事也。」

右歷代儺

酺

蕙田案：酺祭不知何神，鄭康成注爲人物烖害之神，後世蝗則行之，亦爲民祈禱之意也。

祭酺

周禮地官族師：月吉，則屬民而讀邦法。春秋祭酺，亦如之。注：酺者，爲人物災害之神。故書「酺」或爲「步」。校人職又有冬祭馬步，則未知此世所云蝝螟之酺與，人鬼之步與？蓋亦壇位如雩禜云。

王氏昭禹曰：祭酺必於族，祭禜必於黨，祭社必於州者，凡以其祭有大小之不同，故即其所聚之衆寡。唯爲社事，單出里；唯爲社田，國人畢作。然則社之祭大矣，故祭社於二千五百家之州；禜之祭次之，故祭禜於五百家之黨；酺之祭小矣，故祭酺於百家之族。

鄭氏鍔曰：漢律，三人以上無故群飲，罰金四兩。詔得横賜，則會幾日謂之酺。説者謂酺之言布也，王者布德於天下而合聚飲酒也。周人之酺，殆此類。

蕙田案：經明言春秋祭酺，與合聚飲酒之説不同，鄭説非。

五代史晉本紀：出帝天福八年六月庚戌，祭蝗於皋門。

文獻通考：宋太祖建隆二年六月，澶、濮、曹、絳等州蝗，命長吏以牢禮祭之。

宋史真宗本紀：天禧元年五月，諸路蝗食苗，詔遣内臣分捕。

文獻通考：天禧元年，以蝻蝗再生，分遣官禱京城宫觀寺廟，仍諭諸州軍於公宇設祭。

宋史仁宗本紀：慶曆四年正月，太常禮儀院上新修禮書及慶曆祀儀。

禮志：慶曆中，上封事者言：「螟蝗爲害，乞外内並修祭酺。」禮院言：「案周禮族師『春秋祭酺』，酺爲人物災害之神。鄭玄云『校人職有冬祭馬步，則未知此酺者，蝝螟之酺歟，人鬼之步歟？蓋亦爲壇位如雩禜云』。然則校人職有冬步，是與馬爲害者，此酺蓋人物之害也。漢有蝝螟之酺神，又有人鬼之步神。歷代書史，悉無祭酺儀式。欲準祭馬步儀，壇在國城西北，差官就馬壇致祭，稱爲酺神。若外州者即略依禜禮。其儀注，先擇便方，設營攢爲位，營攢謂立表施繩以代壇。其致齋、行禮、器物，並如小祠。先祭一日致齋，祭日設神座内向，用尊及籩一、豆一，實以酒脯，設於神座左。又設罍洗及篚於酒罇之左，俱内向。執事者位於其後，皆以近神爲上。薦神用白幣一丈八尺，在篚。將祭，贊祀官拜，就盥洗訖，進至神座前，上香、奠幣。退，詣罍洗盥，以酒再詣神坐前，奠爵，讀祝，再拜，退而瘞幣。其酺神祝文曰：『維年歲次月朔某日，州縣官某，敢昭告於酺神：蝗蝝荐生，害於嘉禾，惟神降祐，應時消殄。謹以清酒、制幣嘉薦，昭告於神，尚饗。』」

高宗紹興三十二年，太常寺言：「酺祭依紹興祀令。」從之。

孝宗本紀：紹興三十二年，五月癸巳，蝗。

文獻通考：紹興三十二年八月，禮部太常寺言：「看詳酺祭事，欲依紹興祀令，蟲蝗爲災則祭之。俟得旨，本寺擇日依儀祭告。其祭告之所，國城西北，無壇。乞於餘杭門外西北精進寺設位行禮，所差祭告官合并排辧事〔一〕，並依當時祭告小祀例。在外州縣，無蟲蝗爲害處，候得旨，令户部行下；有蝗蟲處，即依儀式，一面差令設位祭告，施行。」從之。

寧宗嘉定八年，以飛蝗入臨安，祭告酺神。

宋史禮志：嘉定八年六月，以飛蝗入臨安界，詔差官祭告。又詔兩浙、淮東西路州縣，遇有蝗入境，守臣祭酺神。

蕙田案：蝗亦昆蟲之類耳，而其害民至大。世謂蝗所行處有神，故古稱飛蝗不入境，及自入水死，若有默相然者，此祭之所以不可已也。然則酺非祭害物之神，祭其主此害物之神者耳。

右祭酺

〔一〕「排辧」，諸本誤倒，據文獻通考卷八八乙正。

盟詛

蕙田案：穀梁曰：「盟詛不及三王。」考之書「苗民罔中於信，以覆詛盟」，則三王以前，蓋有之矣。苗民覆之，故數之以爲罪。展禽有言：「周公、太公股肱王室，成王勞而賜之盟曰：『世世子孫，無相害也。』載在盟府。太史職之。」詩：「君子屢盟，亂是用長。」非謂不可盟，謂其盟之屢而無信也。夫世之治也，人以心相與，家以誠相示，知畏於神而不敢欺，敬於神而不敢慢，先王因其畏敬之心而躬信畏以先之，此盟之所以息邪省刑，而足以輔治也，故周禮秋官立司盟以掌其事，至并盟誓而背棄之，則刑罰有所必加矣。司盟亦謂之司載，國語「司載糾虔天刑」是也。但古者結繩，足以示信，盟詛雖有而不必用。去古既遠，民俗澆漓，盟詛雖用，而如無有，升降之際，良可慨已。盟誓盛於春秋，後世間有之，學者不察，以周官太平之書，胡爲玉府有珠盤、玉敦之事，戎右有「贊牛耳、桃茢」之文，遂信何休戰國陰謀之説，蓋亦不考之於詩、書爾。今依經傳通解之例，附著於篇。

經傳盟詛

書呂刑：罔中于信，以覆詛盟。傳：三苗之民，瀆於亂政，起相漸化，皆無中於信義，以反背盟詛之約。　疏：三苗之民，謂三苗國内之民也。苗君久行虐刑，民慣見亂政，習以爲常，起相漸化。中猶當也，皆無中於信義，言爲行無與信義合者。詩云「君子屢盟，亂是用長」。亂世之民，多相盟詛，既無信義，必皆違之，以此無中於信，反背盟詛之約也。

詩小雅巧言：君子屢盟，亂是用長。傳：凡國有疑，會同則用盟而相要也。　箋：屢，數也。盟之所以數者，由世衰亂，多相背違。時見曰會，殷見曰同。非此時而盟謂之數。　正義：言凡國有疑，謂於諸侯群臣有疑不相協，則在會同之上用盟禮，告盟而相要束。司盟職曰「凡邦國有疑，會同則掌其盟約之載及其禮儀，北面詔明神」是也。

何人斯：出此三物，以詛爾斯。傳：三物，豕、犬、雞也。民不相信，則盟詛之。君以豕，臣以犬，民以雞。　箋：我與汝俱爲王臣，今汝心誠信，而我不知，且共出此三物以詛。女之此物，爲其情之難知，己又不欲長怨，故設之以此言。　疏：解所以有詛者，民不相信則盟詛之。言古者有此禮，故欲與之詛也。司盟曰：「盟萬民之犯命者，詛其不信者。」是不相信，有盟詛之法也。彼不信，自在詛下，而兼言盟者，以詛是盟之細，故連言之也。犯命者盟之，不信者詛之，是盟大而詛小也。盟、詛雖大小爲異，皆殺牲歃血，告誓明神。後若背違，令神加其禍，使民畏而不敢犯，故民不相信，爲此禮以信之。此傳言民者，據周禮之文耳。其實人君亦有詛法。襄十一年左傳言：「季武子將作三軍，盟諸僖閎，詛諸五父之衢。」定六年陽虎「及三桓盟於周社，盟國人於亳社，詛諸五父之衢」。是人君與群臣有詛法也。此何人與蘇公同爲王臣，蘇公與之詛，則諸臣相疑，亦應有詛法，但春秋之世無其事耳。詛之所用，一牲而已，非三物並用。而言出此三物，以三物皆是詛之所用，總而言之。故傳辨其等級云「君以豭，臣以犬，民以雞」。百人則鄭伯使卒出豭，行出犬、雞，所云三物並用者，時考叔爲子都所射，鄭伯不誅子都，而使諸軍詛之。百人爲卒，出一豭詛之。二十五人爲行，或出犬，或出雞以詛之。每處亦止用一牲，非一處而用三物也。如此傳，君乃得用豭。彼百人即得用豭者，於時鄭伯使之詛，故得用君牲也。以行之人數少於卒，自爲等級耳。此豭、犬、雞，詛所用也。若盟，皆用牛。哀十五年左傳説衛太子蒯聵與伯姬輿豭以盟孔悝者，時太子未立，不敢從人君之禮。故鄭異議駁云：詩説及鄭伯使卒及行所出，皆謂詛耳，小於盟也。周禮戎右職云：「若盟，則以玉敦辟盟，遂役之，贊牛耳、桃茢。」哀十七年左傳曰：「孟武伯問於高柴曰：諸侯盟，誰執牛耳？」然盟者，人君用牛。伯姬盟孔悝以豭〔一〕，下人君牲。是盟用牛也。此謂大事正禮所當用者耳。若臨時假用其禮者，不必有牲，故左傳孟任割臂以盟莊公，華元入楚師登子反之牀，子反懼而與之盟，皆無牲也。

〔一〕「盟」，諸本脱，據毛詩正義卷一二補。

周禮秋官司盟：掌盟載之法。注：載，盟辭也。盟者，書其辭於策，殺牲取血，坎其牲，加書於上而埋之，謂之載書。疏：謂以牲載此盟書於上，故謂之載也。若云「爾無我詐，我無爾虞」，「有違此盟，無克祚國」。盟辭多矣，以此爲本。

凡邦國有疑，會同則掌其盟約之載及其禮儀，北面詔明神。既盟，則貳之。注：有疑，不協也。明神，神之明察者，謂日月山川也。覲禮加方明於壇上，所以依之也。詔之者，讀其載書以告之也。貳之者，寫副當以授六官。

鄭氏鍔曰：神之明者，吉凶禍福必審。神尚幽，人將告幽，故北面也。

王氏昭禹曰：幽則質之神，而盟者，神之所爲也。明則盡之人，而約者，人之所爲也。盟諸神，約之人，所以結信之道。

盟萬民之犯命者，詛其不信者亦如之。注：盟詛者，欲相與共惡之也。犯命，犯君教令也。不信，違約者也。春秋傳曰：「臧紇犯門斬關以出，乃盟臧氏。」又曰：「鄭伯使卒出豭〔一〕，行出犬、雞，以詛射潁考叔者。」疏：凡言盟者，盟將來。詛者，詛往過。

凡民之有約劑者，其貳在司盟。注：貳之者，檢其自相違約。

〔一〕「鄭伯」，諸本脱「伯」字，據周禮注疏卷三六補。

有獄訟者，則使之盟詛。 注：不信則不敢聽此盟詛，所以省獄訟。　疏：此盟詛，謂將來訟者，先使之盟詛，盟詛不信，自然不敢獄訟，所以省事也。

黄氏度曰：獄訟覆情匿詐，無質證不可推究者多矣。株連則恐其枉，故爲盟詛以止之。詩蘇公刺暴公之語曰：「出此三物，以詛爾斯。」是蓋恥格之風猶在，不敢自欺其心，敬畏昭明，故其事可行也。

苗民以覆詛盟，則以亂濟亂而已。左氏論鄭事曰：「邪而詛之，將何益哉？」反諸本之謂也。

凡盟詛，各以其地域之衆庶共其牲而致焉。既盟，則爲司盟，共祈酒脯。 注：使其邑閭出牲而來盟，已，又使出酒脯，司盟爲之祈明神，使不信者必凶。　疏：盟處無常，但盟則遣其地之民出牲以盟，并出酒脯以祈明神也。

鄭氏鍔曰：民有盟詛則鄰里當共其牲，既使衆庶共質之，而鄰里共牲之人必能詰責之，彼將知愧而自悔也。共酒脯以祈神，祈其盟之必驗也。神之小者用酒脯，故祭侯之禮，用酒脯醢也。

天官玉府：若合諸侯，則共珠槃、玉敦。 注：敦，槃類，珠玉以爲飾。　疏：若合諸侯，謂時見曰會，若司儀云：「爲壇十有二尋，王與諸侯殺牲歃血而盟，則供珠槃、玉敦。」

王氏昭禹曰：珠槃以盛牛耳，玉敦以盛血。

春官詛祝：掌盟、詛、類、造、攻、説、禬、禜之祝號。 注：八者之辭，皆所以告神明也。盟、詛主於要誓，大事曰盟，小事曰詛。　疏：秋官自有司盟之官，此詛祝兼言之者，司盟直掌盟載之法，不掌祝號與載辭，故使詛祝掌之。

作盟詛之載辭，以叙國之信用，以質邦國之劑信。疏：爲要誓之辭，載之於策，人多無信，故爲辭，對神要之，使用信，故云「以叙國之信用，以質邦國之劑信」。亦爲此盟詛之載辭以成之，謂正之使不犯。

地官封人：大盟，則飾其牛牲。注：大盟，會同之盟。疏：大盟，謂天子親往臨盟。此一經皆用牛牲，故總云飾其牛牲也。

夏官戎右：盟，則以玉敦辟盟，遂役之。注：鄭司農云：「敦，器名也。辟，法也。」玄謂將歃血者，先執其器，爲衆陳其載辭，使心皆開闢也。役之者，傳敦血，授當歃者。疏：凡盟，先割牛耳，盛於珠盤，以玉敦盛血。戎右執此敦血，爲陳其盟約之辭，使心開辟，乃歃之。

贊牛耳、桃茢。注：鄭司農云：「贊牛耳，春秋傳所謂執牛耳者。故書『茢』爲『滅』，杜子春云『滅當爲厲』。」玄謂尸盟者割牛耳取血，助爲之。及血在敦中，以桃茢拂之，又助之也。耳者盛以珠盤，尸盟者執之。桃，鬼所畏也。茢，苕帚，所以掃不祥。

鄭氏鍔曰：盟雖歃血，必有尸盟者執牛耳。牛牲至順，執牛耳者，取其順從以聽命也。

陳氏禮書：古者人君出户，則巫覡有事，弔臣則桃茢在前，開冰則桃弧、棘矢以除其災，致膳則葷、桃茢以辟凶邪。膳於君有葷、桃茢，於大夫去茢，於士去葷，則盟用桃茢，宜矣。蓋桃茢，凶邪之所畏避者也。觀古人度朔之論、桃湯之用，則桃有過於茢矣。

秋官大司寇：凡邦之大盟約，莅其盟，書而登之於天府。太史、内史、司會及六官皆受其貳而藏之。注：莅，臨也。天府，祖廟之藏。疏：王與諸侯因大會同而與盟。既臨其盟書，因登此書於天府。太史、内史、司會掌事皆與六卿同，故皆有副貳盟辭而藏之，擬相勘當也。

儀禮覲禮：諸侯覲於天子，爲宫方三百步，四門，壇十有二尋，深四尺，加方明於其上。天子乘龍，載大旂，象日月、升龍、降龍，出，拜日於東門之外，反祀方明。禮日於南門外，禮月與四瀆於北門外，禮山川、丘陵於西門外。祭天，燔柴。祭山、丘陵升，祭川沈，祭地瘞。

蕙田案：此因覲而以會同之禮見諸侯，遂有盟約之事。司寇謂「邦之大盟約」，春秋傳所云「勞而賜之盟」者也。盟、詛所祭之神，經無明文，據此則祀方明也。

禮記曲禮：莅牲曰「盟」。注：莅，臨也。坎用牲，臨而讀其盟書。聘禮今存，遇、會、誓、盟禮亡。誓之辭，尚書見有六篇。

春秋：隱公元年三月，公及邾儀父盟於蔑。疏：諸侯俱受王命，各有寰宇，上事天子，旁交鄰國。天子不信諸侯，諸侯自不相信，則盟以要之。凡盟禮，殺牲歃血，告誓神明，若有背違，欲令神加殃咎，使如此牲也。曲禮曰「約信曰誓，莅牲曰盟」。周禮天官玉府職曰：「若合諸侯，則共珠槃、玉敦。」夏官戎右職曰：「盟則以玉敦辟盟，遂役之，贊牛耳、桃茢。」秋官司盟職曰：「掌盟載之法，曰邦國有疑，會同則掌其盟約之載及其禮儀，北面詔明神。」鄭玄以爲槃、敦，皆器名也，珠玉以爲飾。合諸侯者，必割牛耳，取其血，歃之以盟，敦以盛血，槃以盛耳。將歃，則戎右執其器，爲衆陳其載辭，使心皆開辟，司盟之官乃北面讀其載書，以告日月山川之神。既告，乃尊卑以次歃，戎右傳敦血，以授當歃者，令含其血。既歃，乃坎其牲，加書於上而埋之。此則天子會諸侯，使諸侯聚盟之禮也。凡天子之盟諸侯，十二歲於方岳之下，故傳云：「再會而盟，以顯昭明。」若王不巡守，及諸侯有事朝王，即時見曰會，殷見曰同，亦爲盟禮。其盟之法，案覲禮爲「壇十有二尋，深四尺，加方明於其上。方明者，木也，方四尺。設六玉，上圭下璧，南方璋，西方琥，北方璜，東方圭」。朝諸侯於壇訖，乃加方明於壇而祀之。列諸侯於庭，玉府共珠槃、玉敦，戎右以玉敦辟盟，遂役之，贊牛耳、桃茢。司盟北面詔告明神，諸侯以次歃血。鄭注覲禮云：「王之盟，其神主日；王官之伯盟，其神主月；諸侯之盟，其神主山川。」是盟禮之略也。若諸侯之盟亦有壇，知者，故柯之盟，公羊傳稱「曹子以手劍刼桓公於壇」是也。其盟神則無復定限，故襄十一年傳稱「司慎司盟，名山名川，群神群祀，先王先公，七姓十二國之祖」是也。其盟用牛牲，故襄二十六年傳云「欿用牲」，又哀十七年傳云「諸侯盟，誰執牛耳」是也。其殺牛，必取血及耳，以手執玉敦之血進之於口，知者，定八年「涉佗捘衛侯之手，及捥」，又襄九年傳云「與大國盟，口血未乾」是也。既盟之後，牲及餘血并盟載之書加於牲上，坎而埋之，故僖二十五年傳云「宵，坎血加書」是也。春秋之世，不由天子之命，諸侯自相與盟，則大國制其言，小國尸其事，官雖小異，禮則大同，故釋例曰：「盟者殺牲載書，大國制其言，小國尸其事，珠槃玉敦，以奉流血而同歃。」是其事也。其盟載之辭，則傳多有之。此時公求好於邾，邾君來至蔑地，公出與之盟。史書魯事，以公爲主，言「公及」，及者，言自此及彼，據魯爲文也。桓十七年「公會邾儀父盟於趡」，彼言「會」，此言「及」者，彼行會禮，此不行會禮故也。故劉炫云「策書之例，先會後盟者，上言『會』下言『盟』。惟盟不會者，直言『及』」。此爲不行會禮，故言「及」也。或可史異辭，非先會而盟則稱會。知者，文七年公會諸侯、晉大夫盟於扈，傳云「公後至」，則是不及其會而經稱「會」，故知盟稱「會」者，未必先行會禮也。

蕙田案：此春秋書盟之始，疏文亦最詳，故録之。後但載其有關盟詛之事義者。

七年左氏傳：陳五父如鄭莅盟。壬申，及鄭伯盟，歃如忘。洩伯曰：「五父必不免，不賴盟矣。」注：歃如忘〔一〕，志不在於歃血也。疏：歃謂口含血也。當歃血之時，如似遺忘物然。

〔一〕「歃」，原作「插」，據光緒本、春秋左傳正義卷四改，下同。

蕙田案：此口含爲歃血之證。

八年秋七月，庚午，宋公、齊侯、衛侯盟於瓦屋。注：宋序齊上，王爵也。瓦屋，周地。

穀梁傳：外盟不日，此其日何也？諸侯之參盟於是始，故謹而日之也。誥誓不及五帝，注：五帝，謂黄帝、顓頊、帝嚳、帝堯、帝舜也。誥誓，尚書六誓七誥是其遺文。五帝之世，道化淳備，不須誥誓，而信自著。盟詛不及三王，注：三王，謂夏、殷、周也。夏后有鈞臺之享，商湯有景亳之命，周武有孟津之會，衆所歸信，不盟詛也。交質子不及二伯。注：二伯，謂齊桓、晉文。

胡傳：周禮設司盟掌盟載之法，凡邦國有疑，則請盟於會同，聽命於天子，亦聖人待衰世之意耳。德又下衰，諸侯放恣，其屢盟也不待會同，其私約也不由天子，口血未乾而渝盟者有矣，其末至於交質子，猶有不信者焉。春秋謹參盟，善胥命，美蕭魚之會，以信待人而不疑也。蓋有志於天下爲公之世，凡此類，亦變周制矣。

湛氏若水曰：紀參盟也。古者天下爲公，會同之禮，制於天子。無上命而私盟，無道之甚者也。然而彼善於此則有之，參盟之謂也，故書而紀之。

十一年左氏傳：鄭伯將伐許，授兵於大宫。公孫閼與潁考叔爭車，潁考叔挾輈以走，子都拔棘以逐之。及大逵，弗及，子都怒。秋七月，傅於許。潁考叔取鄭伯之旗蝥弧以先登，子都自下射之，顛。鄭伯使卒出豭，行出犬、雞，以詛射潁考叔者。注：百人爲卒，二十五人爲行，行亦卒之行列。疾射潁考叔者，故令卒及行間皆詛之。疏：詛者，盟之細，殺牲告神，令加之殃咎。疾射潁考叔者，令卒及行間祝詛之，欲使神殺之也。一卒之内已用一豭，又更令一行之間或用雞，或用犬，重祝詛之。犬、雞者，或雞或犬，非雞、犬並用。何則？盟詛例用一牲，不用二也。豭謂豕之牡者。爾雅釋獸：「豕牝曰豝。」豝者是牝，知豭者是牡。祭祀例不用牝。且宋人謂宋朝爲艾豭，明以雄猪喻也。君子謂鄭莊公失政刑矣。政以治民，刑以正邪。既無德政，又無威刑，是以及邪。邪而詛之，將何益矣！

蕙田案：此詛用三物之證。

僖公二十五年左氏傳：秦人圍商密，昏而傅焉。宵，坎血加書，僞與子儀、子邊盟者。注：掘地爲坎，以埋盟之餘血，加盟書其上。

蕙田案：此坎血加書之證。

二十八年左氏傳：晉文公伐衛，楚師救衛，戰於莘北，楚師敗績。晉師還至於衡雍，作王宫於踐土，獻楚俘於王。王子虎盟諸侯於王庭。注：踐土宫之庭。書踐土，别於京師。要言曰：「皆奬王室，無相害也。有渝此盟，明神殛之！俾隊其師，無克祚國。」注：

獎，助也。渝，變也。殛，誅也。俾，使也。隊，隕也。克，能也。晉人復衛侯。甯武子與衛人盟於宛濮，曰：「天禍衛國，君臣不協，以及此憂也。今天誘其衷，使皆降心以相從也。不有居者，誰守社稷？不有行者，誰捍牧圉？不協之故，用昭乞盟於爾大神。自今日以往，行者無保其力，居者無懼其罪。有渝此盟，明神先君，是糾是殛。」國人聞此盟也，而後不貳。

成公十二年左氏傳：晉士燮會楚公子罷、許偃，盟於宋西門之外曰：「凡晉、楚無相加戎，好惡同之，同恤災危，備救凶患。交贄往來，道路無壅；謀其不協，而討不庭。有渝此盟，無克祚國。」

蕙田案：此三條皆盟辭。

襄公九年左氏傳：諸侯伐鄭。鄭人恐，乃行成。注：與晉成也。同盟於戲。鄭將盟，鄭六卿公子騑、注：子駟。公子發、注：子國。公子嘉、注：子孔。公孫輒、注：子耳。公孫蠆、注：子蟜。公孫舍之注：子展。及其大夫、門子，皆從鄭伯。注：門子，卿之適子。晉士莊子爲載書，注：莊子士弱載書盟。曰：「自今日既盟之後，鄭國而不唯晉命是聽，而或有異志者，有如此盟。」注：如違盟之罰。公子騑趨進，曰：「天禍鄭國，使介居二大國之間，大國不加德音，而亂以要之，使其鬼神不獲歆其禋祀，其民人不獲享其土利，夫婦辛苦墊隘，無所厎告。自今日既盟之後，鄭國而不唯有禮與彊可以庇民者是從，而敢有異志者，亦如之。」注：亦如此盟。荀偃曰：「改載書。」注：子駟亦以所言載於策，故欲改之。公孫舍之曰：「昭大神要言焉。注：要誓以告神。若可改也，大國亦可叛也。」知武子謂獻子曰：「我實不德，而要人以盟，豈禮也哉？非禮，何以主盟？姑盟而退，修德息師而來，終必獲鄭，何必今日？我之不德，民將棄我，豈唯鄭？若能休和，遠人將至，何恃於鄭？」乃盟而還。注：遂兩用載書。楚子伐鄭。子駟將及楚平，子孔、子蟜曰：「與大國盟，口血未乾而背之，可乎？」子駟、子展曰：「吾盟固云『唯彊是從』，今楚師至，晉不我救，則楚彊矣。盟誓之言，豈敢背之？且要盟無質，神弗臨也。所臨唯信，信者，言之瑞也，善之主也，是故臨之。注：神臨之。明神不蠲要盟，注：蠲，潔也。背之，可也。」乃及楚平。公子罷戎入盟，同盟於中分。注：中分，鄭城中里名。罷戎，楚大夫。

蕙田案：此用兩載書盟及要盟之證。

十一年左氏傳：季武子將作三軍，告叔孫穆子曰：「請爲三軍，各征其軍。」穆子曰：「政將及子，子必不能。」武子固請之。穆子曰：「然則盟諸？」乃盟諸僖閎，注：僖公之門。詛諸五父之衢。注：五父，衢道名，在魯國東南。詛，以禍福之言相要。

蕙田案：此盟後復詛之證。

諸侯伐鄭。鄭人懼，乃行成。秋七月，同盟於亳。范宣子曰：「不慎，必失諸侯。諸侯道敝而無成，能無貳乎？」乃盟載書曰：「凡我同盟，毋蘊年，毋壅利，毋保姦，毋留慝，救災患，恤禍亂，同好惡，獎王室。或間茲命，司慎、司盟，名山、名川，注：二司，天神。疏：盟告諸神，而先稱二司，知其是天神也。覲禮：「諸侯覲於天子，爲宫方三百步，壇十有二尋，深四尺，加方明於其上。方明者，木也，方四尺。設六色，青、赤、白、黑、玄、黄。設六玉，圭、璋、琥、璜、璧、琮。公、侯、伯、子、男皆就其旂而立。天子祀方明，禮日月、四瀆、山川、丘陵。彼文雖不言盟〔一〕，其所陳設，盟之禮也。」鄭玄云：「方明者，上下四方神明之象也。會同而盟，明神監之，則謂之天之司盟。有象者，猶宗廟之有主乎！天子巡守之盟，其神主日。諸侯之盟，其神主山川。王官之伯會諸侯而盟，其神主月。是言盟之所告，告天神也。」鄭云神監之，謂之司盟。司盟非一神也，其司慎，亦不知指斥何神。但在山川之上，知其是天神耳。名山，山之有名者，謂五嶽、四鎮也。名川，謂四瀆也。群臣、群祀，注：群祀，在祀典者。先王、先公，注：先王，諸侯之大祖，宋祖帝乙、鄭祖厲王之比也。先公，始封君。七

〔一〕「文」，諸本作「方」，據春秋左傳正義卷三一改。

姓十二國之祖，七姓：晉、魯、衛、鄭、曹、滕，姬姓；邾、小邾，曹姓；宋，子姓；齊，姜姓；莒，己姓；杞，姒姓；薛，任姓。實十三國，言「十二」，誤也。疏：十三國爲七姓，世本世家文也。姬即次曹，意及則言，不以大小爲次也。實十三國而言「十二」，服虔云：「晉主盟，不自數。」知不然者，案定四年祝佗稱踐土之盟云：「晉重、魯申。」於是晉爲盟主，自在盟内。何因晉今主盟，乃不自數？故知字誤也。劉炫難服虔云：「案宣子恐失諸侯，謹慎辭令，告神要人，身不自數，己不在盟，彼叛必速。豈有如此理哉？」明神殛之，殛，誅也。俾失其民，隊命亡氏，踣其國家。」注：踣，斃也。

蕙田案：此盟之明神見於盟書可據者。

二十三年左氏傳：季武子無適子，公彌長，而愛悼子，欲立之。訪於臧紇。紇爲立悼子，紇廢公鉏。後孟莊子疾，豐點謂公鉏：「苟立羯，請讎臧氏。」及孟孫卒，季孫至，入，哭而出，曰：「秩焉在？」公鉏曰：「羯在此矣。」孟氏閉門，告於季孫曰：「臧氏將爲亂，不使我葬。」季孫不信。臧孫聞之，戒。除於東門，甲從己而視之。孟氏又告季孫。季孫怒，命攻臧氏。臧紇斬鹿門之關以出，奔邾。乃盟臧氏。

二十五年左氏傳：崔杼弑齊君，立景公而相之，慶封爲左相，盟國人於大宮，注：大宮，大公廟。曰：「所不與崔、慶者。」晏子仰天歎曰：「嬰所不唯忠於君、利社稷者是與，有如上帝！」乃歃。注：盟書云「所不與崔、慶者，有如上帝」，讀書未終，晏子抄答易其辭，因自歃曰「所不與崔、慶者」，本或此下有「有如此盟」四字者，後人妄加。

蕙田案：此亦改盟書之證。

二十六年左氏傳：宋寺人惠墻伊戾爲太子痤内師，無寵。注：惠墻，氏；伊戾，名。秋，楚客聘於晉，過宋。太子知之，請野享之。公使往，伊戾請從之。至則欿，用牲，加書，徵之，而騁告公，曰：「太子將亂，既與楚客盟矣。」

蕙田案：此亦坎血加書之證。

二十七年左氏傳：宋向戌善於趙文子，又善於令尹子木，欲弭諸侯之兵以爲名。如晉，告趙孟。晉人許之。如楚，楚亦許之。如齊，齊人難之。陳文子曰：「晉、楚許之，我焉得已。」齊人許之。告於秦，秦亦許之。皆告於小國，爲會於宋。將盟於宋西門之外。楚人衷甲。伯州犂曰：「合諸侯之師，以爲不信，無乃不可乎？」固請釋甲。季武子使謂叔孫以公命曰：「視邾、滕。」既而齊人請邾，宋人請滕，皆不與盟。叔孫曰：「邾、滕，人之私也；我，列國也，何故視之？宋、衛，吾匹也。」乃盟。晉、楚爭先。晉人曰：「晉固爲諸侯盟主，未有先晉者也。」楚人曰：「子言晉、楚匹也，若晉常先，是楚弱也。且晉、楚狎主諸侯之盟也久矣！豈專在晉？」叔向謂趙孟曰：「諸侯歸晉之德只，非歸其尸盟也。子務德，無爭先。且諸侯盟，小國固必有尸盟者。楚爲晉細，不亦可乎？」乃先楚人。書先晉，晉有信也。晉荀盈遂如楚莅盟。

蕙田案：此小國尸盟之證。

二十九年左氏傳：鄭大夫盟於伯有氏。裨諶曰：「是盟也，其與幾何？」注：言不能久也。詩曰：「君子屢盟，亂是用長。」

昭公元年左氏傳：會於虢，尋楚之盟也。祁午謂趙文子曰：「宋之盟，楚人得志於晉，晉之恥也。子相晉國，以爲盟主，於今七年矣。再合諸侯，三合大夫，服齊、狄，寧東夏，平秦亂，城淳于，師徒不頓，國家不罷，民無謗讟，諸侯無怨，天無大災，子之力也。有令名矣，而終之以恥，午也是懼。吾子其不可以不戒。」文子曰：「武將信以爲本，循而行之。譬如農夫，是穮是蔉，雖有饑饉，必有豐年。且吾聞之：『能信，不爲人下。』吾不能是難，楚不爲患。」楚令尹圍請用牲，讀舊書，加於牲上而已，晉人許之。

蕙田案：此尋盟之證，讀舊書加於牲上也。

三年左氏傳：子太叔曰：「有事而會，不協而盟。」疏：十三年傳云：「明王之制，使諸侯歲聘以志業，間朝以講禮，再朝而會以示威，再會而盟以顯昭明。」彼謂諸侯於天子朝覲同盟之數，此說文、襄之霸。諸侯朝霸主，大國之法也。霸主之合諸侯，不得令其同盟以獎己，故令有事而會，不協而盟，不復設年限之期。周室既衰，政在霸主。霸主不可自同天子，故設此制以簡之。

蕙田案：此霸主會盟之法。

十三年左氏傳：晉人將尋盟，齊人不可。晉侯使叔向告劉獻公曰：「抑齊人不盟，若之何？」對曰：「盟以底信。君苟有信，諸侯不貳，何患焉？告之以文辭，董之以武師，雖齊不許，君庸多矣。天子之老請帥王賦，『元戎十乘，以先啓行』，遲速惟君。」叔向告於齊曰：「諸侯求盟，已在此矣。今君弗利，寡君以爲請。」對曰：「諸侯討貳，則有尋盟。若皆用命，何盟之尋？」

定公五年左氏傳：陽虎囚季桓子。冬十月己丑，盟桓子於稷門之內。庚寅，大詛。注：稷門，魯南城門。傳言季氏之亂。

六年左氏傳：秋，陽虎又盟公及三桓於周社，盟國人於亳社，詛於五父之衢。注：傳言三桓微，陪臣專政，爲八年陽虎作亂起。

蕙田案：此二條亦盟、詛並用之證。

八年左氏傳：晉師將盟衛侯於鄟澤，趙簡子曰：「群臣誰敢盟衛君者？」涉佗、成何曰：「我能盟之。」注：二子，晉大夫。衛人請執牛耳，注：盟禮，尊者莅牛耳，主次盟者。衛侯與晉大夫盟，自以當莅牛耳，故請。疏：盟用牛耳，卑者執之，尊者莅之。請執牛耳，請使晉大夫執牛耳。今衛侯與晉大夫盟，自以當爲盟主，宜莅牛耳，故請晉大夫使執之。成何曰：「衛，吾溫、原也，焉得視諸侯？」注：言衛小，可比晉縣，不得從諸侯禮。將歃，涉佗捘衛侯之手，及捥。注：捘，擠也。血至捥。疏曰：說文云：「推，排也。」「排，擠也。」捘是推排之意，故爲擠也。昭十三年傳言「擠於溝壑」，謂被推入坑也。衛侯怒，王孫賈趨進，賈，衛大夫。曰：「盟以信，禮也。有如衛君，其敢不唯禮是事而受此盟也？」注：言晉無禮，不欲受其盟。

蕙田案：此小國執牛耳之證。

哀公十二年左氏傳：魯哀公會吴於橐皋。對曰：「盟，所以周信也，故心以制之，玉帛以奉之，言以結之，明神以要之。寡君以爲苟有盟焉，弗可改也已。若猶可改，日盟何益？今吾子曰『必尋盟』，若可尋也，亦可寒也。」注：尋，重也。寒，歇也。乃不尋盟。

蕙田案：此不尋盟之證。

十四年左氏傳：小邾射以句繹來奔，曰：「使季路要我，吾無盟矣。」使子路，子路辭。季康子使冉有謂之曰：「千乘之國，不信其盟，而信子之言，子何辱焉？」

十五年左氏傳：衛太子蒯聵與伯姬輿豭以盟孔悝。

蕙田案：此盟不用牛之證，下於君也。

十七年左氏傳：哀公會齊侯，盟於蒙。武伯問於高柴曰：「諸侯盟，誰執牛耳？」注：執牛耳，尸盟者。季羔曰：「鄫衍之役，吴公子姑曹。」注：季羔，高柴也。鄫衍，在七年。發陽之役，衛石魋。發陽，鄖地。在十二年。石魋，石曼姑之子。武伯曰：「然則彘也。」注：彘，武伯名也。鄫衍則大國執，發陽則小國執。據時執者無常，故武伯自以爲可執。疏：依禮，小國執牛耳。武伯得季羔之言，以鄫衍則大國執，發陽則小國執之，既合古典，武伯自以魯是小國，故云「然則彘也」。杜以傳有小國、大國之執，故云據時執者無常。劉炫以爲小國恒執牛耳，何得云「執者無常」？

蕙田案：此亦小國執牛耳之證。

國語晉語[一]：成王盟諸侯於岐陽，楚爲荆蠻，置茅蕝，設望表，與鮮牟守燎。注：

[一]「晉語」，原作「楚語」，據光緒本改。

置，立也。蕝，謂束茅而立之，所以縮酒。望表，謂望山川，立木以爲表，表其位也。鮮牟，東夷國。燎，庭燎也。

説苑反質[一]：晉文公合諸侯而盟曰：「吾聞國之昏，不由聲色，必由姦利。好樂聲色者，淫也。貪姦者，惑也。夫淫惑之國，不亡必殘。自今以來，無以美妾疑妻，無以聲樂妨正，無以姦情害公，無以貨利示下。其有之者，是謂伐其根素，流於華葉。若此者，有患無憂，有寇勿弭，不如言者，盟示之。」於是君子聞之曰：「文公其知道乎，其不王者，由無佐也。」

春秋莊公十三年公羊傳：莊公會齊侯，盟於柯。曹子曰：「君之意何如？」莊公曰：「寡人之生，則不若死矣。」曹子曰：「然則君請當其君，臣請當其臣。」莊公曰：「諾。」於是齊桓公、莊公升壇，曹子手劍而從之。管子進曰：「君何求？」曹子曰：「城壞壓竟[二]，君不圖歟？願請汶陽之田。」管子顧曰：「君其許諾。」桓公曰：「諾。」已盟，曹子摽劍而去之。要盟可犯而桓公不欺，曹子可讐而桓公不怨。桓公之信著乎天

[一]「説苑反質」，諸本作「晉語」，據説苑校證卷二〇改。

[二]「壞」，諸本作「環」，據春秋公羊傳注疏卷七改。

下，自柯之盟始焉。

穀梁傳：葵丘之盟，束牲而不殺，讀書加於牲上，曰：「毋雍泉，毋遏糴，毋易樹子，毋以妾爲妻，毋使婦人與國事。」

孟子：五霸，桓公爲盛，葵丘之會，諸侯束牲載書而不歃血。初命曰：「誅不孝，無易樹子，無以妾爲妻。」再命曰：「尊賢育才，以彰有德。」三命曰：「敬老慈幼，無忘賓旅。」四命曰：「士無世官，官事無攝；取士必得，無專殺大夫。」五命曰：「無曲防，無遏糴，無有封而不告。」曰：「凡我同盟之人，既盟之後，言歸於好。」

家語：定公與齊侯會於夾谷。孔子攝相事，曰：「臣聞有文事者，必有武備，有武事者，必有文備。古者諸侯出疆，必具官以從，請具左右司馬。」定公從之。至會所，爲壇位，土階三等。以遇禮相見，揖讓而登，獻酢既畢，齊使萊人以兵鼓譟劫定公。東夷雷鼓曰譟。孔子歷階而進，以公退，曰：「士以兵之。吾兩君爲好，裔夷之俘，敢以兵亂之，非齊君所以命諸侯也。裔不謀夏，夷不亂華，俘不干盟，兵不偪好。於神爲不祥，於德爲愆義，於人爲失禮，君必不然。」齊侯心怍，麾而避之。將盟，齊人加載書曰：「齊師出境，而不以兵車三百乘從我者，有如此盟。」孔子使兹無還對曰：魯大夫也。

「而不返我汶陽之田，吾以供命者，亦如之。」齊侯歸，責其群臣曰：「魯以君子道輔其君，而子獨以夷狄道教寡人，使得罪於是。」乃歸所侵魯之四邑及汶陽之田。四邑，鄆、讙、龜、陰也。汶陽之田本魯界。

孔子適衛，路出於蒲，會公叔氏以蒲叛衛而止之。孔子弟子有公良儒者，爲人賢長，有勇力，以私車五乘從夫子行，喟然曰：「昔吾從夫子，遇難於匡，又伐樹於宋。注：孔子與弟子行禮於大樹之下，桓魋欲害之，故先伐其樹焉。今遇困於此，命也夫！與其見夫子仍遇於難，寧我鬬死！」挺劍而合衆，將與之戰。蒲人懼曰：「苟無適衛，吾則出子以盟。」孔子而出之東門，孔子遂適衛。子貢曰：「盟可負乎？」孔子曰：「要我以盟，非義也。」

陳氏禮書：先王之時，結民以忠信誠慤之心，維邦國以比小事大之禮。然盟詛之末，常不弛於天下，使人明則知好惡，幽則知信畏，然後有同德而無離心，則盟詛之輔於教也，其可忽哉！周禮有盟萬民，有盟諸侯，有詛萬民之不信，有教國之信用，則盟詛固有大小矣。司盟若合諸侯，則共珠槃、玉敦，戎右以玉敦辟盟，贊牛耳、桃茢。封人「凡賓客、軍旅、大盟，飾牛牲」。其未殺也，飾以文繡；其殺也，寘之於坎，加書其上，盤以盛耳，敦以盛血。尸之者執耳，大者先歃，小者亞之。哀十三年，吴、晉爭先。國語曰：「吴先歃，晉亞之。」又晉語：宋之盟，楚人請先歃。霸王之勢在德，不在先歃。定四年祝鮀曰：晉文踐土之盟，衛成公弟猶先蔡。有玉帛以禮明神，哀十二年，子貢曰：「盟有玉帛以奉之。」有桃茢以祓不祥。既盟，則以盟書登於天府。太史、内史、司會及六官皆受其貳而藏之。然則司盟共祈酒脯，則既殺以盟於前，又用酒脯以祈於後也。覲禮諸侯覲天子，春拜日，秋禮山川、丘陵，冬禮月與四瀆，而繼之以祭天燔柴，祭山丘陵升，祭川沈，祭地瘞。謂升沈必就祭，謂王巡狩也。王巡狩之盟，其神主日；諸侯之盟，其神主山川；王官之伯會諸侯，其神主月歟？經言祭天而鄭氏言祭日，經言祭地而鄭氏言祭月，且方明以象上下四方，而經傳凡言主盟者多稱明神，曰「司慎、司盟，名山、名川，群神、群祀，先王、先公，七姓十二國之祖」。齊語桓公與諸侯飭牲爲載，以約誓於上下庶神，則諸侯之盟，非特主山川也。鄭氏謂王之盟主日，諸侯主山川，王官之伯主月，其禮無據。瑕禽曰：「平王東遷，吾七姓從王，王賜之騂旄之盟。」杜預曰：「言得重盟，不以雞、犬。」蓋騂旄之盟，非王賜者不得用也。襄十年。詛祝「掌盟、詛、類、造、攻、説、禬、禜之祝號，作盟、詛之載辭，以叙國之信用，以質邦國之劑信」。詩曰：「出此三物，以詛爾斯。」左傳曰：「鄭伯使卒出豭，行出犬、雞，以詛射潁考叔。」書無逸曰：「否則厥口詛祝。」鄭氏曰：「大事曰盟，小事曰詛。」賈公彦曰：「盟者盟將來，詛者詛往過。」然季武子作三軍，盟諸僖閎，詛諸五父之衢；陽虎己丑盟桓子於稷門之内，庚寅大詛，又盟三桓於周社，盟國人於亳社，詛於五父之衢。鄭伯使卒出豭，行出犬、雞，以詛射潁考叔者，是盟有繼之以詛，詛有不繫於盟，則大事必盟而或詛，詛以詛往過，而或爲將來也。詩曰：「出此三物，以詛爾斯。」毛氏曰：「君以豕，臣以犬，民以雞。」蓋以鄭伯使卒與行出此三物辨而等之，其詳不可考也。周禮、左傳天子諸侯之盟，皆執牛耳，而衛太子蒯聵與伯姬輿豭以盟，蓋下人君之禮也。然盟、詛皆坎牲加書以告明神，其異者，盟有執耳歃血，既盟有祈而詛無是也。春秋之盟，有適一時之急而不用牲者，若孟任割臂以盟莊公，華元登楚子反之牀，子反懼而與之盟，此皆假行其禮，而不用牲也。春秋之盟，或尋，或同，或乞，或要，或逃，或渝，或盟君以大夫，或辱人以城下，日以長亂，莫之或熄，皆先王之罪人也。

右經傳盟詛

後世盟詛

史記：平原君適楚，毛遂謂楚王之左右曰：「取雞狗馬之血來。」毛遂奉銅盤而跪進之楚王：「王當歃血而定從於殿上。」毛遂左手持盤血，而右手招十九人，曰：「公相與歃此血於堂下。公等録録，音禄。所謂因人成事者也。」

漢書王陵傳：高后欲立諸吕爲王，問陵。陵曰：「高皇帝刑白馬而盟曰：『非劉氏而王者，天下共擊之。』今王吕氏，非約也。」

魏志臧洪傳：臧洪字子原，廣陵射陽人也。太守張超請洪爲功曹，與西至陳留，見兄邈計事。邈與語，大奇之。又致之於劉兖州公山、孔豫州公緒，乃設壇場，方共盟誓，諸州郡相讓，乃共推洪。洪乃升壇操槃歃血而盟。

吴孫權與蜀盟文：天降喪亂，皇綱失叙。逆臣乘釁，刼奪國柄。始於董卓，終於曹操。九州幅裂，普天無繼。及曹丕偷取天位，而子叡么麽，尋亦凶逆。昔共工亂象，而高辛行師；三苗干度，而虞舜征焉。今日滅叡，擒其徒黨，非漢與吴，將復誰在？建大事，必先盟誓，漢之與吴，雖信由中，然分土列境，宜立盟約，使東西士民，咸共聞知。既盟之後，戮力一心，同討魏賊，救危恤患，分災共慶，各守分土，無相侵犯。傳之後葉，克終若始。有渝此盟，創禍先亂，俾墜其師，無克祚國。

晉劉琨與段匹磾盟文：天不靖晉，難集上邦，四方豪傑，是焉扇動。乃憑陵於諸夏，俾天子播越震蕩，罔或攸底。二鹵交侵，區夏將泯，神人乏主，蒼生無歸，百罹備臻，死喪相枕。肌膚潤於鋒鏑，骸骨曝於草莽。千里無煙火之廬，列城有兵曠之邑。兹所以痛心疾首，仰訴皇穹者也。臣琨蒙國寵靈，叨竊台岳；臣磾世效忠節，忝荷公輔。大懼醜類猾夏，王旅隕首喪元，盡其臣禮。古先哲王，貽厥後訓，所以翼戴天子，敦序同好者，莫不臨之以明神，結之以盟誓。故齊桓會於召陵而群后加恭，晉文盟於踐土而諸侯兹順。而臣等介在遐鄙，而與主相去迥遼，是以敢干先典，刑牲歃盟。自今日既盟之後，皆盡忠竭節，以剪夷二寇。有加難於琨，磾必救；加難於磾，琨亦如之。繾綣齊契，披布胸懷，書勒金石，藏於王府。有渝此盟，亡其宗族，俾墜軍旅，無其遺育。

晉庾闡爲郗車騎討蘇峻盟文：賊臣祖約蘇峻，不恭天命，不畏王誅，凶戾肆逆，干國之紀，稱兵攻宮，焚掠宗廟，遂乃制脅幼主，有無君之心。大行皇太后以憂厄崩殂。殘害忠良，禍虐烝民，窮凶極暴，毒流四海，是以率土怨酷，兆庶泣血，咸願奉辭伐罪，以除元惡。今主上憂危，百姓倒懸，忠臣烈士，志在死國。既盟之後，戮力一心，共剪醜類，殞首喪元，以救社稷。若二寇不梟，無望偷安，當令生者不食今誓，死者無媿黄泉。

陳沈炯爲陳武帝與王僧辯盟文：侯景，戎羯小醜，逆天無狀，背我恩義，破我國家，毒我生民，改移我廟社，誅鋤我郡縣，割裂我宗姻。我高祖靈聖聰明，光宅天下，劬勞兆庶，亭育萬民，哀景以窮見歸，全景將戮之首，授景要害之地，崇景非次之榮，於景何怨？而景長戟强弩，陵蹙朝廷，刳肝斮趾，不厭其快。高祖菜食卑宫，春秋九十，屈意凝威，憤終寇手。大行皇帝温嚴恭默，丕守鴻名，於景何有？復加忍毒。豈有率土之濱，忍聞此痛？僧辯等荷相國湘東王泣血銜冤之寄，摩頂至踵之恩，能不瀝膽抽腸，共誅姦逆。和將帥同心共契，必誅逆豎。尊奉湘東王嗣膺鴻業，以主郊祀，若一相欺負，一相違戾，天地宗廟，是譴是詰。

右後世盟詛

釁

蕙田案：釁之禮小矣，古人敬事神明，所以交之者異也。以血塗釁，即以釁名祭。孫奭謂猶治亂曰亂，抑其義歟？

大戴禮諸侯釁廟：成廟，釁之以羊。注：廟新成而釁者，尊而神之也。孔氏禮記雜記疏：「謂宗廟初成，則殺羊取血以釁之。」

君玄服立於寢門内，南向。祝、宗人、宰夫、雍人皆玄服。注：以神事，故亦同爵弁。小戴君朝服者〔一〕，謂不與也。

宗人曰：「請令以釁某廟。」君曰：「諾。」遂入。雍人拭羊。宰夫入廟門，碑南，北面，東上。注：拭，帨。東上者，宰夫也。宰夫，攝主也。

鄭氏雜記注：拭，靜也。

孔氏雜記疏：雍人是厨宰之官。拭羊，拭靜其羊，拭於廟門外。但初受命於寢門内之時，君與祝、宗人、宰夫、雍人等皆著玄服，謂朝服、緇衣、素裳等。其祝、宗人、宰夫、雍人等皆入廟之時，則爵弁純衣。

〔一〕「小戴」，諸本作「以載」，據大戴禮記匯校集解卷一〇改。

雍人舉羊，升屋自中，中屋南面，刲羊，血流於前，乃降。

鄭氏雜記注：自，由也。

孔氏雜記疏：雍人舉羊升屋者，熊氏云：「謂抗舉其羊升於屋。自中者，自，由也，謂升屋之時由屋東西之中，謂兩階之間而升也。中屋南面者，謂當棟屋之上，亦東西之中而南面。刲割其羊使血流於前，雍人乃降。」皇氏云：「舉羊，謂縣羊。升屋，謂掛羊於屋。自中，謂在屋之中。中屋，謂羊在屋棟之下縣之，上下處中。」今謂屋者，謂室之在上之覆也。前云「升屋」，下云「乃降」，與喪大記「復者升屋」其文正同，何得以升爲縣？又中屋爲屋棟，去地上下爲中，此正得云屋中，不得云中屋。若室裏縣羊，血則當羊而下，何得云血流於前？又下文「其衈皆於屋下」，明知其釁則在屋上。檢勘上下，皇氏之説非也。

門以雞。有司當門北面，雍人割雞屋下，當門。 注：有司，宰夫、祝、宗人也。

孔氏雜記疏：門，廟門也。減於廟室，故釁不用羊也。門則當門，屋之上中，割雞使血流，故云「門當門」。

郟室，割雞於室中，有司亦北面也。 注：郟室，門郟之室。一曰東西廂也。釁東西室，有司猶北面，統於廟也。案小戴割雞亦於屋上，記者不同耳。

孔氏雜記疏：夾室，東西廂也。門與夾室各一雞，凡用三雞，釁門、夾室用雞之時，如上用羊之法，亦升屋而割之。先釁門，後釁夾室，又衈於門也。其衈皆於屋下，衈訖，然後升屋而釁也。夾室則當夾室上之中。釁夾室之時，宰夫、祝、宗人皆當於夾室而立。

既事，宗人告事畢，皆退，反命於君。君寢門中南向，宗人曰：「釁某廟事畢。」君曰：「諾。」宗人請就宴，君揖之，乃退。

鄭氏雜記注：告者，告宰夫。

孔氏雜記疏：釁事既畢，宗人告攝主宰夫以事畢，宰夫及祝、宗人等乃退，反報君命於路寢。君受命之時，南鄉於路寢門内，南面而立。

禮記雜記：成廟則釁之，其禮：祝、宗人、宰夫、雍人皆爵弁、純衣。雍人拭羊，宗人視之〔一〕，宰夫北面於碑南，東上。雍人舉羊，升屋自中，中屋南面，刲羊，血流於前，乃降。門、夾室皆用雞，先門而後夾室，其衈皆於屋下。割雞，門當門，夾室中室。有司皆鄉室而立，門則有司當門北面。既事，宗人告事畢，乃皆退。反命於君曰：「釁某廟事畢。」反命於寢，君南鄉於門内，朝服。既反命，乃退。注：宗人先請於君曰：「請命以釁某廟。」君諾之，乃行。衈謂將刲割牲以釁，先滅耳旁毛薦之。耳，聽聲者，告神，欲其聽之，周禮有刉衈。

〔一〕「視」，諸本作「祝」，據禮記正義卷四三改。

君朝服者，不至廟也。疏：「其衈皆於屋下」者，謂未封割羊與雞之時，先滅耳旁毛以薦神。廟則在廟之屋下，門與夾室則在門、夾室之屋下。衈訖，爲釁之時，門則當門屋之上中，夾室則當夾室上之中，以割雞使血流，故云「門當門，夾室中室」。鄭注周禮云：「毛牲曰刉，羽牲曰衈。」以此經有羊有雞，無别刉文，故總以衈包之。朝服即大戴禮云「玄衣以不入廟，故朝服」。

蕙田案：釁廟之禮，二戴大同小異。但小戴厠於雜記内，大戴則另列爲篇，故朱子集儀禮經傳，取之二書，互有詳略，今以大戴爲正，仍録小戴於後以備參考。

周禮夏官小子：掌珥於社稷，祈於五祀。注：鄭司農云「以牲頭祭也」，玄謂珥讀爲衈。祈或爲刉。刉衈者，釁禮之事也。用毛牲曰刉，羽牲曰衈。衈刉社稷、五祀，謂始成其宫兆時也。疏：先鄭云珥以牲頭祭，漢時祈禱有牲頭祭，後鄭不從者，案禮記雜記釁廟之禮云：「門、夾室用雞，其衈皆於屋下。」衈既爲釁禮，此刉與衈連文，則刉亦是釁禮，非祭祀之法，何得爲牲頭祭乎？是依後鄭爲釁法解之。玄謂「珥讀爲衈。祈讀爲刉」者，以釁法無取於玉珥及祈禱之義，故以士師刉衈爲正也。鄭知刉衈爲釁禮之事，約雜記而知也。云「用毛牲曰刉，羽牲曰衈」者，此相對而言，雜記廟用羊，門用雞，皆云衈，散文通也。知「刉衈是社稷、五祀，始成其宫兆時也」者，凡物須釁者，皆謂始成時，是以雜記云「廟成則釁之」是也。

王氏與之曰：珥當爲弭，如小祝所謂「弭災兵」。祈如小祝所謂「祈福祥」，非釁事也。

蕙田案：王氏之説非是，當從康成注。

禮記雜記：路寢成，則考之而不釁。釁屋者，交神明之道也。注：言路寢者，生人所居。不釁者，不神之也。考之者，設盛食以落之耳。疏：「釁屋者，交神明之道也」者，釋所以不釁路寢之義，言此屋與神明相交，故釁之也。

蕙田案：以上釁廟。

禮記雜記：凡宗廟之器，成則釁之以豭豚。注：宗廟名器，謂尊、彝之屬。疏：器之名者，尊、彝之屬也。若作名者成，則釁之；若細者成，則不釁。名器則殺豭豚血塗之也。不及廟，故不用羊也。

周禮春官天府：上春，釁寶鎮及寶器。注：上春，孟春也。釁，謂殺牲以血血之。鄭司農云：「釁讀爲徽，或曰釁鼓之釁。」疏：云「上春，孟春也」者，謂建寅之月也，殺牲取血釁之，若月令上春釁龜筴等也。云「釁讀爲徽」者，周禮先鄭皆讀釁爲徽，徽取飾義。云「或曰釁鼓之釁」者，讀從定四年祝佗云「君以軍行祓社釁鼓」，釁皆以血血之也。

禮記文王世子：始立學者，既興器用幣。注：「興」當爲「釁」，字之誤也。禮樂之器，成則釁之，又用幣告先聖先師以器成。疏：「始立學」者，天子命諸侯始立教學，又造禮樂之器，新成釁之。

既畢，乃用幣告先聖先師以器成也，然後釋菜。既以幣告，後又更釋菜，告先聖先師以器成將用也。案雜記，宗廟之器，其名者成則釁之以豭豚，是器成當釁之，故知「興當爲釁」。經言用幣，故知「告先聖先師以器成」也。

周禮夏官大司馬：若大師，帥執事莅釁主及軍器〔一〕。注：大師，王出征伐也。莅，臨也。主，謂遷廟之主及社主在軍者也。軍器，鼓鐸之屬。凡師，既受甲，迎主於廟及社主，祝奉以從，殺牲以血塗主及軍器，皆神之。疏：云「主謂遷廟之主」，左傳祝佗云：「軍行，祓社釁鼓，祝奉以從。」尚書云：「用命賞於祖，不用命戮於社。」皆是在軍是也。

小子：釁邦器及軍器。注：邦器，謂禮樂之器及祭器之屬。雜記曰：「凡宗廟之器，其名者成，則釁之以豭豚。」疏：鄭以軍器別言，即云邦器者是禮樂之器也。鄭云禮器者，即射器之等，樂器即鐘鼓之等，祭器即籩、豆、俎、簋、尊、彝器皆是。引雜記「宗廟器成，釁之以豭豚」者，證此等所釁亦用豭豚也。

禮記樂記：車甲衅而藏之府庫而弗復用。注：衅，釁字也。疏：言車甲不復更用，故以血衅而藏之。

〔一〕「莅」，原作「臨」，據光緒本、周禮注疏卷二九改。

周禮春官龜人：上春釁龜。注：釁者，殺牲以血之，神之也。玄謂上春者，夏正建寅之月，月令孟冬云「釁祠龜筴」，相互矣。秦以十月建亥爲歲首，則月令秦世之書，亦或欲以歲首釁龜耳。疏：云「釁者，殺牲以血之，神之也」者，謂若禮記雜記云「廟成則釁之，廟用羊，門、夾室用雞」之類，皆是神之，故血之也。

禮記月令：孟冬，命太史釁龜筴。注：筴，蓍也。周禮龜人「上春釁龜」，秦以其歲終使太史釁龜筴，與周禮異矣。疏：太史，史官。釁龜筴，謂殺牲以血塗釁其龜及筴。筴謂蓍也。

孟子：齊宣王坐於堂上，有牽牛而過堂下者。王見之曰：「牛何之？」對曰：「將以釁鐘。」王曰：「舍之！吾不忍其觳觫，若無罪而就死地。」對曰：「然則廢釁鐘與？」曰：「何可廢也！以羊易之。」趙氏注：胡齕，王左右近臣也。觳觫，牛當到死地處恐貌。新鑄鐘，殺牲以血塗其釁郄，因以祭之，曰釁。周禮大祝曰：「墮釁，逆牲逆尸，令鐘鼓。」天府：「上春，釁寶鎮及寶器。」

蕙田案：釁，禮之小者也。故宗廟唯用羊，若器則雞豚之屬而已。釁鐘以牛，非禮也。

春秋定公四年左氏傳：君以軍行，祓社釁鼓。注：師出，先有事祓禱於社，謂之宜社。於是殺牲，以血塗鼓鼙爲釁。疏：釋天云：「起大事，動大衆，必先有事乎社而後出，謂之宜。」是軍師將出，必有祭社之事也。周禮女巫「掌祓除釁浴」。則祓亦祭名，故知祓社即宜社是也。説文云：「釁，血祭也。」是殺牲以血塗鼓鼙爲釁鼓，此皆祝掌之。

蕙田案：以上釁器。

周禮夏官圉師：春除蓐、釁廐。注：蓐，馬兹也。馬既出而除之。新釁焉，神之也。

蕙田案：此條釁廐。

周禮秋官司約：若有訟者，則珥而辟藏。注：鄭司農云：「謂有爭訟罪罰，刑書謬誤不正者，爲之開藏，取本刑書以正之。當開時，先祭之。」玄謂：訟，訟約，若宋仲幾、薛宰者也。辟藏，開府視約書。不信，不如約也。珥讀曰衈，謂殺雞取血釁其户。疏：訟，謂爭約劑不決者。云「則珥而辟藏」者，謂以血塗户，乃開闢其户，以出本約劑之書勘之。又曰：司約所掌，唯約劑之書，先鄭以爲爭訟罪罰刑書，及以珥爲祭，後鄭皆不從，而謂「訟約，若宋仲幾、薛宰者」。案定元年正月，晉魏舒合諸侯之大夫於狄泉，將城成周。宋仲幾不受功，曰：「滕、薛、郳，吾役也。」薛宰曰：「宋爲無道，絶我小國於周，以我適楚，故我常從宋。晉文公爲踐土之盟，曰：『凡我同盟，各復舊職。』若從踐土，若從宋，亦唯命。」宋仲幾曰：「踐土固然。」又士彌牟曰：「子姑受功。歸，吾視諸故府。」仲幾曰：「縱子忘之，山川鬼神其忘諸乎？」此是訟約法，故引之爲證。云「殺雞」者，以雜記云「割雞，當門，其衈皆於屋下」，言衈，故知用雞也。

蕙田案：此條辟藏而釁。

周禮春官肆師：以歲時序其祭祀，及其祈珥。注：序，第次其先後大小。「祈」當爲「進機」之「機」[一]，「珥」當爲「衈」。機衈者，釁禮之事。雜記曰：「成廟則釁之。雍人舉羊，升屋自中，中屋南面，刲羊，血流於前，乃降。門、夾室皆用雞，其衈皆於屋下。割雞，門當門，夾室中室。」然則是機謂羊血也。小子職曰「掌珥於社稷，祈於五祀」是也。

孫奭孟子疏：周禮大祝「隋釁，逆牲逆尸，令鐘鼓」者，鄭司農云「隋釁，謂薦血也。凡血祭曰釁，既隋釁，後言逆牲，容逆鼎」是也。蓋古者器成而釁以血，所以厭變怪禦妖。釁，釁鐘之釁謂之釁，亦治亂謂之亂之類也。

鬯人：共其釁鬯。注：釁尸以鬯酒，使之香美者。鄭司農云：「釁讀爲徽。」疏：鄭云「釁尸以鬯酒，使之香美」者，案肆師云「大喪築鬻」，則此鬯酒中兼有鬱金香草，故得香美也。司農云「釁讀爲徽」者，以鬯釁尸，故以徽爲莊飾義也。

夏官羊人：凡祈珥，共其羊牲。注：共猶給也。疏：犬人共犬，此云共羊，或羊或犬，俱得爲釁，故兩職各共之也。

[一]「進」，原作「造」，據光緒本、周禮注疏卷一九改。

侯禳、釁、積，共其羊牲。注：鄭司農云：「謂釁國寶、漬軍器也。」玄謂積，積柴。

秋官士師：凡刉珥，則奉犬牲。注：珥讀爲衈。刉衈，釁禮之事。用牲，毛者曰刉，羽者曰衈。　疏：鄭爲「衈」者，珥是玉名，故破從衈，取用血之意。知刉衈是釁禮者，雜記云：「成廟則釁之，門、夾室皆用雞，其衈皆於屋下。」彼雖不言刉，刉衈相將，故知是釁禮。知「用牲，毛者曰刉，羽者曰衈」者，雜記雞言衈，即毛曰刉可知。

犬人：凡幾、珥、沈、辜，用駹可也。注：鄭司農云：「幾讀爲庪。爾雅曰：『祭山曰庪縣，祭川曰浮沈。』駹謂不純色也。」玄謂幾讀爲刉，珥當爲衈。刉衈者，釁禮之事。　疏：幾珥言「凡」，則宗廟、社稷壇廟新成者皆釁之，故云「凡」也。云「沈、辜」者，沈謂沈牲於水，辜謂疈磔牲體以祭。云「用駹」者，駹謂雜色牲，此則牧人云「毁事用駹」是也。云「可也」者，用純爲正，用駹亦可也。又曰：「先鄭讀幾爲庪，雖引爾雅，後鄭不從。云『玄謂幾讀爲刉』，從士師爲正。『珥讀爲衈』，從雜記爲正。云『釁禮之事』者，據雜記而知也。」

春官雞人：凡釁，共其雞牲。注：釁，釁廟之屬。釁廟以羊，門、夾室皆用雞。鄭司農云：「釁讀爲徽。」　疏：鄭云「釁，釁廟之屬」者，言「之屬」，則釁鼓、釁甲兵皆在其中。「釁廟以羊」以下，雜記文。司農云「釁讀爲徽」者，亦謂以徽爲飾治之義也。

蕙田案：以上釁祭禮。

周禮春官女巫：掌祓除、釁浴。注：歲時祓除，如今三月上巳如水上之類。釁浴，謂以香薰草藥沐浴。疏：「歲時祓除」者，非謂歲之四時，惟謂歲之三月之時，故鄭君云「如今三月上巳」，見今三月三日水上戒浴是也。云「釁浴，謂以香薰草藥沐浴」者，若直言浴，則惟有湯，今兼言釁，明沐浴之物必和香草。經直云浴，兼言沐者，凡潔靜者沐浴相將，故知亦有沐也。

蕙田案：此條所言釁，乃祓除之義，非釁禮也。

春秋：僖公十有九年，邾人執鄫子用之。左氏傳：宋公使邾文公用鄫子於次雎之社，欲以屬東夷。公羊傳：用之者何？蓋叩其鼻以血社也。

成公三年左氏傳：知罃曰：「執事不以釁鼓。」注：釁鼓，以血塗鼓。

昭公五年左氏傳：楚子伐吴。吴子使其弟蹶由犒師，楚人執之，將以釁鼓。

十一年，楚師滅蔡，執蔡世子友以歸，用之。范甯注：用之者，叩其鼻以衈社。

蕙田案：釁社、釁鼓，皆古禮也。然小事不用大牲，而況敢用人乎！以人血爲釁，怪矣。

又案：以上釁附。

陳氏禮書：釁者，塗釁以血，交神明之道也。廟成則釁，室成不釁，以室不可以神之也。宗廟之器，其名者釁，非名者不釁，以非名者不足以神之也。周官羊人「釁共羊牲」，將以釁廟也；雞人「釁共雞牲」，將以釁門及夾室也。犬人「幾珥用駹」，禮記言「宗廟之器，釁之以豭豚」，則釁牲不特雞、羊而已。賈公彦曰「或犬或羊，俱得爲釁」是也。小子「珥於社稷，祈於五祀」，羊人之祈衈，犬人之幾珥，士師之刉珥，司約之珥，鄭氏皆以爲釁禮，謂祈、幾皆當爲刉，而珥當爲衈，毛牲曰刉，羽牲曰衈。其説蓋以禮記言釁，而繼之以衈皆於屋下，於是以祈珥爲釁，其詳不可考也。古之用釁者多矣，若天府釁寶鎮及寶器，小子釁邦器及軍器，龜人釁龜，圉人釁廄，以至社稷、五祀與夫師行之主，藏約之户，或釁於始成，或釁於將用，其禮豈一端哉！然釁，有司行事而君不親，犬羊爲牲而牛馬不預，有司爵弁而不冕，牲駹而不純，則釁之爲禮也小矣。後世有牛釁鐘，而甚者有叩人鼻以衈社，此先王之所棄也。大祝「隋釁，令鐘鼓」，鄭氏曰：「隋釁，謂薦血也。」凡祭血曰釁。女巫「掌歲時祓除、釁浴」，鄭氏曰：「釁浴，謂以香薰草藥沐浴也。」然釁浴之於釁禮，名同而實異。若夫隋釁，則援與釁也。鄭氏合之以爲薦血，誤矣。

右釁禮

五禮通考卷五十八

吉禮五十八

宗廟制度

蕙田案：天子宗廟之制，三昭三穆，與太祖之廟而七，蓋自虞、夏以來。商書云：「七世之廟，可以觀德。」其明證也。周監二代，制度益昭。凡祧遷宗祖，以暨宫室、服冕、籩豆、尊罍、牲牢、器數、樂舞之制，散見于儀禮、周官、戴記者，雖不無闕略，然皆有脉絡可尋，推類以求聖人制作之精意，穆然可思也。今詳其條目，統爲制度，列于時享之前。各家異同之説，略爲考定。至律吕，本通貫祭祀之樂，因廟享最詳，並附著焉。

宗廟名義

易萃卦：萃，亨。王假有廟。注：假，至也。王以聚至有廟也。疏：「王假有廟」者，天下崩離，則民怨神怒，雖享祀，與無廟同。王至大聚之時，孝德乃洽，始可謂之有廟矣，故曰「王假有廟」。

程傳：王者萃聚天下之道，至于有廟，極也。群生至衆也，而可一其歸仰；人心莫知其鄉也，而能致其誠敬；鬼神之不可度也，而能致其來格。天下萃合人心，總攝衆志之道非一，其至大莫過於宗廟，故王者萃天下之道至于有廟，則萃道之至也。祭祀之報，本于人心，聖人制禮以成其德耳，故豺獺能祭，其性然也。

本義：萃，聚也。廟所以聚祖考之精神，又人必能聚己之精神，則可以至于廟而承祖考也。

程子曰：萃、涣皆立廟，因其精神之萃而形于此，爲其涣散，立廟以收之。

張氏浚曰：巽木在上爲有廟。

朱氏震曰：艮爲門闕，巽爲高，上爲宗廟。

李氏過曰：宗廟者，人心所係。武王伐商，載車以行，係人心也。

趙氏汝楳曰：天下主王者以聚其生，王者主宗廟以聚其民，君子將營宮室，宗廟爲先，有廟者，萃人心之本。

龔氏焕曰：「假」字疑當作「昭」。假列祖之假，謂感格也。王者致祭于宗廟，以己之精神感格祖考之精神也。

沈氏起元曰：王假有廟，玩象辭「有」字最重。觀涣大象，先王以享于帝立廟，可見有廟者，立廟之謂。假字訓至爲是。

蕙田案：注疏訓「假」爲「至」，原本涣大象立義，似更平實有關係。

象下傳：王假有廟，致孝享也。

陸氏希聲曰：氣聚而生，氣散而死，魂氣游散，無所依歸，故聖人于萃聚之時，立宗廟以致孝享。

吴氏澄曰：致者，至其極也。極盡孝享之道，乃能萃已散之精神也。

雷氏次宗曰：得萬國之歡心，四海之内各以其職來祭，然後可以謂之有廟而致孝享，此謂天子之孝。

涣卦：涣，亨。王假有廟。疏：「王假有廟」者，王能涣難而亨，可以至于建立宗廟，故曰「王假有廟」也。

本義：涣，散也。祖考之精神既散，故王者當至于廟以聚之。

胡氏炳文曰：萃與涣皆互艮。艮爲門闕，一陽在上爲屋，二陰在下爲闕，高巍之象，故曰有廟。萃言假廟，是言聚己之精神以聚祖考之精神。涣言假廟，是祖考之精神既散，至于廟所以聚之。

朱氏震曰：上爲宗廟，艮爲門闕。五，王位。九五有入自門闕至于廟之象。

象下傳：王假有廟，王乃在中也。注：王乃在乎渙然之中，故至有廟也。疏：此重明渙時可以有廟之義。險難未安，方勞經略，今在渙然之中，故至于有廟也。

程傳：王假有廟之義，在萃卦詳矣。天下離散之時，王者收合人心，至于有廟，乃是在其中也。在中謂求得其中，攝其心之謂也。中者，心之象。

本義：中，謂廟中。

楊氏繪曰：當渙之時，何以御之？王者宅中而正位，託天地宗廟之靈，以固民之離心，故曰「王假有廟，王乃在中」也。

鄭氏汝諧曰：方其渙也，孰爲君？孰爲臣？至于有廟，則王位乎中而上下定矣。

張氏栻曰：收天下之心，莫若立宗廟而正王位。王乃在中，所謂中天下而立定四海之民也。

何氏楷曰：王乃在中者，非在廟中之謂。王者之心，渾然在中，則不薦之孚，直有出于儀文之外者，宜其精神之與祖考相爲感格也。

蕙田案：在中，楊氏、鄭氏爲是。

象下傳：風行水上，渙。先王以享于帝立廟。疏：先王以渙然無難之時建立宗廟，以祭祖考。

程傳：風行水上，有渙散之象。先王觀是象，收天下之渙散，至于享帝立廟也。收合人心，无如宗廟祭祀之報出于其心，故享帝立廟，人心之所歸也。係人心，合離散之道，無大于此。

本義：皆所以合其散。

項氏安世曰：立廟于宮，象坎之隱。

朱氏震曰：立廟則人知反本，鬼有所歸，所以一天下之心，合天下之涣。

丘氏富國曰：鬼神之道，幽深渺邈，不可度思，惟至誠貫徹，潛乎冥感，如水之遇風，涣然相受，則陰陽交通，有合无間，廟焉而神鬼享矣。

俞氏琰曰：涣，泮涣也。風來水面，而水有文，故曰涣。風無形，无所寓則无以見之，水動成文後見風之至。鬼神亦無形者，立廟于宮而後人鬼享，有所寓故也。

詩小雅巧言：奕奕寢廟，君子作之。疏：連言寢廟者，周禮注云「前曰廟，後曰寢」，則寢廟一物。先寢後廟，便文耳。此自工匠所造而言。「君子」者，閟宫曰：「新廟奕奕，奚斯所作。」彼「奚斯」，君子也。以教護課程，必君子監之，乃得依法制也。

春秋桓公二年左氏傳：清廟茅屋。

周禮春官大宗伯：掌建邦之人鬼之禮。

小宗伯：掌建國之神位，左宗廟。注：庫門内、雉門外之左右。

王氏昭禹曰：左，陽也，人道所尚。君子于其親，事死如事生，故左宗廟。

鄭氏鍔曰：匠人云：「左祖右社。」匠人所掌者，營作之事。小宗伯所主者，辨其方位也。

考工記：匠人營國，左祖右社。注：左宗廟。疏：案祭義注云：「周尚左。」桓二年取郜大鼎，納于太廟。何休云：「質家右宗廟，尚親親。文家左宗廟，尚尊尊。」

陳氏禮書：周官小宗伯、禮記祭義皆曰建國之神位，右社稷，左宗廟。考工記匠人營國，左祖右社。蓋宗廟，陽也，故居左。陽故宗廟皆南嚮，廟所以象王之朝，而朝必南面，則廟皆南嚮可知。聘禮賓入大門内，公揖入，每門每曲揖，然後及祖廟。司儀諸公相爲賓，及將幣，三揖三讓，每門止一相，然後及廟。賈公彦曰：「入大門，東行至廟。」考之于禮，諸侯之廟左闕門内，先儒皆謂在大門内。其間有每門者，諸侯五廟，祖廟位居中，東二昭廟，西二穆廟，各有門。門之旁有牆，牆之中夾通門，則祖廟以西閤門者三。東行而歷三門，及至祖廟，則廟皆南饗矣。廟皆南嚮，而昭南面，穆北面者，禘祫之位也。晉孫毓曰：宗廟之制，外爲都宫，内各有寢，廟别爲門垣。太祖在北，左昭右穆，次而南。蓋其所傳聞者異也。

禮記曲禮：君子將營宫室，宗廟爲先。注：重先祖。

馬氏晞孟曰：太王之遷豳也，作廟奕奕，然後百堵皆興；宣王之考室也，似續妣祖，然後作室百堵。則古人之營宫室者，豈有不先宗廟者哉？檀弓曰：喪不慮居，爲無廟也。

祭義：宰我曰：「吾聞鬼神之名，不知其所謂。」子曰：「氣也者，神之盛也。魄也者，鬼之盛也。合鬼與神，教之至也。衆生必死，死必歸土，此之謂鬼。骨肉斃于下陰，爲野土。其氣發揚于上，爲昭明。焄蒿悽愴，此百物之精也，神之著也。因物之精，制爲之極，明命鬼神，以爲黔首則，百衆以畏，萬民以服。聖人以是爲未足也，築爲宫室，設爲宗祧，以别親疏遠邇。教民反古復始，不忘其所由生也。衆之服自此，故聽且速也。」疏：此經明聖人爲鬼神立宗廟之事。聖人以尊名鬼神爲未足稱其意，故爲宫室宗祧以别親疏遠邇，教民反古復始也。古謂先祖，追而祭之，是反古也；始謂初始，父母始生于己，今追祭之，是復始也。追遠報祭，是不忘其所由生也。

劉氏彝曰：所以别其親疏者，立祖禰之名也。所以辨其遠邇者，定宗祧之數也。教民尊祖，以時祭之，故曰反古也。教民親禰，以禮敬之，故曰復始也。不忘其所由生者，其謂此乎？

慕容彦逢曰：親而邇者爲宗，疏而遠者爲祧。此宗祧所以别親疏遠邇也。廟有寢，祧無寢；廟則修除，祧則黝堊。此宫室所以别親疏遠邇也。祧則以教反本之道也，祖則以教反始之道也，禰則以教不忘其所由生也。民德齊厚而不忘其本，其服也出其中心之誠，非有强之而爲也。

祭法：天下有王，分地建國，置都立邑，設廟、祧、壇、墠而祭之，乃爲親疏多少之數。是故王立七廟，一壇一墠，曰考廟，曰王考廟，曰皇考廟，曰顯考廟，曰祖考廟，皆月祭之。遠廟爲祧，有二祧，享嘗乃止。去祧爲壇，去壇爲墠。壇、墠有禱焉祭之，無禱乃止。去墠曰鬼。

蕙田案：祭法非宗廟正禮，詳見後。兹取其廟名存之。

曲禮：祭王父曰「皇祖考」，王母曰「皇祖妣」，父曰「皇考」，母曰「皇妣」，夫曰「皇辟」。

呂氏大臨曰：宗廟祭祀，尊而神之，有君道焉，故皆曰皇也。君亦曰辟，則臣之所取法也。

陳氏祥道曰：詩曰：「皇皇后帝。」又曰：「皇王維辟。」天王祔而臣子加之以帝，尊之與天同故也。祖父死而子孫加之以皇，夫死而妻加之以辟，尊之與君同故也。周官大祝所謂「鬼號」此也。

陳氏澔曰：曰皇曰王，皆以君之稱尊之也。考，成。妣，媲。辟，法也，妻所法式也。爲之宗廟，以鬼享之，不得不異其稱謂也。

曲禮：措之廟，立之主，曰「帝」。注：立主曰帝，同之天神。　疏：卒哭竟而祔，置于廟，立主，使神依之。崔靈恩曰：廟主曰帝，蓋是爲祀時有主入廟稱帝之義，記者録以爲法也。

呂氏大臨曰：「措之廟曰帝」者，祔于廟之詞也。周人卒哭而祔，殷人練而祔，祔而作主，始入于廟曰帝者，同于天神，生事畢而鬼事始也。鬼神莫尊于帝，以帝名之，言其德足以配天也。然考之禮經，未見有以帝名者，惟易稱帝乙，亦不知其何帝，獨司馬遷史記載夏殷之王皆以帝名，疑殷人祔廟稱帝，遷據世本而言，當有所考。至周有謚，始不稱帝。

禮運：祖廟，所以本仁也。

孝經：爲之宗廟，以鬼饗之。注：立廟祔廟之後，則以鬼禮享之。疏：立廟者，即禮記祭法天子至士皆有廟。

尚書大傳：廟者，貌也，以其貌言之也。

劉熙釋名〔一〕：宗，尊也。廟，貌也，先祖形貌所在也。寢，寢也，所寢息也。

釋宮：室有東西廂曰廟，無東西廂曰寢。

家語：孔子曰：吾于甘棠，見宗廟之敬也甚矣。思其人猶愛其樹，尊其人必敬其位，道也。

白虎通：聖人所以制宗廟何？生死殊路，故敬鬼神而遠之。所以有屋何？所以象生之居。王者立宗廟何？緣生以事死，敬亡若事存，欲立宗廟而祭之，此孝

〔一〕「劉熙」，原作「爾雅」，據光緒本改。

子之心所以追養繼孝也。

孝經援神契：宗廟所以尊祖也。

右宗廟名義

四代七廟之制

書舜典：正月上日，受終于文祖。傳：文祖者，堯文德之祖廟。正義：禮有大事，行之于廟，況此是事之大者。知文祖者，堯文德之祖廟也。且下云「歸，格于藝祖」，藝、文義同，知文祖是廟者。咸有一德云：「七世之廟，可以觀德。」則天子七廟，其來自遠。堯之文祖，蓋是堯始祖之廟，不知爲誰也。帝繫及世本皆云黄帝生玄囂，玄囂生僑極，僑極生帝嚳，帝嚳生堯，即如彼言黄帝爲堯之高祖，黄帝以上不知復祭何人充此七數；況彼二書未必可信，堯之文祖不可强言。

林氏之奇曰：薛氏云「受天下于人，必告于其人之所從受者」，此論當矣。然而所祖之人，不可得而知也。祭法曰：「有虞氏禘黄帝而郊嚳，祖顓頊而宗堯。」舜典、大禹謨皆虞書也。既是虞書，則所稱祖宗必自虞世言之。神宗即堯也，神宗爲堯，則文祖亦可指爲顓頊。然而去古遠矣，不可以爲必然之論。

歸，格于藝祖，用特。傳：告至文祖之廟。藝，文也。言祖則考著。正義：以上受終在文祖之廟，知此以告至文祖之廟。才、藝、文、德，其義相通，故藝爲文也。文祖、藝祖，史變文耳。此時舜始攝位，未自立廟，故知告堯之文祖也。

月正元日，舜格于文祖。傳：舜服堯三年喪畢，將即政，故復至文祖廟告。疏：此文又承「三載」之下，故知舜服堯喪三年畢，將欲即政。復至文祖廟告，前以攝位告，今以即政告也。此猶是堯之文祖，自此以後，舜當自立文祖之廟，堯之文祖當遷于丹朱之國也。

大禹謨：正月朔旦，受命于神宗。傳：受舜終事之命。神宗，文祖之宗廟，言「神」，尊之。正義：舜典説舜之初「受終于文祖」，此言「若舜之初」，知「受命」即是「舜終事之命」也。神宗猶彼文祖，故云「文祖之宗廟」。「文祖」言祖有文德，「神宗」言神而尊之，名異而實同。神宗當舜之始祖。案帝繫云：黄帝生昌意，昌意生顓頊，顓頊生窮蟬，窮蟬生敬康，敬康生勾芒，勾芒生蟜牛，蟜牛生瞽瞍，瞽瞍生舜。即是舜有七廟，黄帝爲始祖，則文祖爲黄帝、顓頊之等也。

蔡傳：神宗，堯廟也。蘇氏曰：堯之所從受天下者曰文祖，舜之所從受天下者曰神宗。受天下于人必告于其人之所從受者，禮曰有虞氏禘黄帝而郊嚳，祖顓頊而宗堯，則神宗爲堯明矣。

陳氏師凱曰：祭法疏云，有虞氏以上尚德，禘郊祖宗配用有德者而已。虞氏禘郊祖宗之人皆非虞氏之親，是尚德也。自夏以下，稍用其姓代之。

時氏瀾曰：神宗，堯也。天下者，堯之天下受命于神宗，示不敢專也。

吴氏澄曰：祭法必有所據。舜受堯之天下，今以授禹，其宗堯爲宜。或謂舜不當立堯廟，然堯與舜皆黄帝之後，其宗堯何嫌？

益稷：夔曰：戛擊鳴球，搏拊琴瑟以詠。祖考來格。虞賓在位，群后德讓。下管鼗鼓，合止柷敔。笙鏞以間，鳥獸蹌蹌。簫韶九成，鳳皇來儀。正義：此「舜廟堂之樂」，謂廟内堂上之樂。言「祖考來格」，知在廟内，下云「下管」，知此在堂上也。馬融見其言祖考，遂言此是舜除瞽瞍之喪，祭宗廟之樂，亦不知舜父之喪在何時也。但此論韶樂，必在即政後耳。

中庸：舜其大孝也與？宗廟饗之。

國語魯語：有虞氏禘黄帝而祖顓頊，郊堯而宗舜。幕能率顓頊者也，故有虞氏報焉。

禮記祭法：有虞氏禘黄帝而郊嚳，祖顓頊而宗堯。疏：案聖證論以此禘黄帝，是宗廟五年祭之名。虞氏之祖出自黄帝，顓頊是虞帝七世祖，以顓頊配黄帝而祭，是禘其祖之所自出，以其祖配之。

趙氏匡采曰：虞氏禘黄帝，蓋舜祖顓頊出于黄帝，則所謂禘其祖之所自出也。郊嚳者，帝王郊天，當以始祖配天，則舜合以顓頊配天也。爲身繼堯緒，不可捨唐之祖，故推嚳以配天，而舜之世系出自顓頊，故以爲始祖，情禮之至也。

周氏諝曰：舜之受禪，止于一世，故就舜之身而言之，則不得不郊嚳而宗堯。

方氏慤曰：帝，公天下者也。王，家天下者也。有虞氏所郊所祖，不皆祖瞽瞍之親而祖堯之親者，凡以爲公而已。

楊氏復曰：黄帝生昌意，昌意生顓頊，顓頊生窮蟬，窮蟬至瞽瞍，皆微爲庶人。舜嗣帝位，以帝顓頊爲祖廟。黄帝者，帝顓頊之所自出也，故禘黄帝于帝顓頊之廟，而以帝顓頊配之也。帝嚳，堯之父也。顓頊，舜之祖也。有虞氏當以帝顓頊配天，爲身嗣堯位，故推帝嚳以配天，而以顓頊爲祖，仁之至，義之盡也。顓頊，虞氏異代之祖，以功德而祖之。有虞氏宗堯，亦以功德而宗之也。國語注曰：虞以上尚德是也。

金氏履祥曰：史稱黄帝之曾孫嚳，嚳之子堯，則堯，黄帝之玄孫也。又稱黄帝生昌意，昌意生顓頊，歷窮蟬、敬康、勾芒、蟜牛以至瞽瞍而生舜，則舜黄帝八世孫也。世系之傳，史記之失考也，或曰世本也。朱子謂世本或出于附會假托，不可憑據，今以其叙舜之世推之，其不可憑也審矣。曰然則舜果何出乎？考之于書曰虞舜，曰嬪于虞，是虞者有國之稱也。參之國語史伯之言曰：成天地之大功者，其子孫未嘗不章，虞、夏、商、周是也。虞幕能聽協風以成樂物生者也，夏禹能平水土以處庶類者也，商契能和合五教以保于百姓者也，周棄能播殖穀疏以衣食民人者也，其後皆爲王公侯伯。夫以虞幕並稷、契而言，則幕爲有功始封之君，虞爲有國之號，而舜所自出以王天下者也。考之左氏史趙之言曰：自幕至瞽瞍無違命，舜重之以明德。夫自幕以至于瞽瞍，則非黄帝、昌意、顓頊、窮蟬、敬康、勾芒、蟜牛以至瞽瞍也。或曰：然則昌意、窮蟬以下之説固妄矣。國語不曰幕能帥顓頊乎？左氏不曰陳顓頊之族乎？曰幕之出于顓頊，左氏、國語之説固足徵也。然謂顓頊之必出于黄帝，史記之説其果足徵乎？黄帝氏歿，則少昊氏作，是爲五帝之首。國語稱少昊氏之衰，九黎亂德，顓頊受之，則少昊似一代之通稱。後世始衰，非少昊之世即衰也。而史記于黄帝之後不及少昊，懸紀顓頊，指爲黄帝之孫，隔遠無緒，少昊之代何所往？而黄帝之孫何其壽也？莫難明者譜牒，莫易知者朝代。史記序朝代尚有遺，則其序譜牒豈足信乎？傳稱有虞氏禘黄帝而郊嚳，祖顓頊而宗堯，何也？曰：此亦小戴收國語之文而又失之者。國語論禘郊祖宗，皆以其有功德于民而祀之，初不論其世也。故説者謂虞以上尚德，夏以下親親。戴氏祭法易其前後，故讀者不覺耳。此朱子固嘗言之矣，無已則又決之于書乎？書稱舜格于文祖，即受終于堯之廟也。稱禹受命于神宗，即舜宗堯之廟也。其禘黄帝其郊嚳，即宗堯之意云爾。是以有虞子孫猶郊堯而宗舜，以天下相傳，則有天下之大統焉。有虞氏受堯之天下則宗堯，宗堯則禘郊堯之宗祖，計堯以前，亦或有然者矣。況國語固云禘郊祖宗與報爲五，則禮固有並行而不相悖者。近世有爲之説者，曰祖考來格，虞賓在位，此有虞祭顓頊報幕以至瞽瞍之祖考也。國語所謂祖顓頊與有虞氏報焉者也。禘黄帝郊嚳宗堯，書所謂文祖神宗，舜受堯之天下，故宗堯爲宗，而祖堯之祖也。大傳所謂帝入唐郊，以丹朱爲尸者也。祖顓頊報幕以至瞽瞍者，一家之私親也。禘郊宗堯者，天下之公義也。然韶之爲樂，正以紹堯而得名，則祖考來格者，即文祖神宗之謂；而虞賓在位，安知非丹朱之在尸位乎？況禘郊祖宗報五者，各有所尊，自不相厭，而虞賓之位亦不相妨也。

又曰：有虞氏宗堯，則神宗堯廟也。古史稱舜之子孫，乃更郊堯而宗舜，此説非也，當是禹郊堯而宗舜爾。三聖揖遜以天下相傳，祀以爲宗，以有天下之大統也。自夏后氏子孫繼世以有天下，商、周征伐以有天下，固異于是，而諸儒之説亦始膠矣。

朱氏鶴齡曰：攝位受終于文祖，巡守歸格于藝祖，即位格于文祖，此舜代堯守宗廟社稷爲祭主之明文也。堯祔于廟，舜以大義主其祭，與臣工共盡享格之義，此不易之理也。然則如非族何？曰神不歆非類，民不祀非族。舜與堯雖非族也，非非類也，聖人之德也，君臣之契也，禪受之統也，類莫如堯與舜也。廟號神宗，自官天下視之，萬世之宗也。堯之祀，非舜主之而誰也？然則于瞽瞍如何？曰：其生也，以天下養，其死也，自爲虞氏之祖，故曰宗廟饗之，子孫保之。此于堯以天下相傳之義，固不相妨也。禹之于鯀亦然矣。然則丹朱不祀堯乎？曰：朱子謂堯廟當立于丹朱之國，修其禮物，作賓王家。愚謂此商、周革命之禮，非舜、禹禪承之禮也。以經考之，「祖考來格，虞賓在位，群后德讓」，此非舜祭于廟，而丹朱與有事之明徵乎？祖考下繫虞賓，則考者堯也。若謂舜祭其祖考，而丹朱在位，是與殷之孫子侯服駿奔于周廟者同也，其必不然矣。

吴氏棫曰：祭法必有所據。舜受堯之天下，今以授禹，禹其宗堯何疑！唐孔氏以爲舜始祖之廟，非也。

王氏樵曰：神宗爲堯，斷然不易。文祖神宗，其祖有功宗有德之所自始與？

蕙田案：唐、虞宗廟之祭曰文祖，曰藝祖，曰神宗。藝祖即文祖，蓋堯之始祖廟也。堯之天下受于文祖，今將以授舜，故攝位告、即位告、巡狩告。攝位、即位告者，明統緒之授受也。巡狩告者，攝政而代主宗廟之事也。孔傳所云，自屬不易。至其人之或爲黄帝，或爲顓頊，史記、世本所載，皆不足憑，故傳稱不知爲誰，是亦闕疑之義。惟「神宗」之説，則傳與正義謂爲舜之始祖，而蔡傳據蘇氏之説，斷以爲堯廟，則蔡傳是也。祭法云「有虞氏祖顓頊而宗堯」，宗堯故不稱祖而稱宗，蓋統緒者，天下之統緒也。受天下即受與天下者之統緒，故禘郊祖宗，一氣相接，義之盡、仁之至也。祖考來格，虞賓在位，既稱宗，即可稱考。紹統者主祭，來賓者助祭，禮固然矣。若承其統緒，舍其宗廟而自立宗廟，俾堯之子孫與于駿奔之列，不特等于商、周革命之事，其與後之莽、懿，相去幾何？孰謂大聖人而出此，且豈所稱官天下者耶？至中庸稱舜大孝，而曰「宗廟饗之，子孫保之」，蓋舜之宗廟享舜及舜子孫之祭，無非舜之大孝也。夫舜以側微受命，以其一身繼天下之統，而又自爲其祖考立宗廟，爲其子孫立國家，俾世世享其祀而弗替，非大德大孝，孰克爲之？左傳自幕至于瞽瞍無違命，國語幕能帥顓頊者也，故有虞氏報焉，非宗其統也，報其功也，此宗廟饗之也。舜處其子均于商，而禹復封之虞，古史謂服其服，禮樂如之，客見天子而不臣，此子孫保之也。正合國語禘郊祖宗與報爲五之義，與祭法固並行而不悖。金仁山謂祖顓頊報幕以至瞽瞍者，一家之私親也。禘郊祖宗者，天下之公義也。朱長孺謂堯祔于廟，舜以大義主其祭，廟號神宗，自官天下視之，萬世之宗也。于瞽瞍，其生也，以天下養，其死也，自爲虞氏之祖。其説皆精當不可易矣。

通典：唐、虞立五廟。

蕙田案：杜氏泥鄭氏所引禮緯稽命徵之説，謂唐、虞立廟，親廟四，始祖廟一，故枒爲五廟之説，非也。商書：「七世之廟，可以觀德。」疏謂漢氏以來，論七廟者多矣，其文見于記、傳者，禮器、家語、荀卿書、穀梁傳皆曰天子立七廟，以爲天子常法。舜格于文祖，正義曰：「天子七廟，其來自遠。」説不可易也。

國語魯語：鯀障洪水而殛死，禹能以德修鯀之功。夏后氏禘黄帝而祖顓頊，郊鯀而宗禹。杼能率禹者也，夏后氏報焉。

禮記祭法：夏后氏亦禘黄帝而郊鯀，祖顓頊而宗禹。

趙氏匡曰：夏后氏禘黄帝，義同舜也。郊鯀者，禹尊父，且以有水土之功，故以配天。祖顓頊者，禹世系亦出顓頊也。宗禹者，當禹身，亦宗舜，子孫乃宗禹。

吕氏大臨曰：瞽、鯀皆有惡德。虞不郊瞽而夏郊鯀，以鯀有以死勤事之功也。

周氏諝曰：有虞氏、夏后氏既同一禪讓得天下，則有虞氏郊嚳而宗堯，夏后氏亦當郊嚳而宗舜。今于夏后氏反謂祖顓頊而宗禹，何也？舜之受禪，止于一世，故就舜之身言之，則不得不郊嚳而宗堯。禹之受禪，傳于數世，故就禹之子言之，則不得不郊鯀而宗禹。使就舜之子言之，則固當郊瞽瞍而宗舜。而就禹之身言之，則固當郊嚳而宗舜。

又曰：虞、夏、殷之世，其禮猶質，而不若周之文，故所謂祖者，即太祖也。而爲太祖者，其廟不毁于萬世，而其祭常行于四時，則尊而且親。所謂郊者，其廟不免于毁，而又止祭及于圜丘而已，則尊而不親。此虞、夏、殷、周之世所以用其先而尊者爲祖，後而卑者爲郊。

蕙田案：郊祀配天，其禮甚大，周氏以爲其廟不免于毁，非也。

張子曰：夏郊鯀，以其祖也。杞之郊禹者，必繫時王之命，不使郊鯀，祀私廟猶可也。

楊氏復曰：夏后氏之祖顓頊，猶有虞氏也。禹啓夏祚，既以顓頊爲祖，故夏后氏祖顓頊而宗禹，至其後世子孫，乃以禹爲受命之祖。書曰「明明我祖」是也。

金氏履祥曰：古史謂舜宗祀堯，至舜之子孫則更郊堯而宗舜，此據國語及韋昭之説也。舜郊嚳宗堯，則禹固當郊堯而宗舜矣，而乃以堯之祀歸之，舜之子孫顧自郊鯀焉，何也？曰：此夏之末造也。夫三聖以天下爲公，則皆承其祀，三王之子孫以天下爲家，則各祖其祖。舜之宗堯，禹之宗舜，一也。舜之郊嚳，禹之郊堯，亦一也。其郊鯀也，則夏之末造也。祀夏配天，其諸始于少康乎？于是郊堯宗舜，則屬之虞思之國矣。孔子曰：杞之郊也，禹也；宋之郊也，契也。蓋商、周存二代之後，猶尊賢也。尊賢則杞郊禹矣，杞而郊禹，則虞郊舜而唐郊堯者，天子之事守也。

蕙田案：禘黄帝郊鯀之説，詳見「郊祀」、「禘祫」二門。宗舜、宗禹，則金氏之説是也。禹之受禪同舜，則宗舜，亦應如舜之宗堯。國語、祭法所言，皆禹子孫之事耳。

觀承案：唐、虞官天下則舜受堯統，自當郊嚳而宗堯矣。三代家天下，則禹受舜禪，雖當郊堯而宗舜，至其子啓賢而繼立，固宜以郊堯宗舜者歸之商均之國，而夏自宜郊鯀而宗禹耳。金仁山之説極當，但必以爲祀夏配天，始於少康，則亦未見其果然否也，然立説自穩。

通典：夏氏五廟。

蕙田案：通典據鄭注之説，其謬與唐、虞五廟同，天子之制皆七廟也。

書咸有一德：七世之廟，可以觀德。傳：天子立七廟，有德之主則爲祖宗，其廟不毁，故可觀德。疏：天子立七廟，是其常事，其有德之王則列爲祖宗，雖七世親盡，而其廟不毁，故于七廟之外可以觀德。下云「萬夫之長，可以觀政」，謂觀其萬夫之長。此「七世之廟，可以觀德」，謂觀七世之外。文雖同而義小異，所謂辭不害意。漢氏以來，論七廟者多矣，其文見于紀、傳者，禮器、家語、荀卿書、穀梁傳皆曰天子立七廟，以爲天子常法，不辨其廟之名。王制云：「天子七廟，三昭三穆，與太祖之廟而七。」祭法云：「王立七廟，考，王考，皇考，顯考，祖考廟，皆月祭之。遠廟爲祧，有二祧，享嘗乃止。」漢書韋玄成議曰：「周之所以七廟者，周后稷始封，文、武受命而王，是以三廟不毁，與親廟四而七也。」鄭玄用此爲説。唯周有七廟，二祧爲文、武，故鄭玄王制注云：「此周制。七廟者，太祖及文、武二祧，與親廟四。太祖，后稷也。殷則六廟，契及湯與二昭二穆。」良由不見古文，故爲此謬説。商書已云七世之廟，則天子立七廟，王者常禮，非獨周人始有也。劉歆、馬融、王肅雖不見古文，皆以七廟爲天子常禮。所言二祧者，王肅以爲高祖之父及祖也，并高祖以下共爲三昭三穆耳。

詩烈祖疏：禮「王者祖有功，宗有德，不毁其廟」，故異義：詩魯説丞相匡衡以爲殷中宗、周成、宣王皆以時毁；古文尚書説經稱中宗，明其廟宗而不毁。謹案：春秋公羊御史大夫貢禹説王者宗有德，廟不毁。宗而復毁，非尊德之義。鄭從而不駁，明亦以爲不毁也。則非徒六廟而已。鄭言殷六廟者，據其正者而言也。禮稽命徵曰：「殷五廟，至于子孫六。」注云：「契爲始祖，湯爲受命王，各立其廟，與親廟四，故六。」鄭據之，以爲殷立六廟。至于中興之主，有德則宗，既無常數，故鄭不數二宗之廟也。

蔡傳：天子七廟，三昭三穆，與太祖之廟七。七廟親盡則遷，必有德之主，則不祧毁，故曰「七世之廟，可以觀德」。

孫氏炎曰：天子祖有功而宗有德，故雖七世而其廟不毁。七廟者，漢世以來論之多矣。鄭康成謂夏五廟，無太祖；禹二昭二穆；殷六廟，契與湯及二昭二穆；周則七廟，后稷爲始祖，文、武受命而王，三廟不毁，與二昭二穆。此説妄也。天子七廟之制久矣。

蕙田案：注疏謂天子立七廟是其常事，是也。鄭氏乃有殷六廟之説，昔人已闢其謬。但注疏「七世之廟，可以觀德」，謂觀七世之外，專以有德不祧毁者言。云與「萬夫之長，可以觀政」文雖同而義小異，所謂辭不害意。蔡氏因之。今案：「七世之廟，可以觀德。萬夫之長，可以觀政。」文義一串，謂承七世之廟而爲天子，有德則存，無德則亡，故曰「可以觀德」。爲萬夫之長而出政，政善則安，政壞則危，故曰「可以觀政」。緊承上文「克綏先王之禄」二句言，似更直截，且以見七廟爲天子定制也。蓋人君既爲天子，則上承七廟之重，宗社所係，其可懼爲何如？若云觀于七廟外之有德者言，太祖見居七廟中，寧無德可觀？且詎不嫌于譏七廟爲無德耶？德字當主人主言，不宜指祖宗言，注疏似稍迂曲，故又有文同義異之説。

國語魯語：契爲司徒而民輯，冥勤其官而水死。商人禘嚳而祖契，郊冥而宗湯。上甲微能帥契者也，商人報焉。鄭注：殷宜郊契。疏：「殷人宜郊契」者，今虞先云郊嚳，後云祖顓頊，夏先云郊鯀，後云祖顓頊，殷先云郊冥，後云祖契，是在前者居後，在後者居前，故云宜也。

趙氏匡曰：殷祖契出自嚳，故禘嚳。冥有水功，故郊冥以配天。湯出契後，故祖契。宗湯者，當湯身未嘗有宗也。

楊氏復曰：殷祖于契。契母曰簡狄，有戎氏之女，爲帝嚳次妃，吞玄鳥而生契。帝嚳者，契之所自出，故殷人禘嚳于契之廟，而以契配之也。殷人郊冥者，冥，契六世孫也。冥勤其官而水死，祭法推其功烈，至于先聖王並稱，故殷人以冥配天也。

殷人祖契而宗湯者，湯革夏命，爲殷之祖，然殷之功始于契，故殷人祖契而宗湯，後世子孫乃以湯爲受命之祖，詩曰「衎我烈祖」是也。又其後殷有三宗，祖甲曰太宗，太戊曰中宗，武丁曰高宗，亦有德而可宗。周公作無逸，舉殷三宗以戒成王，然則三宗亦爲不毁之廟也。

何氏楷曰：孔叢子論書篇云：維高宗報上甲微。定公問曰：「此何謂也？」孔子對曰：「此謂親盡廟毁，有功而不及祖，有德而不及宗，故于每歲之大嘗而報祭焉。」案竹書夏帝芒三十三年，商侯遷于殷；帝泄十二年，殷侯子亥賓于有易，有易殺而放之；十六年，殷侯微以河伯之師伐有易，殺其君綿臣，至殷武丁十二年報祀上甲微。系本云〔一〕：相土生昌若，昌若生曹圉，曹圉生冥。竹書載，夏少康十一年使商侯冥治河，至帝杼十三年，商侯冥死于河，中間計三十四年。魯語及祭法所謂冥勤其官而水死者。冥生振，竹書以爲殷侯子亥，蓋振名而子亥其字也。實始遷殷計三十七年而爲有易之君綿臣所殺，國統幾絶。振生微，字上甲，乃殺綿臣而以

〔一〕「系本」，原作「季本」，據光緒本改。

殷興，仍居殷地，是則殷之遷雖在子亥，而昌殷緒以基王業者，乃在上甲，故殷人報之也。皇甫謐謂微字上甲，其母以甲日生故也。商家生子，以日爲名，蓋自微始。白虎通亦云，殷道尚質，故直以生日名子，而譙周則謂死稱廟主曰甲，蓋謂生稱其名，死則以其生之名爲廟主也，于理或然。

詩商頌那：衎我烈祖。傳：烈祖，湯有功烈之祖也。箋：烈祖，湯也。

詩序：那，祀成湯也。箋、正義：序稱祀成湯，則經之所陳，是祀湯之事，不宜爲湯之祀祖。

商頌烈祖：嗟嗟烈祖。箋：我功烈之祖成湯。

詩序：烈祖，祀中宗也。箋：中宗，殷王大戊，湯之玄孫也。有桑穀之異，懼而修德，殷道復興，故表顯之，號爲中宗。

商頌玄鳥：受命不殆，在武丁孫子。傳：武丁，高宗也。

詩序：玄鳥，祀高宗也。箋：「祀」當爲「祫」。祫，合也。高宗，殷王武丁，中宗玄孫之孫也。有雊雉之異，又懼而修德，殷道復興，故亦表顯之，號爲高宗云。崩而始合祭于契之廟，歌是詩焉。正義：知此「祀」當爲「祫」者，以經之所陳，乃上述玄鳥生商及成湯受命。若是四時常祀，不應遠頌上祖。殷武與此皆云祀，殷武所陳，高宗身祀而已，則知此與彼殊，宜當爲祫也。案殷本紀，大戊生仲丁及外壬及河亶甲，亶甲生祖乙，祖乙生祖辛，祖辛生祖丁，祖丁生陽甲及盤庚及小辛及小乙，小乙生武丁，是武丁爲大戊玄孫之孫。書序云：「高宗祭成湯，有飛雉升鼎耳而雊，作高宗肜日。」殷本紀稱武丁見雉升鼎耳，懼而修政行德，天下咸懽，殷道復興，立其廟爲高宗。

商頌長發：玄王桓發。傳：玄王，契也。箋：契即湯之始祖，故亦以王言之也。

帝命不違，至于湯齊。箋：帝命不違者，天之所以命契之事，世世行之，其德寖大，至于湯而當天心。

詩序：長發，大禘也。

朱子集傳：序以此爲大禘之詩。蓋祭其祖之所自出，而以其祖配也〔一〕。蘇氏曰：「大禘之祭，所及者遠，故其詩歷言商之先后，又及其卿士伊尹，蓋與祭于禘者也。商書曰：『茲予大享于先王，爾祖其從與享之。』是禮也，豈其起于商之世與？」今案大禘不及群廟之主，此宜爲祫祭之詩。然經無明文，不可考也。

何氏楷曰：此詩末章舉及阿衡正配享太廟之事，固大禘之一證也。書盤庚

〔一〕「其」，諸本作「始」，據詩集傳卷二〇改。

篇：「茲予大享于先王，爾祖其從與享之。」周禮司尊彝云：「凡四時之間祀，追享、朝享。」先儒謂禘追其所自出，故爲追享。祫群廟主皆朝于太廟，故爲朝享。禘祫皆以享名，而禘尤大于祫，故以大享名也。盤庚言功臣配享，正在大享之時，則序以長發爲大禘，信非妄矣。何休亦云，禘所以異于祫者，功臣皆祭也。

蕙田案：序以爲大禘，朱子謂禘不當及群廟之主，王安石曰雖序禘太祖，周無四時之禘故也。此序曰大禘，則商有四時之禘故也。四時之禘爲小，則禘其祖之所自出爲大。何玄子曰：「禘之名義有三，一曰時禘，一曰吉禘，一曰大禘。」時禘之名，至周而改。今考周宗廟之禘，惟有一祭。時禘，的是殷禮，而大禘之兼及群廟及配享功臣，亦與周不同。盤庚云「大享于先王，爾祖其從與享」者，或亦殷時大禘之制與？然其爲宗廟之祭，不可易也。

宗元案：大禘對時禘言，是也，猶之大祫對時祫言也。若因追享爲大禘，而即以大禘爲大享則未確。夫享莫尊于禘而莫大于祫，禘惟太祖一人，所以尊之，又追其所自出之帝，故謂之追享。特以對時禘及吉禘言而謂之大禘，不可因大禘而謂之大享也。惟三年之祫，徧及群廟、毀廟，而元功之臣亦配享焉，但不及所出之帝。然其禮最爲周徧而廣闊，故對時祫言，既謂之大祫，又對追享言，而謂之大享也。亦謂之朝享者，正是功臣亦在而同朝于太祖也。考長發之詩中及相土毁廟之主，并及伊尹之元功，即所謂「大享于先王，爾祖其從與享」者，正是大祫之祭而謂之大享者也。小序謂大禘者非，朱子已曾駁正之，集傳雖未質言，要已發其疑矣。何玄子信序而曲證爲大享即大禘者，欲以强詞軋正理，實不足取也。夫自漢儒以來，多以大禘爲合祭群廟，惟趙伯循因大傳只云「以其祖配之」，而無合食于前之文，故謂禘其始祖所自出者，配惟始祖一人，而不及群廟，此不刊之論也。蓋古祭各于其廟，惟時祫、大祫乃合食于太廟，故謂之祫耳。若禘、郊、宗、祖之祭，尤典禮之特隆者，而可以群廟之主雜于其間乎？朱子獨從趙氏説，洵至當不易矣。説此詩者，又因序有大禘之語，反謂大禘原及群廟以遷就之，何其惑也！又或以爲商、周之禮不同，亦未免從而爲之詞耳。夫周公所損益者，不過制度文爲之末，若禘郊宗祖之祭，乃享帝享親之極盛，正所謂「殷因於夏禮，周因於殷禮」者，而可假商、周異制之説以巧爲解乎！則序説洵爲無稽而不足據也，審矣！

商頌殷武：撻彼殷武。傳：殷武，殷王武丁也。

詩序：殷武，祀高宗也。正義：高宗前世，殷道中衰，高宗伐荆楚，修宮室，子孫美之，詩人追述其巧而歌此詩。

朱子曰：高宗中興，特爲百世不遷之廟，不在三昭三穆之列。此詩則廟成始祔而祭之詩也。

劉氏瑾曰：高宗七世，親盡而立廟。此詩其作于帝乙之世與？

劉氏歆曰：天子七廟，七者其正法數，可常數者也。宗不在數中，宗變也。于有功德則宗之，不可預爲設數，故于殷太甲爲太宗，大戊爲中宗，武丁爲高宗。由是言之，宗無數也。或言天子五廟無見文，或言中宗、高宗者，宗其道而毁其廟，則名與實異，非尊德貴功之意也。

朱子曰：劉歆説文、武爲宗，不在七廟數中，此説是。又曰：商之三宗，若不是别立廟，只是親廟時，何不胡亂將三箇來立，如何恰限取祖甲、太戊、高宗爲之？那箇祖有功，宗有德，天下後世自有公論，不以揀擇爲嫌，所以名之曰幽、厲，雖孝子慈孫百世不能改，那箇好的自是合當宗祀，如何毁得？如今若道三宗只是親廟，則是少了一箇親廟了。

何氏楷曰：武丁雖自立廟，然當世數未盡時，必仍居七廟中，及夫親盡應毁之日，乃始遷其主于新廟，與七廟同享祀，爲百世不遷之宗，而不與群祧等列耳。

又案：先儒謂遠廟爲祧，遷主藏焉。劉公瑾云：三宗之廟，未知立于何所。竊意中宗當穆，高宗、祖甲當昭，各隨昭、穆之位，特立其廟于太祖廟之兩旁、三昭三穆之上，如周文、武世室之謂也。

周氏世樟曰：從來稱殷有三宗，而不數成湯，于理未安。然國語及祭法皆言殷人祖契而宗湯，則湯固殷宗，不獨三也。據商頌則湯實稱祖，故賀循云殷有二祖三宗，然則殷之特廟蓋有四矣。

蕙田案：七廟之制，自虞至商已然，殷之三宗，百世不毁，不在七世親廟之數。劉歆之論不可易也，故朱子亦以爲是。

書武成：丁未，祀于周廟，駿奔走，執豆籩。傳：四月丁未，祭告后稷以下、文考文王以上七世之祖。駿，大也。諸侯皆大奔走于廟執事。疏：知「告后稷以下」，后稷則始祖以下，容毁廟也。天子七廟，故云「文考文王以上七世之祖」。見是周廟皆祭之，故經總云周廟也。

禮記大傳：牧之野，武王之大事也。既事而退〔一〕，設奠于牧室。遂率天下諸侯，

〔一〕「事」，原作「畢」，據光緒本、禮記正義卷三四改。

執豆籩，逡奔走。追王太王亶父、王季歷、文王昌，不以卑臨尊也。疏：此論武王伐紂，率領諸侯以祭祖廟，追王太王、王季，上尊祖禰之事。率領天下諸侯在廟祭先祖，乃追王太王、王季、文王等爲王，不以諸侯之卑號臨天子之尊也。

書經洛誥：戊辰，王在新邑，烝祭歲，王入太室祼。疏：太室，室之大者，故爲清廟。廟有五室，中央曰太室。王肅云：「太室，清廟中央之室。」

通鑑前編：成王七年，王至新邑。十有二月，烝于文、武。

書召誥疏：洛誥云：「王在新邑，烝祭，王入太室祼。」則洛邑亦立宗廟。

詩周頌清廟：於穆清廟。

序：清廟，祀文王也。周公既成洛邑，朝諸侯，率以祀文王焉。箋：清廟者，祭有清明之德者之宫也，謂祭文王也。天德清明，文王象焉，故祭之而歌此詩也。廟之言貌也，死者精神不可得而見，但以生時之居，立宫室象貌爲之耳。成洛邑，居攝五年時。疏：此解文王神之所居，稱爲清廟之意。文王之神有清明之德者，文王能象天清明，故謂其廟爲清廟。賈逵左傳注云：「肅然清靜，謂之清廟。」鄭不然者，以書傳説「清廟」之義云：「於穆清廟，周公升歌文王之功烈德澤，尊在廟中，嘗見文王者，愀然如復見文王。」説清廟而言功德，則清是功德之名，非清靜之義也。廟者，人所不居，雖非文王，孰不清靜，何獨文王之廟顯清靜之名？以此故不從賈氏之説也。言「祭之而歌此詩」者，謂周公之時，詩人述之而作此清廟之詩。既作之後，其祭皆升堂歌之，以爲常曲，故禮記每云「升歌清廟」，是其事也。「立宮室象貌而爲之」者，言死者之宗廟，象生時之宮室容貌，故冬官匠人所論宗廟及路寢，皆制如明堂。是死之宗廟，猶生之路寢，故云「象貌爲之」。由此而言，自天子至于卿士得立廟者，其制皆如生居之宮矣。

劉歆曆譜：惟四月既旁生霸，粤六日庚戌，武王燎于周廟。翼日辛亥，祀于天位。粤五日乙卯，乃以庶國祀馘于周廟。注：今文尚書。

禮記祭法：周人禘嚳而郊稷，祖文王而宗武王。

王制：天子七廟，三昭三穆，與太祖之廟而七。注：此周制。七者，太祖及文王、武王之祧，與親廟四。太祖，后稷。殷則六廟，契及湯與二昭二穆。夏則五廟，無太祖，禹與二昭二穆而已。正義：鄭氏之意，天子立七廟，惟謂周也。鄭必知然者，案禮緯稽命徵云：「唐虞五廟，親廟四，始祖廟一。夏四廟，至子孫五。殷五廟，至子孫六。」鉤命決云：「唐堯五廟，親廟四，與始祖五。禹四廟，至子孫五。殷五廟，至子孫六。周六廟，至子孫七。」鄭據此爲説，故謂七廟周制也。周所以七者，以文王、武王受命，其廟不毁，以爲二祧，并始祖后稷，及高祖以下親廟四，故爲七也。若王肅則以爲天子七廟者，謂高祖之父及高祖之祖廟爲二祧，并始祖及親廟四爲七，故聖證論肅難鄭云：「周之文、武受命之王，不遷之廟，權禮所施，非常廟之數。殷之三宗，宗其德而存其廟，亦不以爲數。凡七廟者，皆不稱周室。禮器云：『有以多爲貴者，天子七廟。』孫卿云：『有天下者事七世。』又云：『自上以下，降殺以兩。』今使天子諸侯立廟，並親廟四而止，則君臣同制，尊卑不別。名位不同，禮亦異數，況其君臣乎！又祭法云『王下祭殤五』，及五世來孫。則下及無親之孫，而祭上不及無親之祖，不亦詭哉！穀梁傳云：『天子七廟，諸侯五。』家語云：『子羔問尊卑立廟制。孔子云：禮，天子立七廟，諸侯立五廟，大夫立三廟。』又云：『遠廟爲祧，有二祧焉。』」又儒者難鄭云：「祭法『遠廟爲祧』，鄭注周禮云『遷主所藏曰祧』，違經正文。鄭又云『先公之遷主，藏于后稷之廟。先王之遷主，藏于文、武之廟』，便有三祧，何得祭法云有二祧？」難鄭之義，凡有數條，大略如此，不能具載。鄭必謂天子七廟惟周制者，馬昭難王義云「案喪服小記王者立四廟」，又引禮緯，「夏無太祖，宗禹而已，則五廟，殷人祖契而宗湯，則六廟，周尊后稷，宗文王、武王，則七廟。自夏及周，少不減五，多不過七」。禮器云「周旅酬六尸」，一人發爵，則周七尸，七廟明矣。今使文、武不在七數，既不同祭，又不享嘗，豈禮也哉！故漢侍中盧植說文云「二祧謂文、武」。曾子問當七廟，無虛主；禮器天子七廟，堂七尺；王制七廟。盧植云：「皆據周言也。」穀梁傳天子七廟，尹更始說：「天子七廟，據周也。」漢書韋玄成四十八人議，皆云周以后稷始封，文、武受命。石渠論、白虎通云：「周以后稷、文、武特七廟。」又張融謹案：「周禮守祧職『奄八人，女祧每廟二人』。自太祖以下與文、武及親廟四，用七人，姜嫄用一人，適盡。若除文、武，則奄少二人。曾子問孔子說周事，而云七廟無虛主。若王肅數高祖之父、高祖之祖廟，與文、武而九，主當有九。孔子何云七廟無虛主乎？故云以周禮、孔子之言爲本，穀梁說及小記爲枝葉，韋玄成、石渠論、白虎通爲證驗，七廟斥言，玄說爲長。」是融申鄭之意。且天子七廟者，有其人則七，無其人則五。若諸侯廟制，雖有其人，不得過五。則此天子諸侯七、五之異也。王肅云「君臣同制，尊卑不別」，其義非也。又「王下祭殤五」者，非是別立殤廟，七廟外親盡之祖，禘祫猶當祀之，而王肅云下祭無親之孫，上不及無親之祖，又非通論。且家語云先儒以爲肅之所作，未足可依。案周禮惟存后稷之廟不毁。案昭七年傳云「余敢忘高圉、亞圉」，注云「周人不毁其廟，報祭之」，似高圉、亞圉廟亦不毁者。此是不合鄭說，故馬融說云「周人所報而不立廟」。

蕙田案：天子七廟之制，諸儒多言自虞夏以來，惟鄭氏據禮緯，有虞夏五廟、殷六廟、周七廟之說。王肅著聖證論以非之，當矣。而孔疏又引馬昭難王義以附會鄭注，遂啓後人之疑，然王說之是，後多信之。至馬說之謬，尚未有奪其所據而詳辨之者。今案馬昭引喪服小記王者立四廟爲證，夫諸侯立四親廟，天子無四廟之禮。方性夫謂以月祭之親廟言之，徐伯魯云天子七廟，并二世室而九，豈有止立五廟之理？方氏之言，理或有之。而劉原父則云，此一句上有脱簡。吴幼清從之，謂「而立四廟」四字，無所系屬，義不可通。劉氏謂當曰：諸侯及其太祖而立四廟。案大傳「以其祖配之」之下有此六字，劉氏所謂有闕文者是也。今以大傳補之，言諸侯不得如天子之追禘太祖以上，所祭上及太祖而止耳，而太祖之下則立二昭二穆之廟爲四親廟也。此説似有據而可從，則喪服小記所云固不得爲王者立四廟之證矣。馬昭又引禮器「周旅酬六尸」，一人發爵，則七尸爲證，案宗廟以七爲正數，則七廟七尸自無疑義，乃謂文、武不在七數，既不同祭，又不享嘗，爲無是禮。案商書云「七世之廟，可以觀德」，周因殷禮，自開國已然，是時文、武正在七廟之數，至兩世室當立，在懿王、孝王之世，何得以祭法所云，强入之懿、孝之後，而謂文、武不在七數耶？其爲穿鑿附會，明矣！馬昭又引曾子問七廟無虚主及周禮守祧奄八人爲證。案七廟無虚主，是孔子特明齋車必載祧主而言，正足爲七廟之證，乃謂周以后稷、文、武特七廟，是其説固不可通。于文、武見居七廟之時，即懿、孝以後，文、武有功德，親盡不祧，而所立者世室也，非廟也。不曰廟而曰世室，正以廟數不能減于七，亦不能加于七耳。如以功德之祖而充七廟之數，是仍在祧遷之列，何必又創爲世室之名，且與不毀之義大不相符矣，寧不謂之謬説乎！周禮守祧奄八人，鄭謂太祖之廟及三昭三穆，孔疏天子七廟，通姜嫄爲八廟，廟一人，故八人，乃謂若除文、武，則奄少二人。陳祥道云：「是不知周公制禮之時，文、武尚爲近廟，其所以宗之之禮，特起于後代也。

果所以宗之者在七廟内，使繼世祖先功德不下文、武，復在可宗之列，則親廟又益殺，于理必不然。」真足以破其蔽矣。馬昭又稱，天子七廟，有其人則七，無其人則五。案七廟除太祖外，三昭三穆皆親也。諸侯及其高祖，天子益二廟，以昭尊卑之分，所云降殺以兩，不可易也，乃强以功德不遷之祖入于親廟之數，而造爲有其人、無其人之説，即無功德之祖，豈無高祖之父祖耶？彌見其説之誣耳！又云「七廟外親盡之祖，禘祫猶當祀之」，夫禘非合食，不及群廟，何有毁廟？牽連言之，混而無别。夫七廟之議，王肅爲是。疏既引之，而又必舉馬昭之難以牽合者，此疏家之陋例，適足以益鄭氏之過，而啓千萬世紛紛之議耳。

曾子問：七廟、五廟無虚主。

禮器：禮有以多爲貴者，天子七廟。

春秋僖公十有五年穀梁傳：天子至于士皆有廟，天子七廟，故德厚者流光。

家語：衛將軍文子將立先君之廟于其家，使子羔訪於孔子。孔子曰：「公廟設于私家，非古禮之所及。天子七廟，自虞至周，所不變也。」

荀子禮論篇：有天下者事七世。

袁準正論：禮，天子七廟，左昭右穆，又有祖宗不在數中。

晉書禮志：周制七廟，以辯宗祧。虞喜曰：七廟不始于周，伊尹已言矣。

唐會要：岑文本云：載籍紀七廟者多，稱四廟者寡。穀梁、王制、祭法、禮器、書咸有一德並云七廟，荀卿、孔安國、劉歆、班彪父子、孔晁、虞喜、干寶之徒咸以爲然。祖鄭玄者，陳四廟之制。述王肅者，引七廟之文。

通典：杜氏曰：禮有以多爲貴。王制云天子七廟，諸侯五廟；祭法云遠廟爲祧，有二祧焉，享嘗乃止；而鄭玄以文、武之廟曰祧，不亦疏乎？若以天子之祖功德，則不立二祧。二祧不廟數，與諸侯同，何以爲隆殺哉？虞喜云七廟不始于周，伊尹已言七世之廟矣。成王六年制禮，七廟亦已有見數。文王爲祖，武王爲禰，祖非遠廟也。周官掌宗廟而職曰守祧，周公不稱祖禰爲遠祧也。當須逆數成，然後廟得別出，不可于成王之代以文、武逆云爲遷主所藏矣。

王氏應麟曰：書咸有一德：七世之廟，可以觀德。疏：有德之王則列爲祖宗，雖七廟親盡而其廟不毀。漢氏以來論七廟者多矣，其文見于記、傳者，禮器、家語、荀卿書、穀梁傳皆曰天子立七廟，以爲天子常法。

方氏慤曰：天子之廟止于七，何也？太祖之廟，創業之所始，萬世所不遷也。而昭穆則合而爲六者，蓋四世其服已窮矣，然猶緦也，五世同姓已殺矣，然猶免也，至于六世，然後親屬絶，故止于三昭三穆與太祖之廟而七也。

馬氏晞孟曰：自上以下，降殺以兩，禮也。故天子七廟至士一廟，合于降殺以兩之意也。祖以功建，故無可毁之禮，而有百世不遷者也。昭穆以親象，故有可毁之禮，親盡則有祧。說者以爲周則七廟，夏則五廟，殷則六廟，蓋非是也。

陳氏祥道曰：積厚者流澤廣，積薄者流澤狹，故天子七廟，諸侯五廟，大夫三廟，士一廟。廟而祭之，仁之至也。以七以五以三以一，義之盡也。舜之時禋于六宗，與藝祖而七。商書「七世之廟，可以觀德」，則七廟之制其來尚矣。先王之于死者，常待之以生，由士而上，生而異宫，死則爲之立廟，庶人則生非異宫，死則祭于寢而已。

陳氏禮書：廟所以象生之有朝也，寢所以象生之有寢也。建之觀門之内，不敢遠其親也，位之觀門之左，不忍死其親也。家語曰：天子七廟，諸侯五廟，自虞至周之所不變也。是故虞書禋于六宗以見太祖，周官守祧八人以兼姜嫄之宫，則虞、周七廟可知矣。伊尹言七世之廟，商禮也。禮記、荀卿、穀梁皆言天子七廟，不特周制也。則自虞至周，七廟又可知矣。然存親立廟，親親之至恩；祖功宗德，尊尊之大義。古之人，思其人而愛其樹，尊其人則敬其位，况廟乎！法施于民則祀之，以勞定國則祀之，况祖宗乎！于是禮以義起，而商之三宗，周之文、武，漢之孝文、孝武，唐之神堯、文皇，其廟皆在三昭三穆之外，歷世不毁，此所謂不遷之廟，非謂祧也。鄭康成之徒以喪服小記言王者立四廟，則謂周制七廟，文、武爲二祧，親廟四而已。則文、武不遷之廟在七廟内，是臆説也。王肅聖證論曰：禮，自上以下，降殺以兩。使天子諸侯皆親廟四，則是君臣同等，尊卑不別也。又王祭殤五，而下及無親之孫，上不及無親之祖，不亦詭哉！王舜、劉歆論之于漢，韓退之論之于唐，皆與肅同，蓋理之所在者，無異致也。

辨韋玄成天子五廟：

漢書韋玄成傳：禮，王者始受命，諸侯始封之君，皆爲太祖，以下，五廟而迭毁，毁廟之主藏乎太祖。五年而再殷祭，言一禘一祫也。祫祭者，毁廟與未毁之主皆合食于太祖〔一〕，父爲昭，子爲穆，孫復

〔一〕「毁廟」，原作「殷廟」，據光緒本、漢書韋玄成傳改。

爲昭，古之正禮也。祭義曰：王者禘其祖自出，以其祖配之，而立四廟，言始受命而王，祭天以其祖配，而不爲立廟，親盡也。立親廟四，親親也。親盡而迭毁，親疏之殺，示有終也。周之所以有七廟者，以后稷始封，文王、武王受命而王，是以三廟不毁，與親廟四而七，非有后稷始封、文武受命之功者，皆當親盡而毁。成王成二聖之業，制禮作樂，功德茂盛，廟猶不世，以行爲謚而已。又曰：祖宗之廟，世世不毁。繼祖而下，五世而迭毁。

劉歆議曰：禮記王制及春秋穀梁傳天子七廟，諸侯五，大夫三，士二；天子七日而殯，七月而葬，諸侯五日而殯，五月而葬：此喪事尊卑之序也，與廟數相應。其文曰：「天子三昭三穆，與太祖之廟而七；諸侯二昭二穆，與太祖之廟而五。」故德厚者流光，德薄者流卑。春秋左氏傳曰：「名位不同，禮亦異數。」自上以下，降殺以兩，禮也。七者其正法數，可常數者也。宗不在此數中，宗變也。苟有功德則宗之，不可預爲設數，故于殷太甲爲太宗，太戊爲中宗，武丁爲高宗，周公爲毋逸之戒，舉殷三宗以勸成王，由是言之，宗無數也。然則所以勸帝者之功德博矣，或説天子五廟無見文，或言中宗、高宗者，宗其道而毁其廟，則名與實異，非尊德貴功之意也。

朱子或問：天子之廟，其制若何？曰：唐之文祖、虞之神宗、殷之七世三宗，其詳今不可考。獨周制猶有可言，然而漢儒之説又有不同矣。謂后稷始封，文、武受命而王，故三廟不毁，與親廟四而七者，諸儒之説也。謂三昭三穆與太祖之廟而七，文、武爲宗不在數中者，劉歆之説也。雖其數之不同，然其位置遷次宜亦與諸侯之廟無甚異者。但如諸儒之説，則武王初有天下之時，后稷爲太祖，而祖紺居昭之北廟，太王居穆之北廟，王季居昭之南廟，文王居穆之南廟，猶爲五廟而已。至成王時，則祖紺祧，王季遷而武王祔；至康王時，則王季祧，武王遷而康王祔。自此以上，亦皆且爲五廟，而祧者藏于太祖之廟。至穆王時則文王親盡當祧，而以有功當宗，故别立一廟于西北，而謂之文世室。于是成王遷、昭王祔而爲六廟矣。至共王時，則武王親盡當祧，而亦以有功當宗，故别立一廟于東北，謂之武世室。于是康王遷、穆王祔而爲七廟矣。自是以後，則穆之祧者藏于文世室，昭之祧者藏于武世室，而不復藏于太廟矣。如劉歆之説，則周自武王克殷，即增立二廟于二昭二穆之上，以祀高圉、亞圉，如前遞遷，至于懿王而始立文世室于三穆之上，至孝王時始立武世室于三昭之上，此爲少不同耳。曰：然則諸儒與劉歆之説孰爲是？曰：前代儒者多是劉歆，愚亦意其或然也。

祧廟議曰：天子七廟，宗者不在數中，此爲禮之正法。宗者在數中，禮之末失也。

陳氏澔曰：王立七廟，而以文、武不遷之廟足其數，則其實五廟而已。若商有三宗，則將爲四廟乎？然則朱子然劉歆之説，豈無見乎！

蕙田案：韋玄成論天子七廟，實止五廟。今核其説，乃實止四廟耳。玄成曰：「王者禘其祖自出，以其祖配之，而立四廟，言始受命而王，祭天以其祖配，而不爲立廟，親盡也。」此其説有數誤。小記「而立四廟」句上有闕文。劉原父、吴草廬之説甚明。玄成他無所據，而引此闕文爲據，一誤。指立四廟爲王者之禮，雖有配天之祖，亦不得立廟，則天子止得四廟，比諸侯反殺其一，二誤。禮莫大于配天，既祭天以祖配矣，而仍不爲祖立廟，豈宗廟之禮，反隆于配天之禮而乃靳之耶？三誤。配天以功德，不限定五世之祖，而曰不爲立廟，親盡也，四誤。小記之文，本言禘祭太祖所自出，而以太祖配之，如商禘嚳而契配，周禘嚳而稷配耳，與祭天配天何與？而乃以禘爲祭天、以配爲配天，五誤。若夫功德之廟，不可預爲設數，使文、武而下，復有可宗之人，親廟慮又益殺。劉歆之論，足以正韋之失矣。

右四代七廟之制

世室

周禮考工記匠人：夏后氏世室。注：世室者，宗廟也。魯廟有世室。此用先王之禮。

疏：鄭云「此用先王之禮」者，世室用此經夏法，是用先王之禮也。

蕙田案：世室之名始此。

禮記明堂位：魯公之廟，文世室也。武公之廟，武世室也。注：此二廟象周有文王、武王之廟也。世室者，不毁之名也。疏：此一經明魯有二廟不毁，象周之文、武二祧也。

任氏啓運曰：文、武之不遷謂之世室，魯以二公比之也。

蕙田案：文世室、武世室之名見于此。

春秋：文公十三年，世室屋壞。穀梁傳：世室者何？疏解云：欲言君寢，于例不書，欲言宗廟，未有世室之名，故執不知問。魯公之廟也。周公稱太廟，魯公稱世室，群公稱宫。

此魯公之廟也。注：魯公，周公子伯禽。曷爲謂之世室？世室猶世室也，世世不毁也。疏：言謂之世室者，猶世世室也。世室屋壞何以書？譏。何譏爾？久不修也。

朱子禘祫議：天子太祖，百世不遷；一昭一穆爲宗，亦百世不遷。宗亦曰世室，亦曰祧。鄭注周禮守祧曰宗，亦曰祧，亦曰世室。周禮言守祧之官，鄭氏曰：「遠廟爲祧。周爲文、武之廟，遷主藏焉。」又曰：「遷主所藏曰祧。先公之遷主藏于太祖后稷之廟，先王之遷主藏于文、武之廟。」群穆于文，群昭于武。明堂位有文世室、武世室，鄭氏曰：「世室者，不毁之名也。」

又曰：周穆王時，文王親盡當祧，而以有功當宗，故别立一廟于西北，而謂之文世室。共王時，武王親盡當祧，而亦以有功當宗，故别立一廟于東北，而謂之武世室。

陳氏禮書：父昭子穆而有常數者，禮也。祖功宗德而無定法者，義也。故周于三昭三穆之外，而有文、武之廟；魯于二昭二穆之外，而有魯公之世室。觀春秋傳稱襄王致文、武胙于齊侯，史記稱顯王致文、武胙于秦孝公。方是時，文、武固已遠矣，襄王、顯王猶且祀之，則其廟不毁可知矣。家語、左傳稱孔子在陳，聞魯廟火，曰：「其桓、僖乎？」以爲桓、僖親盡無大功德而魯不毁，故天裁之。其言雖涉于怪，而理或有焉。若然，則魯公之室在所不毁可知矣。王舜中、劉歆、王肅、韓退之之徒，皆謂天子祖功宗德之廟不在七世之列，特鄭康成以周禮守祧有八人，小記王者立四廟，則謂周制七廟，文、武爲二祧，親廟四而已，是不知周公制禮之時，文、武尚爲近廟，其所以宗之之禮，特起于後代也。果所以宗之者在七廟内，使繼世祖先間有豐功盛德不下文、武，復在可宗之列，則親廟又益殺乎？理必不然。

錢氏梅仙曰：天子之廟七，不可益亦不可損。所謂七廟者，高、曾、祖、考親廟四，五世、六世祧廟二，始祖之廟一。孔子所謂自虞至周之所不變者，此制是也。獨有功德之主親盡不遷，故周立文、武世室。不曰廟而曰世室，亦以廟制不能加于七耳。或謂周立九廟，如九廟可立，何必又爲世室之名哉？劉歆謂七者正數其常也，宗不在此數中，宗變也。在殷，則成、湯而下爲中宗、高宗、祖甲，在周，則爲文、武，苟有功德，則宗之不可預爲設數也。至于二祧廟爲五世、六世祖，即王肅所謂高祖之父、高祖之祖也。而韋玄成之徒則云王立七廟者，親四，始祖一，文、武不遷，合爲七，此大謬之説也。蓋文、武在共王時猶在七廟之内，至懿王、孝王别立二世室，則在七廟之外。左傳載景王之言曰：「予敢忘高圉、亞圉？」朱子謂武王克商增立二祧于二昭二穆之上祀高圉、亞圉，則七廟之立自武王時已然，如合世室而始足七廟之數，是周止五廟矣，豈周家制禮，竟下同于諸侯之制乎？必不然矣。

辨諸家立虛廟：

王制孔疏：天子七廟，有其人則七，無其人則五。任啓運曰：世室二廟，有其人則實之，無其人則虛之。馬昭引禮緯云：「唐虞五廟，夏初四廟，子孫宗禹而五。殷初祖契，與親廟而五，子孫宗湯而六。周初五廟，子孫宗文、武而七。」是有虛廟之明證也。如魯公始封，周公尚在，王季、文王不得祀于諸侯之廟，是五廟皆虛也。烏得謂無虛廟乎？

孔穎達曰：凡始封之君，謂王之子弟封爲諸侯，爲後世之太祖。當此君之身，不得立王之廟，則全無廟也，故諸侯不敢祖天子。始封之子，得立一廟。始封六世之孫，始五廟備也。

朱子曰：如劉歆之説，周自武王克殷，即增立二廟于二昭二穆之上，以祀高圉、亞圉，如前遞遷，至于懿王而始立文世室于三穆之上，至孝王時始立武世室于三昭之上。

辨趙德周無文、武兩世室：

趙氏德曰：文世室、武世室蓋本于禮記明堂位之言：「魯公之廟，文世室也。武公之廟，武世室也。」鄭注：此二廟象周有文王、武王之廟也。世室者，不毁之名。魯公，伯禽也。武公，伯禽之玄孫，名敖。疏：云「文世室」者，魯公伯禽有文德，世世不毁其室，故云文世室。「武世室」者，伯禽玄孫武公有武德，其廟亦不毁，故云武世室。案記禮者之意，謂周有文王世室、武王世室，成王賜魯以天子禮樂，故魯有伯禽及武公之廟，得以象文王、武王不毁之廟也。後儒因明堂位之文，遂以爲周有文世室、武世室也。三禮辨曰：武公之廟，蓋已久毁。成公二年，季孫宿以鞌之戰有功而立之，春秋書立武宫，左氏、公羊並譏之，謂不宜立也。世室屋壞，左氏謂之太室，公、穀謂之世室，武、煬皆稱宫，無所謂武世室也。諸儒或引此以證文王、武王之廟爲世室，誤矣。

蕙田案：趙氏謂武公之廟，當不得武世室，可也。謂周并無文、武兩世室，可乎？春秋傳、史記載襄王、顯王致文、武胙于齊、秦，是世室不毁之確證。明堂位侈張魯禮，語雖近誣，而所引四代服器，官其制度名色，無緣都是鑿撰。古禮之亡，安知不藉此反存其一二耶？

右世室

經傳言廟不同

禮記祭法：天下有王，分地建國，置都立邑，設廟、祧、壇、墠而祭之，乃爲親疏多少之數。是故王立七廟，一壇一墠，曰考廟，曰王考廟，曰皇考廟，曰顯考廟，曰祖考廟，皆月祭之。遠廟爲祧，有二祧，饗嘗乃止。去祧爲壇，去壇爲墠，壇、墠有禱焉祭之，無禱乃止。去墠曰鬼。諸侯立五廟，一壇一墠，曰考廟，曰王考廟，曰皇考廟，皆月祭之。顯考廟，祖考廟，饗嘗乃止。去祖爲壇，去壇爲墠，壇、墠有禱焉祭之，無禱乃止。去墠爲鬼。大夫立三廟二壇，曰考廟，曰王考廟，曰皇考廟，饗嘗乃止。顯考、祖考無廟，有禱焉，爲壇祭之。去壇爲鬼。適士二廟一壇，曰考廟，曰王考廟，饗嘗乃止。顯考無廟，有禱焉，爲壇祭之。去壇爲鬼。官師一廟，曰考廟。王考無廟而祭之。去王考爲鬼。庶士、庶人無廟，死曰鬼。注：廟之言貌也。宗廟者，先祖之尊貌也。祧之言超也，超上去意也。封土曰壇，除地曰墠。書曰：「三壇同墠。」王、皇皆君也。顯，明也。祖，始也。名先人以君明始者，所以尊本之意也。天子遷廟之主，以昭、穆合藏于二祧之中。諸侯無祧，藏于祖考之廟中。聘禮曰「不腆先君之祧」，是謂始祖廟也。饗嘗，謂四時之祭。天子、諸侯爲壇、墠祈禱，謂後遷在祧者也。既事則反其主于祧，鬼亦在祧，顧遠之于無事，祫乃祭之耳。春秋文二年「秋，大事于太廟」，傳曰

「毁廟之主，陳于太祖，未毁廟之主，皆升合食于太祖」是也。魯煬公者，伯禽之子也。至昭公、定公，久已爲鬼，而季氏禱之，而立其宫，則鬼之主在祧明矣。惟天子、諸侯有主禘、祫，大夫有祖考者，亦鬼其百世，不禘、祫無主耳。其無祖考者，庶士以下鬼其王考，官師鬼其皇考，大夫適士鬼其顯考而已。大夫祖考，謂别子也。凡鬼者，薦而不祭。王制曰：「大夫、士有田則祭，無田則薦。」適士，上士也。官師，中士、下士。庶士，府史之屬。此適士云「顯考無廟」，非也。當爲「皇考」，字之誤。

方氏慤曰：二祧，顯考之父祖也。

馬氏晞孟曰：説者謂七廟之中祧廟二則爲文、武之廟，其説非也。遠廟爲祧，而二祧之廟止于享嘗而已。苟文、武之廟而祭止享嘗，亦非先王所以尊祖宗之意也。王制所謂太祖則無可毁之理，此天子、諸侯、大夫之廟而曰去祖爲壇，則祖有可毁之理，何也？蓋祭法爲無功德者言之，王制爲有功德者言之，此所以不同。

張氏融曰：孝經爲之宗廟，以鬼享之。公羊毁廟之主，藏乎太祖，五年而再殷祭，無去祧爲壇、去壇爲墠、去墠爲鬼之制，祭法所言皆衰世之法。

楊氏復曰：案祭法與王制不同。王制天子七廟，三昭三穆，與太祖之廟而七；祭法則序四親廟、二祧、太祖以辨昭穆。王制諸侯五廟，二昭二穆，與太祖之廟而五；祭法則三親廟，月祭高太廟，享嘗以見隆殺。王制大夫三廟，一昭一穆，與太祖之廟而三；祭法但有三親廟，而無高太廟，有二壇，爲請禱之祭而已。王制士一廟，祭法分適士二廟，官師一廟。又祭法有考、王考、皇考、顯考、祖考之稱，王制無之。祭法有壇有墠，或二壇無墠，或一壇無墠；王制無之。大抵王制略而祭法詳。又案：三壇同墠之説，出于金縢，乃因有所禱而爲之，非宗廟之外預爲壇墠以待他日有禱也。孝經爲之宗廟以鬼享之，非去壇爲鬼也。晉張融謂祭法去祧爲壇、去壇爲墠、去墠爲鬼皆衰世之法，則所言難以盡信。

陳氏澔曰：案此章曰王立七廟，而以文、武不遷之廟爲二祧以足其數，則其實五廟而已。若商有三宗，則爲四廟乎？壇、墠之主藏于祧而祭于壇、墠，猶之可也，謂有禱則祭，無禱則止，則大祫升毁廟之文何用乎？又宗廟之制，先儒講之甚詳，未有舉壇、墠爲言者。周公三壇同墠，非此義也。又諸儒以周之七廟始于共王之時，夫以周公制作如此其盛，而宗廟之制顧乃下同列國，吾知其必不然矣。然則朱子然劉歆之説，豈無見乎？鄭注此章謂祫乃祭之，蓋亦覺記者之失矣。

徐氏師曾曰：去墠爲鬼，則王者何以有禘乎？其謬甚矣。

郝氏敬曰：案王制天子七廟，三昭三穆，與太祖之廟而七，天子諸侯皆有太祖，無祧、壇、墠、鬼。此不言太祖，泛云祖考，遠廟爲祧，則似世遠去太祖亦不免矣。至使壇、墠露處，絶其血食，故鄭有祫乃祭之之説以救之，實非記本意。記有禱焉祭之，無禱乃止，未及祫也。然則祭法與王制，其誰爲先王之舊乎？人生有貴賤，孝先之情本一，自官師不得與士大夫同祀其祖，至于庶士、庶人不幸不得爲大夫、士，而親死即爲無祀之鬼，諒非先王制禮之意。

蕙田案：祭法與王制不合，諸儒多以祭法爲疑。今考此條，蓋本于家語，而汲古閣所刊家語與葛氏本，其文亦有異同，則係漢儒附會，理或有之，今并附于後以俟參考。

家語廟制：衛將軍文子將立先君之廟于其家，使子羔訪于孔子。子曰：「公廟設于私家，非古禮之所及，吾弗知。」子羔曰：「敢問尊卑上下立廟之制，可得而聞乎？」孔子曰：「天下有王，分地建國，設祖宗，乃爲親疏貴賤多少之數。是故天子立七廟，三昭三穆，與太祖之廟而七，近廟皆月祭之。遠廟爲祧，有二祧焉，享嘗乃止。諸侯立五廟，二昭二穆，與太祖之廟而五，祖考廟享嘗乃止。大夫三廟，一昭一穆，與太祖之廟而三，享嘗乃止。士一廟，曰考廟，王考無廟，合而享嘗乃止。庶人無廟，四時祭于寢。此自有虞以至于周之所不變也。凡四代帝王之所謂郊者，皆以配天，其所謂禘者，皆五年大祭之所及也。應爲太祖者，則其廟不毁；不及太祖，雖在禘郊，其廟則毁矣。古者祖有功而宗有德，諸見祖宗者其廟皆不毁。」汲古閣本。

葛氏本：衛將軍將立三軍之廟于其家，使子羔訪于孔子。子曰：「公廟設于私家，非古禮之所及，吾弗知。」子羔曰：「敢問尊卑上下立廟之制，可得而聞乎？」孔子曰：「天下有王，分地建國，置都立邑，設廟、祧、壇、墠而祭之，乃爲親疏多少之數。是故天子立七廟，三昭三穆，與太祖之廟七，曰太祖，有一壇有一墠，曰考廟，曰王考廟，曰皇考廟，曰顯考廟，曰祖考廟，皆月祭之。遠廟爲祧，有二祧，享嘗乃止。去祧爲壇，去壇爲墠，壇、墠有禱焉祭之，無禱乃止。去墠爲鬼。諸侯立五廟，二昭二穆，與太祖之廟五，曰祖考廟，有一壇一墠，曰考廟，曰王考廟，曰皇考廟，皆月祭之。顯考廟、祖考廟享嘗乃止。去祖爲壇，去壇爲墠，壇有禱焉祭之，無禱乃止。去墠爲鬼。大夫立三廟，一昭一穆，與太祖之廟三，曰皇考廟，有一壇；考廟，月祭；王考廟、皇考廟爲始祖廟，享嘗乃止。顯考無廟，有禱焉，爲壇祭之。去壇爲鬼。適士二廟，曰王考廟，有一壇；曰考廟，曰王考廟，享嘗乃止。皇考無廟，有禱焉，爲壇祭之。去壇爲鬼。官師一廟，曰考廟。王考無廟而祭之。去王考爲鬼。庶人無廟，四時祭于寢。此自有虞以至于周之所不變也。」諸見祖宗作謂之祖宗。

禮記喪服小記：王者禘其祖之所自出，以其祖配之，而立四廟。庶子王亦如之。

鄭注：四廟，高祖以下，與始祖而五。

方氏慤曰：王立七廟，三昭三穆，與太祖之廟而七。此言王止曰立四廟者，據月祭之親廟言之也。蓋遠廟爲祧，有二祧，享嘗乃止。既言禘其祖之所自出，以其祖配之，則祭及其二祧可知矣，此所以不言之也。

徐氏師曾曰：案天子七廟，并二世室而九，豈有止立五廟之理？方氏以爲此據月祭之廟言之，理或然也。

劉氏牧曰：而立四廟，云天子立四廟，非也。此一句上有脱簡耳。當曰諸侯及其太祖而立四廟。

吴氏澄曰：而立四廟，「四」字無所系屬，義不可通。劉氏曰此句上有缺文，當曰「諸侯及其太祖而立四廟」，案大傳「以其祖配之」之下有此六字，劉氏所謂有缺文者是也，今從其説，而以大傳篇之文補之，言諸侯不得如天子之追禘太祖以上，所祭上及太祖而止耳，而太祖之下，則立二昭二穆之廟爲四親廟也。

陳氏禮書：庶子王亦如之者，禮，爲人後者爲父母期，公子爲後爲其母，于子祭，于孫否。蓋爲人後者，雖受重于所後，而不廢父母期；公子爲後，雖受重于君母，而不廢其母祭。則庶子爲王，雖有正統之七廟，其可輒廢祖考之祭乎？于是自立四廟，以視始受命而王者，所以著其不忘本也。昔漢宣帝以從孫繼昭帝，患昭穆之體一也，于是立悼皇考廟，以當一代之穆。而王舜中、劉歆以爲孝宣以兄孫繼統爲孝昭後，考廟固不當立，累世奉之，是兩統二父也。然宣帝以悼皇考當一代之穆，固不合禮；若特立廟，乃庶子王之所當立者，謂不當立誤矣。王舜、劉歆當作「王莽」，「中」字衍。

陸氏佃曰：此言王者後世衰亂，統序既絶，其子孫有特起者，若漢光武復有天下，既復七廟，則其曾祖禰當別立廟祀之，故曰「庶子王亦如之」也。若孝文繼孝惠，雖非適子，其承祭祀，不言可知。今經言此者，正爲庶子不祭，庶子王然後祭耳。

蕙田案：立四廟，徐伯魯以月祭之廟言，亦屬强解。劉氏、吴氏脱簡之説近是，且有大傳之文，亦不可爲無據也。

附辨杜氏不毁高圉、亞圉廟：

春秋昭七年左氏傳：余敢忘高圉、亞圉。杜注：周人不毁其廟，報祭之。

孔穎達王制疏曰：案周禮，惟存后稷之廟不毁。案昭七年傳注，似高圉、亞圉廟亦不毁者。此是不合鄭説，故馬融説云：周人所報而不立廟。

辨郝敬不信七廟五廟：

郝氏敬曰：案七廟不見于詩、書。孔書云：七世之廟非必真伊尹語，儀禮、周禮、穀梁、家語等書，大抵與記先後雜出，未可相徵。或稱虞夏五廟、殷六廟、周七廟，或云九廟，以至於十二廟。祭法又云適士二廟，官師一廟，未知誰是。夫尊祖敬宗，人有同心。天子道隆德尊，何以恩窮七世？諸侯五世上不得伸情，大夫祭不得越祖禰，士庶人則并王父母不祭，豈人情乎？

蕙田案：郝氏之意，以七世、五世爲不足，而欲軼而過之，蓋以後世世世不毁之典爲是。而魯立煬宫，以諸侯而祭二十一傳之祖，亦不非也。且書明言七世之廟，京山自不信耳，而乃以爲不見於詩、書，不亦誣乎！

右經傳言廟不同